Working for over
25 YEARS
WITH
Cambridge Assessment International Education

# Cambridge IGCSE™

# French

## Third edition



Séverine Chevrier-Clarke •
Jean-Claude Gilles •
Wendy O'Mahony •
Ginny March • Paul Shannon •
Kirsty Thathapudi • Jayn Witt

Boost

HODDER
EDUCATION
AN HACHETTE UK COMPANY

All exam-style questions and sample answers in this title were written by the authors. In examinations, the way marks are awarded may be different.

## Photo credits

**p.47** Gerard Velthuizen/Alamy; **p.107** David Muscroft/Alamy; **p.217** *t* Artepics/Alamy; **p.217** *b* Ed Buziak/Alamy; all other photos © Adobe Stock

## Acknowledgements

Every effort has been made to trace all copyright holders, but if any have been inadvertently overlooked, the Publishers will be pleased to make the necessary arrangements at the first opportunity.

Although every effort has been made to ensure that website addresses are correct at time of going to press, Hodder Education cannot be held responsible for the content of any website mentioned in this book. It is sometimes possible to find a relocated web page by typing in the address of the home page for a website in the URL window of your browser.

Hachette UK's policy is to use papers that are natural, renewable and recyclable products and made from wood grown in well-managed forests and other controlled sources. The logging and manufacturing processes are expected to conform to the environmental regulations of the country of origin.

Orders: please contact Hachette UK Distribution, Hely Hutchinson Centre, Milton Road, Didcot, Oxfordshire, OX11 7HH. Telephone: (44) 01235 827827. Email education@hachette.co.uk Lines are open from 9 a.m. to 5 p.m., Monday to Friday. You can also order through our website: www.hoddereducation.com

**ISBN: 978 1 5104 4755 4**

© Séverine Chevrier-Clarke, Jean-Claude Gilles, Wendy O'Mahony, Ginny March, Paul Shannon, Kirsty Thathapudi, Jayn Witt 2019

First published in 2013
Second edition published in 2017

This edition published in 2019 by
Hodder Education,
An Hachette UK Company
Carmelite House
50 Victoria Embankment
London EC4Y 0DZ

www.hoddereducation.com

Impression number   10  9  8  7  6

Year        2023  2022  2021

Cover photo © Adobe Stock

Illustrations by Barking Dog

Typeset by Ian Foulis Design

Printed in Dubai

A catalogue record for this title is available from the British Library.

# Contents

# How to use this book

## Structure of the book

This book is split into sections 1–5. Each section is broken down into units that cover topics on your course. Each unit is split into several spreads. Every spread has listening, reading, writing and speaking activities to help develop your skills. Below is an example of what you can find on each spread.

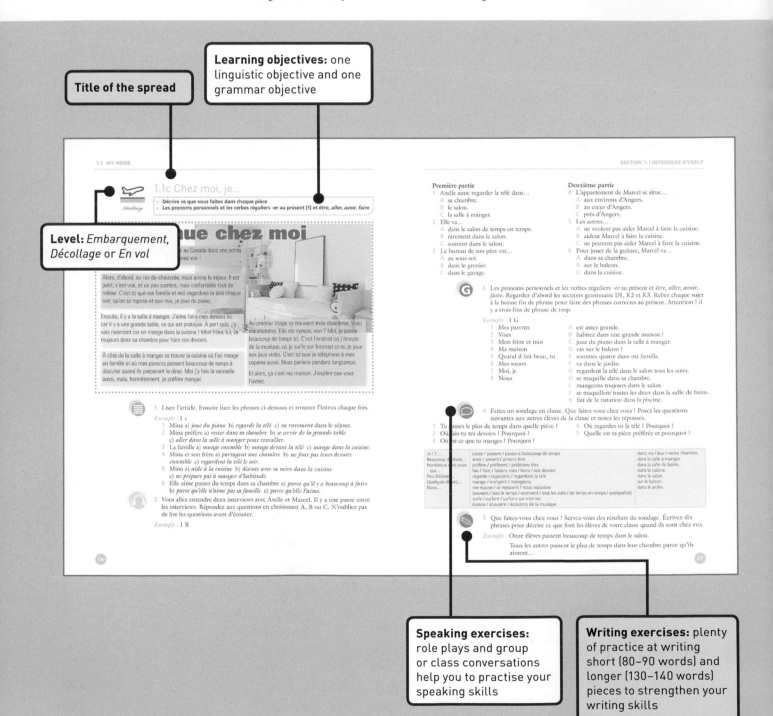

**Learning objectives:** one linguistic objective and one grammar objective

**Title of the spread**

**Level:** *Embarquement, Décollage* or *En vol*

**Speaking exercises:** role plays and group or class conversations help you to practise your speaking skills

**Writing exercises:** plenty of practice at writing short (80–90 words) and longer (130–140 words) pieces to strengthen your writing skills

**Reading material and exercises:** interesting reading texts and a variety of question types help develop your reading skills

**Grammar exercises:** practice of a particular grammar point. You can refer to the grammar section at the end for an explanation of the grammar point before trying the exercise.

**Phonics exercises:** these help you practise your pronunciation

**Listening material and exercises:** engaging audio recordings with a variety of speakers help develop your comprehension and listening skills

---

### 1.1c Chez moi, je...

*Décollage*

- Décrire ce que vous faites dans chaque pièce
- Les pronoms personnels et les verbes réguliers -er au présent [1] et être, aller, avoir, faire

# Bienvenue chez moi

Coucou ! Ici Mina. J'habite à Québec au Canada dans une petite maison moderne avec ma famille. Venez voir !

Alors, d'abord, au rez-de-chaussée, nous avons le séjour. Il est petit, c'est vrai, et un peu sombre, mais confortable tout de même. C'est ici que ma famille et moi regardons la télé chaque soir, qu'on se repose et où moi, je joue du piano.

Ensuite, il y a la salle à manger. J'aime faire mes devoirs ici, car il y a une grande table, ce qui est pratique. À part cela, j'y vais rarement car on mange dans la cuisine ! Mon frère, lui, va toujours dans sa chambre pour faire ses devoirs.

À côté de la salle à manger se trouve la cuisine où l'on mange en famille et où mes parents passent beaucoup de temps à discuter quand ils préparent le dîner. Moi j'y fais la vaisselle aussi, mais, honnêtement, je préfère manger.

Au premier étage se trouvent trois chambres. Voici ma chambre. Elle est sympa, non ? Moi, je passe beaucoup de temps ici. C'est l'endroit où j'écoute de la musique, où je surfe sur Internet et où je joue aux jeux vidéo. C'est ici que je téléphone à mes copains aussi. Nous parlons pendant longtemps.

Et alors, ça c'est ma maison. J'espère que vous l'aimez.

1 Lisez l'article. Ensuite lisez les phrases ci-dessous et trouvez l'intrus chaque fois.
*Exemple :* 1 c
1 Mina a) *joue du piano* b) *regarde la télé* c) *va rarement* dans le séjour.
2 Mina préfère a) *rester dans sa chambre* b) *se servir de la grande table* c) *aller dans la salle à manger* pour travailler.
3 La famille a) *mange ensemble* b) *mange devant la télé* c) *mange dans la cuisine.*
4 Mina et son frère a) *partagent une chambre* b) *ne font pas leurs devoirs ensemble* c) *regardent la télé le soir.*
5 Mina a) *aide à la cuisine* b) *discute avec sa mère dans la cuisine* c) *ne prépare pas à manger d'habitude.*
6 Elle aime passer du temps dans sa chambre a) *parce qu'il y a beaucoup à faire* b) *parce qu'elle n'aime pas sa famille* c) *parce qu'elle l'aime.*

2 Vous allez entendre deux interviews avec Axelle et Marcel. Il y a une pause entre les interviews. Répondez aux questions en choisissant A, B ou C. N'oubliez pas de lire les questions avant d'écouter.
*Exemple :* 1 B

---

**Première partie**
1 Axelle aime regarder la télé dans...
A sa chambre.
B le salon.
C la salle à manger.
2 Elle va...
A dans le salon de temps en temps.
B rarement dans le salon.
C souvent dans le salon.
3 Le bureau de son père est...
A au sous-sol.
B dans le grenier.
C dans le garage.

**Deuxième partie**
4 L'appartement de Marcel se situe...
A aux environs d'Angers.
B au cœur d'Angers.
C près d'Angers.
5 Les autres...
A ne veulent pas aider Marcel à faire la cuisine.
B aident Marcel à faire la cuisine.
C ne peuvent pas aider Marcel à faire la cuisine.
6 Pour jouer de la guitare, Marcel va...
A dans sa chambre.
B sur le balcon.
C dans la cuisine.

3 Les pronoms personnels et les verbes réguliers -er au présent et être, aller, avoir, faire. Regardez d'abord les sections grammaire D1, K2 et K3. Reliez chaque sujet à la bonne fin de phrase pour faire des phrases correctes au présent. Attention ! il y a trois fins de phrase de trop.
*Exemple :* 1 G
| 1 Mes parents | A est assez grande. |
| 2 Vous | B habitez dans une grande maison ? |
| 3 Mon frère et moi | C joue du piano dans la salle à manger. |
| 4 Ma maison | D vas sur le balcon ? |
| 5 Quand il fait beau, tu | E sommes quatre dans ma famille. |
| 6 Mes sœurs | F va dans le jardin. |
| 7 Moi, je | G regardent la télé dans le salon tous les soirs. |
| 8 Nous | H se maquille dans sa chambre. |
| | I mangeons toujours dans le salon. |
| | J se maquillent toutes les deux dans la salle de bains. |
| | K fait de la natation dans la piscine. |

4 Faites un sondage en classe. Que faites-vous chez vous ? Posez les questions suivantes aux autres élèves de la classe et notez les réponses.
1 Tu passes le plus de temps dans quelle pièce ?
2 Où fais-tu tes devoirs ? Pourquoi ?
3 Où est-ce que tu manges ? Pourquoi ?
4 Où regardes-tu la télé ? Pourquoi ?
5 Quelle est ta pièce préférée et pourquoi ?

| Je / J'... | passe / passent / passons beaucoup de temps | dans ma / leur / notre chambre. |
| Beaucoup d'élèves... | aime / aiment / aimons être | dans la salle à manger. |
| Nombreux sont ceux qui... | préfère / préfèrent / préférons être | dans la salle de bains. |
| Peu d'élèves... | fais / font / faisons mes / leurs / nos devoirs | dans la cuisine. |
| Quelques élèves... | regarde / regardent / regardons la télé | dans le salon. |
| Nous... | mange / mangent / mangeons | sur le balcon. |
| | me repose / se reposent / nous reposons | dans le jardin. |
| | jouvent / tout le temps / rarement / tous les soirs / de temps en temps / quelquefois) | |
| | surfe / surfent / surfons sur Internet | |
| | écoute / écoutent / écoutons de la musique | |

5 Que faites-vous chez vous ? Servez-vous des résultats du sondage. Écrivez dix phrases pour décrire ce que font les élèves de votre classe quand ils sont chez eux.
*Exemple :* Onze élèves passent beaucoup de temps dans le salon.
Tous les autres passent le plus de temps dans leur chambre parce qu'ils aiment...

16

17

At the end of sections 1, 2, 3 and 5, you will find the following:

- **Vocabulary** — lists of key vocabulary for that topic.

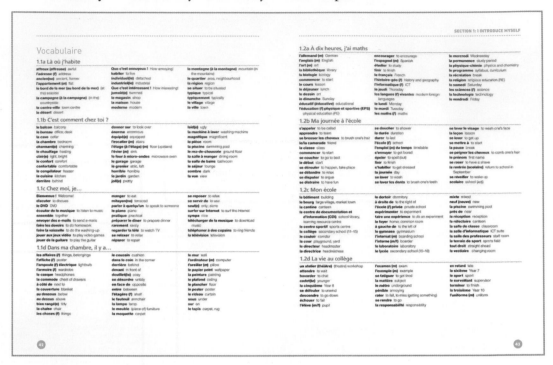

- **Magazines** — four pages of magazine material. These introduce you to a francophone country or area with extra reading material and exercises to practise your skills.

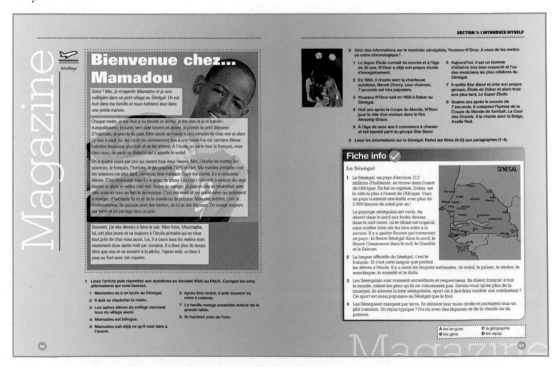

- **Revision corners** — these sections focus on a particular key skill you need to develop. These include exam-style tasks and suggested answers written by the authors.

## Differentiation

The three levels of difficulty in the book are indicated by an aeroplane icon along with the following terms: *Embarquement*, *Décollage* and *En vol*.

- *Embarquement* — these spreads introduce you to the topic with simple reading or listening material and exercises. There are no *Embarquement* spreads in sections 4 and 5, as your skills will have developed beyond this level by that point in the course.

*Embarquement*

- *Décollage* — these spreads develop and extend your language and grammar.

*Décollage*

- *En vol* — these spreads are for students who are aiming for the top level.

*En Vol*

## Grammar

- There are grammar exercises throughout the book, covering all the grammar you need to know.
- There is a grammar reference section at the back of the book with explanations of all the grammar points in the book.
- Grammar exercises include a reference to the grammar section so that you can use this to help you complete the exercises.
- Examples of the grammar point in the exercise can be found in the reading or listening passage on the same spread.

# Le monde francophone

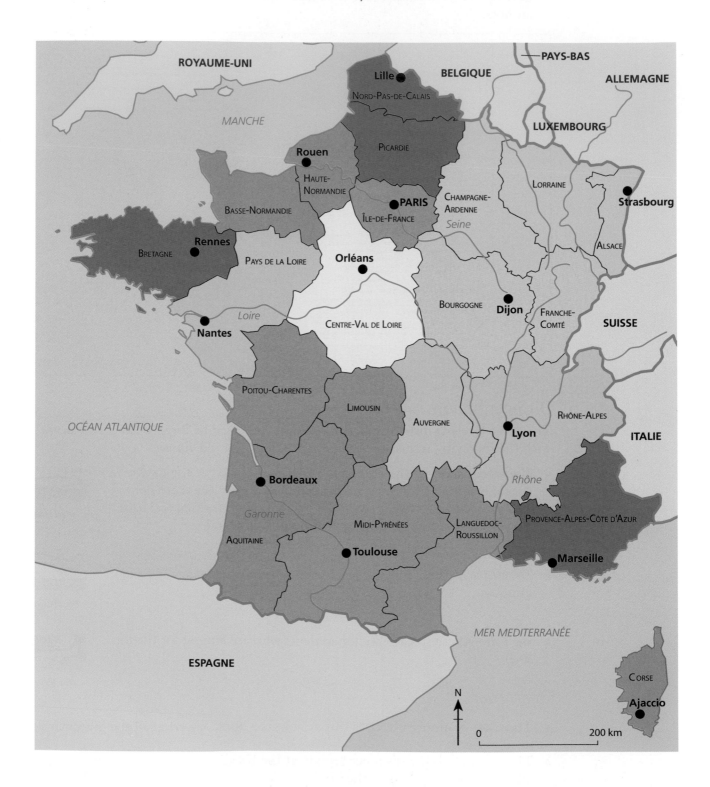

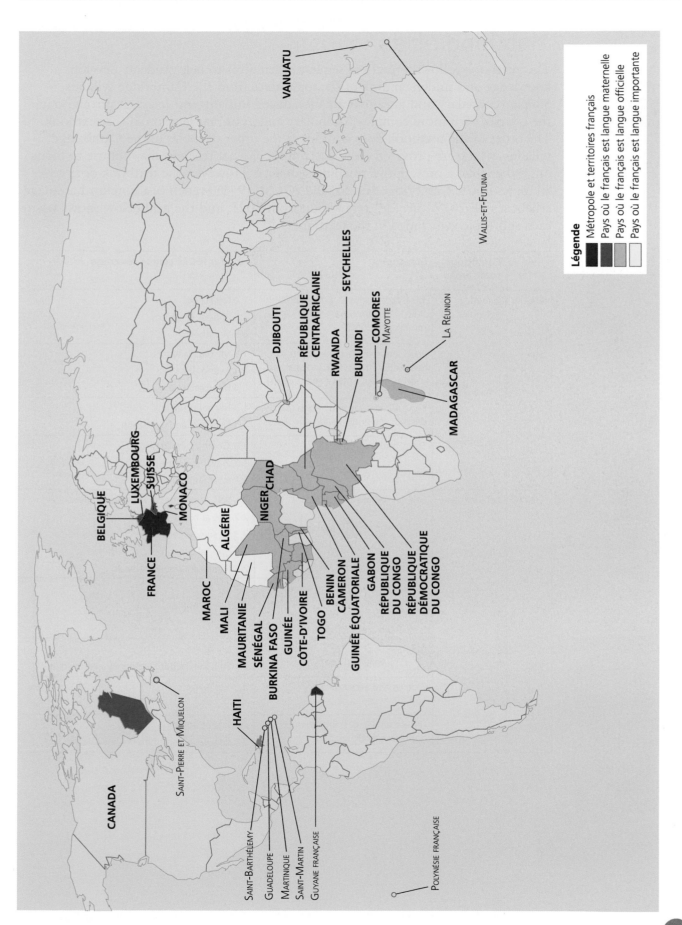

VANUATU

WALLIS-ET-FUTUNA

SEYCHELLES

DJIBOUTI

RÉPUBLIQUE
CENTRAFRICAINE

RWANDA

BURUNDI

COMORES

MAYOTTE

LA RÉUNION

MADAGASCAR

LUXEMBOURG

SUISSE

MONACO

BELGIQUE

NIGER

CHAD

ALGÉRIE

FRANCE

MAROC

MALI

MAURITANIE

SÉNÉGAL

BURKINA FASO

GUINÉE

CÔTE-D'IVOIRE

TOGO

BENIN

CAMERON

GUINÉE ÉQUATORIALE

GABON

RÉPUBLIQUE
DU CONGO

RÉPUBLIQUE
DÉMOCRATIQUE
DU CONGO

SAINT-PIERRE ET MIQUELON

HAÏTI

CANADA

SAINT-BARTHÉLEMY

GUADELOUPE

MARTINIQUE

SAINT-MARTIN

GUYANE FRANÇAISE

POLYNÉSIE FRANÇAISE

**Légende**

■ Métropole et territoires français

■ Pays où le français est langue maternelle

■ Pays où le français est langue officielle

□ Pays où le français est langue importante

**9**

# Matching grids

This textbook follows a teaching sequence that aims to help students develop knowledge and understanding of the topic areas from the Cambridge syllabus. Simple vocabulary and grammar are introduced initially and revisited throughout the course, with more complex vocabulary and grammar later on in the textbook. The order of the textbook does not mirror the *order* of topics in the Cambridge syllabus, which are provided only as examples of what teachers may choose to focus on, rather than a prescriptive teaching sequence. However, the textbook does cover all topics in the Cambridge IGCSE and IGCSE (9–1) French as a Foreign Language syllabuses (0520/7156) for examination from 2021, and the grid below shows where each sub-topic is included in the textbook.

| | Cambridge topic areas | Sub-topics | Hodder IGCSE course coverage |
|---|---|---|---|
| Area A | Everyday activities | Time expressions (e.g. telling the time, days, days of the week, months, seasons) | 1.2 My school<br>2.5 Special occasions<br>3.5 Weather |
| | | Food and drink (e.g. meals, fruit and vegetables, meat, fish and seafood, snacks, drinks, cutlery and utensils) | 1.3 My eating habits<br>2.4 Eating out<br>5.4 International menus |
| | | The human body and health (e.g. parts of the body, health and illness) | 1.3 My eating habits<br>1.4 My body and my health |
| | | Travel and transport | 2.6 Going on holiday<br>3.7 Travel and transport<br>5.1 International travel |
| Area B | Personal and social life | Self, family and friends | 2.1 Self, family, pets, personal relationships<br>2.2 Life at home<br>2.3 Leisure, entertainments, invitations<br>2.5 Special occasions<br>2.7 Family and friends abroad |
| | | In the home (e.g. rooms, living room, kitchen, bedroom, bathroom, furniture and furnishings, garden, household appliances) | 1.1 My home<br>2.2 Life at home |
| | | Colours | 1.1 My home<br>2.1 Self, family, pets, personal relationships |
| | | Clothes and accessories | 3.2 Shopping |
| | | Leisure time (e.g. things to do, hobbies, sport) | 2.2 Life at home<br>2.3 Leisure, entertainments, invitations |

| | Cambridge topic areas | Sub-topics | Hodder IGCSE course coverage |
|---|---|---|---|
| Area C | The world around us | People and places (e.g. continents, countries and nationalities, compass points) | 1.1 My home<br>2.6 Going on holiday<br>2.7 Family and friends abroad<br>3.1 Home town and geographical surroundings<br>3.4 Natural environment<br>3.5 Weather |
| | | The natural world, the environment, the climate and the weather | 3.4 Natural environment<br>3.5 Weather<br>5.2 Weather on holiday<br>5.5 Environmental problems |
| | | Communications and technology (e.g. the digital world, documents and texts) | 2.2 Life at home<br>3.3 Public services<br>4.5 Communication and technology at work |
| | | The built environment (e.g. buildings and services, urban areas, shopping) | 3.2 Shopping<br>3.3 Public services<br>3.6 Finding the way |
| | | Measurements (e.g. size, shape) | 3.2 Shopping |
| | | Materials | 3.2 Shopping |
| Area D | The world of work | Education (e.g. learning institutions, education and training, the classroom, learning tools, subjects, studying) | 1.2 My school<br>4.1 French schools<br>4.2 Further education and training |
| | | Work (e.g. jobs and careers, the workplace) | 4.3 Future career plans<br>4.4 Employment<br>4.5 Communication and technology at work |
| Area E | The international world | Countries, nationalities and languages | 1.1 My home<br>2.6 Going on holiday<br>2.7 Family and friends abroad |
| | | Culture, customs, faiths and celebrations | 2.5 Special occasions<br>5.3 Festivals and faiths |

# 1.1 My home

*Embarquement*

## 1.1a Là où j'habite

> ★ **Se présenter et dire où l'on habite**
> ★ **Les articles indéfinis :** *un, une* et *des*

**1 a** Regardez les images. Choisissez la bonne lettre (A, B, C, D, E, F, G ou H) pour chaque phrase (1-8).

*Exemple :* 1 G

1 Mes grands-parents habitent dans un appartement moderne.
2 Amal habite dans une maison rose au Sénégal.
3 L'appartement de Nicolas se situe au centre-ville. Il y a des magasins, des cafés, des cinémas…
4 Mon oncle s'appelle Théo et il habite à la montagne dans une maison individuelle.
5 Isabelle habite en France à la campagne.
6 Ma sœur s'appelle Laure et elle habite en Bretagne au bord de la mer.
7 Vous habitez dans un quartier industriel en Alsace ?
8 Vous habitez dans un village au Maroc, Yasmine ? Il y a un désert, non ?

**A**

**B**

**C**

**D**

**E**

**F**

**G**

**H**

**1 b** Faites une liste des mots utiles de l'activité 1a et d'autres mots que vous connaissez au sujet d'où l'on habite. Regardez dans un dictionnaire, si nécessaire. Traduisez-les dans votre langue.

*Exemple :* une villa, un gite…

**2** Vous allez entendre, deux fois, huit jeunes qui parlent de l'endroit où ils habitent. Pendant que vous écoutez les jeunes, choisissez la réponse appropriée. Vous avez d'abord quelques secondes pour lire les réponses.

*Exemple :* 1 A

1 Fred habite…
   A dans une maison.
   B en ville.
   C à la montagne.
2 L'appartement d'Anni est…
   A en France.
   B moderne.
   C au bord de la mer.

3 L'Alsace est…
   A une région de France.
   B une ville.
   C un village.
4 La famille d'Édith habite…
   A en France.
   B dans un appartement.
   C au Sénégal.

5 Paul habite…
  A en France.
  B en ville.
  C dans un appartement.
6 La maison d'Ève est…
  A typiquement suisse.
  B grande.
  C au bord de la mer.

7 Yves habite…
  A dans un grand appartement dans un quartier industriel.
  B dans un petit appartement dans un quartier chic.
  C dans un grand appartement dans un quartier chic.
8 Maya habite…
  A en France.
  B dans un village.
  C en ville.

3 Les articles indéfinis : *un*, *une* et *des*. Regardez d'abord les sections grammaire A1 et A4. Complétez les phrases avec *un*, *une* ou *des*.

*Exemple :* 1 une
  1 Moi, j'habite dans ……….. maison individuelle à la montagne.
  2 Sara habite dans ……….. quartier touristique. Il y a ……….. touristes partout.
  3 Au centre-ville, il y a ……….. magasins, ……….. restaurants, ……….. cinémas et ……….. grand théâtre.
  4 Mes grands-parents habitent dans ……….. petite maison jumelée au bord de la mer.
  5 Au Maroc, il y a ……….. villes et ……….. désert aussi.
  6 C'est ……….. région industrielle dans le nord de la France.
  7 Nous habitons dans ……….. village à la campagne.
  8 Il y a ……….. café près de ma maison.

4 a Les sons nasaux (*an*, *en*, *in*, *on*, *un*). Vous allez entendre une phrase. Pendant que vous écoutez, répétez les mots ci-dessous pour faire la phrase que vous entendez. Ensuite, répétez la phrase cinq fois de suite. Réécoutez pour vérifier. Traduisez la phrase dans votre langue et apprenez-la par cœur.

**OnhabitedansungrandappartementenFrance;AngéliquehabitedansunegrandemaisonenInde.**

4 b Travaillez à deux. Lisez la phrase de l'activité 4a à tour de rôle. Qui fait le moins d'erreurs ?

5 Posez ces questions à votre partenaire. Répondez aussi à ses questions. Pour vous aider, utilisez le tableau ci-dessous.
  1 Tu t'appelles comment ?
  2 Où habites-tu ? / Tu habites dans quel pays ?
  3 Tu habites à la campagne / à la montagne / en ville / dans un quartier industriel ?
  4 Tu habites dans une maison ou dans un appartement ?
  5 Il/Elle est grand(e) / petit(e) ?

| J'habite Nous habitons | dans une grande / petite maison dans un grand / petit appartement | moderne / traditionnel(le) / ancien(ne) / individuel(le) / mitoyen(ne). |
|---|---|---|
| C'est situé Il / Elle se situe | en France / au Canada / en Belgique / en Grande-Bretagne / aux États-Unis / au Sénégal / en Inde. en ville / dans le centre-ville / dans la banlieue. à la campagne / à la montagne / au bord de la mer. dans un quartier industriel / calme / touristique / moderne / super. | |

6 Maintenant, écrivez environ 100 mots en français pour dire où vous habitez.

13

## 1.1b C'est comment chez toi ?

*Décollage*

* ★ **Décrire votre logement**
* ★ **Les articles définis *le*, *la*, *l'* et *les* ; l'accord des adjectifs**

### C'est comment chez toi ? Dis-nous !

Ici Justine ! Moi, j'habite dans une grande maison individuelle située à la campagne près d'un joli village en Bretagne. J'adore ma maison !

Chez moi, il y a huit pièces. Au rez-de-chaussée, nous avons un grand séjour très confortable, une belle cuisine bien équipée et une salle à manger charmante. Il y a aussi le bureau de ma mère. À l'étage, il y a deux chambres et une salle de bains-WC. Un petit escalier monte au grenier où se trouve une troisième chambre : ma chambre. Malheureusement, il n'y a pas de cave. Il n'y a pas de balcon non plus, mais heureusement le jardin est énorme avec une petite piscine. Derrière la maison se situe le garage.

Ma pièce préférée ? C'est ma chambre, sans aucun doute. Elle est vraiment sympa, grande et claire. Les murs sont vert clair et il y a des rideaux blancs. Oui, j'adore ma chambre !

**1 a** Lisez le blog. Ensuite, répondez aux questions en choisissant A, B ou C.

*Exemple :* 1 A

1 La maison de Justine se situe près d'un … village.
   A beau
   B grand
   C petit
2 Au rez-de-chaussée, il y a … pièces.
   A deux
   B trois
   C quatre
3 Chez elle, il y a un grand…
   A jardin.
   B balcon.
   C garage.

4 Il n'y a pas de cave ni de…
   A piscine.
   B balcon.
   C grenier.
5 La chambre de Justine est au … étage.
   A premier
   B deuxième
   C troisième
6 Elle trouve sa chambre…
   A mal décorée.
   B trop claire.
   C super.

**1 b** Relisez le blog et faites une liste des mots utiles. Traduisez-les dans votre langue.

*Exemple :* une maison individuelle…

**2** Vous allez entendre trois jeunes qui décrivent leur logement. Copiez et remplissez la grille.

| Qui ? | Type de logement ? | Où ? | Nombre de pièces | Il n'y a pas de… | Autres détails |
|---|---|---|---|---|---|
| Simon | *un appartement* | *à (l'est de) Paris* | | | |
| Laure | | | | | |
| Sébastien | | | | | |

**3 a** Les articles définis *le, la, l'* et *les*, et l'accord des adjectifs. Regardez d'abord les sections grammaire A3 et B1. Copiez et complétez les phrases avec *le, la, l'* ou *les* et la forme correcte de l'adjectif entre parenthèses.

*Exemple :* 1 L'appartement de Léo est énorme et très confortable.

1. ......... appartement de Léo est ......... (*énorme*) et très ......... (*confortable*).
2. ......... maison de Rachida est ......... (*petit*) et se situe au bord de ......... mer.
3. ......... gîte est situé à ......... campagne. Il est ......... (*charmant*), avec une ......... (*petit*) cuisine bien ......... (*équipé*).
4. Ma tante habite dans une ......... (*vieux*) maison ......... (*jumelé*) dans ......... banlieue.
5. Au Canada, ......... appartements sont beaucoup plus ......... (*grand*) que les appartements en France.
6. ......... rideaux sont ......... (*marron*) et ......... murs ......... (*orange*). Franchement, cette pièce est ......... (*affreux*).
7. Il y a un ......... (*nouveau*) hôtel près de chez moi.
8. ......... régions ......... (*industriel*) sont peu ......... (*populaire*) chez les touristes.

**3 b** Relisez le blog de Justine. Trouvez dix adjectifs. Écrivez-les et traduisez-les dans votre langue.

*Exemple :* grande…

**4** Posez ces questions à votre partenaire. Répondez aussi à ses questions. Si possible, ajoutez des détails supplémentaires. Écrivez vos réponses et apprenez-les par cœur.

*Exemple :*

**A** J'habite dans une grande maison moderne dans un quartier calme.
**B** Moi j'habite dans une petite maison typique de ma région. Elle est vraiment très jolie.

1. Comment est ton logement ? Il est grand ou petit, par exemple ?
2. Où se situe-t-il ?
3. Il y a combien de pièces et comment sont-elles ?
4. Y a-t-il un jardin et un garage ?
5. Comment est ta chambre ?

| J'habite Nous habitons | dans un(e) | grand(e) / petit(e) / joli(e) nouvel / nouvelle | maison appartement | moderne / traditionnel(le) / ancien(ne) / individuel(le). |
|---|---|---|---|---|
| Au rez-de-chaussée Au premier étage Au grenier | il y a… nous avons… un(e) / deux / trois / quatre… ma / mon… le / la / les… | | chambre(s) salle à manger salle de bains cuisine salon toilettes | énorme(s) / super / magnifique(s) / moche(s) / clair(e)(s) / sombre(s) / propre(s). |
| Les murs sont Les rideaux sont | blanc(he)s / bleu(e)s / bleu clair / roses / vert(e)s / jaunes / marron / orange. | | | |
| Ma maison se situe | à la campagne / à la montagne / en ville / dans un quartier industriel / au bord de la mer. | | | |

**5** Comment est votre logement ? Écrivez environ 80-90 mots en français.
- Dites où se situe votre logement.
- Dites s'il est grand ou petit, moderne ou traditionnel.
- Dites combien de pièces vous avez et s'il y a un jardin.
- Décrivez votre chambre : où elle se situe (au premier étage…), la taille, la couleur des murs…

*Décollage*

## 1.1c Chez moi, je...

★ **Décrire ce que vous faites dans chaque pièce**
★ **Les pronoms personnels et les verbes réguliers -er au présent [1] et être, aller, avoir, faire**

# Bienvenue chez moi

Coucou ! Ici Mina. J'habite à Québec au Canada dans une petite maison moderne avec ma famille. Venez voir !

Alors, d'abord, au rez-de-chaussée, nous avons le séjour. Il est petit, c'est vrai, et un peu sombre, mais confortable tout de même. C'est ici que ma famille et moi regardons la télé chaque soir, qu'on se repose et que moi, je joue du piano.

Ensuite, il y a la salle à manger. J'aime faire mes devoirs ici, car il y a une grande table, ce qui est pratique. À part cela, j'y vais rarement car on mange dans la cuisine ! Mon frère, lui, va toujours dans sa chambre pour faire ses devoirs.

À côté de la salle à manger se trouve la cuisine où l'on mange en famille et où mes parents passent beaucoup de temps à discuter quand ils préparent le diner. Moi j'y fais la vaisselle aussi, mais, honnêtement, je préfère manger.

Au premier étage se trouvent trois chambres. Voici ma chambre. Elle est sympa, non ? Moi, je passe beaucoup de temps ici. C'est l'endroit où j'écoute de la musique, où je surfe sur Internet et où je joue aux jeux vidéo. C'est ici que je téléphone à mes copains aussi. Nous parlons pendant longtemps.

Et alors, ça c'est ma maison. J'espère que vous l'aimez.

**1** Lisez l'article. Ensuite lisez les phrases ci-dessous et trouvez l'intrus chaque fois.

*Exemple :* 1 c

1 Mina a) *joue du piano* b) *regarde la télé* c) *va rarement* dans le séjour.
2 Mina préfère a) *rester dans sa chambre* b) *se servir de la grande table* c) *aller dans la salle à manger* pour travailler.
3 La famille a) *mange ensemble* b) *mange devant la télé* c) *mange dans la cuisine*.
4 Mina et son frère a) *partagent une chambre* b) *ne font pas leurs devoirs ensemble* c) *regardent la télé le soir*.
5 Mina a) *aide à la cuisine* b) *discute avec sa mère dans la cuisine* c) *ne prépare pas à manger d'habitude*.
6 Elle aime passer du temps dans sa chambre a) *parce qu'il y a beaucoup à faire* b) *parce qu'elle n'aime pas sa famille* c) *parce qu'elle l'aime*.

**2** Vous allez entendre deux interviews avec Axelle et Marcel. Il y a une pause entre les interviews. Répondez aux questions en choisissant A, B ou C. N'oubliez pas de lire les questions avant d'écouter.

*Exemple :* 1 B

**Première partie**

1 Axelle aime regarder la télé dans…
   A sa chambre.
   B le salon.
   C la salle à manger.
2 Elle va…
   A dans le salon de temps en temps.
   B rarement dans le salon.
   C souvent dans le salon.
3 Le bureau de son père est…
   A au sous-sol.
   B dans le grenier.
   C dans le garage.

**Deuxième partie**

4 L'appartement de Marcel se situe…
   A aux environs d'Angers.
   B au cœur d'Angers.
   C près d'Angers.
5 Les autres…
   A ne veulent pas aider Marcel à faire la cuisine.
   B aident Marcel à faire la cuisine.
   C ne peuvent pas aider Marcel à faire la cuisine.
6 Pour jouer de la guitare, Marcel va…
   A dans sa chambre.
   B sur le balcon.
   C dans la cuisine.

3 Les pronoms personnels et les verbes réguliers *-er* au présent et *être, aller, avoir, faire*. Regardez d'abord les sections grammaire D1, K2 et K3. Reliez chaque sujet à la bonne fin de phrase pour faire des phrases correctes au présent. Attention ! il y a trois fins de phrase de trop.

*Exemple :* 1 G

1 Mes parents
2 Vous
3 Mon frère et moi
4 Ma maison
5 Quand il fait beau, tu
6 Mes sœurs
7 Moi, je
8 Nous

A est assez grande.
B habitez dans une grande maison ?
C joue du piano dans la salle à manger.
D vas sur le balcon ?
E sommes quatre dans ma famille.
F va dans le jardin.
G regardent la télé dans le salon tous les soirs.
H se maquille dans sa chambre.
I mangeons toujours dans le salon.
J se maquillent toutes les deux dans la salle de bains.
K fait de la natation dans la piscine.

4 Faites un sondage en classe. Que faites-vous chez vous ? Posez les questions suivantes aux autres élèves de la classe et notez les réponses.

1 Tu passes le plus de temps dans quelle pièce ?
2 Où fais-tu tes devoirs ? Pourquoi ?
3 Où est-ce que tu manges ? Pourquoi ?

4 Où regardes-tu la télé ? Pourquoi ?
5 Quelle est ta pièce préférée et pourquoi ?

| | | |
|---|---|---|
| Je / J'… | passe / passent / passons beaucoup de temps | dans ma / leur / notre chambre. |
| Beaucoup d'élèves… | aime / aiment / aimons être | dans la salle à manger. |
| Nombreux sont ceux qui… | préfère / préfèrent / préférons être | dans la salle de bains. |
| | fais / font / faisons mes / leurs / nos devoirs | dans la cuisine. |
| Peu d'élèves… | regarde / regardent / regardons la télé | dans le salon. |
| Quelques élèves… | mange / mangent / mangeons | sur le balcon. |
| Nous… | me repose / se reposent / nous reposons | dans le jardin. |
| | (souvent / tout le temps / rarement / tous les soirs / de temps en temps / quelquefois) | |
| | surfe / surfent / surfons sur Internet | |
| | écoute / écoutent / écoutons de la musique | |

5 Que faites-vous chez vous ? Servez-vous des résultats du sondage. Écrivez dix phrases pour décrire ce que font les élèves de votre classe quand ils sont chez eux.

*Exemple :* Onze élèves passent beaucoup de temps dans le salon.

Tous les autres passent le plus de temps dans leur chambre parce qu'ils aiment…

*En Vol*

# 1.1d Dans ma chambre, il y a…

★ **Décrire des pièces dans votre maison ou appartement**
★ **Les prépositions de lieu [1]**

## Les ados parlent de leur chambre

### Amélie, 15 ans

Ma chambre, c'est ma pièce préférée. Elle est vraiment sympa, grande et claire avec des rideaux blancs et des murs bleu clair. C'est là que je vais quand je veux être seule. Il y a un lit bien sûr et à côté du lit, un bureau où je fais mes devoirs. Sur le bureau il y a un ordinateur ainsi qu'une lampe et devant le bureau, une chaise. Au-dessus du bureau, j'ai des étagères où je range tous mes livres et mes stylos. C'est pratique. Et j'en ai beaucoup. Il y a une belle armoire blanche dans le coin et en face d'elle, entre mon lit et le mur, un petit fauteuil rouge. Je n'ai pas de tapis, mais il y a beaucoup de coussins sur le lit. D'habitude ma chambre est assez bien rangée, mais des fois, si j'ai beaucoup de devoirs, elle est complètement en désordre.

### Luc, 16 ans

Moi, je partage une chambre avec mon frère et, franchement, je la déteste ! Elle est trop petite pour deux personnes. En plus, les murs sont jaunes et les rideaux, noirs. Quelle horreur ! Nous avons, bien sûr, deux lits et, entre les lits, il y a une petite table. Nous n'avons pas de bureau, pas d'étagères, même pas de chaises. Sur la table il y a des livres, du papier, toutes sortes de choses. Sous la table il y a souvent des vêtements, des chaussures, des cahiers, des manuels scolaires… Notre chambre est vraiment en désordre ! Notre mère nous dit constamment de mettre nos vêtements dans la grande armoire qui se trouve dans le coin de la chambre. Sur le mur, derrière le lit de mon frère il y a un poster de foot, mais moi, je n'aime pas le foot ! Je déteste vraiment notre chambre.

**1** Lisez le site web. Ensuite, lisez les affirmations et chaque fois choisissez la bonne personne. Écrivez A (Amélie), L (Luc), A+L (les deux) ou X (ni l'un ni l'autre).

*Exemple :* 1 A

Qui…

1 a sa propre chambre ?
2 peut ranger le plus facilement ses livres ?
3 a une armoire dans le coin de sa chambre ?
4 a une chaise à côté d'une table ?

5 a quelque chose sur le mur de sa chambre ?
6 peut s'assoir en face de l'armoire ?
7 met ses vêtements par terre ?
8 n'aime pas les murs de sa chambre ?

**2** Vous allez entendre un dialogue entre deux copines. Complétez les phrases avec un mot français choisi dans la liste. Il y a deux pauses dans le dialogue. N'oubliez pas de lire les phrases d'abord.

*Exemple :* 1 se détendre

| moche | *se détendre* | le salon | pelouse | peinture | quatre |
|-------|-------------|----------|---------|----------|--------|
| ensemble | sa chambre | terrasse | sympa | étagère | |
| en face | manger | four | deux | frigo | |

1 Malika va dans le salon pour .......... .
2 Le salon et la salle à manger sont .......... .
3 Pour jouer du piano, Malika va dans .......... .
4 Sur le mur de la salle à manger, il y a une .......... .
5 Devant la cuisine, il y a une .......... .

6 Le lave-linge se trouve à côté du lave-vaisselle et du .......... .
7 Il y a .......... pièces d'où on voit la mer.
8 La chambre de Malika est .......... .

3 Les prépositions de lieu. Regardez d'abord la section grammaire J. Complétez les phrases avec une préposition de lieu choisie dans la liste.

*Exemple :* 1 dans; sous / sur

| sur | derrière | entre |
|-----|----------|-------|
| sous | devant | à côté de |
| dans | dans le coin | |

1 Les vêtements ne sont pas .......... l'armoire mais sont .......... le lit.
2 Elle est .......... la fenêtre où elle regarde passer les gens.
3 Mon ordinateur est .......... le bureau .......... la lampe.
4 Le chat dort .......... les rideaux.
5 — Est-ce que mes clés sont .......... la table ?
   — Non, elles sont .......... le tiroir.
6 Mon bureau est .......... mon lit et mon armoire.
7 La télévision est .......... du salon.
8 Il est dehors .......... le balcon.

4 a Travaillez à deux pour faire ce jeu de rôle. Un(e) élève téléphone à son/sa correspondant(e) chez qui il/elle va loger pour poser des questions au sujet de sa maison. Une personne joue le rôle de l'élève et l'autre joue le rôle du/de la correspondant(e). L'élève commence.

  1 A *Salut, c'est moi, X. Alors, je viens bientôt chez toi. Elle est comment ta maison ? Combien de pièces est-ce qu'il y a chez toi, par exemple ?* B …
  2 A *Quelle est ta pièce préférée ? Pourquoi ?* B …
  3 A *Comment est ta chambre ?* B …
  4 A *Où est-ce que tu fais tes devoirs ? Pourquoi ?* B …
  5 A *Et où est-ce que je vais dormir, moi ?* B …

4 b Maintenant, changez de rôles et faites le jeu de rôle une deuxième fois.

5 Comment est votre chambre ? Écrivez environ 100 mots pour la décrire.
  ● Avez-vous votre propre chambre ? Est-elle grande ou petite ?
  ● Où est le bureau, le lit… ?
  ● Comment est la déco, la couleur des murs, etc. ?
  ● Il y a une belle vue ?
  ● Aimez-vous votre chambre ? Pourquoi (pas) ?

*Embarquement*

## 1.2a À dix heures, j'ai maths

* ★ **Parler de votre emploi du temps**
* ★ **Les jours et l'heure**

 1 a Regardez les images. Choisissez la bonne lettre (A, B, C, D, E, F, G ou H) pour chaque phrase (1-8).

*Exemple :* 1 F

1 J'ai français le mercredi à dix heures et demie. J'adore le français, c'est génial.
2 Simon a maths le lundi à treize heures quinze. Il déteste les maths, c'est difficile.
3 Tous les mardis à neuf heures moins vingt, ma sœur a biologie. Quelle horreur ! C'est ennuyeux.
4 La pause, c'est à onze heures. On aime tous la pause !
5 Mon frère a EPS le samedi matin à neuf heures. Heureusement, il aime l'EPS.
6 Le dessin, c'est à quatorze heures le vendredi. C'est pas mal.
7 Le mardi et le vendredi, j'ai permanence* à quatorze heures. C'est super.
8 Le jeudi, à quinze heures trente, j'ai géographie. C'est pénible.

*permanence – salle où vont les élèves pour travailler quand ils n'ont pas cours en dehors des récréations*

1 b Faites une liste des mots utiles de l'activité 1a et d'autres mots que vous connaissez au sujet de votre emploi du temps. Regardez dans un dictionnaire, si nécessaire. Traduisez-les dans votre langue.

*Exemple :* le déjeuner, l'histoire, l'anglais, l'allemand…

 2 Vous allez entendre trois jeunes qui parlent de leur emploi du temps. Pendant que vous écoutez les jeunes, choisissez les quatre affirmations correctes. Vous avez d'abord quelques minutes pour lire les affirmations.

*Exemple :* 2, …

1 Le lundi, Samuel a quatorze cours.
2 Samuel préfère le mardi.
3 Samuel a français le lundi.
4 Amel aime la physique-chimie.
5 Au collège d'Amel, le déjeuner finit à 14 h 00.
6 Amel est très forte en maths.
7 Édith a histoire le mardi matin.
8 Elle a musique le vendredi.

**3 a** Les jours et l'heure. Regardez d'abord la section grammaire G. Complétez les phrases avec la bonne heure et le bon jour selon les informations entre parenthèses.

*Exemple :* 1 dix heures et demie

1 La récréation, elle est à .......... (*10h30*) et dure un quart d'heure.
2 Le .......... (*d l m m j v s*) après-midi, je n'ai pas cours.
3 Le .......... (*d l m m j v s*), j'ai français. Il commence à ........... (*15h15*)
4 Le .......... (*d l m m j v s*) matin, ma sœur va à l'école jusqu'à ........... (*12h00*)
5 Aujourd'hui, c'est ........... (*d l m m j v s*). J'ai EPS à ........... (*8h55*) C'est fatigant !
6 Je n'aime pas le ........... (*d l m m j v s*). À .......... (*10h45*) j'ai informatique et je suis nul.
7 On est .......... (*d l m m j v s*) aujourd'hui. Youpi, j'ai espagnol à .......... (*14h10*) Je suis forte en langues.
8 Aujourd'hui, c'est ........... (*d l m m j v s*). Je vais donc rester au lit jusqu'à .......... ! (*10h00*)

**3 b** Relisez les phrases de l'activité 1a. Quel jour de la semaine n'est pas mentionné ? Écrivez l'heure la plus matinale et la plus tardive qui sont mentionnées.

**4 a** Les sons *im* et *in*. Écoutez cette phrase et séparez-en les mots. Répétez la phrase trois fois. Attention à la prononciation. Réécoutez pour vérifier. Répétez l'exercice. Traduisez la phrase dans votre langue. Apprenez la phrase par cœur.

**Inèsquiveutêtreinfirmièrenes'intéressesimplementpasàl'informatiquequ'elletrouveinutile malgrélesinconvénientsinnombrablesdenepasétudiercettematièreimportante.**

**4 b** Travaillez à deux. Lisez la phrase de l'activité 4a à tour de rôle. Qui fait le moins d'erreurs ?

**5** Posez ces questions à votre partenaire. Répondez aussi à ses questions. Pour vous aider, utilisez le tableau.

1 À quelle heure commencent / finissent tes cours ?
2 Tu as combien de cours par jour ?
3 Qu'est-ce que tu as le lundi / mardi / mercredi / jeudi / vendredi ?
4 Quelle est ta journée préférée ? Pourquoi ?
5 Est-ce qu'il y a une journée que tu n'aimes pas ? Pourquoi ?

| Les cours commencent / finissent | à... midi treize heures | et quart / demie cinq / dix / vingt / trente | |
|---|---|---|---|
| Le lundi Le mardi Le mercredi Le jeudi Le vendredi Le samedi | quatorze heures quinze heures seize heures dix-sept heures | moins vingt / le quart / dix / cinq | j'ai... français / anglais / espagnol / géographie / maths / histoire / informatique / EPS / physique-chimie / biologie / technologie / permanence / la récréation / le déjeuner. |
| J'aime Je n'aime pas | parce que c'est facile / passionnant / super / amusant / intéressant / utile / difficile / ennuyeux / nul / inutile. car j'ai... | | |

**6** Maintenant, écrivez environ 100 mots en français pour décrire votre emploi du temps.

# 1.2b Ma journée à l'école

*Décollage*

★ **Décrire une journée à l'école**
★ **Les verbes pronominaux**

Salut Lulu,

Tu m'as demandé de décrire une journée scolaire. Alors, les jours d'école, je me réveille à six heures et demie et je me lève tout de suite. Je me lave, je m'habille tranquillement et puis je prends un bon petit déjeuner – je ne me dépêche pas. Je me mets en route pour l'école à sept heures et quart.

D'habitude, j'arrive au collège à huit heures moins vingt. Les cours commencent à huit heures alors je bavarde un peu avec ma meilleure copine qui s'appelle Jeanne avant le premier cours. À part le mercredi et le samedi, on a sept cours par jour qui durent tous une heure. Après deux leçons, on a la récréation qui commence à dix heures et dure un quart d'heure. De dix heures et quart à midi et quart on a encore deux heures de cours et puis c'est le déjeuner. Génial ! On se détend pendant une heure quarante-cinq. Les cours finissent à dix-sept heures.

Après l'école, mes sœurs et moi, nous nous détendons un peu avant de faire nos devoirs. Nous nous disputons des fois, aussi ! On mange vers dix-neuf heures et je me couche vers vingt-et-une heures. Elles, elles se couchent un peu plus tard.

Et toi, tu te réveilles à quelle heure ? Décris-moi une journée scolaire chez toi.

À plus tard, Aisha

**1** Aisha écrit un courriel à sa copine Lulu au sujet d'une journée scolaire typique. Lisez-le puis répondez aux questions en français.

*Exemple :* 1 six heures et demie / 6 h 30

**1** À quelle heure se lève Aisha ?
**2** Quand elle arrive au collège, combien de temps a-t-elle avant que les cours commencent ?
**3** Qui est Jeanne ?
**4** Elle a combien de cours le mardi ?

**5** À quelle heure finit le déjeuner ?
**6** Quand est-ce qu'Aisha se détend ? [2]
**7** Que fait Aisha chez elle avant de se coucher ?
**8** Qui se couche après Aisha ?

**2** Vous allez entendre Stéphane, qui habite à l'Ile Maurice, décrire sa journée scolaire. Complétez chaque phrase avec un mot de la liste.

| | | | | | |
|---|---|---|---|---|---|
| détend | lentement | ensemble | *lève* | vingt | tennis |
| lave | vite | sœur | finissent | foot | |
| dispute | trente | copine | commencent | tôt | |

*Exemple :* 1 lève

**1** Stéphane se .......... à six heures trente-cinq.
**2** Il ne s'habille pas ...........
**3** La famille mange .......... le matin.
**4** Stéphane va à l'école avec sa ...........
**5** Les cours .......... plus tôt le vendredi que le jeudi.
**6** Le récréation dure .......... minutes.
**7** Après l'école, Stéphane joue quelquefois au ...........
**8** Avant de se coucher, il se .......... avec sa famille.

3 Les verbes pronominaux. Regardez d'abord la section grammaire K14. Complétez les phrases avec la forme correcte des verbes pronominaux entre parenthèses.

*Exemple :* 1 se réveille

1 Sandra .......... .......... (*se réveiller*) très tôt le matin.
2 D'abord je .......... .......... (*se laver*), puis je .......... .......... (*s'habiller*).
3 Mes amis .......... .......... (*se détendre*) après l'école.
4 Vous .......... .......... (*s'amuser*) bien pendant les vacances ?
5 Nous .......... .......... (*se mettre*) en route vers sept heures du matin.
6 Tu .......... .......... (*se coucher*) à quelle heure le soir ?
7 On .......... .......... (*s'entendre*) tous bien.
8 Mon frère ne .......... .......... (*se brosser*) pas toujours les dents.

4 Travaillez à deux pour faire ce jeu de rôle. Une jeune personne parle à son/sa cousin(e) de sa journée scolaire. Une personne joue le rôle A (la jeune personne) et l'autre joue le rôle B (le/la cousin(e)). La jeune personne commence.

1 A Alors, à quelle heure est-ce que tu dois te réveiller le matin ? À quelle heure commencent tes cours ? B …
2 A Qu'est-ce que tu fais le matin les jours d'école ? B …
3 A À quelle heure est la récréation ? Qu'est-ce que tu fais pendant ce temps-là ? B …
4 A Et quand est la pause-déjeuner ? Qu'est-ce que tu fais pendant ce temps-là ? B …
5 A Et cet après-midi, après l'école, qu'est-ce que tu vas faire ? B …

| Les jours d'école, Pendant la semaine, | je dois me réveiller / me lever | tôt à six heures et demie | parce que l'école commence à X heures. | |
|---|---|---|---|---|
| D'abord / Après / Ensuite, Enfin, | je me lave / je m'habille / je prends le petit déjeuner je me mets en route pour l'école. | | | tranquillement / vite fait. |
| La récréation / La pause-déjeuner | commence / finit dure | à onze heures / une heure / deux heures moins le quart. une demi-heure / vingt minutes. | | |
| Pendant ce temps-là, | je bavarde avec mes amis / je mange / je joue au foot / je me détends / je vais au club de tennis. | | | |
| Cet après-midi, après l'école, | mes amis et moi, nous allons voir un film au cinéma / je vais aller en ville avec ma mère / je dois faire mes devoirs. | | | |

5 Décrivez une journée à l'école. Écrivez un billet de blog d'environ 80-90 mots en français.
- Dites à quelle heure commencent les cours.
- Dites à quelle heure vous vous réveillez et ce que vous faites le matin.
- Dites combien de temps un cours dure et combien de cours vous avez par jour.
- Dites à quelle heure commencent et finissent la récréation et le déjeuner.
- Décrivez ce que vous faites après l'école.

*Exemple :* Les cours commencent à huit heures et je me lève donc très tôt.

# 1.2c Mon école

*Décollage*

★ **Décrire votre école**
★ **Les prépositions de lieu [2]**

## Bienvenue au collège Jean Racine

Le collège Jean Racine est un grand collège mixte, très moderne situé près du centre-ville en face du centre sportif. Nous avons mille cinq cents élèves qui profitent tous des salles de classes claires et bien équipées et des équipements modernes.

### Nos deux bâtiments principaux

Il y a deux bâtiments : un grand bâtiment de quatre étages à côté d'un deuxième bâtiment plus petit, où se trouve le réfectoire. Entre ces deux bâtiments, il y a une belle cour.

### Le grand bâtiment

C'est à l'entrée du grand bâtiment que se trouve la réception. Au rez-de-chaussée il y a aussi des toilettes, la salle des professeurs et un CDI (centre de documentation et d'information) agréable où les élèves peuvent s'informer ou bien emprunter des livres. Aux premier, deuxième et troisième étages se trouvent les salles de classes. À part les nombreuses salles de classe, nos élèves ont à leur disposition une salle d'informatique énorme bien fournie en nouveaux ordinateurs et située au troisième étage. Il y a aussi quatre laboratoires qui se trouvent tous au deuxième étage.

### Le petit bâtiment

Les élèves déjeunent dans le réfectoire situé dans le petit bâtiment au premier étage. C'est un endroit extrêmement agréable, clair et accueillant. Au rez-de-chaussée, il y a le bureau de la directrice.

### Le sport

Notre grand terrain de sport se trouve derrière les deux bâtiments principaux, devant un nouveau gymnase. Ensemble, ils donnent aux élèves l'occasion de pratiquer toutes sortes de sports. Avec une piscine aussi, Jean Racine est le collège idéal pour les sportifs.

1   Lisez la page web. Ensuite lisez les profils ci-dessous. Il y a quatre places libres au collège Jean Racine. Choisissez les quatre meilleurs élèves.

*Exemple :* Kathy, …

1   **Kathy :** Moi, j'aime beaucoup les sciences, surtout faire des expériences.
2   **Léo :** Je suis très fort en langues mais je déteste vraiment le sport.
3   **Sandrine :** Je suis plutôt travailleuse. Je passe beaucoup de temps à rechercher en ligne et je lis constamment.
4   **Matthieu :** Ce que j'adore, ce sont les vieux bâtiments. Ils sont vraiment beaux.
5   **Lukas :** Je me perds facilement. Je préfère donc les petites écoles.
6   **Mme Métay :** Je travaille dans un bureau en ville et je cherche un collège qui se trouve tout près pour ma fille Nicole. C'est pratique.
7   **Fatima :** La pause-déjeuner, c'est super, j'adore me détendre avec mes amis dans un endroit sympa.
8   **Gabi :** Le collège de mes rêves, il est non-mixte, petit et se situe à la campagne.

2   Vous allez entendre une interview avec Delphine. L'interview a deux parties. Il y a une pause entre les deux parties de l'interview. Répondez aux questions en choisissant A, B ou C. N'oubliez pas de lire les questions avant d'écouter.

*Exemple :* 1 A

**Première partie**

1 Le collège de Delphine se trouve dans le ... de la France.
   A sud-ouest
   B est
   C sud-est

2 La ville où il est situé est...
   A grande.
   B trop grande.
   C petite.

3 Les élèves vont au centre sportif pour...
   A nager.
   B jouer au hockey.
   C faire de la gym.

**Deuxième partie**

4 Le CDI est...
   A à l'étage.
   B l'endroit idéal pour chercher des infos.
   C un peu vieux et mal équipé.

5 Les salles de classe au rez-de-chaussée sont...
   A modernes.
   B petites.
   C belles.

6 Au collège de Delphine, ...
   A il n'y a pas de salle d'informatique.
   B il y a une belle salle d'informatique moderne.
   C il faut plus d'ordinateurs.

 3 Les prépositions de lieu. Regardez d'abord la section grammaire J. Regardez le dessin et complétez les phrases avec une préposition de lieu choisie dans la liste.

*Exemple :* 1 rez-de-chaussée

1 Il y a cinq salles de classe au ........... .

2 Le réfectoire est .......... d'un petit couloir.

3 La salle des professeurs est .......... du CDI.

4 Au .......... , il y a un long couloir .......... les salles de classes.

5 La réception est .......... de l'escalier.

6 Il y a des laboratoires .......... des salles de classe.

7 Les laboratoires sont ........... .

8 La salle d'informatique se trouve .......... une salle de classe et le CDI, .......... du petit couloir.

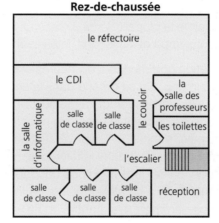
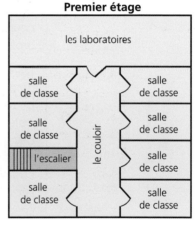

**Rez-de-chaussée** — le réfectoire, le CDI, la salle d'informatique, salle de classe, salle de classe, le couloir, la salle des professeurs, les toilettes, l'escalier, salle de classe, salle de classe, salle de classe, réception

**Premier étage** — les laboratoires, salle de classe, salle de classe, salle de classe, le couloir, salle de classe, l'escalier, l'escalier, salle de classe, salle de classe, salle de classe

| à droite | entre | à côté | *rez-de-chaussée* | premier étage |
|----------|-------|--------|-------------------|---------------|
| en face | au fond | entre | au fond | à gauche |

 4 Posez ces questions à votre partenaire. Répondez aussi à ses questions. Si possible, ajoutez des détails supplémentaires. Écrivez vos réponses et apprenez-les par cœur.

*Exemple :* 1 Mon école est grande et se trouve en centre-ville. Elle est mixte.

1 Est-ce que ton école est grande ou petite et où se trouve-t-elle ?

2 Comment sont les salles de classe et où se trouvent-elles ?

3 L'école est-elle bien équipée ? Pourquoi ?

4 Tu vas faire du sport cette semaine ?

5 Qu'est-ce qu'il y a d'autre ? Ajoutez deux détails de plus.

 5 Travaillez en groupes de trois ou quatre. Écrivez une page web pour votre école.

*Exemple :* Mon collège est un collège mixte qui se trouve...

*En Vol*

# 1.2d La vie au collège

> ★  **Parler de la vie dans un collège français**
> ★  **Les verbes irréguliers au présent [2] ; les verbes -ir et -re réguliers aux deuxième et troisième personnes ; on**

Salut ! Ici Doria. Moi, j'ai quinze ans et je suis donc en troisième dans un grand collège ici à Paris. Ma sœur cadette Faïza qui a treize ans est en cinquième au même collège et mon frère de onze ans, lui, est en sixième.

Les cours commencent à sept heures quarante-cinq. Nous partons donc tous pour l'école à sept heures quinze. Ma sœur et moi, on met longtemps à choisir nos vêtements car on ne porte pas d'uniforme. On prend le métro parce que c'est pratique – on descend près du collège.

Une fois à l'école, je bavarde un peu avec des copains pendant qu'on attend le premier cours. J'aime la plupart de mes matières : j'en fais quatorze différentes. En général, les profs sont sympa et les leçons, intéressantes.

La récréation commence à dix heures et finit à dix heures quinze. Voici l'occasion de se défouler un peu. On se détend dans la cour s'il fait beau, sinon les élèves de troisième peuvent aller dans le réfectoire ou au CDI. Ma sœur me dit toujours « Ce n'est pas juste. Tu te rends dans le réfectoire pour la récré pendant que nous, les cinquièmes, devons rester dehors. » À midi, c'est la pause-déjeuner, qui dure presque deux heures. Nous mangeons tous dans le réfectoire, où l'on vend un bon choix de plats équilibrés. D'habitude, on va dans la grande cour après, mais ça dépend un peu du temps qu'il fait. Le mardi, il y a un atelier théâtre de treize heures à quatorze heures ; j'y vais régulièrement. Par contre, on ne va jamais en ville, on n'a pas le droit.

En troisième, on a deux heures de permanence par semaine, pendant lesquelles on se rend au CDI pour étudier ou bien lire. Ça, j'aime bien. Les surveillants, responsables de nous pendant la permanence, sont très cool. Les cours finissent à dix-sept heures et en général, nous revenons chez nous vers dix-sept heures quarante.

**1**  Lisez le blog. Ensuite, lisez chaque phrase ci-dessous et trouvez l'intrus.

*Exemple :* 1 a

1  Le frère et la sœur de Doria a) sont plus âgés  b) vont au même collège c) quittent la maison à la même heure qu'elle.
2  Doria, Faïza et leur frère vont au collège a) ensemble  b) en car  c) à Paris.
3  D'habitude, Doria arrive au collège a) en retard  b) en avance  c) et parle avec des copains.
4  Dans le réfectoire, on a) peut choisir entre une variété de plats  b) propose souvent du fastfood  c) mange sain.
5  Pendant la pause-déjeuner, Doria va a) souvent dans la cour  b) au théâtre en ville  c) toujours dans le réfectoire.
6  La permanence a) ressemble au déjeuner  b) est surveillée  c) a lieu dans le CDI.

**2** Vous allez entendre une interview avec Dominique, élève en troisième. Il y a deux pauses dans l'interview. Pour chaque question, choisissez les deux phrases qui sont correctes parmi les cinq propositions (A-E). N'oubliez pas de lire les propositions avant d'écouter.

*Exemple :* 1 A, …

1
A Dominique va bientôt quitter le collège.
B Avant le début des cours, Dominique bavarde avec ses amis.
C Dominique n'est pas travailleur.
D Le meilleur ami de Dominique est fort en anglais.
E Dominique déteste toutes les langues.

2
A Pendant la pause-déjeuner, Dominique fait souvent un atelier.
B Dominique déjeune à l'école.
C Après la deuxième récréation, il y a deux heures de cours.
D Selon Dominique, la deuxième récréation est inutile.
E Un jour, les cours ne finissent pas à 17 h.

**3** Les verbes irréguliers au présent. Regardez d'abord la section grammaire K3. Complétez les débuts et fins de phrase avec la forme correcte du verbe entre parenthèses. Ensuite, reliez-les pour faire des phrases complètes.

*Exemple :* 1 viennent – F

1 Beaucoup d'élèves .......... (*venir*)
2 Marc .......... (*partir*) pour l'école très tôt le matin
3 Mes amis .......... (*prendre*) tous le
4 Tu .......... (*sortir*) pendant la pause-déjeuner ? Dans notre collège
5 Les professeurs .......... (*dire*)
6 Je me .......... (*distraire*) bien pendant la récréation mais
7 Ma sœur et moi .......... (*prendre*) un bon
8 Les collégiens n'.......... (*écrire*) plus beaucoup

A nous .......... (*pouvoir*) sortir ou rester dans le réfectoire.
B après, je me .......... (*remettre*) vite au travail.
C bus, mais moi je .......... (*devoir*) y aller à pied.
D et il .......... (*revenir*) vers 18 h.
E toujours « Vous .......... (*devoir*) travailler plus dur ».
F du même village.
G parce qu'ils .......... (*pouvoir*) se servir d'ordinateurs.
H petit déjeuner. Nous .......... (*boire*) du lait.

**4** Travaillez à deux. Deux élèves font leur propre émission de radio au sujet de leur école. L'un(e) interviewe l'autre. Une personne joue le rôle de A (l'intervieweur) et l'autre joue le rôle de B (l'élève). L'intervieweur commence.

1 A Alors, quand commencent et finissent les cours ici ? Ça change dans d'autres pays ? B …
2 A Tu dois partir à quelle heure le matin pour aller à l'école ? Comment est-ce que tu y vas ? B …
3 A Quelles matières est-ce que tu étudies ? B …
4 A Combien de temps dure chaque cours ? C'est trop long, à ton avis ? B …
5 A Qu'est-ce que tu vas faire aujourd'hui après l'école ?. Qu'est-ce que tu fais d'habitude ? B …

**5** Décrivez votre école. Comparez-la avec les collèges en France. Vous devez écrire 130-140 mots en français.
- Comment les cours diffèrent-ils de / ressemblent-ils à ceux en France ?
- i) Les matières / les sports / les clubs qu'on fait. Sont-ils pareils en France ?
  ii) Ce qu'on peut faire pendant la récréation / la pause-déjeuner.
- L'âge des élèves, de onze à dix-huit ans, par exemple.
- Les professeurs sont comment ?
- Est-ce qu'on doit porter un uniforme ?

*Embarquement*

> ★ **Décrire des repas typiques**
> ★ **Les articles partitifs, *du*, *de la* et *des* ; *beaucoup / peu de***

**1 a** Regardez les images. Choisissez la bonne lettre (A, B, C, D, E, F, G ou H) pour chaque phrase (1-8).

*Exemple :* 1 H

    **1** Mes grands-parents adorent manger du poisson avec de la salade.
    **2** Après le diner, mon père boit toujours un café.
    **3** Je bois toujours de l'eau au déjeuner.
    **4** Ma sœur et moi, nous prenons un yaourt au petit déjeuner.
    **5** Mon meilleur ami, Marc, boit souvent du thé. Moi, je déteste ça – beurk !
    **6** Ma mère est en très bonne santé et mange beaucoup de fruits et de légumes.
    **7** Après l'école, je prends toujours un gouter – des tartines et un chocolat chaud.
    **8** Le soir, je mange souvent du poulet avec du riz. J'adore ça.

**1 b** Faites une liste des mots utiles de l'activité 1a et d'autres mots que vous connaissez au sujet des repas. Regardez dans un dictionnaire, si nécessaire. Traduisez-les dans votre langue.

*Exemple :* le poisson, la salade, le café, le thé…

**2** Vous allez entendre six jeunes qui parlent de la nourriture. Pendant que vous écoutez les jeunes, mettez les photos de l'activité 1a dans l'ordre dans lequel vous les entendez.

*Exemple :* E, …

**3 a** Les articles partitifs *du, de la, de l'* et *des, beaucoup de, peu de*. Regardez d'abord la section grammaire A5. Complétez les phrases avec un mot ou une expression de la liste.

| du | de la | de l' | des | de |
|----|-------|-------|-----|-----|

*Exemple :* 1 du

   **1** Chez nous, on mange souvent .......... poisson le soir.

   **2** Je bois toujours .......... eau mais mon frère boit beaucoup .......... boissons sucrées.

   **3** En France, on peut manger .......... escargots.

   **4** En dessert, il y a .......... glace, .......... gâteau ou bien .......... fruits.

   **5** Ma mère a peu .......... temps le matin. Elle ne mange pas mais boit .......... café.

   **6** Quand je vais au restaurant, je prends .......... frites. Miam-miam !

   **7** J'essaie de manger .......... légumes régulièrement parce qu'ils sont bons pour la santé.

   **8** Quelquefois, mes amis et moi, nous buvons .......... limonade, mais pas souvent.

**3 b** Relisez les phrases de l'activité 1a. Combien d'exemples d'articles partitifs est-ce qu'il y a dans chaque phrase ?

*Exemple :* 1 deux

**4 a** Le son *y*. Écoutez cette phrase et séparez-en les mots. Répétez la phrase trois fois. Attention à la prononciation. Réécoutez pour vérifier. Répétez l'exercice. Traduisez la phrase dans votre propre langue. Apprenez la phrase par cœur.

**Ledesserttypiqued'Yvesetd'Yvette,descyclistesduYorkshire,estunyaourtauxmyrtilles.**

**4 b** Travaillez à deux. Lisez la phrase de l'activité 4a à tour de rôle. Qui peut dire la phrase le plus vite sans faire d'erreurs ?

**5** Posez ces questions à votre partenaire. Répondez aussi à ses questions. Pour vous aider, utilisez le tableau.

   **1** Qu'est-ce que tu manges d'habitude le matin ?

   **2** Qu'est-ce que tu manges d'habitude à midi et le soir ?

   **3** Qu'est-ce que tu bois d'habitude ?

   **4** Quel est ton repas préféré ?

   **5** Prends-tu du dessert ? Si oui, que prends-tu d'habitude ?

| D'habitude | le matin<br>à midi<br>le soir<br>pour le petit déjeuner<br>pour le déjeuner<br>pour le diner<br>en dessert | je mange<br>je bois<br>je prends | du poulet / du poisson / du fromage / du lait / du café / du chocolat chaud / du thé / du jus d'orange.<br>des pâtes / des légumes / des fruits / des tartines.<br>de la glace.<br>de l'eau. |
| --- | --- | --- | --- |
| Mon repas préféré, c'est<br>Je n'aime pas manger | le petit déjeuner<br>le déjeuner<br>le diner<br>du poulet avec du riz<br>du poisson avec de la salade<br>des pâtes / des lasagnes | | parce que c'est bon / délicieux / bon pour la santé.<br>parce que c'est horrible / trop sucré / trop salé / mauvais pour la santé. |

**6** Maintenant, écrivez environ 100 mots en français pour décrire ce que vous mangez typiquement pendant une journée.

*Décollage*

# 1.3b La nourriture d'ici et d'ailleurs

★ **Donner votre avis sur la nourriture internationale**
★ **Les adjectifs irréguliers [1] ; les comparaisons**

Coucou, c'est **Malika**. Ici en Afrique du Nord, on mange bien. Personnellement, je suis végétarienne et mon repas préféré, c'est le couscous. La nourriture végétarienne est vraiment délicieuse et pas aussi grasse que le bœuf ou l'agneau. On mange aussi beaucoup de fruits frais chez nous. Cependant, j'ai horreur des boissons gazeuses.

Ici **Michel**. Au Canada, on a beaucoup de bons plats. Cependant, certains sont moins sains que d'autres. Mon plat préféré, c'est la pizza et les frites. C'est un peu gras et pire pour la santé que le poisson et la salade, par exemple, mais délicieux tout de même. Ma sœur mange plus sain que moi.

Ici **Mylène**. Moi, j'habite en France mais je mange souvent des plats internationaux parce que la cuisine étrangère est toujours plus originale que les plats français. J'aime en particulier les plats indiens, comme le curry au poulet, même s'ils peuvent être un peu piquants. Mes parents préfèrent les plats européens qui sont moins épicés.

C'est **Mandhora** de la Nouvelle-Calédonie. Chez moi, on mange une grande variété de poissons, de légumes comme les patates douces et de fruits tels que les mangues. À mon avis, la nourriture fraiche est meilleure que les plats préparés.

1 Lisez le billet de blog au sujet de la nourriture. Ensuite classifiez les aliments ci-dessous selon l'avis des bloggeurs. Écrivez 'P' s'ils ont un avis positif, 'N' s'ils ont un avis négatif ou '–' s'il n'est ni positif ni négatif.

*Exemple :* 1 P

**Malika**
1 La nourriture végétarienne
2 le bœuf
3 Les boissons gazeuses
**Michel**
4 La pizza

**Mylène**
5 La cuisine d'ailleurs
6 La cuisine européenne
**Mandhora**
7 Les mangues
8 Les plats préparés

2 Vous allez entendre une conversation entre deux adolescents au sujet de leurs aliments préférés. La conversation a deux parties. Il y a une pause entre les deux parties. Répondez aux questions en choisissant A, B ou C. N'oubliez pas de lire les questions avant d'écouter.

*Exemple :* 1 B

**Première partie**

1 Selon Gaël, ... a beaucoup de gout.
   A le ragout de bœuf
   B le poulet mexicain
   C les omelettes aux pommes de terre
2 Sandrine n'aime pas la nourriture mexicaine parce qu'...
   A elle trouve que c'est trop gras.
   B elle est végétarienne.
   C elle n'aime pas le Mexique.
3 Gaël trouve la cuisine chinoise...
   A aussi bonne que la cuisine mexicaine.
   B moins bonne que la cuisine mexicaine.
   C délicieuse.

**Deuxième partie**

4 Gaël...
   A mange souvent du curry.
   B ne mange jamais de curry.
   C ne mange pas souvent du curry.
5 La meilleure copine de Sandrine préfère la cuisine...
   A indienne.
   B italienne.
   C chinoise.
6 Selon Sandrine, la cuisine française est souvent considérée comme...
   A meilleure que la cuisine de tous les autres pays.
   B moins bonne que la cuisine d'autres pays.
   C pire pour la santé que la cuisine d'autres pays.

3 Les adjectifs irréguliers ; les comparaisons. Regardez d'abord les sections grammaire B1 et B3. Complétez les phrases avec un comparatif (plus (+), moins (–) ou aussi (=)) et la forme correcte de l'adjectif entre parenthèses.

*Exemple :* 1 moins gouteuse

   1 Ma mère a horreur de la cuisine anglaise, qu'elle trouve .......... .......... que la cuisine française. (– *gouteux*)
   2 J'adore la nourriture .........., qui est .......... .......... que la nourriture mexicaine. (*italien*, = *délicieux*)
   3 Les plats .......... sont souvent .......... .......... que les plats d'autres pays. (*indien*, + *original*)
   4 Je trouve la cuisine thaï .......... .......... que la cuisine américaine. (– *gras*)
   5 Mes deux meilleures amies sont .......... mais sont en .......... santé que moi. (*végétarien*, + *bon*)
   6 La cuisine .......... est souvent .......... .......... que la cuisine de votre pays. (*étranger*, + *bon*)
   7 La nourriture .......... est .......... .......... que la nourriture préparée. (*frais*, + *savoureux*)
   8 Ce .......... dessert est .......... .......... que l'autre. (*nouveau*, – *bon*)

4 Posez ces questions à votre partenaire. Répondez aussi à ses questions. Si possible, ajoutez des détails supplémentaires. Écrivez vos réponses et apprenez-les par cœur.
   1 Quelle nationalité de cuisine préfères-tu ?
   2 Pourquoi ?
   3 Est-ce qu'il y a une cuisine que tu n'aimes pas ?
   4 Pourquoi ?
   5 À ton avis, quelle est la cuisine la plus saine ?

5 Décrivez ce que vous aimez manger et ce que vous n'aimez pas. Vous devez écrire 80-90 mots en français.
   ● Dites si vous aimez la cuisine étrangère et pourquoi (pas).
   ● Quel est votre plat préféré ? Pourquoi ? D'où vient-il ?
   ● Comparez une cuisine étrangère à la cuisine de votre pays.
   ● À votre avis, est-ce que la cuisine de certains pays est plus saine que la cuisine d'autres pays ? Pourquoi ? Donnez des exemples.

*En Vol*

# 1.3c Manger équilibré

★ **Parler de ce qui constitue une alimentation équilibrée**
★ *Meilleur, pire, mieux ; les adjectifs irréguliers [2]*

# Comment manger sain

Pour être en meilleure santé possible, avoir une alimentation équilibrée est extrêmement important, voire vital. Heureusement, manger bien est facile. Voici le guide essentiel d'une alimentation saine et variée.

## Les aliments clés

Nous sommes nombreux à comprendre que certains aliments sont meilleurs pour la santé que d'autres. Cependant, comprend-on vraiment l'importance d'adopter un régime alimentaire varié ? Un repas idéal consiste en :

- un produit laitier, comme le lait, le fromage ou un yaourt, qui apporte du calcium
- une portion de viande, du poisson, des œufs, ou des céréales ou le soja si l'on est végétarien, des sources de fer
- des matières grasses telles le beurre ou l'huile (celles d'origine végétale sont meilleures pour la santé)

- des fruits et des légumes, crus et cuits, pour les fibres, les vitamines et les minéraux
- du pain, des pâtes ou des légumes secs, de bonnes sources d'énergie
- de l'eau pour hydrater

Manger un produit de chaque groupe d'aliments à chaque repas, par exemple, du poulet et des haricots verts avec une vinaigrette et du pain, un yaourt en dessert et de l'eau, est l'idéal.

## Les aliments à consommer avec modération

Les bonbons sont pires pour la santé que les fruits. On doit éviter les produits trop sucrés, non ? Pas forcément, mais mieux vaut les consommer avec modération.

Pensez aussi à remplacer les aliments malsains par les choix qui sont meilleurs pour la santé. Par exemple, on peut choisir du chocolat noir au lieu du chocolat au lait, de l'eau ou un citron pressé au lieu des boissons gazeuses trop sucrées, des céréales au lieu d'un croissant, du poulet au lieu d'un hamburger.

## Peut-on grignoter ?

Manger trois repas réguliers est beaucoup mieux que grignoter. Cependant, si vous avez vraiment faim entre les repas, vous devez choisir des noix ou un fruit au lieu d'une barre chocolatée ou des chips.

Bon appétit !

**1 a** Lisez le dépliant puis répondez aux questions en français. Les chiffres entre crochets indiquent le nombre de détails à donner.

*Exemple :* 1 Pour être en bonne santé

1 Selon le dépliant, pourquoi est-ce qu'il est important de manger sain ? [1]

2 Pourquoi une personne qui mange des aliments sains n'a-t-elle pas forcément une alimentation équilibrée ? [1]

3 Quel est un bienfait de manger de la crème ? [1]

4 Comment les végétariens peuvent-ils consommer assez de fer ? [2]

5 Pourquoi les légumes secs sont-ils aussi importants que les légumes frais ? [1]

6 Que pensent beaucoup de gens, à tort, au sujet des sucreries ? [1]

7 Selon le dépliant, quels produits peut-on substituer aux aliments malsains ? [3]

8 Si l'on a faim entre les repas, quels aliments faut-il éviter ? [2]

1 b Relisez le dépliant et faites une liste de nouveaux mots. Cherchez-les dans un dictionnaire et apprenez-les par cœur.

*Exemple :* laitier, …

2 Vous allez entendre deux jeunes qui décrivent leur régime alimentaire. Complétez les phrases avec un mot français choisi dans la liste.

*Exemple :* 1 saine

| | | | | | |
|---|---|---|---|---|---|
| bonne | sain | difficile | moins | mauvaise | pires |
| *saine* | gouteuse | variété | la salade | grasse | variée |
| simple | bons | poulet | alimentation | frais | |

Hélène n'est pas sure de ce qui constitue une alimentation **1**………. . La cuisine qu'elle préfère n'est pas **2**………. pour la santé. Selon Juliette, manger sain est **3**………. . Il s'agit de manger une **4**………. d'aliments, tels que le **5**………. , les haricots et du pain. Son frère, qui fait beaucoup de sport, a une alimentation **6**………. . Selon elle, il n'est pas nécessaire d'éviter les aliments **7**………. sains comme les bonbons, mais on ne doit pas en manger trop. Bref, on doit faire de **8**………. choix.

3 a *Meilleur, pire, mieux.* Regardez d'abord la section grammaire B3. Reliez les débuts et les fins de phrase.

*Exemple :* 1 D

1 Les pommes sont

2 Le petit bistrot est

3 L'eau représente un

4 Certains aliments sont

5 Mes parents ont vraiment envie d'être en

6 Mon frère mange rarement des légumes

7 Acheter des hamburgers est

8 Si l'on veut grignoter, les fruits sont

A pire qu'acheter du poisson frit.

B meilleurs que les barres chocolatées.

C meilleur choix que le coca.

D meilleures pour la santé que les biscuits.

E pires pour la santé que d'autres aliments.

F mieux que le resto fastfood.

G mais il mange mieux qu'avant.

H meilleure santé.

3 b Relisez le dépliant page 32. Copiez les phrases qui contiennent *meilleur*, *pire* ou *mieux*. Ensuite, traduisez-les dans votre langue.

*Exemple :* Certains aliments sont meilleurs pour la santé que d'autres.

4 Travaillez à deux. Inventez un menu pour les gens qui veulent manger équilibré. Ensuite, expliquez pourquoi vous avez choisi chaque plat. Est-ce qu'il y a des plats qui ne sont pas compris ? Pourquoi ? Pensez aux points suivants :

- les différents groupes d'aliments
- les aliments sains – les fruits, les légumes…
- les aliments malsains – trop sucrés, trop gras…
- les aliments gouteux

5 Travaillez à deux. Présentez votre menu à la classe. Expliquez vos choix.

# My body and my health

## 1.4a Aïe, j'ai mal

★ **Dire ce qui va bien et ce qui ne va pas**
★ **Les expressions avec *avoir***

**1 a** Regardez les images. Choisissez la bonne lettre.

*Exemple :* 1 G

1 Elles ont toutes les deux mal au ventre.
2 Oh là. J'ai vraiment mal au dos. Je vais au lit.
3 Ma mère a de la fièvre. Elle a chaud, puis elle a froid.
4 Aïe. J'ai mal au bras. Je ne peux pas écrire.

5 Sophie a mal aux dents. Elle doit aller chez le dentiste.
6 J'ai mal à la tête et j'ai sommeil.
7 Mon frère a toujours mal à la gorge.
8 Ça ne va pas. J'ai envie de vomir.

**A**   **B**   **C**   **D**

**E**   **F**   **G**   **H**

**1 b** Faites une liste des mots utiles de l'activité 1a et d'autres mots que vous connaissez au sujet des maladies. Regardez dans un dictionnaire, si nécessaire. Traduisez-les dans votre langue.

*Exemple :* mal à la jambe, grippe…

**2 a** Vous allez entendre six dialogues au sujet des maladies. Copiez et remplissez la grille.

| Qui ? | Qu'est-ce qui ne va pas ? |
|---|---|
| Alex | [2] mal à la tête ; de la fièvre |
| Jeanne | [3] |
| Denis | [2] |
| Olivier | [1] |
| Annie | [1] |
| Élodie | [1] |
| Simon | [2] |

**2 b** Réécoutez les conversations. Maintenant, dites quelle est la conséquence pour chaque personne.

*Exemple :* Alex – ne peut pas aller au cinéma

**3 a** Les expressions avec *avoir*. Regardez d'abord la section grammaire K21. Reliez les débuts et les fins de phrase. Attention ! il y a trois fins de phrase de trop.

*Exemple :* 1 H

| | |
|---|---|
| **1** Solène a souvent | **A** ai de la fièvre et j'ai envie de vomir. |
| **2** Mon frère | **B** avez de la chance d'être en forme. » |
| **3** Aïe, j'ai | **C** as l'air malade ! » |
| **4** Ça ne va pas du tout ! J' | **D** a mal à la cheville et il ne peut pas jouer au foot ce soir. |
| **5** « Antoine, tu | **E** mal au bras. |
| **6** Ils n' | **F** n'ai pas la forme. |
| **7** Ma sœur et moi, nous | **G** ont vraiment pas la forme. |
| **8** « Vous | **H** sommeil quand elle rentre de l'école. |
| | **I** elle a froid. |
| | **J** ont mal à la tête, tous les deux. |
| | **K** avons toutes les deux mal à l'estomac. |

**3 b** Relisez les phrases de l'activité 1a. Trouvez des expressions avec *avoir*, copiez-les et traduisez-les dans votre langue.

*Exemple :* Elles ont toutes les deux mal au ventre.

**4** Les sons è et ai. Écoutez cette phrase et séparez-en les mots. Répétez la phrase trois fois. Attention à la prononciation. Réécoutez pour vérifier. Répétez l'exercice. Traduisez la phrase dans votre propre langue. Apprenez la phrase par cœur.

**C'estvraiquej'aisommeilainsiquedelafièvremaismonfrère,Romain,vatrèsbien.**

**5** Travaillez à deux pour faire ce jeu de rôle. Une jeune personne téléphone à son ami(e) pour savoir s'il/si elle veut sortir. Une personne joue le rôle A (la jeune personne) et l'autre joue le rôle B (l'ami(e)). La jeune personne commence.

**1** A Salut. Tu viens <u>en ville</u> cet après-midi ?

   B Ah non. Ça ne va pas du tout. <u>J'ai mal partout.</u>

**2** A Ah bon ! Tu as mal partout ? Vraiment ? Où as-tu mal, exactement ?

   B Alors, j'ai <u>mal à la gorge</u>, mal <u>à la tête</u>…

**3** A C'est vrai ? Et qu'est-ce que tu as d'autre ?

   B J'ai de la fièvre : j'ai chaud et puis j'ai froid. C'est peut-être la grippe.

**4** A Oui, peut-être. Je pense que tu dois aller chez le médecin. Est-ce que tu as d'autres symptômes aussi ?

   B Oui, j'ai sommeil.

**5** A Qu'est-ce que tu vas faire, alors ?

   B Je vais <u>rester au lit</u>. Au revoir.

**6** Maintenant, écrivez un courriel à un ami en français pour décrire ce qui ne va pas. Parlez d'au moins cinq choses qui ne vont pas bien.

*Exemple :* Salut Sébastien, Je ne vais pas bien…

| | |
|---|---|
| Ça ne va pas du tout.<br>J'ai mal partout.<br>Je suis (vraiment) malade. | |
| J'ai mal | au ventre / au dos / au bras / au cou / au doigt de pied.<br>à la tête / à la gorge / à la jambe / à la main / à la poitrine / à la bouche.<br>aux dents.<br>à l'estomac / à l'épaule / à l'orteil. |
| J'ai | chaud / froid / sommeil / envie de vomir / de la fièvre / la grippe / la nausée. |
| Je suis fatigué(e). Je suis épuisé(e). | |

*Décollage*

# 1.4b Chez le médecin

★ **Parler des symptômes**
★ **à + l'article défini ; l'interrogatif ;** *depuis* **+ le présent**

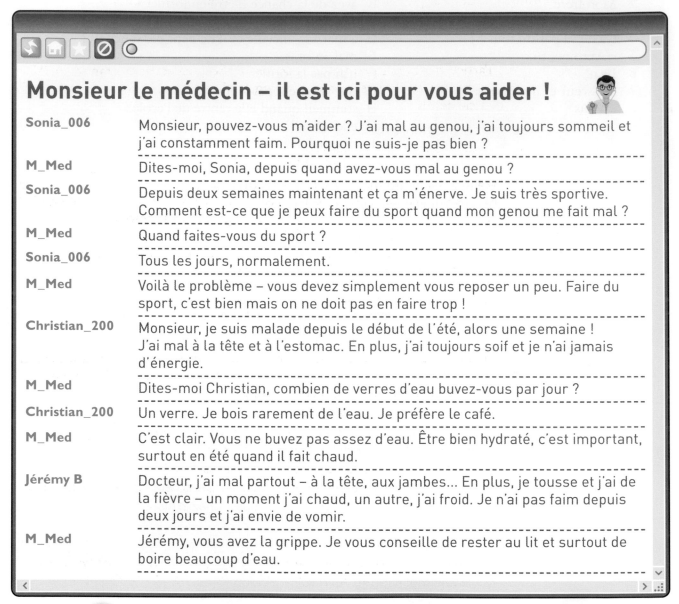

## Monsieur le médecin – il est ici pour vous aider !

| | |
|---|---|
| **Sonia_006** | Monsieur, pouvez-vous m'aider ? J'ai mal au genou, j'ai toujours sommeil et j'ai constamment faim. Pourquoi ne suis-je pas bien ? |
| **M_Med** | Dites-moi, Sonia, depuis quand avez-vous mal au genou ? |
| **Sonia_006** | Depuis deux semaines maintenant et ça m'énerve. Je suis très sportive. Comment est-ce que je peux faire du sport quand mon genou me fait mal ? |
| **M_Med** | Quand faites-vous du sport ? |
| **Sonia_006** | Tous les jours, normalement. |
| **M_Med** | Voilà le problème – vous devez simplement vous reposer un peu. Faire du sport, c'est bien mais on ne doit pas en faire trop ! |
| **Christian_200** | Monsieur, je suis malade depuis le début de l'été, alors une semaine ! J'ai mal à la tête et à l'estomac. En plus, j'ai toujours soif et je n'ai jamais d'énergie. |
| **M_Med** | Dites-moi Christian, combien de verres d'eau buvez-vous par jour ? |
| **Christian_200** | Un verre. Je bois rarement de l'eau. Je préfère le café. |
| **M_Med** | C'est clair. Vous ne buvez pas assez d'eau. Être bien hydraté, c'est important, surtout en été quand il fait chaud. |
| **Jérémy B** | Docteur, j'ai mal partout – à la tête, aux jambes… En plus, je tousse et j'ai de la fièvre – un moment j'ai chaud, un autre, j'ai froid. Je n'ai pas faim depuis deux jours et j'ai envie de vomir. |
| **M_Med** | Jérémy, vous avez la grippe. Je vous conseille de rester au lit et surtout de boire beaucoup d'eau. |

**1** Lisez le forum santé et puis répondez aux questions en français.

*Exemple :* 1 Elle a mal au genou, elle a sommeil / est fatiguée et elle a toujours faim.

1 Quels sont les symptômes de Sonia ? [3]
2 Pourquoi Sonia est-elle frustrée ?
3 Que conseille le médecin ?
4 Que peut faire Christian pour se sentir mieux ?

5 Pourquoi ne peut-il pas boire uniquement du café ?
6 Pourquoi est-il malade depuis une semaine ?
7 Depuis combien de jours Jérémy ne veut-il pas manger ?
8 Pourquoi doit-il se reposer ?

**2** Vous allez entendre trois personnes qui décrivent leurs symptômes à la pharmacienne. Écoutez puis décidez si chaque affirmation est vraie (V), fausse (F) ou pas mentionnée (PM).

*Exemple :* 1 F

1 La première femme est malade depuis une semaine.
2 Elle mentionne trois symptômes au total.
3 Le pharmacien dit qu'elle ne peut plus aller à la plage.
4 La femme doit prendre des médicaments.

5 L'homme a de la fièvre depuis une demi-heure.
6 Il aime faire du jardinage.
7 Le fils de la deuxième femme a mal à l'estomac.
8 Il a deux autres symptômes aussi.

3 *à* + l'article défini ; l'interrogatif. Regardez d'abord les sections grammaire A3 et E. Complétez les phrases avec un interrogatif dans la liste et la forme correcte d'*à* + l'article défini.

*Exemple :* 1 Pourquoi ; au

1 .......... as-tu mal .......... ventre ?
2 .......... avez-vous mal .......... oreille ?
3 Il a mal .......... jambe. .......... marche-t-il, alors ?
4 Ma mère a mal .......... tête. Je dois acheter des comprimés. .......... coûtent-ils ?
5 .......... ouvre la pharmacie ? J'ai mal .......... gorge et j'ai besoin de pastilles.
6 .......... tu as ? Tu as mal .......... dents ?
7 .......... se trouve le cabinet médical, s'il vous plait ? J'ai mal .......... bras.
8 .......... peut m'aider ? J'ai mal .......... genou.

| pourquoi | comment | à quelle heure | où |
|---|---|---|---|
| depuis quand | combien | qu'est-ce que | qui |

4 Travaillez à deux pour faire ce jeu de rôle. Une jeune personne se sent malade et est chez le médecin. Une personne joue le rôle A (le médecin) et l'autre joue le rôle B (la jeune personne). Le médecin commence.

1 A Bonjour. Comment est-ce que je peux vous aider ? B …
2 A Qu'est-ce qui ne va pas exactement ? Quels sont vos symptômes ? B …
3 A Depuis combien de temps êtes-vous malade ? B …
4 A Et qu'est-ce que vous mangez et buvez d'habitude ? B …
5 A Voici une ordonnance. Quand est-ce que vous pouvez aller à la pharmacie ? B …

| Je ne me sens pas bien. / Ça ne va pas du tout. | | |
|---|---|---|
| J'ai (vraiment) mal | au ventre / au dos / à la tête / à la gorge / à la jambe / partout | depuis deux jours / une semaine / quelques jours. |
| Je bois<br>Je mange / Je ne mange pas | (toujours) beaucoup d'eau / trop de coca / peu pendant la journée.<br>sain / beaucoup de fruits et de légumes / trop de sucreries / équilibré. | |
| Je vais aller à la pharmacie | tout de suite / demain / cet après-midi.<br>Ensuite, je vais rentrer chez moi / rester au lit / me reposer. | |

5 Écrivez un courriel pour dire à un copain ou une copine que vous êtes malade. Pensez aux points suivants :
- Vos symptômes.
- Depuis combien de temps vous avez ces symptômes.
- Si vous allez aller chez le médecin / à la pharmacie.

## 1.4c Comment rester en forme

*Décollage*

> ★ **Dire ce que vous faites et ce que vous ne faites pas pour rester en forme**
> ★ **La négation ; les quantificateurs**

### Êtes-vous en bonne forme ?

Vous n'êtes pas aussi sain que vous voulez l'être ? <u>Ne vous inquiétez pas</u> ! Il y a beaucoup de choses que vous pouvez faire pour être en meilleure forme possible. Notre guide vous montre ce que vous pouvez faire pour être en bonne forme comme Sandra et ce que vous ne devez pas faire si vous ne voulez pas être comme Maurice.

Sandra est en forme. Voici les raisons...

Il n'y a pas de centre sportif près de chez elle mais Sandra fait beaucoup de sport. Le tennis au parc, le jogging ... elle fait une activité physique tous les jours. Vous pouvez faire pareil.

Contrairement à <u>tant de</u> ses copains qui y vont en voiture ou en bus, Sandra va toujours au collège à pied ou à vélo, ce qui est meilleur pour la forme et pour l'environnement.

Au lieu de prendre <u>l'ascenseur</u> ou bien <u>l'escalier roulant</u>, Sandra prend toujours les escaliers, <u>une façon idéale</u> de faire de l'exercice. Bouger, c'est très important pour rester en forme.

Pour être en aussi bonne forme que Sandra, on doit manger sain aussi. Sandra mange trois repas équilibrés par jour et ne mange pas de sucreries. C'est pour ça qu'elle a <u>autant</u> d'énergie.

Contrairement à Sandra, Maurice n'est pas en forme et il y a beaucoup de raisons...

Maurice ne fait pas assez de sport. Il n'aime pas du tout ça et, extrêmement paresseux, il fait <u>très peu d</u>'exercice.

Son collège se trouve tout près de chez lui mais Maurice n'y va pas à pied. Il préfère y aller en voiture. Marcher, c'est trop fatigant et il n'aime pas ça. Il n'a simplement pas assez d'énergie.

Maurice a horreur des escaliers aussi et prend toujours l'ascenseur ou bien l'escalier roulant quand il va au <u>centre commercial</u>.

Au lieu de manger trois repas équilibrés par jour, Maurice adore le fastfood. Et il en mange trop ! En plus, il mange beaucoup de sucreries entre les repas.

**1** Lisez le guide puis reliez les débuts et les fins de phrase. Attention ! il y a trois fins de phrases de trop.

*Exemple :* 1 E

1 Les gens qui sont en mauvaise santé
2 Il y a beaucoup de choses que
3 Sandra n'habite pas
4 Sandra a beaucoup de copains qui ne
5 Prendre les escaliers
6 Sandra a
7 Maurice
8 Maurice ne mange pas

A n'est pas aussi bon pour la santé que prendre les escaliers.
B près d'une salle de gym mais est très active tout de même.
C un bon régime alimentaire.
D vous ne devez pas faire si vous voulez être en forme.
E peuvent faire beaucoup de choses pour retrouver la forme.
F équilibré.
G ne bouge pas assez.
H vont pas au collège à pied.
I en très mauvaise santé.
J est mieux pour la santé que prendre l'ascenseur.
K mange sain.

2 Vous allez entendre l'interview de deux jeunes au sujet de la forme. L'interview a deux parties. Il y a une pause entre les deux parties. Répondez aux questions en choisissant A, B ou C. N'oubliez pas de lire les questions avant d'écouter.

*Exemple :* 1 C

**Première partie**

1 Le garçon…
   A passe trop de temps devant la télé.
   B préfère jouer à des jeux vidéo.
   C passe peu de temps devant la télé.
2 Il…
   A mange des aliments sains.
   B aime les produits gras mais essaie de ne pas en manger.
   C mange beaucoup de produits gras.
3 Il…
   A est moins sportif que sa sœur.
   B aime beaucoup danser.
   C a des amis qui sont moins actifs que lui.

**Deuxième partie**

4 La fille…
   A n'aime pas trop bouger.
   B est très active.
   C adore nager et faire de la gym.
5 L'expert dit à la fille…
   A qu'elle est trop paresseuse.
   B qu'en fait elle fait de l'exercice.
   C qu'elle doit arrêter d'aller à l'école en voiture.
6 La fille mange…
   A toujours très sain.
   B souvent des aliments qui ne sont pas bons pour la santé.
   C au fastfood tous les soirs.

3 La négation et les quantificateurs. Regardez d'abord les sections grammaire C4.2 et F1. Complétez les phrases avec un adverbe de quantité dans la liste. Ensuite mettez les phrases au négatif.

*Exemple :* 1 beaucoup. Il n'y a pas beaucoup de gens qui font du jogging au parc le weekend.

1 Il y a ………. de gens qui font du jogging au parc le weekend.
2 Le médecin dit que c'est ………. bon pour la santé.
3 Il est ………. sportif que son frère.
4 Mon petit frère mange ………. de bonbons.
5 Aller à la gym coûte ………. cher.
6 Mes parents mangent ………. équilibré.
7 Il est toujours ………. fatigué.
8 Elle est ………. paresseuse.

| *beaucoup* | trop | très | aussi |
|---|---|---|---|
| excessivement | assez | extrêmement | trop |

4 Posez ces questions à votre partenaire. Répondez aussi à ses questions. Si possible, ajoutez des détails supplémentaires. Écrivez vos réponses et apprenez-les par cœur.
   1 Fais-tu régulièrement du sport ? Si non, pourquoi ?
   2 Vas-tu souvent au collège / en ville à pied ? Si non, pourquoi ?
   3 Quelles autres activités physiques fais-tu ? Prends-tu les escaliers ou fais-tu le ménage, par exemple ?
   4 Qu'est-ce que tu manges pour rester sain ?
   5 Qu'est-ce que tu ne manges pas ?

5 Qu'est-ce que vous faites et qu'est-ce que vous ne faites pas pour rester en forme ? Vous devez écrire 80-90 mots en français.
   ● Quels sports faites-vous ? Quand ?
   ● Comment allez-vous au collège ?
   ● Faites-vous d'autres activités physiques comme prendre l'escalier ?
   ● Que mangez-vous ou ne mangez-vous pas pour rester sain ?
   ● Qu'est-ce que vous allez faire à l'avenir pour rester en forme ?

*En Vol*

# 1.4d Une vie saine

★ **Dire ce que c'est, mener une vie saine**
★ **Les verbes irréguliers au présent [3] ; les adverbes de fréquence**

## Interview avec un jeune triathlète

**Thomas Pagès, 17 ans, est un triathlète qui participe régulièrement à des triathlons en France et ailleurs. Voici son premier interview avec *Parlons du sport* où il nous explique comment il reste en si bonne forme.**

**PS :** Thomas, dites-nous, qu'est-ce que vous faites pour rester en forme ?

**TP :** À mon avis, le plus important, c'est d'avoir un régime alimentaire très équilibré. Moi, je fais de l'exercice tous les jours et j'ai donc besoin de beaucoup d'énergie. Par conséquent, je fais toujours très attention à ce que je mange.

**PS :** C'est-à-dire que vous ne mangez jamais trop de sucreries ou de matières grasses ?

**TP :** Il s'agit plutôt de manger trois repas par jour qui comprennent des aliments de tous les groupes alimentaires, de la viande, des légumes, du pain…, et de boire de l'eau. Je connais plein d'autres sportifs qui boivent souvent des boissons sucrées mais, à mon avis, boire de l'eau est beaucoup mieux.

**PS :** Parlez-nous un peu de votre routine quotidienne.

**TP :** Tous les matins, je me lève tôt mais d'habitude je dors huit heures par nuit tout de même, ce qui est important pour la santé. Je prends toujours un bon petit déjeuner avant de faire deux heures d'entrainement – de la course à pied, du cyclisme et de la natation. Heureusement, mon école se situe en face du centre sportif et je vais donc régulièrement à la piscine à midi pour faire cinq kilomètres en crawl. Quelquefois, si j'ai le temps, je cours sur un tapis roulant aussi. C'est pratique car la salle de gym est à côté de la piscine. Après l'école, je vais toujours à la salle de gym où je fais de la musculation et ensuite je fais du jogging.

**PS :** Avez-vous le temps de vous détendre ?

**TP :** En ce qui me concerne, faire du sport représente une façon idéale de se détendre. Cependant, tous les soirs quand je rentre chez moi, je regarde un peu la télé ou je lis.

**1 a** Lisez l'interview puis répondez aux questions en français.

*Exemple :* 1 Il participe à des triathlons.

1 Pourquoi Thomas doit-il rester en forme ?
2 Quelle est la conséquence de ne pas manger sain, selon Thomas ?
3 Qu'est-ce que c'est une alimentation saine, selon Thomas ? [2]
4 À part un bon régime alimentaire et le sport, qu'est-ce qui est important pour rester en forme ?
5 Pourquoi certains sportifs ne sont-ils pas en excellente santé, selon Thomas ?
6 Quels sports Thomas fait-il pour s'entrainer ? [2]
7 Pourquoi ne court-il pas sur la piste extérieure à midi ?
8 Que fait-il pour se détendre ? [3]

**1 b** Relisez l'interview et faites une liste de nouveaux mots. Cherchez-les dans un dictionnaire et apprenez-les par cœur.

*Exemple :* triathlète, …

**2** Vous allez entendre deux jeunes qui parlent de la forme physique. Lisez les affirmations ci-dessous et choisissez chaque fois la bonne personne/les bonnes personnes. Écrivez Z pour Zoé, C pour Céline, S pour la sœur de Céline.

*Exemple :* 1 C

Qui…

1 mange mieux le matin maintenant ?
2 va souvent à la piscine ?
3 apprend un nouveau sport ?
4 fait du sport le samedi après-midi ?

5 n'aime pas le citron pressé ?
6 est la plus sportive des trois ?
7 fait des tâches ménagères ?
8 va rester tard au lit le lendemain ?

**3 a** Les verbes irréguliers au présent ; les adverbes de fréquence. Regardez d'abord les sections grammaire C4 et K3. Complétez les phrases avec la bonne forme du verbe entre parenthèses et remplissez les blancs avec un adverbe de fréquence dans la liste. Choisissez un adverbe de fréquence différent chaque fois.

*Exemple :* 1 boivent, souvent

1 Certains jeunes (*boire*) .......... des boissons sucrées.
2 Vous (*faire*) ..........du sport ?
3 Ma mère (*prendre*) .......... un bon petit déjeuner.
4 .......... je (*dormir*) huit heures par nuit.

5 Je (*boire*) du café ..........
6 Mon père et moi, nous (*aller*) .......... à la piscine.
7 Tu (*savoir*) nager ? Moi je nage ..........
8 .......... , il (*faire*) de la course à pied.

| | | |
|---|---|---|
| *souvent* | régulièrement | d'habitude |
| toujours | rarement | tous les matins |
| une fois par semaine | de temps en temps | |

**3 b** Relisez l'interview. Trouvez des exemples de verbes irréguliers au présent et d'adverbes de fréquence. Copiez-les et traduisez-les dans votre langue.

*Exemple :* dites-nous

**4** Posez ces questions à votre partenaire. Si possible, ajoutez des détails supplémentaires.

1 Qu'est-ce que tu manges d'habitude ?
2 Quels sports fais-tu ? Il y en a d'autres que tu veux faire ?
3 Combien de fois par semaine fais-tu de l'exercice ? Tu veux en faire plus ?
4 Quelles autres activités peut-on faire pour rester en forme ?
5 Comment est-ce que tu te détends, en général ? Comment est-ce que tu vas te détendre le weekend prochain ?

**5** Écrivez maintenant une page web pour des jeunes qui veulent savoir comment vivre sainement.

# Vocabulaire

## 1.1a Là où j'habite

**affreux (affreuse)** awful
**l'adresse (f)** address
**ancien(ne)** ancient, former
**l'appartement (m)** flat
**le bord de la mer (au bord de la mer)** (at the) seaside
**la campagne (à la campagne)** (in the) countryside
**le centre-ville** town centre
**le désert** desert

**Que c'est ennuyeux !** How annoying!
**habiter** to live
**individuel(le)** detached
**industriel(le)** industrial
**Que c'est intéressant !** How interesting!
**jumelé(e)** twinned
**le magasin** shop
**la maison** house
**moderne** modern

**la montagne (à la montagne)** mountain (in the mountains)
**le quartier** area, neighbourhood
**la région** region
**se situer** to be situated
**typique** typical
**typiquement** typically
**le village** village
**la ville** town

## 1.1b C'est comment chez toi ?

**le balcon** balcony
**le bureau** office; desk
**la cave** cellar
**la chambre** bedroom
**charmant(e)** charming
**le chauffage** heating
**clair(e)** light, bright
**le confort** comfort
**confortable** comfortable
**le congélateur** freezer
**la cuisine** kitchen
**derrière** behind

**donner sur** to look over
**énorme** enormous
**équipé(e)** equipped
**l'escalier (m)** stairs
**l'étage (à l'étage) (m)** floor (upstairs)
**l'évier (m)** sink
**le four à micro-ondes** microwave oven
**le garage** garage
**le grenier** attic, loft
**horrible** horrible
**le jardin** garden
**joli(e)** pretty

**laid(e)** ugly
**la machine à laver** washing machine
**magnifique** magnificent
**la pièce** room
**la piscine** swimming pool
**le rez-de-chaussée** ground floor
**la salle à manger** dining room
**la salle de bains** bathroom
**le séjour** lounge
**sombre** dark
**la vue** view

## 1.1c Chez moi, je...

**Bienvenue !** Welcome!
**discuter** to discuss
**le DVD** DVD
**écouter de la musique** to listen to music
**ensemble** together
**envoyer des e-mails** to send e-mails
**faire les devoirs** to do homework
**faire la vaisselle** to do the washing-up
**jouer aux jeux vidéo** to play video games
**jouer de la guitare** to play the guitar

**manger** to eat
**mitoyen(ne)** terraced
**parler à quelqu'un** to speak to someone
**le piano** piano
**pratique** practical
**préparer le dîner** to prepare dinner
**rarement** rarely
**regarder la télé** to watch TV
**se relaxer** to relax
**réparer** to repair

**se reposer** to relax
**se servir de** to use
**seul(e)** only; alone
**surfer sur Internet** to surf the internet
**sympa** nice
**télécharger de la musique** to download music
**téléphoner à des copains** to ring friends
**la télévision** television

## 1.1d Dans ma chambre, il y a...

**les affaires (f)** things, belongings
**l'affiche (f)** poster
**l'ampoule (f) électrique** lightbulb
**l'armoire (f)** wardrobe
**le casque** headphones
**la commode** chest of drawers
**à côté de** next to
**la couverture** blanket
**au dessous** below
**au dessus** above
**bien rangé(e)** tidy
**la chaise** chair
**les choses (f)** things

**le coussin** cushion
**dans le coin** in the corner
**derrière** behind
**devant** in front of
**douillet(te)** cosy
**en désordre** untidy
**en face de** opposite
**entre** between
**l'étagère (f)** shelf
**le fauteuil** armchair
**la lampe** lamp
**le meuble** (piece of) furniture
**la moquette** carpet

**le mur** wall
**l'ordinateur (m)** computer
**l'oreiller (m)** pillow
**le papier peint** wallpaper
**la peinture** painting
**le plafond** ceiling
**le plancher** floor
**le poster** poster
**le rideau** curtain
**sous** under
**sur** on
**le tapis** carpet, rug

## 1.2a À dix heures, j'ai maths

l'allemand (*m*) German
l'anglais (*m*) English
l'art (*m*) art
la bibliothèque library
la biologie biology
commencer to start
le cours lesson
le déjeuner lunch
le dessin art
le dimanche Sunday
éducatif (éducative) educational
l'éducation (*f*) physique et sportive (EPS) physical education (PE)

encourager to encourage
l'espagnol (*m*) Spanish
étudier to study
finir to finish
le français French
l'histoire-géo (*f*) history and geography
l'informatique (*f*) ICT
le jeudi Thursday
les langues (*f*) vivantes modern foreign languages
le lundi Monday
le mardi Tuesday
les maths (*f*) maths

le mercredi Wednesday
la permanence study period
la physique-chimie physics and chemistry
le programme syllabus, curriculum
la récréation break
la religion religious education (RE)
le samedi Saturday
les sciences (*f*) science
la technologie technology
le vendredi Friday

## 1.2b Ma journée à l'école

s'appeler to be called
apprendre to learn
se brosser les cheveux to brush one's hair
le/la camarade friend
la classe class
commencer to start
se coucher to go to bed
le début start
se dérouler to happen, take place
se détendre to relax
se disputer to argue
se distraire to have fun

se doucher to shower
la durée duration
durer to last
l'école (*f*) school
l'emploi (*m*) du temps timetable
s'ennuyer to get bored
épeler to spell (out)
finir to finish
s'habiller to get dressed
la journée day
se laver to wash
se laver les dents to brush one's teeth

se laver le visage to wash one's face
la leçon lesson
se lever to get up
se mettre à to start
la pause break
se peigner les cheveux to comb one's hair
le prénom first name
se raser to have a shave
la rentrée (scolaire) return to school in September
se réveiller to wake up
scolaire school (*adj*)

## 1.2c Mon école

le bâtiment building
le bourg large village, market town
la cantine canteen
le centre de documentation et d'information (CDI) school library, learning resource centre
le centre sportif sports centre
le collège secondary school (11–15)
le couloir corridor
la cour playground, yard
le directeur headmaster
la directrice headmistress

le dortoir dormitory
à droite de to the right of
l'école (*f*) privée private school
expérimenter to experiment
faire une expérience to do an experiment
le foyer home; common room
à gauche de to the left of
le gymnase gymnasium
l'internat (*m*) boarding school
l'interne (*m/f*) boarder
le laboratoire laboratory
le lycée secondary school (15–18)

mixte mixed
neuf (neuve) new
la piscine swimming pool
près de near
la réception reception
le réfectoire canteen
la salle de classe classroom
la salle d'informatique ICT suite
la salle des professeurs staff room
le terrain de sport sports field
tout droit straight ahead
le vestiaire changing room

## 1.2d La vie au collège

un atelier (théâtre) (theatre) workshop
attendre to wait
bavarder to chat
cadet(te) younger
la cinquième Year 8
se défouler to unwind
descendre to go down
échouer to fail
l'élève (*m/f*) pupil

l'examen (*m*) exam
l'exemple (*m*) example
se fatiguer to get tired
la matière subject
le métro underground
pénible annoying
rater to fail, to miss (getting something)
se rendre to go
la responsabilité responsibility

en retard late
la sixième Year 7
le sport sport
le surveillant supervisor
terminer to finish
la troisième Year 10
l'uniforme (*m*) uniform

## 1.3a Les repas

**la baguette** baguette, French stick
**le barbecue** barbecue
**boire** to drink
**le café** café; coffee
**le chocolat chaud** hot chocolate
**délicieux (délicieuse)** delicious
**le diner** dinner
**l'eau (f)** water
**l'escargot (m)** snail
**les fruits (m)** fruit
**le gouter** snack
**le jus d'orange** orange juice

**le lait** milk
**la laitue** lettuce
**les légumes (m)** vegetables
**les lasagnes (f)** lasagne
**manger** to eat
**la mousse au chocolat** chocolate mousse
**le pain grillé** toast
**le petit déjeuner** breakfast
**le piquenique** picnic
**le plat à emporter** takeaway
**le plat principal** main course
**le poisson** fish

**le poulet** chicken
**le raisin** grapes
**le riz** rice
**sain(e)** healthy
**la salade** salad
**salé(e)** savoury
**le saumon** salmon
**sucré(e)** sweet
**les tartines (f)** slices of bread
**le thé** tea
**le yaourt** yoghurt

## 1.3b La nourriture d'ici et d'ailleurs

**la boisson** drink
**la boisson non alcoolisée** soft drink
**le champignon** mushroom
**le couscous** couscous
**cuire (au four)** to bake (in the oven)
**la cuisine** cooking, cuisine
**le curry au poulet** chicken curry
**l'eau (f) minérale** mineral water
**l'eau (f) gazeuse** sparkling water
**l'eau (f) plate** still water
**épicé(e)** spicy
**étranger (étrangère)** foreign
**européen(ne)** European
**faire chauffer** to heat (something) up

**faire cuire au barbecue** to barbecue
  (something)
**frire** to fry
**les frites** chips, french fries
**frais (fraiche)** fresh
**le fruit** fruit
**la gelée** jelly
**le gout** taste
**gouter** to taste
**gouteux (gouteuse)** tasty
**griller** to grill
**gras(se)** fatty, greasy
**nourrir** to feed
**la nourriture** food

**l'omelette (f)** omelette
**original(e)** original
**piquant(e)** hot
**la pizza** pizza
**le plat** dish
**les plats (m) préparés** ready meals
**rôtir** to roast
**la saucisse** sausage
**savoureux (savoureuse)** tasty, flavoursome
**thaï** Thai
**la variété** variety
**végétalien(ne)** vegan
**végétarien(ne)** vegetarian

## 1.3c Manger équilibré

**adopter** to adopt
**une alimentation équilibrée** balanced diet
**avoir faim** to be hungry
**le beurre** butter
**le bonbon** sweet
**la cacahuète** peanut
**les chips** crisps
**le choix** choice
**congeler** to freeze
**la crème** cream
**cru(e)** raw
**cuit(e)** cooked
**différent(e)(s)** different

**l'en-cas (m)** snack
**éviter** avoid
**la faim** hunger
**le fastfood** fastfood
**le hamburger** hamburger
**les haricots (m) verts** green beans
**l'huile (f)** oil
**l'idéal (m)** ideal
**maigrir** to lose weight
**les matières grasses** fats
**le minimum** minimum
**la noix** nut
**la noix de coco** coconut

**le pain** bread
**les pâtes (f)** pasta
**le produit laitier** dairy product
**recommander** to recommend
**le régime** diet
**régulier (régulière)** regular
**la santé** health
**varié(e)** varied
**végétal(e)** vegetable (adj)
**la vinaigrette** oil and vinegar dressing
**le yaourt** yoghurt

## 1.4a Aïe, j'ai mal

**aller mieux** to feel better
**avoir chaud** to be hot
**avoir envie de vomir** to feel sick
**avoir froid** to be cold
**avoir mal** to be in pain, hurt
**avoir mal au cœur** to feel sick
**avoir soif** to be thirsty
**avoir sommeil** to feel sleepy
**la blessure** injury
**le bras** arm
**la dent** tooth
**le/la dentiste** dentist

**le docteur** doctor
**le dos** back
**en bonne forme** to be in good form / health
**enrhumé(e)** suffering from a cold
**l'estomac (m)** stomach
**la fatigue** tiredness, fatigue
**fatigué(e)** tired
**la fièvre** fever
**la forme** health, form
**la gorge** throat
**la grippe** flu
**la jambe** leg

**malade** ill
**la maladie** illness
**le médecin** doctor
**l'os (m)** bone
**la peau** skin
**se casser (le bras)** to break (one's arm)
**se couper (le doigt)** to cut (one's finger)
**se plaindre** to complain
**le sparadrap** sticking plaster
**la tête** head
**le ventre** stomach
**le visage** face

## 1.4b Chez le médecin

**le cabinet dentaire** dental surgery
**la clinique** clinic
**combien** how much
**comment** how
**le comprimé** pill, tablet
**le coup de soleil** sunburn
**depuis** since
**le genou** knee
**grave** serious
**guérir** to heal
**longtemps** a long time

**malheureusement** unfortunately
**le médicament** medication
**la nausée** sickness, nausea
**l'œil (m)** eye
**l'ordonnance (f)** prescription
**où** where
**partout** everywhere
**piquer** to sting
**la piqure d'insecte** insect sting
**pourquoi** why
**quand** when

**qu'est-ce que** what
**qui** who
**le repos** rest
**saigner** to bleed
**souffrir** to suffer
**le symptôme** symptom
**la température** temperature
**tousser** to cough
**la toux** cough

## 1.4c Comment rester en forme

**actif (active)** active
**l'activité (f)** activity
**l'ascenseur (m)** lift
**bouger** to move
**le corps** body
**danser** to dance
**l'énergie (f)** energy
**les escaliers** stairs
**l'escalier roulant** escalator
**excessivement** excessively
**l'exercice (m)** exercise

**extrêmement** extremely
**la façon** way
**faire match nul** to draw (a game)
**falloir** to be necessary
**fatigant(e)** tiring
**le foot** football
**s'inquiéter** to worry
**le jogging** jogging
**marcher** to walk
**marquer un but** to score a goal
**la natation** swimming

**le parc** park
**pareil(le)** similar
**paresseux (paresseuse)** lazy
**peu** a little bit
**à pied** on foot
**le rugby** rugby
**la salle de gym** gym
**sportif (sportive)** sporty
**le tennis** tennis
**très** very
**trop** too

## 1.4d Une vie saine

**alimentaire** dietary, food (*adj*)
**l'alimentation (f)** diet
**l'athlète (m/f)** athlete
**l'attention (f)** attention
**l'avis (m)** opinion
**avoir bonne mine** to look well
**comprendre** to understand
**courir** to run
**la course à pied** running
**le cyclisme** cycling

**la détente** relaxation
**d'habitude** usually
**l'entrainement (m)** training
**s'entrainer** to train
**la fois (... fois par semaine)** time
(...times a week)
**fumer** to smoke
**l'habitude (f)** habit
**la médaille** medal
**se muscler** to build muscles

**la musculation** body building, weight
training
**participer** to participate
**le/la participant(e)** participant
**la piste** track
**quotidien(ne)** daily
**représenter** to represent
**la routine** routine
**le/la triathlète** triathlete

*Décollage*

Magazine

# Bienvenue chez... Mamadou

*Salut ! Moi, je m'appelle Mamadou et je suis collégien dans un petit village au Sénégal. On est huit dans ma famille et nous habitons tous dans une petite maison.*

Chaque matin, je me lève à six heures et demie, je me lave et je m'habille tranquillement. Ensuite, vers sept heures et demie, je prends le petit déjeuner. D'habitude, je prends du pain. Mon école se trouve à cinq minutes de chez moi et alors j'y vais à pied. Ici, les cours ne commencent pas à une heure fixe car certains élèves habitent beaucoup plus loin et on les attend. À l'école, on parle tous le français, mais chez nous, on parle un dialecte qui s'appelle le wolof.

On a quatre cours par jour qui durent tous deux heures. Moi, j'étudie les maths, les sciences, le français, l'histoire, la géographie, l'EPS et l'art. Ma matière préférée c'est les sciences car plus tard, j'aimerais être médecin. Dans ma classe, il y a cinquante élèves. C'est beaucoup mais il y a assez de place. Les cours finissent à environ dix-sept heures et alors je rentre chez moi. Avant de manger, je joue un peu au basketball avec mes amis ou bien on fait de la musique. C'est ma mère et ma grand-mère qui préparent à manger, d'habitude du riz et de la viande ou du poisson. Mon plat préféré, c'est le thiéboudienne, du poisson avec des herbes, du riz et des légumes. On mange toujours par terre et on partage tous un plat.

Souvent, j'ai des devoirs à faire le soir. Mon frère, Moustapha, lui, est plus jeune et va toujours à l'école primaire qui se situe tout près de chez nous aussi. Lui, il a cours tous les matins mais seulement deux après-midi par semaine. Il a donc plus de temps libre que moi et va souvent à la pêche, l'après-midi, ou bien il joue au foot avec ses copains.

---

**1**  Lisez l'article puis répondez aux questions en écrivant VRAI ou FAUX. Corrigez les cinq affirmations qui sont fausses.

**1**  Mamadou va à un lycée au Sénégal.

**2**  Il doit se dépêcher le matin.

**3**  Les autres élèves du collège viennent tous du village aussi.

**4**  Mamadou est bilingue.

**5**  Mamadou sait déjà ce qu'il veut faire à l'avenir.

**6**  Après être rentré, il aide souvent sa mère à cuisiner.

**7**  La famille mange ensemble autour de la grande table.

**8**  Ils habitent près de l'eau.

**2** Voici des informations sur le musicien sénégalais, Youssou N'Dour. À vous de les mettre en ordre chronologique !

**1** *Le Super Étoile* connait du succès et à l'âge de 35 ans, N'Dour a déjà son propre studio d'enregistrement.

**2** En 1994, il chante avec la chanteuse suédoise, Neneh Cherry. Leur chanson, *7 seconds* est très populaire.

**3** Youssou N'Dour nait en 1956 à Dakar au Sénégal.

**4** Huit ans après la Coupe du Monde, N'Dour joue le rôle d'un esclave dans le film *Amazing Grace*.

**5** À l'âge de onze ans il commence à chanter et fait bientôt parti du groupe *Star Band*.

**6** Aujourd'hui, il est un homme d'affaires très bien respecté et l'un des musiciens les plus célèbres du Sénégal.

**7** Il quitte *Star Band* et crée son propre groupe, *Étoile de Dakar* et alors trois ans plus tard, *Le Super Étoile*.

**8** Quatre ans après le succès de *7 seconds*, il compose l'hymne de la Coupe du Monde de football, *La Cour des Grands*. Il la chante avec la Belge, Axelle Red.

**3** Lisez les informations sur le Sénégal. Reliez les titres (A–D) aux paragraphes (1–4).

## Fiche info ✓

### Le Sénégal

**1** Le Sénégal, un pays d'environ 13.7 millions d'habitants, se trouve dans l'ouest de l'Afrique. En fait sa capitale, Dakar, est la ville la plus à l'ouest de l'Afrique. Voici un pays vraiment ensoleillé avec plus de 3 000 heures de soleil par an !

Le paysage sénégalais est varié, du désert dans le nord aux forêts denses dans le sud-ouest, où le climat est tropical, sans oublier bien sûr les lacs salés à la savane. Il y a quatre fleuves qui traversent ce pays : le fleuve Sénégal dans le nord, le fleuve Casamance dans le sud, le Gambie et le Saloum.

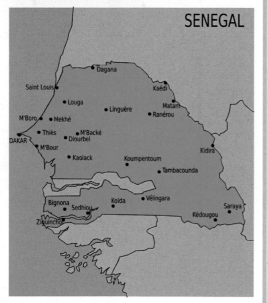

**2** La langue officielle du Sénégal, c'est le français. Et c'est cette langue que parlent les élèves à l'école. Il y a aussi six langues nationales : le wolof, le pulaar, le sérère, le mandingue, le soninké et le diola.

**3** Les Sénégalais sont vraiment accueillants et respectueux. Ils disent bonjour à tout le monde, même les gens qu'ils ne connaissent pas. Saviez-vous qu'en plus de la musique, ils adorent la lutte sénégalaise, sport où il faut faire tomber son combattant ? Ce sport est aussi populaire au Sénégal que le foot.

**4** Les Sénégalais mangent par terre. Ils utilisent leur main droite et partagent tous un plat commun. Un repas typique ? Du riz avec des légumes et de la viande ou du poisson.

| | |
|---|---|
| **A** les langues | **C** la géographie |
| **B** les gens | **D** les repas |

# Magazine

# Qu'on mange bien en Bretagne !

*Située dans le nord-ouest de la France, la Bretagne est connue pour ses belles plages sauvages, ses petits villages fleuris et la langue bretonne. Cependant si vous visitez ce coin de la France, il faut absolument essayer les spécialités gastronomiques qu'il a à offrir.*

Vous aimez manger sain ? Dirigez-vous vers un restaurant de fruits de mer. Bon nombre de villes et villages bretons sont au bord de la mer. Vous allez donc y trouver des fruits de mer et du poisson très frais. Du crabe, des crevettes, le homard… vous pouvez tout gouter et c'est délicieux. Les moules et les huitres sont particulièrement populaires en Bretagne, de la baie du Mont-Saint-Michel au golfe du Morbihan. Les moules marinières sont proposées par tous les restaurants en été. Sinon, il y a des coquilles Saint-Jacques qui, elles aussi, sont à gouter.

Si vous êtes en vacances et vous ne voulez pas manger trop sain, il y a bon nombre de spécialités bretonnes qui vont vous intéresser. Les crêpes et les galettes sont peut-être les spécialités les plus connues de Bretagne. Rares sont les gens qui passent du temps là-bas sans manger dans une des nombreuses crêperies. D'habitude on prend une galette pour le plat principal suivi d'une crêpe en dessert. Pas aussi saines que les fruits de mer, elles sont tout de même délicieuses.

N'oubliez surtout pas de gouter le célèbre far breton aux pruneaux. Très sucré et plein de beurre, ce n'est pas sain… du tout. Mais en manger un peu de temps en temps, ça va. Le Kouign aman, une sorte de gâteau breton qui vient de Douarnenez, ville dans le Finistère est, lui aussi, fait de farine, de beurre et de sucre. Comme le far breton, il n'est pas bon pour la santé, mais il faut vraiment le gouter !

En ce qui concerne les boissons, la Bretagne a, depuis 2002, son propre cola, le Breizh Cola qui devient de plus en plus populaire chez les Bretons.

Alors, si jamais vous vous trouvez en Bretagne, prenez le temps d'essayer ces spécialités.

**1** Lisez l'article et puis répondez aux questions en français.

**1** Pourquoi les fruits de mers en Bretagne sont-ils bons ?

**2** Quel plat êtes-vous sûr(e) de trouver dans les restaurants bretons en été ?

**3** En Bretagne pourquoi les visiteurs mangent-ils dans les crêperies ?

**4** Quel est un désavantage de manger des crêpes ?

**5** Nommez deux ingrédients du far breton.

**6** En quoi le Kouign amann ressemble-t-il au far breton ?

**7** De quelle ville bretonne vient le Kouign amann ?

**8** Pourquoi les Bretons boivent-ils maintenant moins de cola américain ?

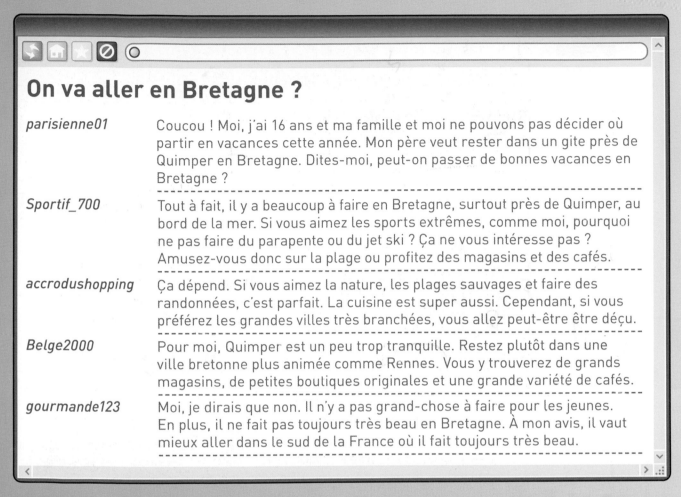

# On va aller en Bretagne ?

**parisienne01**
Coucou ! Moi, j'ai 16 ans et ma famille et moi ne pouvons pas décider où partir en vacances cette année. Mon père veut rester dans un gite près de Quimper en Bretagne. Dites-moi, peut-on passer de bonnes vacances en Bretagne ?

**Sportif_700**
Tout à fait, il y a beaucoup à faire en Bretagne, surtout près de Quimper, au bord de la mer. Si vous aimez les sports extrêmes, comme moi, pourquoi ne pas faire du parapente ou du jet ski ? Ça ne vous intéresse pas ? Amusez-vous donc sur la plage ou profitez des magasins et des cafés.

**accrodushopping**
Ça dépend. Si vous aimez la nature, les plages sauvages et faire des randonnées, c'est parfait. La cuisine est super aussi. Cependant, si vous préférez les grandes villes très branchées, vous allez peut-être être déçu.

**Belge2000**
Pour moi, Quimper est un peu trop tranquille. Restez plutôt dans une ville bretonne plus animée comme Rennes. Vous y trouverez de grands magasins, de petites boutiques originales et une grande variété de cafés.

**gourmande123**
Moi, je dirais que non. Il n'y a pas grand-chose à faire pour les jeunes. En plus, il ne fait pas toujours très beau en Bretagne. À mon avis, il vaut mieux aller dans le sud de la France où il fait toujours très beau.

---

**2** Mettez-vous au défi. Pouvez-vous lier chaque sujet breton à la bonne définition ?

1 Mam Goz    4 Les fest-noz    6 Le gallo

2 Gwen ha du    5 Les Tonnerres de Brest    7 Le gouren

3 Les gwerziou    8 Mat en traoù ?

**A** C'est le drapeau breton qui a été créé en 1925 par le Breton Morvan Marchal.

**B** C'est un personnage célèbre dans toute la Bretagne qui ressemble à une grand-mère bretonne et qui fait rire.

**C** C'est la langue parlée dans l'est de la Bretagne.

**D** Cet évènement où des bateaux traditionnels et plus modernes se rassemblent à Brest est important au monde de la mer. Il a lieu tous les quatre ans et attire de nombreux visiteurs.

**E** C'est « Comment ça va ? » en breton.

**F** Voici des chansons bretonnes qui racontent des histoires tristes ou historiques.

**G** C'est un sport pratiqué entre deux lutteurs. Le but ? Faire tomber votre combattant.

**H** Ce sont les fêtes qui ont lieu la nuit et qui sont devenues de plus en plus populaires en Bretagne. Elles attirent des milliers de danseurs, y compris des jeunes.

*Décollage*

# Coin révision A1

## Comment bien écouter

### Stratégies générales pour l'audition
→ Lisez les questions avant d'écouter.
→ Prenez des notes pendant que vous écoutez.
→ Ne paniquez pas ! Vous entendrez l'enregistrement deux fois.

Ces pages vont vous familiariser avec deux types d'exercice d'écoute :
●     la classification des informations
●     les questions à choix multiples : A, B ou C

## La classification des informations

**1   a**   Lisez les endroits et les affirmations de l'exercice 1b. Travaillez à deux pour les traduire oralement dans votre langue.

*Exemple : A Myriam doesn't really like this place.*

→ N'oubliez pas qu'il y a une affirmation de trop.
→ Pensez aux synonymes que vous allez peut-être entendre.

 **1   b**   Vous allez entendre une conversation entre Myriam et sa correspondante, Kathy, au sujet de là où elles habitent. Choisissez l'affirmation (A-F) qui correspond à chaque endroit (1-5). Attention ! il y a une affirmation de trop.

*Exemple :* 1 C

| | |
|---|---|
| 1   le balcon | **A**   Myriam n'aime pas tellement cet endroit. |
| 2   sa chambre | **B**   C'est l'endroit que préfère Myriam. |
| 3   la salle à manger | **C**   De là, on voit toute la ville. |
| 4   la cuisine | **D**   C'est l'endroit préféré de Kathy. |
| 5   l'appartement de Kathy | **E**   Myriam trouve que cet endroit est trop moderne. |
| | **F**   Cet endroit est petit mais confortable. |

## Les questions à choix multiples : A, B ou C

**2   a**   Vous allez entendre une interview avec Stéphanie, qui parle de ce qu'elle fait pour rester en forme. Avant d'écouter, travaillez à deux pour traduire les questions de l'exercice 2b dans votre langue.

→ N'oubliez pas que les cinq premières questions portent sur ce que vous allez entendre avant la pause, et les quatre dernières sur ce que vous allez entendre après la pause.
→ Si vous n'êtes pas certain(e) de la réponse, devinez-la en utilisant les informations que vous avez déjà.

**2 b** Vous allez maintenant entendre l'interview avec Stéphanie. L'interview a deux parties. Il y a une pause entre les deux parties de l'interview.

**Première partie : Questions 1-5**
Vous allez entendre la première partie de l'interview deux fois. Pour les **Questions 1-5**, cochez (✓) la bonne case A, B ou C. Vous avez d'abord quelques secondes pour lire les **Questions 1-5**.

**1** Stéphanie trouve que le centre sportif…

| A | | est trop loin de chez elle. |
|---|---|---|
| B | | coûte trop cher. |
| C | | est idéal si l'on veut faire du jogging. |

[1]

**2** Elle…

| A | | prend des leçons de surf. |
|---|---|---|
| B | | sait déjà faire du surf. |
| C | | apprend à nager. |

[1]

**3** D'habitude, Stéphanie se déplace…

| A | | à pied. |
|---|---|---|
| B | | en voiture. |
| C | | en bus. |

[1]

**4** La sœur de Stéphanie est…

| A | | aussi active qu'elle. |
|---|---|---|
| B | | moins active qu'elle. |
| C | | plus active qu'elle. |

[1]

**5** Stéphanie…

| A | | passe des heures devant la télé. |
|---|---|---|
| B | | n'a pas le droit de regarder la télé car c'est mauvais pour la santé. |
| C | | ne passe pas trop de temps devant la télé. |

[1]

[PAUSE]

**Deuxième partie : Questions 6-9**
Vous allez entendre la deuxième partie de l'interview deux fois. Pour les **Questions 6-9**, cochez (✓) la bonne case A, B ou C. Vous avez d'abord quelques secondes pour lire les **Questions 6-9**.

**6** Stéphanie préfère manger…

| A | | deux repas par jour. |
|---|---|---|
| B | | six petits repas par jour. |
| C | | trois repas par jour. |

[1]

**7** Elle mange…

| A | | un peu de tout. |
|---|---|---|
| B | | trop de sucreries, à son avis. |
| C | | rarement de la viande. |

[1]

**8** Elle mange souvent des noix…

| A | | pendant la récréation. |
|---|---|---|
| B | | après l'école. |
| C | | après le diner. |

[1]

**9** Les parents de Stéphanie…

| A | | sont trop pressés pour manger sain. |
|---|---|---|
| B | | ont une alimentation assez équilibrée. |
| C | | ne mangent pas aussi sainement que la sœur de Stéphanie. |

[1]

*Décollage*

# Coin révision A2 (Première partie)

## Comment réussir à la compréhension écrite (1)

Ces pages vont vous familiariser avec deux types d'exercice de lecture :
- les questions à choix multiples : A, B ou C
- les questions en français

### Les questions à choix multiples : A, B ou C

Salut Philippe,

Désolée mais je ne peux pas venir chez toi pour regarder des DVD ce soir. J'essaie depuis quelques semaines d'être en meilleure forme. Je joue donc au tennis au parc chaque vendredi soir maintenant. C'est super marrant, même si je suis nulle ! Tu peux venir avec moi au parc si tu veux. Tu aimes le tennis ? En plus, je vais au collège à pied depuis une semaine, au lieu de prendre le bus. Je dois, bien sûr, manger plus sain aussi et je ne mange donc plus de fastfood ou de sucreries. Je mange plutôt trois repas équilibrés par jour. Ce n'est pas toujours facile parce que j'adore les hamburgers et les frites, mais j'ai beaucoup plus d'énergie.

À demain,

Margot

**1 a** Lisez l'e-mail de Margot. Retrouvez dans les questions ci-dessous (exercice 1b) les expressions qui correspondent à ces synonymes.

1 regarder des vidéos

2 déteste

3 Elle est forte en tennis.

4 Elle marche.

5 Elle prend les transports en commun pour aller au collège.

6 Margot a horreur des hamburgers et des frites.

7 ne réussit pas

8 Margot consomme un plus grand nombre de sucreries.

9 Margot déjeune uniquement chaque jour.

10 Margot a constamment envie de dormir.

> → N'oubliez pas que les affirmations suivent l'ordre du texte.
> → Lisez toutes les options et cherchez les synonymes dans le texte.
> → Choisissez l'option le plus probable si vous n'êtes pas sûr/sure.

1 b Relisez l'e-mail. Pour chaque question, cochez la case qui correspond à la bonne réponse.

1 Philippe…

| A | | veut voir des films. |
|---|---|---|
| B | | veut jouer au tennis. |
| C | | veut aller au parc. |

[1]

2 Margot…

| A | | n'aime pas du tout Philippe. |
|---|---|---|
| B | | n'aime pas regarder des DVD. |
| C | | aime jouer au tennis. |

[1]

3 Elle…

| A | | invite Philippe à jouer au tennis avec elle. |
|---|---|---|
| B | | joue bien au tennis. |
| C | | n'invite pas Philippe parce qu'il n'aime pas le tennis. |

[1]

4 Elle va à l'école…

| A | | en bus. |
|---|---|---|
| B | | à pied. |
| C | | en voiture. |

[1]

5 Margot…

| A | | n'aime pas le fastfood. |
|---|---|---|
| B | | doit arrêter de manger du fastfood. |
| C | | ne mange plus de fastfood maintenant. |

[1]

6 Maintenant, Margot…

| A | | mange plus de bonbons et de petits gâteaux qu'avant. |
|---|---|---|
| B | | veut arrêter de manger des sucreries mais ne peut pas. |
| C | | a arrêté de manger des bonbons et des petits gâteaux. |

[1]

7 Maintenant, Margot…

| A | | se sent bien. |
|---|---|---|
| B | | est toujours fatiguée. |
| C | | mange seulement un repas par jour. |

[1]

[Total : 7]

*Décollage*

# Coin révision A2 (Deuxième partie)

## Comment réussir à la compréhension écrite (2)

### Répondre aux questions en français

→ Lisez les questions. Assurez-vous de bien comprendre tous les mots interrogatifs.
→ Regardez combien d'informations il faut pour chaque question.
→ N'oubliez pas qu'il ne faut pas de phrases complètes.
→ N'oubliez pas qu'il ne faut pas donner d'informations supplémentaires. Il faut seulement répondre aux questions.

---

## Interview avec Jérôme

**La semaine dernière, *Là où j'habite* a parlé à Jérôme, un ado de 16 ans.**

**LoJ**   Alors, Jérôme. Vous habitez en ville.

**J**   Oui. J'habite avec ma mère à Lyon, une grande ville dynamique dans le sud-est de la France. On habite dans un appartement tout près du centre depuis le divorce de mes parents, il y a cinq ans. Avant, on habitait à la campagne.

**LoJ**   Vous aimez habiter en ville ?

**J**   Oui, j'aime habiter en ville. Notre appartement est dans un quartier touristique et j'aime beaucoup l'ambiance, j'aime voir des touristes partout. Il y a aussi beaucoup de distractions – des magasins, des cafés, et ce soir j'irai au cinéma. Le seul problème, c'est que notre appartement est trop petit. On n'a pas de jardin et même pas de balcon, mais je peux aller au parc. J'y suis allé le weekend dernier.

**LoJ**   Vous n'aimez donc pas votre appartement ?

**J**   Non. Il est vraiment très petit et plutôt moche. À côté d'un petit salon sombre se trouve la cuisine. C'est là qu'on mange parce qu'on n'a pas de salle à manger. Ensuite, il y a la petite salle de bains et deux chambres, celle de ma mère et la mienne. Je n'aime pas ma chambre. Les murs sont violets et les rideaux, blancs. En plus, c'est si petit que c'est toujours en désordre. La seule chose que j'aime c'est que de ma fenêtre je vois la vieille place, ce qui est très intéressant, surtout quand il y a un marché.

**LoJ**   Merci, Jérôme.

---

2  a  Regardez ces mots interrogatifs. Réécrivez-les en français et ensuite traduisez-les dans votre langue.

| | | |
|---|---|---|
| Pourquoi ? | Quel ? | Qu'est-ce que ? |
| Comment ? | Où ? | Qu'est-ce qui ? |
| Qui ? | Combien ? | Quand ? |

2  b  Jérôme parle de là où il habite. Lisez l'interview et puis répondez aux questions en français.

1  Comment est la ville de Jérôme ? (Donnez **2** détails)

(i)  ………………………………………………………………..  [1]

(ii)  ………………………………………………………………..  [1]

2  Quand est-il arrivé à Lyon ?

………………………………………………………………..  [1]

3  Pour quelles raisons aime-t-il habiter en ville ? (Donnez **2** détails)

(i)  ………………………………………………………………..  [1]

(ii)  ………………………………………………………………..  [1]

4  Qu'est-ce qu'il va faire ce soir ?

………………………………………………………………..  [1]

5  Quel est le seul inconvénient d'habiter en ville, à son avis ?

………………………………………………………………..  [1]

6  Combien de pièces y a-t-il chez Jérôme ?

………………………………………………………………..  [1]

7  Comment est le salon? (Donnez **2** détails)

(i)  ………………………………………………………………..  [1]

(ii)  ………………………………………………………………..  [1]

8  Où Jérôme et sa mère prennent-ils leurs repas, d'habitude ?

………………………………………………………………..  [1]

9  Qu'est-ce qui a lieu sur la vieille place ?

………………………………………………………………..  [1]

[Total : 12]

# 2.1 Self, family, pets, personal relationships

*Embarquement*

## 2.1a Ma famille

★ **Décrire votre famille**
★ **Nom et âge**

**1 a** Quelles sont les personnes de sexe masculin et féminin ?

| | | | | |
|---|---|---|---|---|
| père | oncle | sœur | fils | fille |
| frère | tante | grand-mère | petite-fille | petit-fils |
| mère | grand-père | cousin | cousine | |

**1 b** Regardez l'arbre généalogique de la famille Dupont et les images A-F. Comment s'appelle la personne concernée ? Il/Elle préfère quel animal ?

*Exemple :* 1 Elle s'appelle Lucie, A

    **1** La mère de Liam a un chat.
    **2** La cousine de Liam aime les animaux. Elle a un lapin.
    **3** L'oncle de Lorraine a un cheval.
    **4** La fille de Marie adore les souris.
    **5** Le grand-père de Liam a des poissons rouges.
    **6** Le fils de Lucie a un serpent chez lui.
    **7** La sœur d'Henri a deux chats.
    **8** Le demi-frère de Liam a deux lapins.

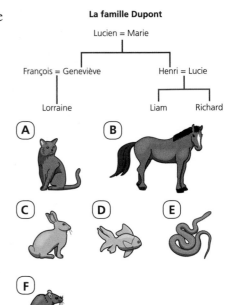

**La famille Dupont**

Lucien = Marie

François = Geneviève      Henri = Lucie

Lorraine      Liam      Richard

**2 a** Écoutez Louise qui nous parle de sa famille. Copiez la grille et complétez-la.

| Liens de parenté | Âge | Animaux domestiques |
|---|---|---|
| 1 Arthur – *demi-frère* | *15 ans* | *un lapin* |
| 2 Emma – | | |
| 3 Christine – | | |
| 4 Lucas – | | |
| 5 Jackie – | | |
| 6 Nicole – | | |
| 7 Eliane – | | |
| 8 Stéphanie – | | |

**2 b** Ajoutez les mots que vous avez appris à votre liste de vocabulaire et apprenez-les.

**3**  Nom et âge. Regardez d'abord les sections grammaire K14 et K21. Copiez et complétez les phrases avec la forme correcte des verbes *s'appeler* et *avoir*.

*Exemple :* 1 Comment t'appelles-tu ? Quel âge as-tu ?
  **1**  Comment ..........-tu ? Quel âge ..........-tu ?
  **2**  Il .......... Nathan. Il .......... dix-neuf ans.
  **3**  Moi, j'.......... quinze ans.
  **4**  Je .......... Henri.
  **5**  J'.......... un frère jumeau qui .......... Max.
  **6**  J'.......... seize ans.
  **7**  Mon meilleur copain .......... Jules. Il .......... quatorze ans, comme moi.
  **8**  Comment .......... ta meilleure copine ?

**4**  Voici la famille Tacussel. Ils ont tous des animaux domestiques différents. Inventez leurs noms, leurs âges et leurs animaux préférés. Posez des questions à questions d'une manière inventive.

*Exemple :* Comment s'appelle le grand-père ? Il s'appelle Fred.

Quel âge a-t-il ? Il a quatre-vingts ans.

Quels sont ses animaux préférés ? Il aime les tortues.

La famille Tacussel

**5**  Écrivez environ 100 mots pour décrire votre famille (le nom de chaque personne, les liens de parenté, l'âge de chacun, leurs animaux préférés). Si vous préférez, vous pouvez décrire une famille imaginaire. Pour vous aider :

| Mon | père<br>frère<br>grand-père<br>demi-frère | s'appelle… |
| Ma | sœur<br>mère<br>grand-mère<br>demi-sœur | |
| Il / Elle | a …. ans. | |
| Il / Elle | adore | les chiens / les chats / les chevaux / les poissons / les lapins. |

**6**  *Ch* comme *Charles a un chat*. Écoutez cette phrase et séparez-en les mots. Répétez-la trois fois. Attention à la prononciation. Réécoutez pour vérifier. Répétez l'exercice. Traduisez la phrase dans votre langue. Apprenez la phrase par cœur.

**ChezluiCharlesaunchatetunchienquiestméchantmaissasœurCharlotteauncheval.**

*Décollage*

# 2.1b Comment sont-ils physiquement ?

> ★ **Décrire une personne physiquement**
> ★ **Des adjectifs possessifs (*mon, ton, son,...*) ; comment poser des questions**

Salut,

Comment ça va ? Moi, ça va bien.

Je t'envoie une photo de ma famille. Comme tu vois, on est cinq. À gauche, il y a mon père. Il s'appelle Gabriel. Il est assez grand et il porte des lunettes. C'est difficile à croire, mais il a cinquante ans maintenant. Il a les cheveux gris et il commence à les perdre. Il a cinq ans de plus que ma mère. Elle, elle est de taille moyenne et elle est mince. Son nom est Alice.

Ma sœur Emma est à côté de moi. Elle a seize ans et a de longs cheveux châtains. Elle a deux ans de moins que moi. On s'entend très bien tous les deux.

Enfin, il y a ma petite sœur qui s'appelle Juliette. Elle est la plus jeune de la famille. Elle va bientôt avoir neuf ans. Elle est sympa et très souriante.

Et toi, comment est ta famille ? Combien de frères et sœurs as-tu ? Est-ce qu'ils sont plus jeunes ou plus âgés que toi ? Tu t'entends bien avec eux ?

*Henri*

1 Lisez la lettre d'Henri à son ami français. Regardez bien la photo et répondez aux questions 1 à 8 en français.

*Exemple :* 1 Henri va bien.

    **1** Comment va Henri ?
    **2** Nommez chaque personne de la photo (de gauche à droite).
    **3** Quel est l'âge de chacune de ces cinq personnes ?
    **4** De quelle couleur sont les cheveux d'Emma ?
    **5** Faites la description physique du père d'Henri. [2]
    **6** Faites celle de sa mère. [2]
    **7** Qui s'entend particulièrement bien ?
    **8** Quel aspect physique de Juliette la rend agréable ?

2 Écoutez Mathis et Romane parler de leurs copains et copines (Lucie, Zoé, Alice, Jules, Enzo, Sarah). Comment s'appellent les personnes A-F ?

*Exemple :* A Lucie

3 a Les adjectifs possessifs. Regardez d'abord la section grammaire B9. Copiez et complétez les huit phrases en choisissant l'adjectif possessif correct entre parenthèses.

*Exemple :* 1 Ma petite sœur ressemble beaucoup à mon père.

1 .......... petite sœur ressemble beaucoup à .......... père. (*mon, ma, mes*)
2 .......... meilleures copines s'appellent Chloé et Lola. (*mon, ma, mes*)
3 .......... sœur est plus grande que .......... frère. (*son, sa, ses*)
4 Elle aime beaucoup .......... amie Emma. (*son, sa, ses*)
5 .......... copains sont vraiment sympa. (*ton, ta, tes*)
6 Comment sont .......... amies ? (*son, sa, ses*)
7 Est-ce que .......... parents sont sympa ou sévères ? (*ton, ta, tes*)
8 Je me confie toujours à .......... mère. (*mon, ma, mes*)

3 b Comment poser des questions. Regardez d'abord la section grammaire E. Traduisez les questions à la fin de la lettre d'Henri dans votre langue. Référez-vous à l'exercice 1.

4 Écrivez des phrases qui décrivent une personne que vous connaissez bien, par exemple une célébrité, un acteur, une chanteuse. Donnez des détails sur cette personne (son nom, son âge, son animal préféré, sa description physique – la couleur de ses yeux et de ses cheveux…).

*Exemple :* Mon acteur préféré s'appelle Leonardo. Il est très beau…

5 Travaillez à deux. A pose les questions et B répond. Ensuite, changez de rôle.
1 A Tu as des frères et sœurs ? B …
2 A Parle-moi de ta sœur / ton frère / ton père / ta mère. Il/Elle ressemble à qui ? B …
3 A Décris ses yeux et ses cheveux. B …
4 A Il/Elle fait quelle taille ? B …
5 A Tu t'entends bien avec lui/elle ? Pourquoi / pourquoi pas ? B …

*Décollage*

# 2.1c Comment sont-ils de caractère ?

★ **Décrire le caractère de quelqu'un**
★ **Les adjectifs irréguliers**

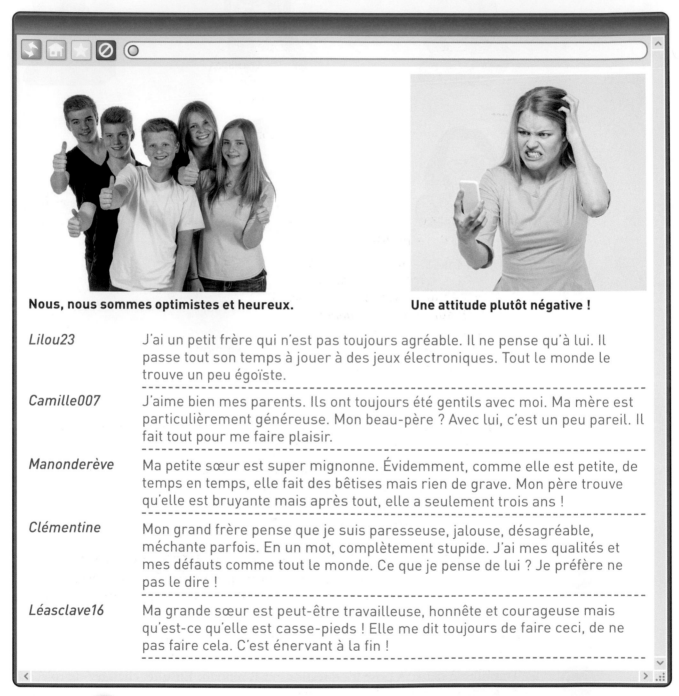

**Nous, nous sommes optimistes et heureux.**

**Une attitude plutôt négative !**

| | |
|---|---|
| *Lilou23* | J'ai un petit frère qui n'est pas toujours agréable. Il ne pense qu'à lui. Il passe tout son temps à jouer à des jeux électroniques. Tout le monde le trouve un peu égoïste. |
| *Camille007* | J'aime bien mes parents. Ils ont toujours été gentils avec moi. Ma mère est particulièrement généreuse. Mon beau-père ? Avec lui, c'est un peu pareil. Il fait tout pour me faire plaisir. |
| *Manonderève* | Ma petite sœur est super mignonne. Évidemment, comme elle est petite, de temps en temps, elle fait des bêtises mais rien de grave. Mon père trouve qu'elle est bruyante mais après tout, elle a seulement trois ans ! |
| *Clémentine* | Mon grand frère pense que je suis paresseuse, jalouse, désagréable, méchante parfois. En un mot, complètement stupide. J'ai mes qualités et mes défauts comme tout le monde. Ce que je pense de lui ? Je préfère ne pas le dire ! |
| *Léasclave16* | Ma grande sœur est peut-être travailleuse, honnête et courageuse mais qu'est-ce qu'elle est casse-pieds ! Elle me dit toujours de faire ceci, de ne pas faire cela. C'est énervant à la fin ! |

**1** Lisez ces contributions à un forum de discussion sur les rapports familiaux. Est-ce que leurs rapports sont positifs (P), négatifs (N) ou positifs et négatifs (P+N) ? Tous décrivent un ou plusieurs membres de leur famille. Lesquels ?

*Exemple :* 1 Lilou23, N, son petit frère

**2** Vous allez entendre deux fois Louane, Jade, Théo et Nolan parler de leurs amis. Choisissez la bonne réponse A, B ou C.

*Exemple :* 1 C

**1** Louane trouve sa meilleure amie…
  **A** amusante.
  **B** bavarde.
  **C** intelligente.

**2** Francine peut être … avec les autres.
  **A** menteuse
  **B** généreuse
  **C** gentille

**3** Au collège, Francine est…
  **A** travailleuse.
  **B** paresseuse.
  **C** jalouse.

**4** Théo connait Clément depuis…
  **A** qu'il est tout petit.
  **B** le collège.
  **C** l'école primaire.

**5** Nolan est…
  **A** optimiste.
  **B** pessimiste.
  **C** positif.

**6** Céline est…
  **A** contente.
  **B** romantique.
  **C** heureuse.

**3 a** Les adjectifs irréguliers. Regardez d'abord les sections grammaire B1 et B2, puis copiez et complétez les phrases, en écrivant les adjectifs correctement. Attention à la position de l'adjectif !

*Exemple :* 1 Alice est ma meilleure copine.
  **1** Alice est ma copine (*meilleur*).
  **2** Ma sœur est vraiment (*paresseux*).
  **3** Son amie est très (*mignon*).
  **4** Est-ce que tes parents sont (*gentil*) ?
  **5** Ils ont des attitudes envers tout (*négatif*).
  **6** Ma mère est une personne (*généreux*).
  **7** Sa copine s'appelle Lucie (*nouveau*).
  **8** Moi, je la trouve (*jaloux*).

**3 b** Faites la liste des 15 adjectifs qui décrivent la personnalité dans le forum de discussion (exercice 1) et traduisez-les dans votre langue.

**4** Travaillez à deux. Posez ces questions à votre partenaire au sujet de ses ami(e)s.
  **1** Comment s'appellent tes copains/copines ?
  **2** Tu as un(e) meilleur(e) ami(e) ?
  **3** Comment est-il/elle physiquement ?
  **4** Et de caractère ?
  **5** Quels sont les aspects de sa personnalité que tu aimes/n'aimes pas ?

Préparez vos réponses aux questions de votre partenaire. Dites-les à haute voix. Corrigez la prononciation et les fautes de grammaire de votre partenaire. Apprenez vos réponses par cœur.

**5** Écrivez 80-90 mots en français sur deux membres de votre famille ou deux de vos ami(e)s.
  ● Donnez leur nom et leur âge.
  ● Quel est leur animal domestique préféré ?
  ● Décrivez leur apparence physique.
  ● Décrivez leur caractère.

*En Vol*

# 2.1d Les rapports avec les autres

★ **Expliquer si on s'entend avec les autres ou non**
★ **Les verbes *s'entendre avec* et *se disputer* ; *moi, toi, lui, elle***

Salut Ahmed,

Dans ta dernière lettre, tu me demandes si j'ai de bons ou de mauvais rapports avec ma famille. Eh bien, bons avec certains, mais pas avec tous.

Je m'entends en général bien avec mon père parce qu'il comprend nos problèmes d'adolescents. Il faut par exemple réussir nos études et ne pas causer de problèmes à la maison. Je le trouve très compréhensif et gentil. Avec ma mère, ce n'est pas pareil. Mon frère et ma sœur sont plus jeunes que moi donc, ils ne demandent pas à sortir le soir ou à passer l'après-midi avec leurs copains : moi, oui. D'habitude, c'est pour ça que nous nous disputons. Ce n'est pas tous les jours comme ça, évidemment, mais dans l'ensemble, nos rapports sont assez tendus. À mon avis, elle a tendance à être trop sévère.

**Ma famille. C'est moi qui ai pris la photo.**

Mon frère a douze ans et ma sœur a dix ans. Lui, il est plutôt pénible parce qu'il faut toujours qu'on s'occupe de lui. Il est vraiment égoïste. Je ne m'entends pas bien avec lui à cause de ça.

Avec ma sœur, c'est le contraire. On ne se dispute jamais. Elle, elle aime bien discuter de tout avec moi. Elle est sociable et elle a aussi le sens de l'humour. Moi, ça me plait parce que j'aime bien rigoler.

Voilà, tu vois, c'est pas mal dans l'ensemble.

Dans ta prochaine lettre, parle-moi un peu de tes copains.

À bientôt

*Théo*

**1 a** Lisez la lettre de Théo à son ami français. Trouvez trois adjectifs qui décrivent de bons rapports et trois autres qui décrivent de mauvais rapports. Traduisez-les dans votre propre langue.

**1 b** Relisez la lettre de Théo. Comment s'entend-il avec sa famille ? Copiez et complétez la grille.

| Lien de parenté | Caractère | Rapports | Raison |
|---|---|---|---|
| Père | | | |
| Mère | | | |
| Frère | | | |
| Sœur | | | |

**2** Vous allez entendre deux fois Laurent, Annie, Mathieu et Claire parler des rapports qu'eux-mêmes ou leurs amis ont avec les autres. Pour chaque question, choisissez A, B, C ou D.

*Exemple :* 1 B

**1** Qu'est-ce qui stresse l'ami de Laurent en particulier ?
   **A** Il se dispute avec sa mère.
   **B** Il trouve qu'il est difficile de se faire des amis.
   **C** Il ne sort pas quand il veut.
   **D** Il ne s'entend pas avec ses parents.

**2** Annie est fâchée avec Rachel car…
   **A** elle n'a pas voulu lui passer un devoir de maths.
   **B** elles ne s'entendent pas toujours parfaitement.
   **C** elle ne s'est pas excusée.
   **D** elle ne l'a pas aidée en maths.

**3** La prof d'anglais de Mathieu…
   **A** est contente de son travail.
   **B** ne donne pas de devoirs.
   **C** a contacté ses parents.
   **D** s'entend bien avec lui.

**4** Pourquoi est-ce que Mathieu aime moins l'anglais qu'avant ?
   **A** Il n'aime pas sa prof.
   **B** Il a des mauvaises notes aux devoirs d'anglais.
   **C** Il ne comprend pas la prof.
   **D** Il doit faire plus de devoirs d'anglais.

**5** Quel est le sujet de disputes de Claire et sa sœur ?
   **A** la vaisselle
   **B** le ménage
   **C** les devoirs
   **D** les vêtements

**6** Normalement elles s'entendent bien car…
   **A** elles aident toutes les deux à la maison.
   **B** elles ont presque le même âge.
   **C** la sœur de Claire l'aide avec ses devoirs.
   **D** elles sont dans la même classe au collège.

**G** **3** *Moi, toi, lui, elle.* Regardez d'abord la section grammaire D6. Révisez aussi les verbes pronominaux (*s'appeler, s'entendre, se disputer*) dans la section grammaire K14. Copiez et complétez les huit phrases en ajoutant (a) *moi, toi, lui* ou *elle* et (b) la forme correcte du verbe *s'appeler, se disputer* ou *s'entendre*.

*Exemple :* 1 Lui, il se dispute souvent avec ses frères. Ils sont pénibles.
   **1** .........., il .......... souvent avec ses frères. Ils sont pénibles.
   **2** .........., tu .......... comment ?
   **3** Ma sœur et .........., nous .......... très bien.
   **4** Mes frères jumeaux .......... Mark et Liam. .........., je les adore.
   **5** .........., elle .......... bien avec tous ses profs.
   **6** Mes parents .......... tout le temps. .........., j'en ai assez !
   **7** Et .........., tu .......... bien avec ta mère ?
   **8** .........., je ne .......... jamais avec ma famille.

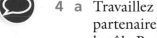

**4 a** Travaillez à deux pour faire un jeu de rôle. Posez des questions à votre partenaire sur votre ami(e) idéal(e). Une personne joue le rôle A et l'autre joue le rôle B. A commence.

1 A Quel âge a ton ami(e) idéal(e) ? B …
2 A Son caractère est comment ? B …
3 A Quelles sont ses qualités ? B …
4 A Qu'est-ce que vous avez en commun ? B …
5 A Qu'est-ce qui vous différencie ? B …

**4 b** Maintenant changez de rôle.

**5** Écrivez trois paragraphes différents qui décrivent comment vous vous entendez avec :
   ● l'un de vos parents
   ● un autre membre de votre famille
   ● l'un(e) de vos ami(e)s

### 2.2a Je me détends chez moi

> ★ **Dire ce qu'on fait pour se détendre à la maison**
> ★ *Aimer, préférer* + l'infinitif ; réviser l'heure

**1** Regardez les images. Choisissez la bonne lettre (A, B, C, D, E, F, G ou H) pour chaque phrase (1-8).

*Exemple :* 1 F

**1** Mon petit frère et mon père n'aiment pas lire. Ils préfèrent jouer à des jeux vidéo ensemble.

**2** Ma mère aime lire un magazine ou un roman pour se détendre.

**3** Ma sœur envoie constamment des textos à ses copains.

**4** À vingt heures, je regarde toujours mon feuilleton préféré.

**5** À dix-sept heures trente, quand elle rentre du collège, ma sœur écoute toujours de la musique dans sa chambre.

**6** Mon père, lui, n'aime pas faire la cuisine ; il préfère faire du jardinage.

**7** J'aime beaucoup surfer sur Internet quand j'ai du temps libre.

**8** Quand j'ai du temps libre, j'aime énormément jouer du piano. Par contre, ma famille n'aime pas trop ça.

**2** Vous allez entendre trois dialogues au sujet de ce qu'on fait à la maison pour se détendre. Deux options dans les phrases ci-dessous sont vraies et une est fausse. Lisez les phrases et chaque fois trouvez l'intrus.

*Exemple :* 1 B

**1** Le vendredi, après l'école, Karine…
  **A** se détend.
  **B** envoie des textos.
  **C** regarde la télé.

**2** Karine…
  **A** aime bien la musique.
  **B** a un portable.
  **C** n'a pas Internet.

**3** Le vendredi soir, Léa…
  **A** ne mange pas.
  **B** rentre tard.
  **C** ne regarde pas la télé.

**4** Léa…
  **A** mange dans le jardin avec des amis le samedi midi.
  **B** aime jouer de la guitare.
  **C** se lève tard le dimanche.

5 Laurent…
  A aime les comédies.
  B joue souvent à des jeux vidéos.
  C préfère regarder les films romantiques.

6 Le dimanche, il…
  A n'a pas le temps de manger avec sa famille.
  B aime rester seul dans sa chambre.
  C aime écouter de la musique.

3 *Aimer*, *préférer* + l'infinitif. Regardez la section grammaire K2. Complétez chaque phrase avec la bonne forme d'*aimer* et de *préférer* et choisissez l'infinitif.

*Exemple :* 1 aime, préfère, tchatter
  1 Moi, j'……… (*aimer*) bien regarder la télé, mais ma sœur ……… (*préférer*) ……… (*tchatter / parle*) avec des amis.
  2 Ma sœur ……… (*aimer*) écouter de la musique, mais moi, je ……… (*préférer*) ……… (*envoyer / lis*) des e-mails.
  3 Mes parents ……… (*préférer*) lire le journal, mais ils ……… (*aimer*) aussi ……… (*lire / lisent*) des magazines.
  4 Mon frère et moi, nous ……… (*aimer*) toujours regarder notre feuilleton préféré à 18h30, mais nos parents ……… (préférer) ……… (*regarder / regardent*) le journal.
  5 Tu ……… (*aimer*) surfer sur Internet après l'école, mais ta sœur, elle ……… (*préférer*) ……… (*jouer / entend*) du piano.
  6 Vous ……… (*aimer*) faire la grasse matinée le dimanche matin, mais moi, je ……… (*préférer*) ……… (*me lever / me lève*) tôt.

4 La prononciation de *s*. Écoutez cette phrase et séparez-en les mots. Répétez la phrase trois fois. Attention à la prononciation. Réécoutez pour vérifier. Répétez l'exercice. Traduisez la phrase dans votre langue. Apprenez la phrase par cœur.

**Lesdanseusesontunepiscinedanslejardinoùellespassentdesheures.**

5 Posez ces questions à votre partenaire. Répondez aussi à ses questions. Pour vous aider, utilisez le tableau ci-dessous.
  1 Qu'est-ce que tu fais pour te détendre chez toi le soir ? Et ta famille ?
  2 Tu préfères rester tard au lit le weekend ? Pourquoi (pas) ?
  3 Tu aimes surfer sur Internet ou tu préfères regarder la télé ? Pourquoi ?
  4 Tu aimes lire ? Si oui, qu'est-ce que tu aimes lire ? Si non, pourquoi ?
  5 Tes amis aiment faire les mêmes choses que toi ?

| Quand j'ai du temps libre, | j'aime (beaucoup) je n'aime pas je préfère | surfer sur Internet. lire (un roman / le journal / un livre électronique). envoyer des textos. |
|---|---|---|
| Mes parents Mes copains Mes copines Mon frère Ma sœur | aiment n'aiment pas préfèrent aime n'aime pas préfère | tchatter avec des amis. jouer du piano / de la guitare. regarder la télévision. faire du jardinage. faire de la cuisine. rester au lit / faire la grasse matinée. |
| C'est | | marrant / passionnant / ennuyeux / nul / génial. |

6 Écrivez un e-mail à votre correspondant(e) pour décrire ce que vous faites chez vous quand vous avez du temps libre. Dites aussi ce que font vos amis et votre famille.

*Exemple :* Salut Jennifer,

Tu veux savoir ce que j'aime faire quand j'ai du temps libre. J'aime vraiment…

*Décollage*

# 2.2b Range ta chambre !

★ **Parler des tâches ménagères**
★ **L'impératif (*tu*)**

# Mes parents me font trop travailler

Chère Marthe,

J'en ai vraiment marre ! Je suis une collégienne de seize ans qui a beaucoup de devoirs mais mes parents m'obligent toujours à faire des tâches ménagères. Vraiment, ils sont exigeants. J'entends constamment, « Range ta chambre ! », « Fais la vaisselle ! », « Mets le couvert ! », « Chérie, viens aider ta mère ! », « Fabienne, donne à manger au chat ! », « Remplis le lave-linge ». Ils ne comprennent tout simplement pas que mes devoirs sont importants. En plus, mon frère de quatorze ans ne fait rien et c'est à cause de lui que la maison est en désordre. Il laisse ses affaires partout. Ma petite sœur, elle, a cinq ans et ne peut pas vraiment aider.

*Fabienne, 16 ans*

Chère Fabienne,

Tes parents sont, en effet, un peu exigeants. Tu fais certainement bon nombre de tâches ménagères ! Cependant, n'oublie pas que les parents aussi ont souvent beaucoup à faire et apprécient donc de l'aide. Tes parents doivent tout de même te donner le temps de faire tes devoirs. Explique-leur calmement que tu veux les aider mais que tu dois aussi faire ton travail scolaire et que tu n'as pas le temps de faire autant de tâches ménagères. Sois polie et surtout ne te mets pas en colère. Dis-leur tout simplement que tu peux mettre le couvert mais que tu ne peux pas faire la vaisselle aussi. Range ta chambre régulièrement. Comme ça, elle ne va pas être en désordre. Enfin, demande à tes parents si ton frère peut aider aussi. À l'âge de quatorze ans, il peut certainement faire son lit, débarrasser la table ou bien sortir la poubelle...

Bonne chance !

*Marthe*

**1** Lisez le message et la réponse. Ensuite, lisez les affirmations ci-dessous et choisissez la bonne personne chaque fois. Écrivez F pour Fabienne, M pour Marthe, P pour les parents de Fabienne, FR pour son frère et S pour sa sœur.

*Exemple :* 1 F

Qui...

**1** n'a pas assez de temps pour tout faire ?
**2** veut faire le travail scolaire ?
**3** n'est pas très compréhensif ?
**4** peut aider mais n'aide jamais ?
**5** est trop jeune pour aider ?
**6** est responsable du désordre ?
**7** donne des conseils pour résoudre le problème ?
**8** doit rester calme et sereine ?

**2** Vous allez entendre une mère et son fils qui parlent des tâches ménagères. Pour chaque question, choisissez les deux phrases qui sont correctes parmi les cinq propositions (A-E). Étudiez les affirmations avant d'écouter la conversation.

*Exemple :* 1 B, ...

**1**
A La mère de Matthieu va au supermarché.
B Ils attendent des invités qui vont manger chez eux.
C La famille de Matthieu dine avec des amis au restaurant ce soir.
D La mère de Matthieu lui demande de faire la cuisine.
E La salle de bains est sale.

**2**
A Le père de Matthieu fait aussi des tâches ménagères.
B Le père de Matthieu ne peut pas aider.
C Le père de Matthieu va aussi en ville.
D La mère de Matthieu va se détendre en ville.
E La mère de Matthieu n'a pas le temps d'acheter les provisions qu'il faut.

**3** L'impératif (*tu*). Regardez d'abord la section grammaire K10. Lisez les phrases ci-dessous et choisissez les phrases impératives.

*Exemple :* 3

**1** Faire des tâches ménagères, c'est fatigant.
**2** Aides-tu souvent à la maison ?
**3** Sois gentil, Sylvain ! Aide ton père !
**4** Ne t'inquiète pas, je vais t'aider !
**5** Ma sœur n'aime pas faire son lit.
**6** Mets le couvert, s'il te plait !
**7** Tu peux m'aider à changer les draps ?
**8** Viens avec moi au supermarché, Paul !

**4** Travaillez à deux pour faire un jeu de rôle. Une grand-mère/Un grand-père parle à son petit-fils/sa petite-fille des tâches ménagères. Une personne joue le rôle A (la grand-mère/le grand-père) et l'autre joue le rôle B (l'adolescent(e)). La grand-mère/Le grand-père commence.

**1** A *Alors, qu'est-ce que tu fais d'habitude comme tâches ménagères ?* B ...
**2** A *Mais tu ne peux pas passer l'aspirateur ce matin ? Pourquoi ?* B ...
**3** A *Et ta petite sœur, que fait-elle ?* B ...
**4** A *Pourquoi ne fais-tu pas plus de tâches ménagères, chéri(e) ?* B ...
**5** A *Qu'est-ce que tu vas faire pour aider alors, et quand ?* B ...

**5** Vous organisez une fête surprise pour un ami. Écrivez un e-mail pour dire à vos autres copains ce qu'ils doivent faire pour aider. Utilisez l'impératif à la deuxième personne.

- Qui va faire chaque tâche ménagère ? Quand ?
- Qui va faire le gâteau ?
- Qui va acheter/apporter le cadeau ?

*Exemple :* La fête, c'est demain. Isabelle, sois sure d'apporter le cadeau. On doit tous arriver à 15h00. Ensuite, Madeleine, mets la table et range le séjour, s'il te plait…

| Fais | la vaisselle / les tâches ménagères / le jardinage / les courses / le repassage / la poussière / la lessive / le ménage / le lit. |
|---|---|
| Mets / Débarrasse | la table. |
| Remplis / Vide | le lave-vaisselle. |
| Sors | la poubelle. |
| Nettoie | la salle de bains. |
| Achète | des provisions. |

*En Vol*

## 2.2c Bienvenue chez moi

★ **Parler des visites et des visiteurs**
★ **L'impératif (*tu*) et (*vous*)**

Salut Sandra et Élise,

C'est Hélène. Alors, vous allez diner chez les Dubois le weekend prochain. Vous allez vraiment bien vous amuser, surtout s'il fait beau car ils ont une piscine dans le jardin. N'oubliez pas d'apporter vos maillots de bain ! Vous dites que vous êtes un peu inquiètes tout de même. Ne vous inquiétez pas. Ils ont l'air très strict mais sont en fait plutôt gentils. Je vais vous aider. Ils habitent quatre rue d'Iris. Si vous avez du mal à trouver leur maison, surtout n'hésitez pas à leur téléphoner pour les prévenir. Garez-vous dans la rue devant la maison. Soyez tranquilles, il y a beaucoup de place. N'oubliez pas d'apporter un petit cadeau – des fleurs ou une boite de chocolats peut-être.

En entrant, enlevez vos chaussures. Dis-moi, Sandra, es-tu toujours végétarienne ? Si oui, préviens Madame Dubois aussitôt que possible. Comme ça, elle va préparer un plat végétarien. On mange bien chez les Dubois, mais s'il y a quelque chose que vous n'aimez pas, dites-le leur. Vraiment, ils sont gentils. Après le déjeuner, demandez-leur si vous pouvez les aider à débarrasser la table. Ils vont certainement dire non, mais demandez de toute façon car c'est poli.

Monsieur Dubois est un grand amateur de jardinage et il va surement vous faire visiter son joli jardin. Élise, je sais bien que tu as horreur de visiter des jardins, mais sois polie et ne refuse surtout pas d'y aller. Ils vont peut-être vous inviter à nager si l'eau n'est pas trop froide. L'après-midi, ils aiment jouer à des jeux de société (ne vous inquiétez pas, c'est marrant) ou, s'il fait beau, ils se détendent tout simplement dans le jardin.

Madame Dubois aime savoir à quelle heure les invités vont partir. Dites-le-lui ! Pour finir, remerciez-les pour leur hospitalité. Ça c'est très important.

J'espère que vous vous amuserez bien.

À bientôt,

Hélène

**1 a** Lisez le courriel puis répondez aux questions en français.

*Exemple :* 1 Elles vont aller chez des gens qu'Hélène connait et Hélène leur explique ce qu'il faut faire pendant la visite.

1 Pourquoi Hélène envoie-t-elle cet e-mail à Sandra et Élise ? [2]
2 Comment sont les Dubois ? [1]
3 Selon Hélène, qu'est-ce que Sandra et Élise doivent faire si elles se perdent en route ? [1]
4 Comment vont-elles aller chez les Dubois ? [1]
5 Selon Hélène, comment est la nourriture chez les Dubois ? [1]
6 Pourquoi Élise risque-t-elle de s'ennuyer un peu ? [1]
7 Quelles activités peuvent-elles faire s'il fait beau ? [2]
8 Qu'est-ce que Mme Dubois ne sait pas encore ? [1]

**1 b** Relisez le courriel et faites une liste de nouveaux mots. Cherchez-les dans un dictionnaire et apprenez-les par cœur.

*Exemple :* 1 maillot de bain,…

**2** Vous allez entendre quatre conversations entre Gaétan, Marc et la mère de Gaétan. Choisissez la bonne réponse chaque fois. Écrivez G pour Gaétan, M pour Marc, Ma pour la mère de Gaétan et F pour son frère.

*Exemple :* 1 G

Qui…

1 prend le manteau de Marc ?
2 doit poser son sac à dos par terre ?
3 met la table ?
4 doit préparer un plat végétarien ?

5 ne range pas sa chambre ?
6 monte au premier étage ?
7 s'assied à côté du frère de Gaétan ?
8 va aider la mère de Gaétan ?

**3 a** L'impératif (*tu* et *vous*). Regardez d'abord la section grammaire K10. Complétez les phrases avec l'impératif des verbes entre parenthèses. N'oubliez pas de choisir la bonne forme.

*Exemple :* 1 Sonnez

1 .......... à la porte ! Mon mari va vous faire entrer. (*sonner*)
2 — Maman, c'est moi. Je vais être en retard.
   — .......... tranquille, chérie ! Ce n'est pas grave. (*être*)
3 Les filles, n'.......... pas d'apporter un cadeau ! (*oublier*)
4 Tu aimes ça, Christine ? ..........-en un peu plus ! (*prendre*)
5 .......... plus lentement David ! Tu as le temps. (*manger*)
6 .......... sages, les enfants ! (*être*)
7 ..........-moi, monsieur, à quelle heure on doit arriver. (*rappeler*)
8 Salut, Claire. Ça va ? ..........-moi prendre ton sac. (*laisser*)

**3 b** Relisez l'e-mail de l'exercice 1. Trouvez des exemples de l'impératif. Copiez-les. Ensuite, changez la forme de l'impératif.

*Exemple :* N'oubliez pas d'apporter vos maillots de bain ! (*n'oublie pas*)

**4** Travaillez à deux pour faire ce jeu de rôle. Une jeune personne qui a été invitée à déjeuner par son ami(e) vient d'arriver. Une personne joue le rôle A (la jeune personne) et l'autre joue le rôle B (l'ami(e)). La jeune personne commence.

1 A Salut. Entre. Il fait chaud, qu'est-ce que tu veux boire ? B …
2 A Qu'est-ce que tu aimes manger et qu'est-ce que tu n'aimes pas ? B …
3 A Alors, que penses-tu de notre maison ? B …
4 A Qu'est-ce que tu veux faire ? On peut aller dans le jardin, jouer aux jeux vidéo…. B …
5 A À quelle heure est-ce que tu vas partir et comment est-ce que tu vas rentrer ? B …

**5** Écrivez maintenant un courriel pour donner des conseils à un copain/une copine français(e) qui va dîner chez une famille dans votre pays. Vous devez écrire 130-140 mots en français.

- Expliquez comment trouver la maison de la famille.
- Expliquez ce qu'il/elle doit apporter en cadeau et dites ce qu'aime/n'aime pas la famille.
- Expliquez ce qu'aime faire la famille et s'il faut apporter un manteau, des bottes, un maillot de bain etc.
- Expliquez ce qu'il/elle doit faire s'il y a un plat qu'il/elle n'aime pas ou s'ils lui offrent une deuxième part.
- Expliquez ce qu'il/elle doit/ne doit pas faire après le repas.

# Leisure, entertainments, invitations

## 2.3a Mon temps libre

*Embarquement*

★ **Parler des passetemps**
★ *Jouer à ; jouer de*

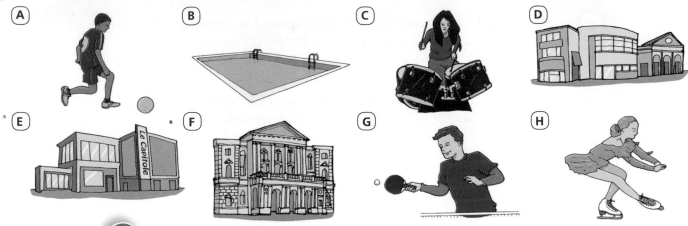

A   B   C   D

E   F   G   H

**1 a** Faites correspondre ce que disent ces jeunes (1 à 8) aux images A à H.

*Exemple :* 1 H

1 Je vais à la patinoire le weekend.
2 Avec mes copines, on va au centre commercial.
3 Je joue de la batterie dans ma chambre.
4 Le samedi soir, je vais au théâtre.

5 Le dimanche, je joue au foot.
6 J'aime beaucoup aller au cinéma.
7 Je fais régulièrement de la natation.
8 À la maison des jeunes, je joue au tennis de table.

**1 b** Faites la liste des activités mentionnées dans l'exercice 1a. Faites une autre liste d'activités que vous connaissez ou trouvez dans un dictionnaire. Traduisez-les dans votre langue et apprenez-les.

*Exemple :* jouer de la batterie

**2** Vous allez entendre huit jeunes parler de leur passetemps. Pour chaque question, choisissez A, B, C ou D.

*Exemple :* 1 A

1 A natation
  B équitation
  C tennis
  D gymnastique
2 A jouer au foot
  B jouer de la guitare
  C jouer aux cartes
  D jouer au golf
3 A mardi à 11 h 00
  B dimanche à 14 h 00
  C samedi à 9 h 30
  D dimanche à 10 h 00

4 A cinéma
  B bowling
  C théâtre
  D musée
5 A copain
  B sœur
  C frère
  D cousine
6 A babyfoot
  B tennis de table
  C bowling
  D tennis

7 A parc                      8 A chez des amis
  B skateparc                   B au parc
  C patinoire                   C au cinéma
  D piste de ski                D faire du shopping

3 *Jouer à/jouer de.* Regardez d'abord les sections grammaire A5 et K2. Copiez et complétez ces huit phrases en utilisant la forme correcte du verbe *jouer* et la préposition correcte. Choisissez *à la, au, aux, de la, du, de l', des.*

*Exemple :* 1 Je joue de la guitare.

1 Je ………. ………. guitare.         5 Tu ………. ………. batterie.
2 Il ………. ………. piano.            6 Vous ………. ………. rugby.
3 Nous ………. ………. handball.       7 Elle ………. ………. volley.
4 Elles ………. ………. tennis.        8 On ………. ………. violon.

4 a Travaillez à deux. A pose les questions et B répond. Ensuite, changez de rôle.

   1 A Qu'est-ce que vous aimez comme musique ?
     B J'aime beaucoup la musique rap mais je n'aime pas <u>la musique classique</u>.
   2 A Est-ce que vous jouez d'un instrument ?
     B Oui, je joue <u>de la guitare</u>.
   3 A Vous faites du sport ?
     B Oui, je joue <u>au tennis</u> et <u>au rugby</u>.
   4 A Quel est votre sport préféré ?
     B Je préfère <u>le tennis</u>.
   5 A À part cela, qu'est-ce que vous faites avec vos copains quand vous avez du temps libre ?
     B Avec mes copains, on va <u>au centre commercial</u> et <u>au cinéma</u>.

4 b Maintenant faites le jeu de rôle en changeant les parties soulignées.

| J'aime | la musique jazz / le hip hop / la musique classique. |
|---|---|
| Je joue | de la guitare / de la clarinette / de la batterie / de la trompette. du violon / du piano. |
| Je joue | au tennis / au football / au rugby / au cricket / au badminton. |
| On va | au centre commercial / au stade / en ville. à la bibliothèque / à la patinoire / à la piscine. |

5 Écrivez une phrase pour chacune de vos activités pendant votre temps libre. Ajoutez deux détails supplémentaires et votre opinion.

*Exemple :* Je joue au foot le samedi avec mes copains au stade. Cela me plaît beaucoup.

6 Les sons *g, ge* et *j* comme, par exemple, « je trouve le golf génial ». Écoutez cette phrase et séparez-en les mots. Répétez-la trois fois. Attention à la prononciation ! Réécoutez pour vérifier. Répétez l'exercice. Traduisez la phrase dans votre propre langue. Apprenez la phrase par cœur.

**JaimejoueraugolfavecmonamiGillesetjejoueaussidelaguitareparcequecestgénial.**

# 2.3b Tu veux sortir ?

*Décollage*

★ **Parler des activités de loisir**
★ **Le futur proche ; les verbes suivis de l'infinitif**

---

Salut Henri,

J'attends ta visite avec plaisir. Je vais aller te chercher à la gare en voiture avec mes parents.

Je vais te dire ce qu'on peut faire ici. S'il fait beau, on peut aller se baigner. Je dois dire que j'y vais souvent avec mes copains. La semaine où tu vas venir, il va y avoir une fête foraine. Ça va se passer sur la place de la mairie.

Si tu préfères visiter la ville, alors, je vais te montrer l'ancien château qui se trouve dans la vieille ville en face de l'office de tourisme. Juste à côté, on peut visiter le musée, si ça t'intéresse.

En ce qui concerne les soirées, on a tout ce qu'il faut ici. Il y a trois cinémas, plein de cafés, une patinoire et bien sûr, on peut retrouver mes copains et faire la fête ensemble. Si tu veux, on peut même aller voir un match de foot.

Dis-moi ce que tu en penses. Je vais en parler à mes copains aussi. Tu vas voir, on va bien s'amuser.

À bientôt,

*Max*

---

**1** Lisez la lettre de Max et choisissez les fins de phrases (A à L) qui correspondent aux débuts de phrases (1 à 6).

*Exemple :* 1 F

| | |
|---|---|
| **1** Henri va arriver | **A** faire un match de foot. |
| **2** Max aime bien | **B** en voiture avec ses parents. |
| **3** S'il fait beau, ils vont | **C** dans l'ancien château. |
| **4** La fête foraine va avoir lieu | **D** faire de la natation. |
| **5** Le château est situé | **E** loin du musée. |
| **6** Le soir, ils vont peut-être | **F** en train. |
| | **G** voir ses copains. |
| | **H** aller à la piscine. |
| | **I** en face du syndicat d'initiative. |
| | **J** sur la place de la mairie. |
| | **K** aller dans la vieille ville. |
| | **L** aller voir un film. |

**2** Vous allez entendre deux fois Max et ses copains Lucas et Lucie discuter de ce qu'ils vont faire quand Henri va venir. Choisissez l'activité (1-5) qui correspond à chaque affirmation (A-F). Attention ! il y a une affirmation de trop.

*Exemple :* 1 A

| | | | |
|---|---|---|---|
| **1** | des jeux | **A** | Lucie invite ses copains à faire ça chez elle. |
| **2** | sa fête d'anniversaire | **B** | Lucas propose d'y emmener Henri. |
| **3** | le château | **C** | Pour Max, c'est dimanche. |
| **4** | le marché | **D** | Lucie voudrait aller nager. |
| **5** | au cinéma | **E** | Lucas trouve ça ennuyeux. |
| | | **F** | C'est le jeudi. |

**3 a** Le futur proche. Regardez d'abord la section grammaire K6, puis réécrivez ces phrases au futur proche. Ensuite, traduisez-les dans votre langue.

*Exemple :* 1 Ils vont visiter le château.

    **1** Ils visitent le château.
    **2** Il en parle à ses copains.
    **3** Nous allons au marché.
    **4** Vous venez chez moi, j'espère.
    **5** On rencontre nos copains.
    **6** Je vais au cinéma.
    **7** Nous visitons le musée.
    **8** Il est ici mardi.

**3 b** Verbes suivis d'un infinitif. Relisez la lettre de Max (exercice 1) et, à part les exemples du futur proche, notez les sept exemples de verbes suivis d'un infinitif, puis traduisez-les dans votre langue.

*Exemple :* on peut faire.

**4 a** Travaillez à deux pour faire un jeu de rôle. Une personne joue le rôle A et l'autre joue le rôle B. A commence.

    **1 A** Bonjour, comment vas-tu ? B …
    **2 A** Qu'est-ce que tu fais dimanche ? C'est l'anniversaire de Théo. Il va faire une fête. B …
    **3 A** Qu'est-ce qu'on va lui acheter comme cadeau ? B …
    **4 A** On se retrouve à quelle heure ? B …
    **5 A** Ok, alors à dimanche ? B …

**4 b** Maintenant changez de rôle.

**5** Imaginez que vous allez passer une semaine chez un(e) ami(e). Écrivez une phrase pour chaque jour de votre visite. Si possible, ajoutez des détails supplémentaires.

*Exemple :* Mardi, je vais aller à la plage avec les copains d'Emma. Ils sont sympa et moi, j'adore me baigner dans la mer.

*En Vol*

# 2.3c Mes loisirs

★ **Parler de ses heures de loisir**
★ **Le futur**

## CENTRE DE JEUNESSE DE JONQUIÈRES

**Les activités de la semaine**

**Bibliothèque**

**Heures d'ouverture**

**Où nous trouver**

**Inscriptions**

**Parcs et terrains de jeux**

**Compétitions**

Nous organisons gratuitement toutes sortes d'activités pour les jeunes de onze à dix-huit ans. Inscrivez-vous et vous aurez accès à un large éventail d'activités telles que les sports, les jeux vidéo ou les soirées cinéma. Vous serez libre de surfer sur Internet, de bavarder avec d'autres jeunes ou d'assister à des conférences sur des sujets de votre choix. Vous serez entouré de bénévoles qui vous aideront dans les activités auxquelles vous allez participer.

**Sports**
Si cela vous intéresse, vous ferez de la natation, des sports individuels tels que le tennis, ou des sports d'équipe. Vous pourrez participer à des tournois de foot ou de basket par exemple.

**Excursions**
Vous irez en promenade accompagnée pour l'après-midi ou partirez en excursion pour deux ou trois jours (une participation aux frais de logement vous sera demandée)

**À l'intérieur**
Vous pourrez vous réunir avec vos amis et discuter, regarder la télé ou faire des jeux.
Tous les jeunes de la ville sont les bienvenus.
Inscrivez-vous sans tarder !

**Fil Twitter**
Hier, nous avons accueilli deux nouveaux bénévoles qui vont s'occuper du gymnase le dimanche.

**Il y a deux jours**
Nous remercions la ville de Jonquières qui continue à nous donner des fonds qui permettent à notre centre d'offrir des activités gratuites aux jeunes de la ville.

**Un groupe scolaire**
d'Algérie est en visite dans notre région. Les activités du centre leur seront réservées le 19 juin. Visitez-nous sur Twitter.

**1** Lisez le site web du Centre de jeunesse de Jonquières puis répondez aux questions en français.

*Exemple :* les jeunes de 11 à 18 ans

    **1** Pour qui sont organisées les activités gratuites ?

    **2** Donnez deux exemples d'activités proposées. [2]

    **3** Qui peut vous aider ?

    **4** Donnez deux exemples de sports proposés. [2]

    **5** Donnez un exemple d'activité à l'extérieur du centre.

    **6** Quels jeunes ont le droit de s'inscrire ?

    **7** Que feront les deux nouveaux bénévoles ?

    **8** Qui participera aux activités du 19 juin ?

**2** Écoutez Hugo et Clément parler de ce qu'ils feront demain et aussi le weekend prochain. Copiez la grille et complétez-la en faisant la liste de leurs activités.

| Demain | Le weekend prochain |
|---|---|
| *Exemples : tennis de table* | *Excursion* |
| *1* | *1* |
| *2* | *2* |
| *3* | *3* |

**3 a** Le futur. Regardez d'abord la section grammaire K5. Réécrivez ces huit phrases au futur.

*Exemple :* 1 Tu danseras ?

**1** Tu vas danser ?
**2** Vous allez choisir vos activités.
**3** Ils vont demander de l'argent à leurs parents.
**4** Ils vont bien s'amuser.
**5** Je vais aller à la piscine.
**6** Ils vont être libres le weekend prochain.
**7** Il va faire de la planche à voile.
**8** Il y a une excursion super sympa.

**3 b** Relisez le texte Centre de jeunesse de Jonquières (exercice 1) et notez les sept verbes différents utilisés au futur. Quel est l'infinitif de chacun de ces verbes ?

*Exemple :* 1 aurez – avoir

**4 a** Utilisez la liste d'activités dans la grille de l'exercice 2 pour poser des questions à votre partenaire sur son temps libre. Répondez aux questions de votre partenaire en ajoutant des détails supplémentaires.

*Exemple :* 1 Tu as déjà fait du VTT ? Non, je n'en ai jamais fait. Je n'aime pas ce sport. Je préfère les sports d'équipe. C'est plus motivant.

**1** Tu as déjà fait du VTT ?
**2** Quels sont les avantages de faire de la musculation ?
**3** Tu ne trouves pas le patin à roulettes dangereux ?
**4** Qu'est-ce que tu penses des soirées disco ?
**5** Comment était la dernière excursion que tu as faite ?
**6** Quelles activités feras-tu le weekend prochain ?

**4 b** À tour de rôle, posez d'autres questions sur les activités que vous ferez aux prochaines vacances.

*Exemples :*

Tu vas partir en vacances ? Où ? Avec qui ?

Quelles seront tes activités pendant la journée ? Et le soir ?

Auras-tu la permission de sortir le soir avec tes copains ?

Que feras-tu le soir ?

**5** Vous devez écrire 130-140 mots en français. Écrivez une lettre à votre ami(e) français(e) qui décrit les activités que vous avez l'intention de faire pendant les grandes vacances.
- Décrivez les activités là où vous irez en vacances et celles que vous voulez faire.
- Décrivez ce que vous ferez quand vous serez chez vous.
- Dites quelles sont vos activités préférées et pourquoi.
- Qu'est-ce que vous avez fait pendant les vacances l'année dernière ?
- Est-ce qu'il y a des activités que vous n'avez pas faites et pourquoi ?

*Embarquement*

### 2.4a Je voudrais une glace à la fraise

★ **Dire ce qu'on veut dans un café ou un restaurant**
★ *au, à la*; réviser les articles indéfinis ; *c'est combien ?*

**1** Regardez les images. Complétez chaque phrase avec le bon mot de la liste.

*Exemple :* 1 glace à la fraise

**1** Je voudrais une .........., s'il vous plait. C'est combien ?
**2** Mon frère et moi, nous allons partager une ........... . C'est délicieux !
**3** Maman, tu prends un .......... au fromage ? Ils sont bons ici et pas chers.
**4** Je n'aime pas la soupe à l'ognon. Je prends donc une .......... de tomates.
**5** Moi, je prends un coca. Non. Attendez, je prends une ........... .
**6** Laisse-moi choisir. Bon, en dessert, je prends une ........... .
**7** J'aimerais vraiment des ........... . Je les adore avec de la mayonnaise.
**8** Qu'est-ce que tu prends, toi ? Moi je veux bien un ........... .

| croquemonsieur | *glace à la fraise* | frites |
| limonade | crêpe à l'orange | pizza au fromage |
| sandwich | salade | |

**2** Vous allez entendre, deux fois, une conversation dans un café entre trois jeunes et le serveur. Pendant que vous écoutez la conversation, répondez aux questions en choisissant A, B, C ou D. Étudiez les questions avant d'écouter.

*Exemple :* 1 B

**1** La première fille…
  **A** veut un plat froid.
  **B** choisit un croquemonsieur.
  **C** n'aime pas les frites.
  **D** choisit une pizza.
**2** La première fille commande…
  **A** aussi un jus d'orange.
  **B** aussi des fruits.
  **C** aussi une limonade.
  **D** aussi un jus de pomme.

**3** La deuxième fille…
  **A** prend des frites avec de la mayonnaise.
  **B** prend un sandwich au poulet.
  **C** prend un sandwich au fromage.
  **D** pense que les frites coûtent trop cher.
**4** Elle…
  **A** pense que l'eau coûte trop cher.
  **B** prend un citron pressé.
  **C** pense que le citron pressé coûte trop cher.
  **D** prend une limonade.

**5** Le garçon…
  **A** veut savoir le prix des glaces.
  **B** prend une crêpe au chocolat.
  **C** prend une glace à la menthe.
  **D** veut savoir le prix des crêpes.

**6** Il…
  **A** boit un sirop de menthe.
  **B** ne prend pas de boisson.
  **C** boit un sirop de fraise.
  **D** mange aussi des fraises.

**G** **3** *Au, à la* ; les articles indéfinis. Regardez d'abord les sections grammaire A1, A2, A3.1 et A4. Complétez chaque phrase avec *au, à l'* ou *à la* et le bon article indéfini.

*Exemple :* 1 au, un, au

| au | à l' | à la | | un | une | des |
|----|------|------|--|----|-----|-----|

  **1** Je suis désolé madame, il n'y plus de sandwichs .......... fromage. Voulez-vous .......... sandwich .......... thon ?
  **2** Monsieur ! Je prends .......... chocolat chaud et .......... café .......... lait, s'il vous plait.
  **3** .......... salade de tomates, s'il vous plait et .......... frites aussi.
  **4** Je voudrais deux sirops .......... menthe, s'il vous plait, pour les enfants, et .......... jus d'orange pour moi.
  **5** Alors, nous allons prendre .......... pizza .......... feu de bois, à partager.
  **6** .......... mousse .......... chocolat et .......... café, s'il vous plait.

**4** Les sons *x, aux, eaux*. Écoutez cette phrase et séparez-en les mots. Répétez la phrase trois fois. Attention à la prononciation ! Réécoutez pour vérifier. Répétez l'exercice. Traduisez la phrase dans votre langue. Apprenez la phrase par cœur.

**Lesdeuxgâteauxauxagrumessontdélicieux,lamousseauxnoixestcrémeusemaismangerdes pruneaux,c'estmieux.**

**5 a** Travaillez à deux pour faire un jeu de rôle. Un(e) client(e) est dans un café et parle au serveur/à la serveuse. Une personne joue le rôle A (le serveur/la serveuse) et l'autre joue le rôle B (le client/la cliente). Le serveur/La serveuse commence.

**1 A** Bonjour. Alors, c'est pour déjeuner ? Où voulez-vous vous asseoir ?
  **B** Oui. Près de la fenêtre, s'il vous plait.
**2 A** Comme plats chauds, nous avons des <u>sandwichs grillés</u>, des frites et des <u>omelettes</u>. Ou nous avons aussi des sandwichs et des salades. Que désirez-vous ?
  **B** Moi, j'aime bien les <u>omelettes</u> mais je vais prendre un sandwich grillé, s'il vous plait.

**3 A** Quel genre de sandwich grillé voulez-vous ? Nous avons des sandwichs grillés au fromage à cinq euros ou au <u>poulet</u> à six euros ?
  **B** Je prends un sandwich grillé au fromage, s'il vous plait.
**4 A** Et qu'est-ce que vous voulez boire ?
  **B** Je vais boire un <u>jus d'orange</u>, s'il vous plait.
**5 A** D'accord. Qu'est-ce que vous voulez d'autre ?
  **B** Je ne veux rien d'autre, merci. Ça fait combien ?

**5 b** Changez de rôle et faites le dialogue une deuxième fois. Changez les expressions soulignées en choisissant des expressions dans la liste. Maintenant, écrivez votre nouveau dialogue.

*Exemple :* Comme plats chauds, nous avons des <u>pizzas</u>…

| pizzas | frites | citron pressé |
|--------|--------|---------------|
| pâtes | jambon | |

## 2.4b Je vais au restaurant

*Décollage*

★ **Apprendre comment commander un repas dans un restaurant**
★ *Je voudrais, j'aimerais ; les expressions de quantité*

*C'est l'anniversaire de Mme Hardy et la famille Hardy dine au restaurant La Salamandre.*

**Le serveur :** Bonjour. Voici le menu. Vous voulez commander des boissons ?

**M. Hardy :** Oui, on veut bien. Ma femme et moi, nous prenons une bouteille d'eau pétillante. Samuel, que veux-tu ?

**Samuel :** Je voudrais un verre de limonade, s'il vous plait.

**Stéphanie :** Et moi, j'aimerais un jus d'orange.

**Le serveur :** Très bien. Je vous donne un peu de temps pour regarder le menu et puis je reviens.

*Un peu plus tard*

**Le serveur :** Alors, vous avez choisi ?

**Mme Hardy :** Oui, moi, pour commencer, je voudrais l'assiette de crudités et comme plat principal, je prends le saumon avec de la salade. Il y a une vinaigrette avec ça ?

**Le serveur :** Oui, madame.

**M. Hardy :** Pour commencer, je voudrais le pâté de campagne. Cependant, en ce qui concerne le plat principal, je n'arrive pas à choisir entre le poulet rôti et le steak-frites... ou je prends peut-être les moules marinières. Non, je voudrais le poulet rôti avec des légumes, s'il vous plait.

**Samuel :** Pour moi, le saumon fumé comme entrée et puis comme plat principal, le steak-frites.

**Stéphanie :** Pour commencer, j'aimerais la soupe de poisson et puis, je voudrais la grande salade paysanne, mais sans vinaigrette si possible. J'ai horreur de la vinaigrette. Je voudrais quelques tranches de pain aussi, s'il vous plait.

**Le serveur :** Oui, bien sûr. C'est tout ?

**M. Hardy :** On prend une deuxième bouteille d'eau pétillante aussi. Ma fourchette est un peu sale aussi, je peux en avoir une autre ?

**Le serveur :** Oui, aucun problème, monsieur.

*Plus tard*

**Le serveur :** C'est terminé ? Vous voulez peut-être un dessert, une part de tarte au citron ? Ou bien quelques morceaux de fromage ?

**M. Hardy :** Non merci, nous avons trop mangé. Mais je peux avoir l'addition s'il vous plait ?

**1** Lisez la conversation. Ensuite, reliez les débuts et fins de phrase selon le sens de la conversation en écrivant la lettre qui correspond à chaque numéro. Attention ! il y a trois fins de phrase de trop.

*Exemple :* 1 B

**1** M. Hardy commande
**2** Ils prennent tous
**3** Mme Hardy mange
**4** On sert le saumon avec
**5** M. Hardy
**6** Pour commencer, Samuel choisit un
**7** Stéphanie
**8** Ils ne

**A** une bouteille d'eau pétillante.
**B** deux bouteilles d'eau pétillante.
**C** de la viande
**D** de la salade.
**E** une entrée et un plat principal.
**F** prennent pas de dessert.
**G** plat froid.
**H** du poisson.
**I** un coca.
**J** a du mal à choisir un plat principal.
**K** n'aime pas la vinaigrette.

**2** Vous allez entendre une conversation dans un restaurant. La conversation a deux parties. Il y a une pause entre les deux parties de la conversation. Répondez aux questions en choisissant A, B ou C. Étudiez les questions avant d'écouter.

*Exemple :* 1 C

**Première partie**

**1** Le premier garçon prend…
   A une bouteille d'eau.
   B un jus d'orange.
   C un verre d'eau.
**2** Il veut manger…
   A du poisson.
   B du poulet.
   C des pâtes.
**3** La fille veut … avec sa tarte aux pommes.
   A de la crème
   B de la glace à la vanille
   C du sirop à la fraise

**Deuxième partie**

**4** La serveuse recommande au deuxième garçon de prendre…
   A de la viande.
   B du poisson.
   C un dessert seulement.
**5** Il prend…
   A une mousse au citron.
   B de la glace au chocolat.
   C une mousse au chocolat.
**6** La serveuse est…
   A très efficace.
   B peu efficace.
   C très impolie.

**3** *Je voudrais, j'aimerais* ; les expressions de quantité. Regardez d'abord la section grammaire A5. Complétez les phrases avec *je voudrais* ou *j'aimerais* selon l'infinitif entre parenthèses et une des expressions de quantité choisie dans la liste.

*Exemple :* je voudrais, bouteille

**1** Moi, ……… (*vouloir*) une ……… d'eau pétillante.
**2** D'abord, ……… (*aimer*) l'……… de charcuterie.
**3** Et pour finir ……… (*vouloir*) une ……… de café.
**4** Je ne veux pas de ……… de coca. Non, ……… (*aimer*) un petit ……… de limonade.
**5** L'……… de fruits de mers doit être très bonne. Cependant, ……… (*aimer*) un ……… de pâtes.

**6** Pour eux, une ……… d'eau du robinet et moi, ……… (*vouloir*) une orange pressée.
**7** D'habitude, je prends l'……… de crudités, mais aujourd'hui, ……… (*vouloir*) le pâté de campagne.
**8** — Vous prenez un ……… de jus d'orange ou bien une petite ……… ?
   — ……… (*aimer*) vraiment une ……… .

| verre | bouteille | tasse | assiette | bol | carafe | cannette |
|-------|-----------|-------|----------|-----|--------|----------|

**4** Travaillez à deux pour faire un jeu de rôle. Vous mangez au restaurant. Une personne joue le rôle A (le serveur / la serveuse) et l'autre joue le rôle B (vous). Le serveur / La serveuse commence.

   **1** A Bonjour monsieur/mademoiselle. Vous avez choisi ? Qu'est-ce que vous prenez comme entrée ? B …
   **2** A Et comme plat principal ? B …
   **3** A Et qu'est-ce que vous prendrez en dessert, monsieur/mademoiselle ? Nous avons de bons gâteaux ou préférez-vous quelque chose de plus léger ? B …
   **4** A Vous aimez manger au restaurant ? Pourquoi ? B …
   **5** A Ah, et que voulez-vous boire ? B …

## 2.4c J'aime manger italien

*En Vol*

★ **Parler de la nourriture et des restaurants différents**
★ **Le superlatif**

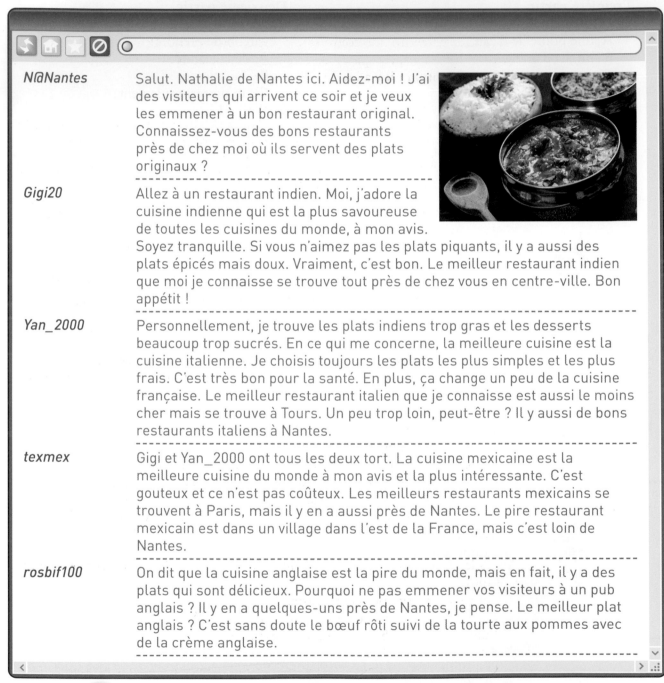

| | |
|---|---|
| **N@Nantes** | Salut. Nathalie de Nantes ici. Aidez-moi ! J'ai des visiteurs qui arrivent ce soir et je veux les emmener à un bon restaurant original. Connaissez-vous des bons restaurants près de chez moi où ils servent des plats originaux ? |
| **Gigi20** | Allez à un restaurant indien. Moi, j'adore la cuisine indienne qui est la plus savoureuse de toutes les cuisines du monde, à mon avis. Soyez tranquille. Si vous n'aimez pas les plats piquants, il y a aussi des plats épicés mais doux. Vraiment, c'est bon. Le meilleur restaurant indien que moi je connaisse se trouve tout près de chez vous en centre-ville. Bon appétit ! |
| **Yan_2000** | Personnellement, je trouve les plats indiens trop gras et les desserts beaucoup trop sucrés. En ce qui me concerne, la meilleure cuisine est la cuisine italienne. Je choisis toujours les plats les plus simples et les plus frais. C'est très bon pour la santé. En plus, ça change un peu de la cuisine française. Le meilleur restaurant italien que je connaisse est aussi le moins cher mais se trouve à Tours. Un peu trop loin, peut-être ? Il y aussi de bons restaurants italiens à Nantes. |
| **texmex** | Gigi et Yan_2000 ont tous les deux tort. La cuisine mexicaine est la meilleure cuisine du monde à mon avis et la plus intéressante. C'est gouteux et ce n'est pas coûteux. Les meilleurs restaurants mexicains se trouvent à Paris, mais il y en a aussi près de Nantes. Le pire restaurant mexicain est dans un village dans l'est de la France, mais c'est loin de Nantes. |
| **rosbif100** | On dit que la cuisine anglaise est la pire du monde, mais en fait, il y a des plats qui sont délicieux. Pourquoi ne pas emmener vos visiteurs à un pub anglais ? Il y en a quelques-uns près de Nantes, je pense. Le meilleur plat anglais ? C'est sans doute le bœuf rôti suivi de la tourte aux pommes avec de la crème anglaise. |

**1** Lisez le forum, puis répondez aux questions en français.

*Exemple :* 1 Un restaurant original où emmener ses visiteurs.

   **1** Que veut trouver *N@Nantes* et pourquoi ? [2]
   **2** Pourquoi, selon *Gigi 20*, la cuisine indienne est-elle le choix idéal ?
   **3** Quel est l'avantage de manger des plats italiens au lieu des plats indiens ? [2]
   **4** Pourquoi le restaurant italien préféré de *Yan_2000* n'est-il pas idéal ?

5 À part le fait qu'elle est intéressante et gouteuse, quel est l'avantage de la cuisine mexicaine ?

6 Pourquoi, *N@Nantes* a-t-elle intérêt à ne pas choisir un restaurant mexicain ?

7 Pourquoi *rosbif100* n'est-il/elle pas d'accord que la cuisine anglaise est la pire du monde ?

8 Qu'est-ce qu'il/elle conseille à *N@Nantes* de faire ?

2 Vous allez entendre une conversation entre deux jeunes. Pendant que vous écoutez les jeunes, complétez le paragraphe ci-dessous avec des mots choisis dans la liste. Attention ! il y a huit mots de trop.

*Exemple :* 1 manger

Philippe et Maude veulent sortir **1**.......... en ville avec leurs amis. Cependant, ils ne savent pas où aller. Maude a envie de manger **2**.......... parce que le nouveau restaurant est très **3**.......... , mais Philippe ne veut pas. Lui, il propose le restaurant le plus **4**.......... de la ville parce qu'on y mange **5**.......... . Philippe et Maude ne veulent pas manger du **6**.......... . Heureusement, Maude se souvient d'un restaurant nord **7**.......... qu'elle aime bien. Là il y a des plats pour tous les **8**.......... .

| | | | | | |
|---|---|---|---|---|---|
| fastfood | sain | mexicain | poisson | grand | enfants |
| *manger* | populaire | cher | danser | loin | |
| monde | gouts | africain | beaucoup | américain | |

3 Le superlatif. Regardez d'abord la section grammaire B4. Complétez les phrases avec le superlatif des adjectifs entre parenthèses. N'oubliez pas de choisir la bonne forme.

*Exemple :* 1 le moins cher

1 Je n'ai pas beaucoup d'argent. Je choisis donc toujours le plat ........... . (*cher*)

2 Ce restaurant n'est pas populaire. En fait, c'est le restaurant .......... de la ville. (*fréquenté*)

3 La cuisine française est bonne. .......... du monde, peut-être. (*bon*)

4 Beaucoup de gens n'aiment pas la cuisine anglaise. Mais est-ce que c'est vraiment .......... du monde ? (*mauvais*)

5 Ce plat est très épicé. C'est peut-être le plat ........... . (*piquant*)

6 Ma mère n'est pas contente parce que je prends toujours la boisson ........... . (*cher*)

7 J'en ai marre. C'est toujours le serveur .......... qui me sert. (*impoli*)

8 Le chef cuisinier travaille beaucoup, mais ce sont les serveurs qui sont ........... . (*travailleur*)

4 Travaillez à deux pour parler de votre cuisine préférée. Répondez aux questions suivantes.

1 Pourquoi aimez-vous cette cuisine ?

2 Il y a des plats que vous n'aimez pas. Pourquoi ?

3 Vous la mangez chez vous ou au restaurant ?

4 Aimez-vous aussi la cuisine d'autres pays ? Pourquoi (pas) ?

5 Quels sont les avantages/inconvénients de manger votre cuisine préférée ?

5 Écrivez maintenant un article où vous comparez au moins deux types de cuisine. Vous devez écrire 130-140 mots en français.

● Décrivez les types de cuisine.

● Dites si vous aimez ces types de cuisine et pourquoi.

● Dites laquelle des cuisines est la plus saine, à votre avis, et pourquoi.

● Dites si ces types de cuisine sont populaires dans votre pays.

● Recommandez un des types de cuisine aux lecteurs. Donnez des raisons.

# 2.5 Special occasions

*Embarquement*

## 2.5a Jours de fêtes

★ **Décrire une occasion spéciale**
★ **Le passé composé des verbes réguliers formés avec *avoir* ; la date**

---

Salut Adam,

Le douze avril, j'ai fêté mon anniversaire avec mes copains. D'abord, on a écouté de la musique ensemble et nous avons joué à des jeux électroniques. J'ai bien aimé ça. Puis une de mes copines a commencé à danser. On a bien rigolé. Plus tard, j'ai entendu mes copains chanter « Joyeux anniversaire ». Après ça, ils m'ont donné des cartes d'anniversaire et aussi des cadeaux. La fête a fini à six heures. Et toi, comment as-tu fêté ton anniversaire ?

Amicalement,

Oscar

---

**1** Lisez le courriel d'Oscar et complétez les huit phrases en choisissant les bons mots dans le tableau.

*Exemple :* 1 douze

**1** La date de mon anniversaire est le .......... avril.
**2** J'ai célébré .......... avec mes copains.
**3** Nous avons écouté de la ..........
**4** Puis on a joué à des ..........

**5** Lucie a commencé à ..........
**6** Mes copines m'ont chanté ..........
**7** On m'a donné beaucoup de cartes et de ..........
**8** On a fini la fête à .......... heures.

| | | |
|---|---|---|
| onze | joyeux anniversaire | *douze* |
| musique | jeux électroniques | cadeaux |
| danser | mon anniversaire | six |

**2** Vous allez entendre quatre personnes qui parlent des occasions spéciales qu'elles ont fêtées. Choisissez deux images (A à H) pour chaque personne.

*Exemple :* 1 A E

(A)

(B)

(C)

(D)

(E)

(F)

(G)

(H)

82

**3 a** Le passé composé des verbes réguliers formés avec *avoir*. Regardez d'abord la section grammaire K8. Copiez et complétez les huit phrases en utilisant les verbes donnés entre parenthèses au passé composé.

*Exemple :* 1 On a retrouvé nos amis.

**1** On .......... .......... nos amis. (*retrouver*)
**2** Nous .......... .......... Noël en famille. (*passer*)
**3** Vous .......... .......... la fête à quelle heure ? (*finir*)
**4** Ils .......... .......... de la musique. (*écouter*)
**5** Il m'.......... ..........une carte d'anniversaire. (*donner*)
**6** J'.......... .......... mon anniversaire le douze mars. (*fêter*)
**7** Ma sœur et son mari .......... .......... toute la soirée. (*danser*)
**8** Tu .......... .......... tcs amis chez toi ? (*attendre*)

**3 b** La date. Regardez d'abord la section grammaire G2. Mettez ces dates dans l'ordre chronologique et écrivez-les en utilisant des chiffres.

| | | |
|---|---|---|
| le onze février | le quatorze juillet | le premier avril |
| le douze aout | *le quinze janvier* | le vingt mars |
| le vingt-cinq décembre | le deux juin | |

*Exemple :* le quinze janvier, 15/1

**4** Travaillez à deux. Répondez aux questions de votre partenaire, puis changez de rôle. Pour vous aider, utilisez les verbes dans le tableau. Si possible, ajoutez des détails supplémentaires.

- Quelle est la date de ton anniversaire ?
- Comment as-tu fêté ton anniversaire ?
- Où as-tu fêté ça ?
- Avec qui as-tu fêté ton anniversaire ?

- Qu'est-ce que vous avez mangé ?
- Qu'est-ce que vous avez fait ?
- Qu'est-ce que tu as pensé de la fête ?

| | | |
|---|---|---|
| Mon anniversaire | est le | dix juin. |
| Pour fêter mon anniversaire | j'ai joué à<br>j'ai regardé | des jeux vidéo.<br>un film au cinéma. |
| J'ai fêté ça | chez moi<br>au restaurant | avec des amis.<br>avec ma famille. |
| Nous avons mangé | un gâteau<br>du poisson | et des glaces / frites. |
| Aussi, on a | écouté de la musique | et dansé. |
| On m'a donné | des cartes | et des cadeaux / de l'argent. |
| J'ai trouvé que c'était | super. | |

**5** Comment prononcer la lettre *é*. Écoutez cette phrase et séparez-en les mots. Répétez-la trois fois. Attention à la prononciation. Réécoutez pour vérifier. Répétez l'exercice. Traduisez la phrase dans votre langue. Apprenez la phrase par cœur.

**CetétéZoéafêtélepremieranniversairedeChloésonbébé.**

**6** Envoyez un courriel à votre ami(e) français(e) qui décrit comment vous avez fêté votre dernier anniversaire. Commencez par donner votre âge et la date de votre anniversaire. Pour vous aider, relisez le courriel d'Oscar (exercice 1) et changez les phrases qu'il utilise.

*Décollage*

# 2.5b On fait la fête avec les copains

★ **Décrire une fête entre copains**
★ **Le passé composé des verbes irréguliers ; le passé composé formé avec *être***

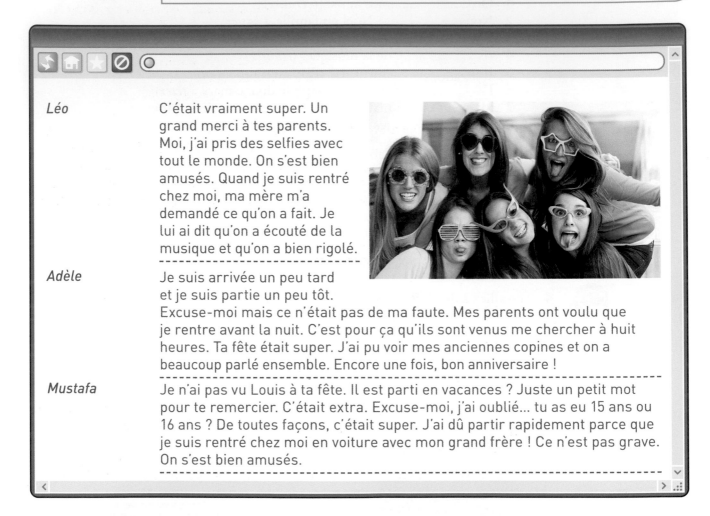

**Léo**

C'était vraiment super. Un grand merci à tes parents. Moi, j'ai pris des selfies avec tout le monde. On s'est bien amusés. Quand je suis rentré chez moi, ma mère m'a demandé ce qu'on a fait. Je lui ai dit qu'on a écouté de la musique et qu'on a bien rigolé.

**Adèle**

Je suis arrivée un peu tard et je suis partie un peu tôt. Excuse-moi mais ce n'était pas de ma faute. Mes parents ont voulu que je rentre avant la nuit. C'est pour ça qu'ils sont venus me chercher à huit heures. Ta fête était super. J'ai pu voir mes anciennes copines et on a beaucoup parlé ensemble. Encore une fois, bon anniversaire !

**Mustafa**

Je n'ai pas vu Louis à ta fête. Il est parti en vacances ? Juste un petit mot pour te remercier. C'était extra. Excuse-moi, j'ai oublié... tu as eu 15 ans ou 16 ans ? De toutes façons, c'était super. J'ai dû partir rapidement parce que je suis rentré chez moi en voiture avec mon grand frère ! Ce n'est pas grave. On s'est bien amusés.

**1** Lisez les trois messages ci-dessus laissés sur Facebook. Qui dit chacune des phrases suivantes ?

*Exemple :* 1 Mustafa

  **1** Je ne me rappelle plus de ton âge.
  **2** On ne me permet pas de sortir tard le soir.
  **3** J'ai pris de bonnes photos.
  **4** J'ai été contente de retrouver toutes mes amies.
  **5** Comme j'aime beaucoup la musique, c'était parfait.
  **6** Mon frère est venu me chercher un peu tôt, à mon avis.
  **7** Un de mes copains n'était pas là.
  **8** Mes parents ont voulu savoir ce qu'on a fait.

**2** Vous allez entendre deux fois Manon qui téléphone à trois amis qui vont l'aider à préparer une fête entre copains. Choisissez le préparatif (1-5) qui correspond à chaque affirmation (A-F). Attention ! il y a une affirmation de trop.

*Exemple :* 1 A

| | | | |
|---|---|---|---|
| **1** | la musique | **A** | C'est la responsabilité de Sarah et sa copine. |
| **2** | les boissons | **B** | Hugo s'en est occupé de chez lui. |
| **3** | la viande | **C** | Voilà pourquoi Henri est déjà allé aux magasins. |
| **4** | les invitations | **D** | Henri s'en occupera vendredi. |
| **5** | les décorations | **E** | Manon s'en occupera samedi. |
| | | **F** | Hugo s'en est occupé en ville. |

**3 a** Le passé composé des verbes irréguliers et le passé composé formé avec *être*. Regardez d'abord les sections grammaire K8.2, K8.4 et K8.5. Copiez et complétez les huit phrases en utilisant le verbe entre parenthèses au passé composé. Attention ! il y a quatre phrases au passé composé formé avec *être* et quatre phrases au passé composé formé avec *avoir*. Traduisez aussi les huit phrases dans votre langue.

*Exemple :* 1 Ils sont arrivés à l'heure.

**1** Ils ......... ......... à l'heure. (*arriver*)
**2** Elle ......... ......... chez moi hier. (*venir*)
**3** Il n'......... pas ......... y aller. (*pouvoir*)
**4** Tu ......... ......... un taxi ? (*prendre*)
**5** Tes copains et toi, vous ......... ......... tard ? (*partir*)
**6** Elles ......... ......... venir avec moi. (*vouloir*)
**7** J'......... ......... tous les achats. (*faire*)
**8** Mon frère et moi ......... ......... à pied. (*rentrer*)

**3 b** Relisez les trois messages dans l'exercice 1 et notez les vingt exemples de verbes utilisés au passé composé. Écrivez aussi l'infinitif de chacun de ces verbes.

*Exemple :* J'ai pris – prendre

**4** Travaillez à deux. Posez ces questions à votre partenaire, puis changez de rôle.
**1** C'était quand la dernière fête d'anniversaire où tu es allé(e) ?
**2** Qui l'a organisée et c'était où ?
**3** Qu'est-ce que vous avez fait ?
**4** C'était comment ?
**5** Comment es-tu rentré(e) chez toi et à quelle heure ?

**5** Utilisez vos réponses de l'exercice 4 et le tableau ci-dessous pour écrire environ 80-90 mots à propos de la dernière fête entre copains à laquelle vous avez été invité(e).

> Le weekend dernier, je suis allé(e) à .........
> C'était à l'occasion de .........
> Ça s'est passé ......... (où et quand)
> On a/On est ......... (activités)
> J'ai trouvé que c'était .........
> Ça a fini vers .........
> Je suis retourné(e) chez moi ......... (transport)

*En Vol*

# 2.5c Une occasion spéciale

★ **Décrire un évènement**
★ **Les accords à faire au passé composé**

Claire Robert et Hugo Marchand, deux acteurs que nous connaissons bien grâce à leur participation aux films d'Alain Rambert, se sont unis pour la vie samedi après-midi à Caderousse. Ils sont tout d'abord allés à la mairie puis ont pris la direction de l'église catholique pour une cérémonie religieuse et une messe.

Claire a voulu garder son nom de famille mais y a ajouté celui de son mari. Les voilà donc mariés et nous leur souhaitons bien entendu beaucoup de bonheur.

Ils se sont connus il y a cinq ans mais ne se sont fiancés que l'année dernière. Ils se connaissent donc bien et leur mariage n'a pas été une décision prise à la légère.

La réception qui a suivi la cérémonie a eu lieu au château de Camaret et la journée des trois cents invités plus la famille de chacun des époux a été des plus agréables. Plus tard, ils ont fait un repas de gala, et après, la soirée dansante a commencé. Les mariés ont bien sûr eu l'honneur d'ouvrir le bal et tout le monde a admiré leur style.

Les gens se sont bien amusés. Vers minuit, les nouveaux mariés sont partis sous une pluie de confettis. Les invités ont continué à danser jusqu'à deux heures du matin, puis un bon nombre de taxis sont arrivés pour les ramener chez eux. Une journée sensationnelle pour tous, mariés et invités.

**Vivent les mariés !**

1  Lisez cet article de magazine sur le mariage de deux acteurs célèbres. Répondez aux questions 1-8.

*Exemple :* 1 deux acteurs, catholique
   1  Qui sont les mariés et quelle est leur religion? [2]
   2  Comment s'appelle Claire maintenant ?
   3  Combien de temps ont-ils attendu avant de se fiancer ?

4 Combien de personnes ont été présentes à la réception ?

5 Qu'est-ce que les invités ont fait à la réception ? [2]

6 Qui a eu l'honneur de la première danse ?

7 Que s'est-il passé au moment du départ des mariés ?

8 À deux heures du matin, qu'est-ce qui est arrivé ?

2 Vous allez écouter Arthur et Inès parler du mariage de Claire et Hugo. Reliez les débuts de phrases (1-8) aux fins de phrases (A-H).

*Exemple :* 1 D

| | |
|---|---|
| 1 Inès a beaucoup aimé | A la soirée dansante. |
| 2 Arthur et Inès ont tous les deux | B les nouveaux mariés seront heureux ensemble. |
| 3 Arthur et Inès pensent que | C pris beaucoup de photos. |
| 4 Inès a passé le début de soirée avec | D la robe de mariée. |
| 5 Plus tard, elle a | E sa journée. |
| 6 Arthur a beaucoup apprécié | F les parents de Hugo. |
| 7 Le groupe a essayé de plaire à | G rencontré des amis des parents de Hugo. |
| 8 Inès est rentrée chez elle fatiguée mais contente de | H tout le monde. |

3 Les accords à faire au passé composé. Regardez d'abord la section grammaire K8.5. Copiez et complétez les huit phrases en utilisant les verbes entre parenthèses au passé composé. Attention aux accords !

*Exemple :* Ils sont arrivés à dix heures.

1 Ils .......... .......... à dix heures. (*arriver*)

2 Elle .......... .......... à minuit. (*partir*)

3 Elles .......... .......... à son mariage. (*aller*)

4 Mon frère et moi, nous .......... .......... bien .......... . (*s'amuser*)

5 Son amie .......... .......... en taxi. (*rentrer*)

6 Nous .......... .......... .......... samedi dernier. (*se marier*)

7 Ma fille .......... .......... .......... le mois dernier. (*se fiancer*)

8 Est-ce que vous .......... .......... .......... de manière traditionnelle ? (*s'habiller*)

4 Travaillez à deux. Imaginez que vous avez assisté au mariage d'une vedette de la chanson. Vous êtes interviewé par un(e) journaliste (votre partenaire). Répondez à ses questions et ajoutez des détails supplémentaires si possible. N'oubliez pas de changer de rôle.

1 Ça s'est passé où exactement ?

2 C'était quand ?

3 Qu'est-ce qui s'est passé ?

4 Il y avait combien d'invités ?

5 Qu'est-ce que vous en avez pensé ?

5 Écrivez 130-140 mots en français sur une fête à laquelle vous avez été invité(e).

● Quelle est la raison pour cette fête ? Où et quand a-t-elle eu lieu ?

● Qu'est-ce que vous avez mangé et bu ?

● Comment vous êtes-vous amusé(e) ? [3]

● Quelle fête voulez-vous organiser pour votre anniversaire ?

● Décrivez votre fête idéale.

*Embarquement*

## 2.6a Quel genre de vacances ?

★ **Parler de différents types de vacances**
★ *Au/en* suivi d'un pays ; *au, à la, à l', aux, à*

**1 a** Lisez ces commentaires sur les vacances. Quelle est la préférence de chacun ? Choisissez une image (A-H). Attention ! il y a trois images de trop.

*Exemple :* 1 E

**1** Avec un camping-car, on peut aller où on veut. Ça, c'est un gros avantage. (*Jade*)

**2** Moi, j'aime bien me baigner. J'adore les vacances au bord de la mer. (*Jules*)

**3** Nous, nous prenons nos vacances à l'étranger. Cette année, nous sommes allés en Italie. (*Clément*)

**4** J'aimerais bien partir en vacances avec mes copains. (*Ali*)

**5** Faire des randonnées en été et du ski en hiver, c'est super. C'est pour ça qu'on va toujours à la montagne. (*Enzo*)

**1 b** Relisez les commentaires et notez quatre lieux de vacances et quatre activités.

**2** Écoutez ces six personnes parler de leurs vacances préférées. Copiez et complétez la grille.

| | Type de vacances | Destination | Activités | Raison |
|---|---|---|---|---|
| 1 | à la montagne | au Canada | le ski | elle est sportive |
| 2 | | | | |
| 3 | | | | |
| 4 | | | | |
| 5 | | | | |
| 6 | | | | |

**3** Regardez d'abord la section grammaire A3. Copiez et complétez les huit phrases en ajoutant les bons mots.

*Exemple :* 1 Elle a pris des vacances au bord de la mer en Espagne.

    **1** Elle a pris des vacances ………. bord de la mer ………. Espagne.
    **2** Il est parti ………. Belgique avec ses copains.
    **3** Elle est allée ………. Inde avec sa famille.
    **4** Ils ont passé une semaine ………. campagne ………. Canada.
    **5** Il va faire une croisière ………. iles Caraïbes.
    **6** Ils vont loger quelques jours ………. hôtel ………. Australie.
    **7** Nous allons faire un safari ………. Kenya.
    **8** On a décidé d'aller ………. Bordeaux, ………. France.

**4** Ne prononcez pas la lettre *s* à la fin d'un mot. Prononcez-le comme un *z* si le mot suivant commence par une voyelle (a, e, i, o, u). Écoutez cette phrase et séparez-en les mots. Répétez-la trois fois. Attention à la prononciation ! Réécoutez pour vérifier. Répétez l'exercice. Traduisez la phrase dans votre langue. Apprenez la phrase par cœur.

### NousavonspassédesvacancesagréablesavecnosparentsauxAntilles.

**5** Travaillez à deux. À tour de rôle, posez ces questions à votre partenaire. Utilisez la grille pour vous aider à répondre aux questions de votre partenaire. Ajoutez des détails supplémentaires si possible.

    **1** Tu préfères quelle sorte de vacances ?
    **2** Tu aimes aller au bord de la mer ? Pourquoi (pas) ?
    **3** Quelle est ta destination préférée pour les vacances ? C'est dans quel pays ?
    **4** Avec qui aimes-tu aller en vacances ?
    **5** Qu'est-ce que tu aimes faire en vacances ?

| Je préfère<br>J'aime<br>Je n'aime pas | aller<br>partir | au bord de la mer<br>à la campagne<br>à la montagne<br>en Espagne / Italie…<br>en vacances | parce que<br><br>avec | j'adore<br>je déteste<br>ma famille. | nager<br>faire du vélo / cheval. |
|---|---|---|---|---|---|
| | jouer | au foot / au volley sur la plage. | | | |
| | faire | du ski. | | | |

**6** Envoyez une carte postale à votre ami(e) français(e). Utilisez la grille de l'exercice 5 pour vous aider. Dites-lui :

    ● où vous êtes en vacances
    ● le genre de vacances que c'est
    ● ce que vous faites
    ● ce que vous en pensez

*Décollage*

# 2.6b Tu passes de bonnes vacances ?

★ **Expliquer ce qu'on fait pour les vacances**
★ **Les adverbes de temps et de lieu, y compris l'adverbe *y***

---

**Apolline12**

On est allés dans une agence de voyages et on a pris des dépliants qui nous ont donné tous les renseignements qu'on voulait. On a décidé d'aller en Italie et on a voyagé en train. On y est restés une semaine et comme on était au bord de la mer, on a pu se baigner et faire de la voile. Le soir, on a mangé au restaurant de notre hôtel. C'était super.

---

**Mathiswisdom**

D'habitude, on passe nos vacances en Provence, dans un petit village qui s'appelle Sarrians. Comme mon père connait maintenant le propriétaire du gite, il lui parle directement et organise donc notre séjour là-bas. Il faut trois heures de route pour y arriver. C'est un coin tranquille, à la campagne, qu'on aime bien. Cette année, on va y aller en septembre. C'est un peu tard, à mon avis.

---

**Juliettereine**

Mes parents ont décidé de visiter l'Inde l'année prochaine. Ils vont essayer d'obtenir des visas pour toute la famille. On prendra l'avion pour y aller. Comme c'est loin, c'est un voyage qui est assez cher, bien sûr. Moi, j'attends ça avec impatience.

**On va passer les vacances en Inde**

---

**1** Lisez ces trois contributions à un forum de discussion sur les vacances et répondez aux questions en français.

*Exemple :* 1 Dans une agence de voyages.

  **1** Où est-ce qu'*Apolline12* a trouvé des dépliants ?
  **2** Quel moyen de transport ont-ils utilisé pour aller en Italie ?
  **3** Qu'est-ce qu'ils ont fait pendant la journée ? [2]
  **4** Où se trouve Sarrians exactement ?
  **5** Comment vont-ils voyager et en combien de temps ? [2]
  **6** Que faut-il de plus qu'un passeport pour aller en Inde ?
  **7** Pourquoi est-ce que ça coûte cher d'aller en Inde ?
  **8** Comment vont-ils voyager ?

**2** Vous allez entendre Léo, Marine, Antoine et Eva parler de leurs prochaines vacances. Lisez les phrases 1–8. Écrivez le nom de la personne qui dit chaque phrase.

*Exemple :* 1 Léo

  **1** C'est un pays qui me plaît parce qu'il y fait chaud et qu'il y a beaucoup de monuments historiques à visiter.
  **2** C'est dommage. Je voudrais bien voir l'Afrique.
  **3** Mon mari aime bien les sites touristiques. Moi, non.
  **4** Nous, nous irons faire des promenades en montagne au printemps.
  **5** Pour leur expliquer ce qu'on a décidé, je leur enverrai un courriel.
  **6** On va passer huit jours dans un hôtel.
  **7** Je ferai une réservation pour mes vacances dans une agence de voyages que je connais.
  **8** Nous, nous avons réservé nos vacances par Internet.

**3 a** Les adverbes de temps et de lieu. Regardez d'abord les sections grammaire C2, C4, D3 et D4. Écrivez les mots des huit phrases dans le bon ordre. Soulignez les adverbes de lieu en rouge et les adverbes de temps en noir. Traduisez les huit phrases dans votre langue.

*Exemple :* 1 On y va rarement.

  **1** Rarement va y on
  **2** Est tard il trop
  **3** Vais aujourd'hui aller je y
  **4** A montagne il aimé toujours la
  **5** Allons nous aller demain y
  **6** Tôt trop c'est
  **7** Fait il dehors froid
  **8** Tout viens suite de ici

**3 b** Relisez le texte de l'exercice 1 et notez quatre exemples de l'utilisation de *y*. Traduisez-les aussi dans votre langue.

**4** Envoyez un courriel à votre ami(e) français(e) qui décrit vos dernières vacances. Mentionnez :
  ● où vous êtes allé(e) et pour combien de temps
  ● comment vous avez voyagé et avec qui
  ● vos activités de vacances
  ● ce que vous avez aimé et ce que vous n'avez pas aimé
  ● si vous y retournerez l'année prochaine

**5** Travaillez à deux. Posez ces questions à votre partenaire et changez de rôle.
  **1** Où es-tu allé(e) en vacances et pour combien de temps ?
  **2** Avec qui et comment as-tu voyagé ?
  **3** Qu'est-ce que tu as fait comme activités ?
  **4** Qu'est-ce que tu as aimé ? Qu'est-ce que tu n'as pas aimé ?
  **5** Est-ce que tu y retourneras l'année prochaine ?

*En Vol*

# 2.6c Projets de vacances

★ **Discuter des prochaines vacances**
★ **Les verbes irréguliers au futur ; l'adverbe y**

Vue du pont d'Avignon et du Palais des Papes

## A Ville historique

Vous serez surpris par cette ville provençale. Vous y verrez non seulement le fameux pont, bien connu de tous grâce à la célèbre chanson « Sur le pont d'Avignon, on y danse, … » mais aussi le Palais des Papes, qui a accueilli les papes au quatorzième siècle. Vous pourrez apprécier les anciens remparts toujours intacts qui entourent la ville.

## B Promenades

Il y a bien des manières de visiter la ville. Vous prendrez peut-être le petit train qui passe dans les rues commerçantes de la vieille ville. Après cela, vous irez sans doute vous promener dans le jardin du Rocher des Doms qui domine la ville où vous aurez alors, à vos pieds, toute la vallée du Rhône et sa région. N'oubliez pas de faire une promenade en bateau sur le Rhône, vous ne le regretterez pas.

## C Ville européenne de la culture

Nommée ville européenne de la culture en l'an 2000, Avignon reste la ville du spectacle. Chaque été, des dizaines de milliers de visiteurs de tous pays y viennent pour assister au Festival d'Avignon. Vous pourrez assister à des spectacles de danse, d'opéra, de musique classique, de pièces de théâtre. Le festival, quant à lui, vous permettra d'explorer des formes artistiques moins traditionnelles. Tous les jours du festival, vous aurez un choix de spectacles énorme. Que ce soit le cinéma, la chanson, le théâtre, la danse, toutes formes d'expression artistique y sont représentées.

## D Accès

Avec son aéroport, sa liaison en Eurostar avec Londres et l'autoroute A7 tout près, notre ville est facile d'accès.

Bienvenue à tous et à toutes. Nous vous souhaitons un agréable séjour.

1 Lisez cet extrait d'une brochure touristique sur Avignon, une ville exceptionnelle. Reliez les affirmations 1-8 aux quatre paragraphes du texte (A, B, C, D).

*Exemple :* 1 D

   1 On peut facilement arriver à Avignon en train, en avion ou en voiture.
   2 Avignon est une ville bien connue pour ses monuments médiévaux.
   3 Si vous voulez faire les magasins, prenez-le !
   4 De cet endroit, on a une vue impressionnante sur la Provence.
   5 Si vous aimez les soirées spectacle, venez nous voir.

6 Dans l'ancien temps, c'était une manière pour la ville de se protéger contre ses ennemis.

7 Le grand public peut y rencontrer toutes les vedettes de renommée internationale.

8 À part le côté historique, c'est une des raisons pour lesquelles la ville reçoit tant de visiteurs chaque année.

2 Vous allez écouter M. et Mme Perrault qui discutent de leurs prochaines vacances à Avignon, puis la conversation privée de leur fils Luc et de leur fille Emma. Pour chaque question, choisissez les deux phrases qui sont correctes parmi les cinq propositions (A–E).

*Exemple :* 1 A, …

1 A La chambre d'hôtel n'est pas très chère.
  B L'hôtel a un parking.
  C On peut faire des visites historiques et culturelles.
  D On ne peut pas faire de promenades en bateau.
  E M. Perrault n'est pas intéressé par les magasins.

2 A Luc n'est pas intéressé par les spectacles.
  B Emma préfère faire les magasins sans ses parents.
  C Luc ne s'intéresse pas au sport.
  D Il préfère ne pas sortir le soir.
  E L'hôtel propose des activités.

3 Les verbes irréguliers au futur. Regardez d'abord la section grammaire K5, puis réécrivez les huit phrases au futur.

*Exemple :* 1 On verra le Palais des Papes.

1 On va voir le Palais des Papes.
2 Vous avez un choix formidable.
3 Ils peuvent assister à toutes sortes de spectacles.
4 C'est vraiment bien.
5 Tu dois absolument trouver un parking.
6 Du Rocher des Doms, nous voyons toute la vallée du Rhône.
7 On envoie des cartes postales à nos amis.
8 Tu viens avec nous ?

4 a Travaillez à deux pour faire un jeu de rôle. Une personne joue le rôle A et l'autre joue le rôle B. A commence.

1 A *Où iras-tu en vacances l'été prochain ?* B …
2 A *Tu es content(e) ? Pourquoi/pourquoi pas ?* B …
3 A *Comment vas-tu voyager et avec qui ?* B …
4 A *Où est-ce que tu vas loger ?* B …
5 A *Qu'est-ce que tu feras comme activités ?* B …

4 b Maintenant changez de rôle.

5 Écrivez une lettre de 130–140 mots à votre ami(e) français(e) pour lui parler des vacances.

- Dites où vous irez pour vos prochaines vacances d'été, avec qui et pourquoi cette destination.
- Combien de temps est-ce que vous y resterez ? Donnez des dates.
- Qu'est-ce que vous aimeriez y faire pendant la journée et aussi le soir ? Pourquoi ?
- Qu'est-ce que vous avez fait pendant les dernières vacances d'été ?
- Qu'est-ce que vous avez aimé / n'avez pas aimé ?

# 2.7 Family and friends abroad

*Embarquement*

## 2.7a Ma famille habite à l'étranger

★ **Parler de la famille et des amis qui habitent dans un autre pays**
★ **Les nationalités (noms et adjectifs)**

**1 a** Regardez les images. Choisissez la bonne lettre (A–F) pour chaque phrase (1–5).

*Exemple :* 1 C

1 Mes grands-parents sont français mais habitent à l'étranger, en Australie, maintenant.
2 Amel tchatte souvent en ligne avec ses cousines sénégalaises. La vie en Afrique est différente de la vie en France.
3 Je vais au Japon pour rendre visite à ma famille japonaise. Je ne parle pas japonais mais ils parlent français.
4 Salut, ici Elias. Je suis tunisien mais j'habite en Belgique avec mes parents et mon frère. Ma tante habite au Canada, alors je la vois rarement.
5 Mon copain Arvind est d'origine indienne et part donc souvent en Inde pour voir sa famille. La vie en Asie est différente.

**1 b** Faites une liste des nationalités (noms et adjectifs) de l'exercice 1 et d'autres nationalités que vous connaissez. Regardez dans un dictionnaire, si vous en avez besoin. Traduisez-les dans votre langue.

*Exemple :* sénégalais(e)(s), les Américains…

**2** Vous allez entendre, deux fois, Rachid (R), Béa (B), Jennifer (J) et Philippe (P) parler des membres de leur famille qui habitent dans un autre pays. Lisez les phrases 1–8. Écrivez le nom de la personne qui dit chaque phrase.

*Exemple :* 1 P

1 Je suis français mais ma mère vient d'un autre pays.
2 Je parle à mes grands-parents algériens au téléphone.
3 Je vais bientôt voir mes grands-parents en Afrique du Nord.
4 Ma sœur est française mais habite à l'étranger.
5 Je viens d'un pays nord-américain.
6 Je rends régulièrement visite à ma famille à l'étranger.
7 Je suis contente de pouvoir communiquer avec ma sœur.
8 Ma famille et moi, nous parlons français et anglais.

3 Les nationalités (noms et adjectifs). Regardez d'abord les sections grammaire A3 et B1. Choisissez le bon mot en gras chaque fois.

*Exemple :* 1 françaises

1 Elles sont **français / française / françaises / Françaises**.
2 Les **canadiens / canadien / Canadiens / Canadiennes** au Québec parlent tous le français.
3 Lui, il habite en France mais il est d'origine **africain / africaine / Africain / Africaines**.
4 Beaucoup d'**anglais / Anglais / anglaises / Anglaises** aiment aller en France parce qu'ils aiment bien la cuisine **française / Française / Français / français**.

5 Sa sœur habite en Australie maintenant et trouve les **Australiens / Australiennes / australiennes / australiens** très accueillants.
6 Mes grands-parents habitent toujours au Maroc ; moi, j'adore la cuisine **marocain / Marocain / marocaine / Marocaine**.
7 Ma meilleure amie est **indien / indienne / Indienne / Indiens** et part souvent en Inde pour voir sa famille.
8 J'aimerais bien voir ma famille **japonais / japonaise / Japonais / Japonaises** plus souvent.

4 a Les sons *o*, *eau*, *au* et *aux*. Vous allez entendre une phrase. Pendant que vous écoutez, séparez les mots ci-dessous pour faire la phrase que vous entendez. Ensuite, répétez la phrase cinq fois de suite. Réécoutez pour vérifier. Traduisez la phrase dans votre langue et apprenez-la par cœur.

**LesSénégalaisontmangéunmorceaudegâteauxpommesauchâteaufrançaisetontbu del'eauchaude.**

4 b Travaillez à deux. Lisez la phrase de l'activité 4a à tour de rôle. Qui fait le moins d'erreurs ?

5 Posez ces questions au sujet de votre famille ou d'une famille imaginaire qui habite à l'étranger à votre partenaire. Répondez aussi à ses questions. Si possible, ajoutez des détails supplémentaires. Pour vous aider, utilisez le tableau.
1 Tu as de la famille qui habite dans un autre pays ? Si oui, où ?
2 Comment communiquez-vous ?
3 Tu es déjà parti(e) voir ta famille ? Si oui, quand ?
4 Tu vas aller voir ta famille ? Si oui, quand ?

| Ma famille habite<br>Ma sœur / Mon frère travaille/étudie<br>Je vais aller / Je suis allé(e) | en Europe / Afrique / Asie / Australasie<br>en France / Australie / Inde / Chine<br>au Japon / Canada / Sénégal / Maroc<br>aux États-Unis | depuis X ans.<br>maintenant.<br>l'année prochaine / bientôt / cet été.<br>l'année dernière / il y a deux ans / récemment. |
|---|---|---|
| Je viens / Ma famille vient | de France / Chine / Australie.<br>du Canada / Sénégal.<br>des États-Unis. | |
| Je suis (d'origine) | français(e) / sénégalais(e) / indien(ne) / africain(e) / australien(ne) / japonais(e) / américain(e) / chinois(e) / européen(ne). | |
| Je parle à / tchatte avec ma famille<br>J'envoie | au téléphone / sur Skype / sur Facebook<br>un e-mail | une fois par semaine / souvent / tous les jours. |

6 Maintenant, écrivez un paragraphe en français au sujet d'un membre de votre famille (réel ou imaginaire) qui habite dans un autre pays. Dites :
 ● où il/elle habite
 ● pourquoi il/elle habite là-bas
 ● comment vous communiquez
 ● si vous allez le/la voir / ou si vous l'avez déjà vu(e) et (si oui) quand

# 2.7b Je vais chez ma famille à l'étranger

*Décollage*

★ **Parler d'une visite chez votre famille dans un autre pays**
★ *Tu et vous*

---

## Dimitri est enfin allé en Guadeloupe

**Dimitri habite à Paris, mais est d'origine guadeloupéenne. Il est en Guadeloupe pour la première fois pour voir ses grands-parents.**

**Agnès :** Alors, tu t'amuses bien ici en Guadeloupe, Dimitri ?

**Dimitri :** Mais oui, mamie, vraiment, c'est génial. J'adore être ici avec papi et toi. Les Guadeloupéens sont super gentils et on mange trop bien...

**Agnès :** Tu aimes bien la cuisine guadeloupéenne, hein ? Écoute chéri! Marie, ma voisine va passer bientôt. Après on ira au marché. Tu peux m'aider à faire les courses, s'il te plait ?

**Dimitri :** Bien sûr, Mamie. *(Marie frappe et entre dans la cuisine).*

**Marie :** Salut Agnès, ça va ? Mais c'est ton petit-fils de Paris ?

**Agnès :** Oui. Il est enfin venu nous rendre visite.

**Dimitri :** Bonjour, madame. Je suis heureux de faire votre connaissance.

**Marie :** Bonjour. Tiens, tu veux un bonbon ?

**Dimitri :** Oui, s'il vous plait. Merci, madame.

**Marie :** Je t'en prie. Tu aimes la vie guadeloupéenne ?

**Dimitri :** Oui. Cependant, elle diffère beaucoup de la vie en France métropolitaine. Vous avez déjà visité Paris, madame?

**Marie :** Non, mais mon neveu y est allé l'année dernière.

---

**1** Lisez la conversation. Ensuite, reliez les débuts et fins de phrase selon le sens de la conversation. Attention ! il y a trois fins de phrase de trop.

*Exemple :* 1 F

| | |
|---|---|
| 1 Dimitri loge | **A** sont sympas. |
| 2 À son avis, les Guadeloupéens | **B** chez Marie. |
| 3 Il va accompagner sa grand-mère | **C** habite en France. |
| 4 Dimitri | **D** mangent trop. |
| 5 Marie sait déjà qu'Agnès a | **E** est semblable à la vie en France. |
| 6 La vie en Guadeloupe | **F** chez ses grands-parents guadeloupéens. |
| 7 Marie | **G** un petit-fils. |
| 8 Marie parle d' | **H** n'est pas comme la vie en France. |
| | **I** un de ses neveux. |
| | **J** ne connait pas vraiment la France. |
| | **K** au marché. |

**2** Vous allez entendre une jeune fille qui discute de sa visite au Québec avec la voisine de sa cousine canadienne. La conversation a deux parties. Il y a une pause entre les deux parties de la conversation. Répondez aux questions en choisissant A, B ou C. N'oubliez pas de lire les questions avant d'écouter.

*Exemple :* 1 B

**Première partie**

**1** Anna est la…
- A voisine de Gabrielle.
- B cousine de Gabrielle.
- C copine de Gabrielle.

**2** Gabrielle est…
- A au Canada.
- B avec des amis de sa cousine.
- C en centre-ville.

**3** Gabrielle…
- A veut aller en ville.
- B est déjà allée en ville.
- C va prendre le train pour aller en ville.

**Deuxième partie**

**4** Gabrielle…
- A voit souvent Anna.
- B ne comprend pas la langue des Québécois.
- C aime bien le Québec.

**5** La dame…
- A accompagne Gabrielle en ville.
- B ne peut pas aider Gabrielle.
- C donne des renseignements à Gabrielle.

**6** Gabrielle…
- A oublie de remercier la dame.
- B remercie poliment la dame.
- C ne trouve pas la dame gentille.

**3** *Tu* et *vous*. Regardez d'abord la section grammaire D1. Copiez et complétez chaque phrase avec la forme appropriée (formelle ou informelle) entre parenthèses.

*Exemple :* 1 Vous désirez, monsieur ?

1 (Vous désirez / Tu désires), monsieur ?
2 Chérie, (tu peux / vous pouvez) m'aider, (s'il te plait / s'il vous plait) ?
3 – Voici l'addition, madame.
   – Merci, monsieur.
   – Je (t' / vous) en prie.
4 (Hé / Excusez-moi), Driss, (tu viens / vous venez) au ciné avec nous ce soir ?
5 Nous sommes ravis de (t' / vous) accueillir, madame. (Asseyez-vous / Assieds-toi), (s'il te plait / je vous en prie).
6 (Aide-moi / Aidez-moi) dans la cuisine (s'il te plait / je vous en prie), Jo. Je prépare à manger.
7 (Salut / Bonjour) chéri ! (Ça va ? / Vous allez bien ?)
8 (Excusez-moi / Excuse-moi), monsieur, (vous pouvez / tu peux) m'aider, (s'il vous plait / s'il te plait) ?

**4** Travaillez à deux pour faire un jeu de rôle. Une jeune personne rend visite à sa tante à l'île Maurice et parle à l'ami(e) de sa tante. Une personne joue le rôle A (l'ami(e)) et l'autre joue le rôle B (la jeune personne). A commence.

1 A Bonjour. Tu dois être le neveu/la nièce d'Anne-Marie. Quand es-tu arrivé(e) ici à l'île Maurice ? D'où viens-tu ? B …
2 A C'est quand, la dernière fois que tu as vu tes cousins ? B …
3 A Comment communiques-tu avec eux d'habitude ? B …
4 A Qu'est-ce que tu as déjà fait ici avec ta famille ? B …
5 A Qu'est-ce que tu vas faire cet après-midi ? B …

*En Vol*

# 2.7c J'ai rendu visite à ma famille à l'étranger

★ **Décrire une visite que vous avez faite chez votre famille à l'étranger**
★ **L'imparfait**

## Mon séjour en Inde

Coucou ! Ici Meena. Me voilà rentrée d'Inde, où j'ai passé trois semaines géniales chez la famille de mon père. Je m'y suis bien amusée et j'étais super contente de faire la connaissance de toute ma famille indienne. Il me faut avouer que la France me manquait énormément au début car tout est très différent là-bas et ma famille indienne ne parle pas vraiment français. Il va sans dire qu'il faisait très, très chaud aussi. Ceci dit, tous les Indiens que j'ai rencontrés étaient extrêmement accueillants, et après quelques jours j'ai commencé à m'y habituer et à bien m'amuser avec mes cousins. J'ai même appris quelques mots d'hindi !

J'ai fait tellement de choses pendant mon séjour ! Chaque matin, mes cousins et moi, nous nous levions tôt pour aller à la plage avant de prendre le petit déjeuner. J'accompagnais souvent mes tantes au marché aussi pour acheter de quoi manger. Je ne savais pas qu'il existait tant de légumes, de fruits et d'épices différents. Ça sentait bon ! Vraiment, j'ai bien mangé. C'est ma grand-mère qui préparait la plupart des repas. Heureusement que j'aime bien les plats épicés. Pendant la journée, il faisait très chaud, donc on restait dans la maison, mais le soir, après le repas, on pouvait sortir pour jouer au foot ou se promener.

Maintenant que je suis rentrée, je parle souvent avec mes cousins indiens sur Facebook, mais j'aimerais bien retourner en Inde bientôt pour les revoir.

**1** Lisez le blog de Meena. Ensuite, répondez aux questions en français.

*Exemple :* 1 La famille de son père est indienne. / Son père est d'origine indienne.
  **1** Pourquoi Meena est-elle partie en Inde ?
  **2** Qu'est-ce qu'elle a trouvé difficile ? [2]
  **3** Pourquoi Meena se réveillait-elle tôt chaque matin ?
  **4** De quoi s'est-elle étonnée au marché ?
  **5** Que pense-t-elle de la cuisine indienne ?
  **6** En général, qui faisait la cuisine ?
  **7** Pourquoi fallait-il attendre le soir pour faire du sport dehors ?
  **8** Comment Meena communique-t-elle avec sa famille indienne maintenant ?

**2** Vous allez entendre une interview avec Malik, qui est rentré hier d'une visite chez sa famille au Sénégal. Pendant que vous écoutez l'interview, complétez le paragraphe ci-dessous avec des mots choisis dans la liste. Attention ! il y a huit mots de trop.

*Exemple :* 1 sénégalais

Malik, un ado **1**.......... qui a grandi en France, est allé récemment voir sa famille au **2**.......... . Là-bas, il a beaucoup appris sur les coutumes et traditions **3**.......... . S'habituer à la vie sénégalaise n'était pas facile. Au début, il voulait tout simplement dormir à cause de la **4**.......... , et même si les **5**.......... étaient accueillants, Malik trouvait quelquefois qu'il était difficile de les **6**.......... quelquefois. Ceci dit, il s'est bien amusé. Il sortait tous les jours avec son **7**.......... , aidait sa tante et allait à la pêche avec son oncle. Il aimait en particulier **8**.......... avec eux le soir.

| | | | | | | |
|---|---|---|---|---|---|---|
| Sénégalais | oncle | discuter | chaleur | français | Sénégal | comprendre | pluie |
| entendre | sénégalaises | cousin | France | *sénégalais* | diner | Français | françaises |

**3** L'imparfait. Regardez d'abord les sections grammaire K7 et K8. Mettez chaque verbe entre parenthèses à l'imparfait ou au passé composé.

*Exemple :* 1 Quand nous sommes arrivés, il faisait très chaud.
   **1** Quand (*nous + arriver*), (*il + faire*) très chaud.
   **2** Quand (*je + être*) plus jeune, (*je + aller*) en France tous les ans.
   **3** (*Il + parler*) au téléphone quand (*quelqu'un + frapper*) à la porte.
   **4** Avant, (*vous + ne pas connaitre*) votre famille en Australie.
   **5** Quand (*je + être*) en Inde, (*je + apprendre*) beaucoup de choses intéressantes.
   **6** (*Tu + regarder*) la télé quand (*ta tante + appeler*).
   **7** (*Elle + aller*) lui envoyer un e-mail, mais (*ce + être*) trop tard.
   **8** (*Ma famille et moi + partir*) aux États-Unis car (*mon père + vouloir*) habiter près de chez ses parents.

**4** Travaillez à deux. Imaginez que vous avez rendu visité à des membres de votre famille qui habitent dans un autre pays. Posez ces questions à votre partenaire, puis répondez à ses questions en utilisant l'imparfait et le passé composé.
   **1** À qui avez-vous rendu visite, où habitent-ils et pourquoi est-ce que vous leur avez rendu visite ?
   **2** Combien de temps êtes-vous resté(e) chez eux ?
   **3** Qu'est-ce que vous faisiez chaque jour ?
   **4** Quel jour avez-vous préféré ? Pourquoi ?
   **5** Quand est-ce que vous les reverrez ?

**5** Écrivez maintenant un e-mail à un(e) ami(e) où vous décrivez une visite récente (imaginaire) chez votre famille ou des amis à l'étranger. Vous devez écrire 130-140 mots en français.
   ● Dites à qui vous avez rendu visite et quand.
   ● Dites où ils habitent et pourquoi ils habitent là-bas.
   ● Dites si vous avez aimé ce pays.
   ● Décrivez une journée typique. Mentionnez le temps qu'il faisait et ce que vous faisiez chaque jour.
   ● Dites si vous pourrez y retourner. Si oui, quand ? Si non, pourquoi ?

# Vocabulaire

## 2.1a Ma famille

l'araignée (f) spider
l'arbre généalogique (m) family tree
le chat cat
le cheval horse
le chien dog
le demi-frère half-brother
la demi-sœur half-sister

la fille daughter
le fils son
la grand-mère grandmother
le grand-père grandfather
les jumeaux (jumelles) twins
le lapin rabbit
l'oncle (m) uncle

le petit-fils grandson
la petite-fille granddaughter
le poisson rouge goldfish
le singe monkey
la souris mouse
la tante aunt
le tigre tiger

## 2.1b Comment sont-ils physiquement ?

âgé(e) older
avoir l'air to seem
la barbe beard
chauve bald
les cheveux (m) hair
être enceinte to be pregnant
grand(e) tall
gros(se) fat
jeune young
joli(e) pretty

laid(e) ugly
les lunettes (f) glasses
maigre thin, skinny
mignon(ne) cute
mince slim
la moustache moustache
moyen(ne) medium
l'oreille (f) ear
petit(e) small

porter un appareil auditif to wear a
    hearing aid
raide straight
ressembler à to look like
roux (rousse) red-headed
semblable (à) similar (to)
sourire to smile
la taille size
les yeux (m) eyes

## 2.1c Comment sont-ils de caractère ?

agréable pleasant
bête stupid
les bêtises (f) bad behaviour
bruyant(e) noisy
casse-pieds nuisance, pain
courageux (courageuse) brave
le défaut fault
égoïste selfish
énervant(e) annoying

être de bonne humeur to be in a good
    mood
être de mauvaise humeur to be in a bad
    mood
faire plaisir to like, enjoy
généreux (généreuse) generous
gentil(le) kind
heureux (heureuse) happy
honnête honest

jaloux (jalouse) jealous
méchant(e) nasty
menteur (menteuse) liar
paresseux (paresseuse) lazy
la qualité quality
le rapport relationship
stupide stupid
travailler to work

## 2.1d Les rapports avec les autres

l'amitié (f) friendship
compréhensif (compréhensive)
    understanding
se disputer to argue
s'entendre to get on
s'excuser to apologise
fâché(e) angry

se fâcher to get angry
la faute mistake
le gout taste
la liberté freedom
pénible hard, difficult
pleurer to cry
réussir to pass

rigoler to laugh, joke
se calmer to calm down
le sens de l'humour sense of humour
sévère strict
tendu(e) tense

## 2.2a Je me détends chez moi

constamment constantly
la détente relaxation
le documentaire documentary
écouter de la musique to listen to music
écrire to write
l'émission (f) programme
énormément enormously
envoyer (des e-mails/un texto) to send
    (e-mails/a text)

faire de la cuisine to cook
faire pousser to grow (sth)
le feuilleton soap opera
le film film
généralement generally
le jardinage gardening
le jeu (vidéo) (video) game
jouer (du piano) to play the piano
le magazine magazine

l'ordinateur (m) computer
planter des fleurs to plant flowers
la radio radio
le roman novel
le SMS text message
surfer sur Internet to surf the internet
tchatter to chat (online)
texter to text
le texto text

## 2.2b Range ta chambre !

aider to help
balayer to sweep
les courses shopping

débarrasser (la table) to clear (the table)
le déodorant deodorant
donner à manger à to feed

faire le lit to make the bed
faire la lessive to do the washing/laundry
le fer à repasser iron

**garder (un enfant)** to look after (a child)
**la lessive** washing/laundry
**le ménage** housework
**mettre (la table)** to set the table
**le nettoyage** cleaning
**nettoyer** to clean
**s'occuper de** to look after
**passer l'aspirateur** to vacuum

**la poussière** dust
**préparer à manger** to prepare the food
**propre** clean
**ranger (la chambre)** to tidy (the bedroom)
**remplir (le lave-linge)** to load (the washing machine)
**le repassage** ironing
**repasser** to iron

**la serviette de bain** bath towel
**le shampooing** shampoo
**sortir (la poubelle)** to put out (the bin)
**la tâche ménagère** housework/household job
**tondre (la pelouse)** to mow the lawn
**la vaisselle** washing-up

## 2.2c Bienvenue chez moi

**accepter (une invitation)** to accept (an invitation)
**apprécier** to appreciate
**bientôt (à bientôt)** soon (see you soon)
**la bise** kiss
**la boite de chocolats** box of chocolates
**le cadeau** present
**chez les…** at the…
**la clôture** fence
**la connaissance** acquaintance

**diner** to eat/dine
**enlever (les chaussures)** to take off (shoes)
**faire visiter** to show around
**les fleurs (f)** flowers
**se garer** to park
**hésiter** to hesitate
**l'hospitalité (f)** hospitality
**l'hôte (m/f)** host
**l'invité(e)** guest
**inviter** to invite

**le jeu de société** board game
**poli(e)** polite
**poser** to put
**prévenir** to warn
**présenter** to introduce
**refuser (une invitation)** to decline (an invitation)
**remercier** to thank
**rencontrer** to meet

## 2.3a Mon temps libre

**la batterie** drums
**la bibliothèque** library
**le centre commercial** shopping centre
**le copain (la copine)** friend
**l'équipe (f)** team
**faire de la photographie** to do photography
**faire les magasins** to go shopping
**faire du yoga** to do yoga

**génial(e)** great
**l'instrument (m)** instrument
**jouer à/de** to play
**la maison des jeunes** youth centre
**la natation** swimming
**le passe-temps** hobby
**passer** to spend
**le patin à glace** ice skate
**le patinage sur glace** ice skating

**la patinoire** skating rink
**la piscine** swimming pool
**préféré(e)** favourite
**la raquette** racket
**le temps libre** free time
**le tennis de table** table tennis
**le théâtre** theatre

## 2.3b Tu veux sortir ?

**se baigner** to swim, bathe
**barbant(e)** boring
**le château** castle
**chercher** to look for
**devoir** to have to
**ensemble** together
**espérer** to hope
**faire la fête** to celebrate, party

**faire un tour** to have a look around
**la fête foraine** funfair
**Que c'est gentil !** How nice/kind!
**le magasin** shop
**montrer** to show
**se passer** to take place, happen
**la piscine** swimming pool
**pouvoir** to be able to, can

**rencontrer** to meet
**la soirée** evening
**sortir** to go out, leave
**le syndicat d'initiative** tourist office
**Un autre jour peut-être?** Let's do (it) another day.
**la vieille ville** old town
**vouloir** to want

## 2.3c Mes loisirs

**accueillir** to greet
**avoir envie de** to want to, feel like
**bavarder** to chat
**emprunter** to borrow
**entourer** to surround
**l'escalade (f)** climbing

**les frais (m)** costs
**gratuitement** for free
**s'inscrire** to join
**la musculation** weight training
**s'occuper de** to look after
**le patin à roulettes** roller skate

**la planche à voile** windsurfing
**la plongée** scuba diving
**se réunir** to gather together
**le ski nautique** water skiing
**le tournoi** championship
**le VTT** mountain biking

## 2.4a Je voudrais une glace à la fraise

**apporter** to bring
**la carte** menu
**le coca** cola
**choisir** to choose
**le choix** choice
**la commande** order
**commander** to order
**le citron pressé** squeezed lemon

**la crêpe (au citron, au sucre, à l'orange)** pancake (with lemon, sugar, orange)
**le croquemonsieur** toasted ham and cheese sandwich
**désirer** to want, desire
**la fraise** strawberry
**les frites (f)** chips

**la glace (au citron, au chocolat, à la fraise)** (lemon, chocolate, strawberry) icecream
**le glaçon** ice cube
**la limonade** lemonade
**la mayonnaise** mayonnaise
**le menu** set menu
**le morceau** piece

l'orange (f) pressée  squeezed orange
le parfum  flavour
la pizza  pizza
la pizzéria  pizzeria
le plat (chaud/froid)  (cold/hot) dish
le poulet  chicken

le prix  price
la salade (de tomates)  (tomato) salad
le sandwich (au fromage, au poulet, grillé)  (cheese, chicken, toasted) sandwich
le sirop  squash, cordial

la soupe (à l'ognon)  (onion) soup
la tomate  tomato

## 2.4b Je vais au restaurant

l'addition (f)  bill
l'assiette (f)  plate
le bol  bowl
la bouteille  bottle
la cannette  can
la carafe  carafe
la charcuterie  cold meats
commencer (pour commencer)  to start
le couteau  knife

les crudités (f)  crudités
le dessert  dessert
l'eau (pétillante, du robinet)  (sparking, tap) water
l'entrée (f)  starter
la fourchette  fork
les moules (f) marinières  mussels
le pâté  pâté
le plat principal  main course

la portion  portion
le potage  soup
la salade  salad
le saumon (fumé)  (smoked) salmon
le serveur (la serveuse)  waiter (waitress)
service inclus  service included
la soupe (de poisson)  (fish) soup
le steak-frites  steak and chips
le verre  glass

## 2.4c J'aime manger italien

anglais(e)  English
avoir tort  to be wrong
Bon appétit !  Bon appétit! / Enjoy your meal!
changer  to change
le chef cuisinier  chef
coûteux (coûteuse)  expensive
la crème anglaise  custard
emmener  to take

être d'accord  to agree
les fruits de mer  seafood
impoli(e)  impolite
indien(ne)  Indian
italien(ne)  Italian
marocain(e)  Morrocan
mexicain(e)  Mexican
le monde  world

original(e)  original/different
le/la meilleur(e)  best
le/la pire  worst
proposer  to propose/suggest
le pub  pub
rôti(e)  roast
simple  simple

## 2.5a Jours de fêtes

acheter  to buy
Aïd (m)  Eid
l'anniversaire (m)  birthday
l'argent (m)  money
le baptême  baptism/christening
le cadeau  present
la carte  card
célébrer  to celebrate

chanter  to sing
la crèche de Noël  nativity scene
danser  to dance
la fête  celebration, party
fêter  to celebrate
le feu d'artifice  fireworks
la journée  day
le mariage  marriage; wedding

musulman(e)  Muslim
Noël  Christmas
le Nouvel An  New Year
la grande occasion  special occasion
le portable  mobile phone
rencontrer  to meet
la soirée  evening

## 2.5b On fait la fête avec les copains

à l'heure  on time
s'amuser  to have fun
la boisson  drink
cuire  to cook
s'inquiéter  to worry
la nourriture  food

organiser  to arrange
permettre  to let, allow
les préparatifs (m)  preparations
promettre  to promise
se rappeler  to remember
retrouver  to find; to join

rigoler  to have fun, laugh
tard  late
tôt  early
la viande  meat

## 2.5c Une occasion spéciale

avoir lieu  to take place, happen
le bal  dance, ball
le bonheur  happiness
la cérémonie  ceremony
connaitre  to know; to meet
épouser  to marry
une épouse  wife

un époux  husband
étonnant(e)  amazing, surprising
un évènement  event
se fiancer  to get engaged
heureux (heureuse)  happy
l'invité(e)  guest
la mairie  town hall

présenter  to introduce
ramener  to bring; to take back
la réception  welcome, greeting, reception
sensationnel(le)  fantastic
souhaiter  to wish
suivre  to follow
s'unir  to get married; to unite

## 2.6a Quel genre de vacances ?

le bord de la mer  seaside
la campagne  countryside
le camping-car  motor home
le coin  corner, area

la croisière  cruise
découvrir  to discover
la destination  destination
éducatif (éducative)  educational

à l'étranger  abroad
l'endroit (m)  place
explorer  to explore
faire du cheval  to go horse riding

**louer** to rent
**la montagne** mountain
**partir en vacances** to go on holiday
**le pays** country

**la plage** beach
**prendre un congé** to take leave/time off
**la randonnée** hike
**rêver** to dream

**s'allonger** to lie down
**la semaine suivante** the following week
**la vague** wave
**le voyage** journey

## 2.6b Tu passes de bonnes vacances ?

**l'agence de voyages (f)** travel agency
**l'arrangement (m)** arrangement, agreement
**bronzer** to get a tan
**le dépliant** leaflet
**faire de la voile** to go sailing
**faire une réservation** to make a reservation

**la galerie d'art** art gallery
**le gite** holiday cottage
**nager** to swim
**obtenir** to get
**prendre un bain de soleil** to sunbathe
**le/la propriétaire** owner

**les renseignements (m)** information
**le séjour** stay, visit
**le site touristique** tourist attraction
**les sports nautiques (m)** watersports
**le vol** flight
**voyager** to travel, go travelling

## 2.6c Projets de vacances

**accueillir** to greet, welcome
**assister (à)** to attend
**l'autoroute (f)** motorway
**avoir peur** to be afraid
**la boite de nuit** nightclub
**la carte postale** postcard
**le choix** choice
**le cœur** heart

**étroit(e)** narrow
**garer** to park
**impressionnant(e)** impressive
**s'inquiéter** to worry
**passionner** to interest, captivate
**la pièce de théâtre** play
**plaire** to please, like
**la renommée** reputation

**la rue commerçante** shopping street
**séjourner** to stay
**le spectacle** show
**tenter** to try
**la vedette** star
**la vue** view

## 2.7a Ma famille habite à l'étranger

**africain(e)(s)** african
**l'Afrique (f)** Africa
**américain(c)(s)** American (adj)
**l'Américain(e) (m/f)** American (man/woman)
**l'Amérique du nord/sud (f)** North/South America
**anglais(e)(s)** English (adj)
**l'Anglais(e) (m/f)** Englishman/woman
**arabe** Arabic
**l'Australie (f)** Australia

**l'Asie (f)** Asia
**belge(s)** Belgian (adj)
**d'origine (f)...** of ... origin
**les États-Unis (m)** USA
**l'Europe (f)** Europe
**français(e)(s)** French (adj)
**le/la Français(e)** Frenchman/woman
**la France** France
**grâce à** thanks to
**habiter** to live
**le Japon** Japan

**japonais(e)(s)** Japanese (adj)
**le/la Japonais(e)** Japanese man/woman
**marocain(e)** Moroccan (adj)
**le/la Marocain(e)** Moroccan man/woman
**parler** to speak
**rendre visite à** to visit (sb)
**les réseaux sociaux** social media
**sénégalais(e)(s)** Senegalese (adj)
**travailler** to work
**tunisien(ne)(s)** Tunisian (adj)
**voir** to see

## 2.7b Je vais chez ma famille à l'étranger

**accueillant(e)** welcoming
**aider** to help
**s'amuser** to have a nice time
**chéri(e)** darling, dear
**différer** to differ
**faire la connaissance de** to meet (for the first time)
**la France métropolitaine** mainland France
**génial** great
**gentil(le)** kind

**les grands-parents** grandparents
**hein** eh, isn't it?
**je t'/vous en prie** you're welcome
**mamie** nan, grandma
**la Métropole** mainland France
**le neveu** nephew
**la nièce** niece
**l'oncle (m)** uncle
**papi** granddad, grandpa
**le petit-fils** grandson

**la petite-fille** granddaughter
**la première fois** the first time
**rarement** rarely
**rencontrer** to meet
**rester chez** to stay with/at
**salut** hi
**s'il te plaît/s'il vous plaît** please
**la tante** aunt
**tchatter en ligne** to chat online
**le/la voisin(e)** neighbour

## 2.7c J'ai rendu visite à ma famille à l'étranger

**accompagner** to accompany
**apprendre** to learn
**avoir envie de** to want to
**la chaleur** heat
**chaque** each
**connaitre** to know
**la coutume** custom
**la cuisine** cooking, cuisine
**culturel(le)** cultural
**s'embrasser** to kiss

**grandir** to grow
**s'habituer à** to get used to
**intéressant(e)** interesting
**là-bas** (over) there
**se lever** to get up
**manquer à quelqu'un** to be missed by sb
**le marché** market
**passer** to spend
**la plage** beach
**plaire** to please, like

**se promener** to walk around
**le repas** meal
**rendre visite à** to visit (a person)
**revoir** to see again
**le séjour** stay
**se sentir dépaysé(e)** to feel disorientated
**le soleil** sun
**la tradition** tradition
**typique** typical

*Décollage*

# La Martinique, où règnent la nature et la musique

## Ma nouvelle vie

La ville de Fort-de-France

Il y a deux mois, je suis arrivée en Martinique pour y **1**.......... . Je suis infirmière à l'hôpital de Fort-de-France, la **2**.......... de la Martinique.

J'aime bien mon boulot, mais ce que j'**3**.......... encore plus, c'est le weekend. Ici, on est entourés par la mer et les plages sont superbes. Comme le climat le permet, on fait des barbecues entre copains et ça me donne aussi l'occasion de **4**.......... des gens et de me faire de nouveaux amis.

Je trouve les gens vraiment sympa dans l'ensemble. Le seul problème est que la plupart des gens du coin **5**.......... créole. Je me suis donc inscrite à un cours de langue et je commence à me débrouiller.

La ville de Fort-de-France est jolie et très animée. Il y a des **6**.......... de fruits et légumes, d'épices et de poissons.

Une plage de rêve

On peut, bien sûr, faire toutes sortes d'activités nautiques. La cuisine est bien différente de la cuisine française mais très **7**.......... . Pour ceux qui aiment sortir le soir, à part les **8**.......... il n'y a pas grand-chose. Il y a le théâtre mais pour ce qui est des boites de nuit par exemple, ce n'est pas comme à Paris ! Moi, ça ne me dérange pas. Je préfère avoir une vie **9**.......... et être entourée de **10**.......... . Quand je ne suis pas au travail, j'en profite beaucoup.

**1** Lisez le blog d'Anaïs qui nous parle de sa vie en Martinique et complétez-le en choisissant les bons mots dans le tableau (1-10). Attention ! il y a trois mots de trop.

| | | | | |
|---|---|---|---|---|
| rencontrer | apprécie | marchés | restaurants | capitale |
| calme | parlent | bonne | nature | |
| ile | travailler | est | animée | |

# Quatre incontournables*

## A

À Sainte-Marie, vous découvrirez un endroit original. Vous apprendrez tout sur ce fruit local, de la plantation à la consommation. La visite est guidée et vous serez invité à y gouter. Saviez-vous qu'il en existe plus de soixante variétés ?

## B

Partez de bonne heure le matin pour faire une randonnée de cinq heures. Prenez des bouteilles d'eau et un piquenique avec vous. N'oubliez pas l'anti-moustique pour la partie mangrove. Vous aurez de très belles vues de la mer et vous verrez un grand nombre d'espèces végétales et d'oiseaux.

## C

Passez la matinée à observer ces animaux de notre bateau. Leur ballet aquatique est impressionnant et chaque fois différent. Après, nous vous invitons à une pause-baignade et à prendre une boisson fraiche avec nous.

## D

C'est l'endroit idéal pour s'initier à ce sport. L'eau est chaude, la visibilité est excellente. Dans le sud de l'île, il y a des sites en couleurs avec des plateaux de corail. La meilleure saison est de novembre à juin.

*\* un incontournable – quelque chose de fantastique, à ne pas manquer*

2 Lisez les détails de ces quatre incontournables, puis faites correspondre les sous-titres (1-4) aux incontournables (A-D).

1 La plongée sous-marine
2 Le parc naturel régional
3 Le musée de la banane
4 Les dauphins

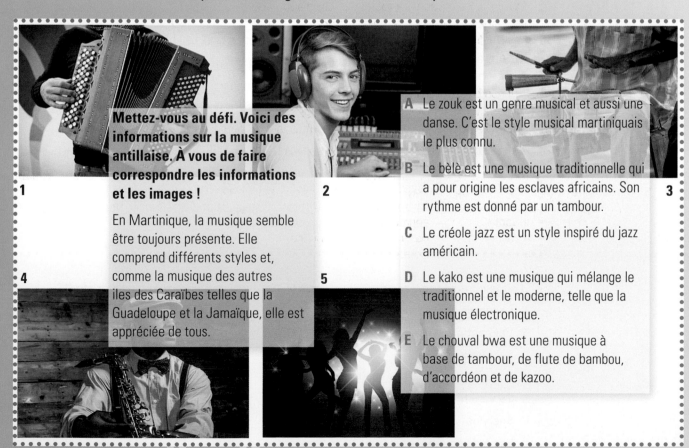

**Mettez-vous au défi. Voici des informations sur la musique antillaise. À vous de faire correspondre les informations et les images !**

En Martinique, la musique semble être toujours présente. Elle comprend différents styles et, comme la musique des autres iles des Caraïbes telles que la Guadeloupe et la Jamaïque, elle est appréciée de tous.

A Le zouk est un genre musical et aussi une danse. C'est le style musical martiniquais le plus connu.

B Le bèlè est une musique traditionnelle qui a pour origine les esclaves africains. Son rythme est donné par un tambour.

C Le créole jazz est un style inspiré du jazz américain.

D Le kako est une musique qui mélange le traditionnel et le moderne, telle que la musique électronique.

E Le chouval bwa est une musique à base de tambour, de flute de bambou, d'accordéon et de kazoo.

En Vol

# La Provence : la région que tout le monde veut visiter

1 La Provence est une région qui est située dans le sud-est de la France. C'est une région chargée d'histoire. On y trouve des monuments qui datent de l'époque romaine, tels que le théâtre antique d'Orange que le roi Louis XIV appelait « le plus beau mur de la France ». Il y a aussi des monuments du Moyen-Âge, comme le Palais des Papes en Avignon où les papes ont résidé au quatorzième siècle.

2 Châteauneuf-du-Pape est un village à une vingtaine de kilomètres d'Avignon, bien connu pour ses vignobles et son vin mais aussi pour le château que les papes utilisaient quand ils n'étaient pas en Avignon.

3 C'est une région au climat méditerranéen. Il y fait chaud et sec en été, assez froid en hiver à cause du Mistral, un vent froid qui vient du nord, et plutôt doux pendant le printemps et l'automne. Le climat attire beaucoup de touristes, surtout dans les stations balnéaires.

4 Le festival d'Avignon et les Chorégies d'Orange sont des attractions annuelles et des spectacles de toutes formes d'expression artistique y sont appréciés.

5 C'est aussi une région qui a sa propre langue, le provençal, peu parlée aujourd'hui mais que nos arrière-grands-parents connaissaient bien.

6 Beaucoup de Provençaux ont un accent assez prononcé quand ils parlent français. Il est très différent de l'accent des autres régions mais n'est pas difficile à comprendre.

7 C'est une région variée. Le Mont Ventoux est une montagne dont le sommet est à presque 2000 mètres d'altitude. Il domine la vallée du Rhône et ses routes sont parfois utilisées par la célèbre course cycliste appelée le Tour de France. Plus au sud, en Camargue, c'est complètement différent. C'est une réserve naturelle où vous pouvez voir des flamands roses, des chevaux blancs sauvages et des taureaux. Venez visiter la Provence, vous ne le regretterez pas !

1 Faites correspondre les sept sous-titres (A-G) aux sept paragraphes de l'article (1-7).

A Le temps qu'il y fait

B L'accent provençal

C Sa langue

D Son aspect historique

E Sa variété géographique

F Ses vins

G Les évènements artistiques

# Le taureau piscine

Le taureau piscine est un sport pour le grand public. Cela se passe au printemps ou en été aux arènes de Nîmes, d'Arles ou du Grau-du-Roi par exemple. Au milieu des arènes, on a mis une petite piscine en plastique. Bien que cette occasion s'appelle « taureau piscine », on utilise une petite vache. Les vaches sont moins agressives que les taureaux. Le but est de faire traverser la piscine à la vache. Pour cela, si vous voulez y participer, attirez l'attention de la vache qui va vous courir après, traversez la piscine et la vache vous suivra. Si vous y arrivez, vous gagnerez un prix. Plus c'est difficile, plus le prix est élevé. Bonne chance !

Taureau piscine en action

**Vous voulez gagner un prix à un taureau piscine ?**
**Remettez ces conseils dans le bon ordre. Bonne chance !**

1 Vous devez traverser la piscine.
2 Vous devez entrer dans l'arène avec beaucoup de confiance.
3 Vous devez courir dans l'arène dans la direction de la piscine et la vache doit vous suivre.
4 Vous devez tout d'abord attirer l'attention de la vache.
5 Vous devez vous échapper rapidement de l'arène sans être blessé(e).
6 La vache doit continuer à vous suivre et aussi traverser la piscine.

## Le festival d'Avignon

**Que pensent ces jeunes du festival d'Avignon ?**

| | |
|---|---|
| *GabyL* | Les spectacles auxquels on a assisté étaient super. Cependant, pendant la période du festival, il faut dire que le prix des chambres d'hôtels ou des repas au restaurant sont trop élevés. À part ça, une animation dans la ville extraordinaire et une ambiance de fête. |
| *AnnieTa* | Le problème, c'est que les billets pour les spectacles sont devenus trop chers. Pour le festival OFF, par contre, les prix sont plus raisonnables. |
| *HenriX* | Vous avez raison, AnnieTa, et les spectacles sont aussi bons sinon meilleurs. Nous, on a fait du camping à l'extérieur de la ville. Comme ça, ça va, on peut rester la semaine. |
| *Enzo32* | Si vous voulez voir un grand spectacle, il faut être prêt à payer. Moi, je préfère assister à un seul spectacle mais voir quelque chose d'exceptionnel. |
| *Mathisocial* | Ce qui me plait le plus, c'est l'ambiance qu'il y a en ville plutôt que les spectacles. Pendant la saison du festival, il y a énormément de monde qui est là pour se détendre. Je trouve ça vraiment sympa. |

**2 Qui dit ça ?**

1 Je n'ai jamais assez d'argent pour les grands spectacles du festival « in ».

2 Moi, je ne suis pas ici pour les spectacles.

3 Pendant cette période, ils profitent des touristes et tout augmente.

4 On n'a pas pu s'offrir une chambre d'hôtel.

5 La qualité du spectacle, ça se paie.

# Coin révision B1

*Décollage*

## Écrire une petite rédaction

**1 a** Avec un(e) partenaire, étudiez cette question vous demandant d'écrire une rédaction.

**Ma famille et mes amis**
- Décrivez votre famille.
- Parlez un peu de deux de vos ami(e)s.
- Qu'est-ce que vous aimez faire avec vos ami(e)s ?
- Pendant les prochaines vacances, que ferez-vous avec votre famille ?

Écrivez 80-90 mots **en français**.

**1 b** Lisez la liste de stratégies et classez-les en quatre catégories.

    **A** Utiles pour votre confiance en écrivant dans la langue française

    **B** Utiles avant de commencer à écrire

    **C** Utiles pendant l'écriture de la rédaction

    **D** Utiles une fois la rédaction finie

---

**1** Lisez les instructions avec soin.
**2** Assurez-vous que vous connaissez les temps des verbes et leurs terminaisons.
**3** Répondez à chaque point.
**4** Trouvez le point qui vous demande de donner deux renseignements. Ici, le deuxième point vous demande de parler de deux ami(e)s.
**5** Si on vous demande votre opinion, donnez-la et justifiez-la si possible.
**6** Écrivez lisiblement un paragraphe pour chaque point.
**7** Relisez ce que vous avez écrit et vérifiez que votre travail ne contient pas de fautes d'orthographe ou de grammaire.
**8** Vérifiez que vous avez inclus une variété d'adjectifs et que vous avez fait les accords.
**9** Écrivez entre 80 et 90 mots en français.
**10** Écrivez des phrases complètes. Chaque phrase doit inclure au moins un verbe. Pour éviter d'écrire des phrases trop courtes, utilisez des mots comme *et, mais, parce que, car.*
**11** Vérifiez que le temps de chaque verbe est correct et que vous avez utilisé la personne correcte pour chaque verbe.
**12** Identifiez les temps (présent, passé, futur) que vous allez utiliser.
**13** Écrivez quatre paragraphes de 20 mots chacun. Il vous reste dix mots si vous en avez besoin.
**14** Utilisez une ou deux formes négatives.

---

## Réponses possibles

**2** Lisez ces deux réponses à l'exercice 1a. Laquelle est la meilleure ? Référez-vous à la liste de stratégies ci-dessus pour vous aider à décider.

Salut,

Je vais te parler de ma famille. On est cinq. Il y a mon frère, ma demi-sœur, ma belle-mère et mon père. On s'entend très bien. Mon meilleur copain s'appelle Henri. Il est vraiment sympa. Pendant les vacances scolaires, on va en famille au bord de la mer. On y reste une semaine. Après ça, je reste à la maison. Et toi ?

Luc

Salut,

Pour répondre à tes questions, dans ma famille, il y a cinq personnes. En effet, j'ai un frère et une sœur. Moi, je suis l'aîné.

J'ai quelques amis mais mon meilleur copain s'appelle Henri. On s'entend bien ensemble. Avec Arthur, c'est différent. On se dispute quelquefois, surtout à propos de nos activités.

Souvent, on va au cinéma. Hier, on a fait du foot avec d'autres copains.

Pendant les grandes vacances cette année, on va partir au bord de la mer et on fera du camping. Et toi ?

Luc

## À vous !

**3 a** Lisez la réponse à l'exercice ci-dessous et discutez-en avec votre partenaire. Reportez-vous à la liste de stratégies pour décider comment en écrire une meilleure.

**3 b** Écrivez une bonne réponse vous-même.

**3 c** Comparez votre travail à celui de votre partenaire. Enfin, faites l'exercice encore une fois pour produire une réponse parfaite !

**Votre professeur de français vous a donné l'adresse e-mail d'un(e) élève français(e). Envoyez un courriel à votre nouveau/nouvelle correspondant(e).**

**Je me présente**
- Présentez-vous et dites où vous habitez.
- Comment est votre maison ou votre appartement ?
- Parlez un peu de vos études.
- Qu'est-ce que vous allez faire le weekend prochain ?

Écrivez 80-90 mots **en français**.

Salut,

Je suis ton correspondant. Je m'appelle Max. J'habite à Bruxelles, dans le centre-ville. On est une grande famille. J'ai trois frères et deux sœurs. On a une grande maison. Au premier étage, il y a cinq chambres. Au rez-de-chaussée, il y a la cuisine, la salle à manger et le salon. Il y a aussi un grand jardin. Mon collège est à deux kilomètres de chez moi. Je vais au collège en bus. C'est pas mal comme collège. Mes profs sont sympa. Le weekend prochain, je vais voir mes amis et on va aller au cinéma ensemble. Il y a un film super en ce moment. Et toi, qu'est-ce que tu vas faire ?

Max

*Décollage*

# Coin révision B2

## Se préparer pour un jeu de rôle

---

**Stratégies générales pour les jeux de rôle**

Pour bien réussir un jeu de rôle, il faut :

➜ bien comprendre les différents types de question

➜ donner des réponses précises et détaillées

➜ faire attention à la prononciation et à l'intonation

➜ répondre spontanément

---

## Bien comprendre les différents types de question

**1 a** Lisez ces réponses. Pour chaque réponse, choisissez le pronom interrogatif (a-e) qui convient.

On va au restaurant

**1** Demain soir, peut-être.

**2** Mon plat préféré, c'est le poisson.

**3** Je veux bien aller au cinéma.

**4** Parce que j'aime bien les films français.

**5** Je l'ai beaucoup apprécié parce que les effets spéciaux étaient super.

**a** Pourquoi...

**b** Quand...

**c** Comment...

**d** Quel...

**e** Qu'est-ce que...

**1 b** Complétez les questions (a-e) de l'exercice 1a. Ensuite, utilisez-les pour faire un jeu de rôle avec un(e) partenaire.

## Donner des réponses précises et détaillées

**2 a** Lisez ce jeu de rôle. Les réponses suivantes ne sont pas suffisamment précises ou détaillées, donc chaque réponse ne reçoit qu'un point sur deux. Corrigez ou améliorez chaque réponse pour obtenir deux points, puis faites le jeu de rôle avec un(e) partenaire.

**Les grandes occasions**

—C'est quand, ton anniversaire ?

—Mon anniversaire, c'est le deux avril.

—D'habitude, où est-ce que tu fais la fête ? Qui est-ce que tu invites ?

—Normalement, je fais la fête chez moi.

—L'année dernière, qu'est-ce que tu as reçu comme cadeau d'anniversaire ?

—Ma mère me donne un nouveau portable.

—Quelle autre célébrer vas-tu fêter cette année ? Pourquoi ?

—C'est une fête très importante pour ma famille.

2 b Faites une liste de tous les pronoms interrogatifs que vous avez utilisés dans les exercices 1 et 2. Apprenez-les.

## L'importance de l'intonation

3 a Écoutez les phrases. Pour chaque phrase, décidez si c'est une question (Q) ou une réponse (R).

3 b Écrivez les phrases que vous venez d'entendre dans l'exercice 3a. Pour chaque phrase, écrivez une question ou une réponse qui convient. Lisez les questions et les réponses avec un(e) partenaire, en faisant attention à l'intonation.

## Comment répondre spontanément

4 a Travaillez par groupes de trois. Lisez ces trois situations. Pour chaque situation, un membre différent du groupe doit écrire cinq questions. Utilisez les pronoms interrogatifs que vous avez appris dans l'exercice 2b.

1 **Vous venez d'arriver chez votre correspondant(e) français(e), qui vous pose des questions sur votre famille.**
A: vous-même ; B: correspondant(e) français(e)
La personne B va commencer le jeu de rôle.

2 **Vous êtes au restaurant dans une ville suisse. Vous parlez avec la serveuse/le serveur, qui vous pose des questions au sujet du repas et de votre séjour.**
A: vous-même ; B: la serveuse/le serveur
La personne B va commencer le jeu de rôle.

3 **Vous êtes chez votre correspondant(e) belge. Vous avez récemment assisté à un mariage et votre correspondant(e) vous pose des questions à ce sujet.**
A: vous-même ; B: correspondant(e) belge
La personne B va commencer le jeu de rôle.

4 b Pour chaque situation dans l'exercice 4a, faites un jeu de rôle. Une personne pose les questions, la deuxième personne répond aux questions et la troisième personne donne 0, 1 ou 2 point(s) pour chaque réponse.

| Situation | Personne 1 | Personne 2 | Personne 3 |
|---|---|---|---|
| 1 | pose les questions | répond aux questions | donne les points (0, 1 ou 2) |
| 2 | donne les points (0, 1 ou 2) | pose les questions | répond aux questions |
| 3 | répond aux questions | donne les points (0, 1 ou 2) | pose les questions |

## 3.1a Je vais en ville

*Embarquement*

★ **Parler des bâtiments et des installations en ville**
★ **Les conjonctions**

**1** Regardez les images. Complétez les phrases avec le bon mot dans la liste. Attention ! il y a huit mots de trop.

*Exemple :* 1 poste

**1** Ma mère cherche la .......... car elle veut acheter des timbres.
**2** Je dois être à la .......... à 10 h 00 parce que mon train part à 10 h 15.
**3** Le .......... se trouve en face du lycée mais je n'y vais jamais.
**4** L'.......... ? C'est un vieux bâtiment élégant en centre-ville. Quand vous arrivez au carrefour, tournez à gauche.
**5** Beaucoup d'enfants aiment jouer au .......... ou bien aller à la piscine.
**6** Mon frère est étudiant, alors il passe beaucoup de temps à la .......... .
**7** Je veux acheter des provisions donc je vais au .......... .
**8** Excusez-moi ! Nous sommes en vacances et ne connaissons pas la région. Où se trouve l'.......... , s'il vous plait ?

| | | | |
|---|---|---|---|
| office de tourisme | hôtel de ville | gare | théâtre |
| piscine | *poste* | supermarché | musée |
| magasins | bibliothèque | centre sportif | collège |
| commissariat | parc | zoo | cinéma |

**2** Vous allez entendre quatre conversations dans un office de tourisme. Choisissez les deux bons endroits dans la liste pour chaque personne 1-4. Attention ! il y a deux endroits de trop.

*Exemple :* 1 C, …

| | | |
|---|---|---|
| **A** le supermarché | **E** les boutiques | **I** le centre sportif |
| **B** les cafés | **F** la boucherie | **J** le musée |
| **C** *le château* | **G** le parc | |
| **D** les restaurants | **H** l'épicerie | |

**3** Les conjonctions. Regardez d'abord la section grammaire H. Reliez les phrases avec une conjonction choisie dans la liste pour faire des phrases correctes.

*Exemple :* 1 On peut aller au cinéma *ou* on peut aller à la piscine.

**1** On peut aller au cinéma. On peut aller à la piscine.

**2** Il y a un cinéma en ville. Il n'y a pas de théâtre.

**3** Je n'aime pas le centre sportif. Il est vieux.

**4** Nous allons toujours à la petite boulangerie au coin de la rue. Nous sommes en ville.

**5** Il fait beau. Ils vont au parc.

**6** Mes amis veulent aller au bowling. Moi, je trouve que c'est trop cher.

**7** C'est dimanche. Beaucoup de magasins sont fermés.

**8** À Paris, vous pouvez faire du shopping. Vous pouvez faire un circuit touristique.

| *ou* | alors | donc | parce que |
|------|-------|------|-----------|
| mais | cependant | car | quand |

**4** Le son *gn*. Écoutez cette phrase et séparez-en les mots. Répétez la phrase trois fois. Attention à la prononciation ! Écoutez encore une fois pour vérifier. Répétez l'exercice. Traduisez la phrase dans votre langue. Apprenez la phrase par cœur.

**AgnèsquihabiteàAvignonaccompagnesamèrepouracheterdesognonsespagnols.**

**5 a** Travaillez à deux pour faire ce jeu de rôle. Un(e) touriste est à l'office du tourisme et parle à un(e) employé(e). Une personne joue le rôle A (le/la touriste) et l'autre joue le rôle B (l'employé(e)). Le/La touriste commence.

**1 A** Bonjour. Je suis en vacances avec ma famille. Vous pouvez me dire ce qu'il y a à faire en ville, s'il vous plait ?

  **B** Il y a plein de distractions. Qu'est-ce que vous aimez faire ?

**2 A** Alors, moi j'aime bien <u>l'histoire</u> et mes enfants adorent <u>les animaux</u>.

  **B** Pour vous, monsieur/madame, <u>je recommande la vieille cathédrale et le musée d'art</u>.

**3 A** Et il y a quelque chose pour les enfants ?

  **B** Pour les enfants, il y a <u>l'aquarium et le zoo</u> qui sont super.

**4 A** Et qu'est-ce qu'il y a d'autre ?

  **B** Vous êtes déjà allé(e)s au théâtre ? Il y a de beaux spectacles.

**5 A** Non, on n'y est pas allé(e)s mais on ira peut-être <u>demain</u>. Qu'est-ce qu'il y aura comme spectacle ?

  **B** Voyons… Ah oui, il y a une comédie musicale. Ce sera parfait pour vous et les enfants.

**5 b** Maintenant, changez de rôle et faites le dialogue une deuxième fois. Changez les phrases soulignées en choisissant des mots et expressions dans la liste.

| faire des magasins | le sport |
|---|---|
| samedi | le parc et la piscine |
| il y a une grande variété de petites boutiques | |

**6** Maintenant, écrivez environ 100 mots en français pour décrire ce qu'il y a dans votre ville/village.

# 3.1b À la campagne et en ville

*Décollage*

★ **Décrire des endroits différents**
★ **Les quantificateurs [2]**

## Aujourd'hui, je visite…

**Ruffec, Poitou-Charentes**
Les gens qui aiment être à la campagne vont beaucoup aimer Ruffec. Ce village est tout à fait charmant. Il est assez typique de la région avec ses petits magasins, son bistrot très populaire et la grande église si intéressante sur la place d'Armes. Là, on peut aussi admirer l'hôtel de ville impressionnant aussi.

Vous aimez les villes beaucoup plus animées ? Vous allez être un peu déçu. Il n'y a pas de grands magasins ou de cinéma ici. Il y a quand-même une piscine et des courts de tennis pour les sportifs.

**Bruxelles**
Bruxelles est une ville très animée, grande, mais pas trop grande. On peut facilement visiter les nombreuses attractions touristiques tellement impressionnantes. Ici, il y a des musées comme le Centre Belge de la Bande Dessinée et le musée Magritte. Il y a aussi une grande variété de cafés et de restaurants. Si l'on aime bien faire du shopping, il y a beaucoup de magasins.

Quand on est fatigué, on peut se reposer dans un des parcs. Ou bien on peut admirer le Musée d'Art Moderne de Bruxelles de la terrasse d'un café à la place Royale.

**1** Lisez la page web au sujet de deux endroits différents. Ensuite, répondez aux questions en français.

*Exemple :* 1 sur à la place d'Armes.

**1** Où à Ruffec peut-on voir l'église et l'hôtel de ville ?
**2** Que peuvent faire les gens actifs à Ruffec ? [2]
**3** Quel endroit, Ruffec ou Bruxelles, est le meilleur choix pour quelqu'un qui aime le calme ? Pourquoi ? [2]
**4** Pourquoi peut-on visiter Bruxelles en une journée ?
**5** Où peuvent aller les gens qui aiment l'art à Bruxelles ? [2]
**6** Quel endroit, Ruffec ou Bruxelles, offre le plus grand choix de cuisines ?
**7** Où peut-on aller à Bruxelles si l'on est fatigué ?
**8** Qu'est-ce qu'on peut voir si on prend une boisson à un café de la place Royale ?

**2** Vous allez entendre Magalie et Steve qui décrivent là où ils habitent. Lisez les questions 1-8 et choisissez la bonne personne chaque fois. Écrivez M pour Magalie, S pour Steve ou M+S pour les deux. Étudiez les affirmations avant d'écouter.

*Exemple :* 1 M+S

Qui…

1 aime où il/elle habite ?
2 fait du sport de plein air ?
3 n'aime pas trop le bruit ?
4 passe du temps avec des copains ?

5 peut boire dans une variété de cafés ?
6 est assez actif/active ?
7 voit souvent des films ?
8 doit payer pour faire du sport ?

 3 Les quantificateurs. Regardez d'abord la section grammaire C4. Choisissez le bon quantificateur pour faire des phrases correctes.

*Exemple :* 1 suffisamment

1 Ma cousine habite à Paris et trouve qu'à la campagne il n'y a pas *suffisamment / peu / trop* de cafés et de magasins.
2 Ma grand-mère aime le calme. Elle déteste la ville mais trouve la campagne *beaucoup plus / beaucoup moins / trop* bruyante.
3 Mon frère est *tout à fait / assez / un peu* paresseux. Il ne fait rien.
4 Les jeunes détestent le village. Ils le trouvent *vraiment / peu / un peu* ennuyeux.
5 Mes parents aiment *tellement / assez / trop* passer leurs vacances à la montagne qu'ils y retournent chaque année.
6 Au café, il y a un client qui parle *peu / excessivement / trop*. Il préfère lire son journal.
7 Les touristes adorent le château *si / peu / assez* impressionnant.
8 Je passe toujours *trop / un peu / beaucoup moins* de temps dans les magasins et je n'ai donc pas le temps de visiter les monuments.

 4 Posez ces questions à votre partenaire. Répondez aussi à ses questions. Si possible, ajoutez des détails supplémentaires. Écrivez vos réponses et apprenez-les par cœur.

1 Où habites-tu ? À la campagne, en ville, à la montagne… ?
2 Qu'est-ce qu'il y a à voir là où tu habites ?
3 Qu'est-ce qu'il y a à faire là où tu habites ?
3 Aimes-tu habiter là ?
4 Pourquoi ?

| J'habite | à Paris / à Bruxelles / à Londres / à Dakar. dans une grande ville / un petit village / une belle ville touristique. | |
|---|---|---|
| Là, il y a Ici, il y a | un musée très intéressant / un château imposant / un centre sportif moderne / un terrain de foot / un petit magasin / un parc. une grande église impressionnante / une bibliothèque / une grande variété de restaurants et de cafés. beaucoup de grands magasins / de beaux monuments / de petites boutiques originales. | |
| C'est une ville / un village | très / assez / trop / peu | animé(e) / calme / dynamique / intéressant(e) / ennuyeux (-euse). |
| Il y a Il n'y a pas | beaucoup / peu à faire pour les jeunes / les touristes / les sportifs. | |

 5 Maintenant, écrivez deux paragraphes pour décrire une ville ou un village que vous connaissez.

• Dites où se trouve la ville/le village.
• Dites ce qu'il y a à voir.
• Dites ce qu'on peut faire là-bas.
• Dites si vous aimez la ville/le village et pourquoi.

*En Vol*

# 3.1c Je déteste ma ville

★ Parler des avantages et des inconvénients d'habiter dans des endroits différents
★ Les quantificateurs [3]

## Ghislaine

Je déteste mon village. Ça devient de plus en plus ennuyeux ici. Vraiment, il n'y a pas beaucoup à faire pour les jeunes comme moi. Il y a un seul vieux café et un petit bistrot. Pour aller au collège, à la bibliothèque ou à l'hôpital, on doit aller en ville. C'est à presque huit kilomètres d'ici. Il y a de moins en moins de transports en commun. On doit donc y aller en voiture.

Mes parents aiment beaucoup plus que moi habiter ici. Selon eux, vivre dans un village est plus reposant et meilleur pour la santé que vivre en ville. Ils aiment énormément leur jardin, où ils cultivent toutes sortes de légumes.

Moi, par contre, je veux sortir un peu le soir, faire du bowling ou aller au théâtre. C'est vrai qu'ici nous avons le grand lac, où on peut faire de la pêche ou des sports nautiques en été. Cependant, en hiver, mes copains et moi, on s'ennuie vraiment.

## Mahmoud

Vivre en ville est super. J'adore tellement le bruit, le monde, les cafés… C'est très animé. En plus, je peux sortir facilement le soir. Tout se trouve tout près de chez moi et les transports en commun sont excellents. Mes parents, eux, s'inquiètent un peu. Ils pensent que vivre en ville peut être dangereux et que la campagne est beaucoup plus sure. Selon eux, la ville est extrêmement polluée. En plus, ma mère aimerait avoir un cheval et faire de l'équitation, ce qui n'est pas possible en ville.

Personnellement, je ne voudrais pas habiter à la campagne. J'aime trop l'ambiance en ville. Il n'y a pas beaucoup à faire pour les jeunes à la campagne, à mon avis.

**1** Lisez l'article puis reliez les débuts et les fins de phrase. Attention ! il y a trois fins de phrases de trop.

*Exemple :* 1 F

1 Selon Ghislaine, il n'y a pas
2 Ghislaine va au
3 Les parents de Ghislaine
4 Ghislaine comprend
5 Mahmoud
6 Selon ses parents,
7 La mère de Mahmoud
8 Mahmoud veut absolument

A ne veut pas rester en ville.
B a un cheval.
C rester en ville.
D voudrait avoir un animal.
E qu'il y a des avantages à habiter à la campagne.
F beaucoup de distractions dans son village.
G aime la vie urbaine.
H il y a des inconvénients à habiter en ville.
I aiment faire du jardinage.
J collège en voiture.
K adore la pêche.

**2** Vous allez entendre quatre jeunes parler d'endroits différents. La conversation a deux parties. Il y a une pause entre les deux parties. Répondez aux questions en choisissant A, B ou C. N'oubliez pas de lire les questions avant d'écouter.

*Exemple :* 1 A

**Première partie**

**1** La cousine d'Agathe habite…
  **A** au bord de la mer.
  **B** à la campagne.
  **C** à la montagne.

**2** Agathe est allée à Royan…
  **A** en hiver.
  **B** en été.
  **C** avec ses meilleurs copains.

**3** Mireille pense qu'il y a … là où elle habite.
  **A** beaucoup de distractions
  **B** peu de distractions
  **C** trop de cafés

**Deuxième partie**

**4** Christian…
  **A** va certainement habiter au bord de la mer plus tard.
  **B** aime beaucoup la ville.
  **C** habite un beau village.

**5** Julien…
  **A** a passé de bonnes vacances à la montagne.
  **B** pense que son village devient trop pollué.
  **C** ne s'ennuie jamais à la montagne.

**6** Julien…
  **A** n'aime pas faire du ski car c'est trop fatigant.
  **B** ne veut pas habiter ailleurs.
  **C** fait souvent de la randonnée en hiver.

**G** **3 a** Les quantificateurs. Regardez d'abord la section grammaire C4.2. Complétez le paragraphe avec des quantificateurs de la liste.

*Exemple :* 1 de plus en plus

Moi je deviens **1**.......... aventureux. L'année dernière, par exemple, je suis allé aux États-Unis. Le paysage là-bas est **2**.......... impressionnant. Et tout est grand, les voitures **3**.......... les bâtiments. Ici, dans mon village, les bâtiments sont **4**.......... petits, mais aux États-Unis ils sont énormes. Je suis resté au bord de la mer et les plages y sont **5**.......... belles. Le seul problème ? En France, je prends **6**.......... la voiture, mais aux États-Unis, **7**.......... des gens vont partout en voiture. En plus, j'aime **8**.......... la nourriture américaine, qui est trop grasse à mon avis.

| | | |
|---|---|---|
| *de plus en plus* | vraiment | de moins en moins |
| peu | comme | extrêmement |
| la plupart | tellement | |

**3 b** Relisez l'article de l'exercice 1. Trouvez des exemples de quantificateurs. Copiez-les et traduisez-les dans votre langue. Ensuite, apprenez-les par cœur.

*Exemple :* tellement

**4** Travaillez en groupes de trois ou quatre. Parlez de la ville où se trouve votre collège. Pensez aux points suivants :
  **1** ce qu'il y a pour les jeunes
  **2** le paysage
  **3** la pollution
  **4** le bruit
  **5** l'ambiance

**5** Les vacances à la campagne. L'année dernière, vous avez fait du camping à la campagne près d'une grande ville que vous avez visitée. Écrivez un e-mail à un(e) ami(e) français(e). Vous devez écrire 130-140 mots en français.
  ● Décrivez la campagne. Qu'est-ce qu'il y avait à faire à la campagne ?
  ● Décrivez la ville. Qu'est-ce qu'il y avait à faire en ville ?
  ● Vous avez mieux aimé la campagne ou la grande ville ? Expliquez pourquoi.
  ● Vos parents ont préféré la campagne ou la grande ville ? Pourquoi ?
  ● Où voudriez-vous partir en vacances à l'avenir ? Pourquoi ?

## 3.2 Shopping

*Embarquement*

### 3.2a Qu'est-ce qu'on achète ?

★ Aller aux magasins, acheter et payer
★ Les nombres cardinaux jusqu'à 100 ; les mots interrogatifs

1 Quels magasins ? Quels articles ? Voici une liste de magasins. Quelles sont les choses que l'on peut y acheter ? Quelle est la chose que l'on ne peut pas y acheter ? Écrivez le mot qui ne va pas avec les autres.

*Exemple :* 1 un sac à main

1 On achète *des gâteaux, des tartes, un sac à main, des croissants* à la pâtisserie.
2 On achète *des livres, des journaux, un croissant, des crayons* à la librairie.
3 On achète *du lait, des œufs, des boites de conserves, une robe* à l'alimentation générale.
4 On achète *des boucles d'oreilles, une bouteille de lait, des bracelets, des bagues* à la bijouterie.
5 On achète *une baguette, du porc, du poulet, du steak haché* à la boucherie.
6 On achète *un crayon, des baguettes, du pain de campagne, des pains au chocolat* à la boulangerie.

2 Vous allez entendre six conversations dans des magasins différents. Répondez aux questions en choisissant la lettre qui correspond au type de magasin et le prix que vous entendez.

*Exemple :* 1 A, E

1 A boulangerie
B supermarché
C bijouterie
D 3,60 $
E 3,80 $
F 3,16 $

2 A boucherie
B pharmacie
C alimentation générale
D 6,50 $
E 5,70 $
F 7,60 $

3 A charcuterie
B magasin de chaussures
C librairie
D 45,00 $
E 65,00 $
F 50,00 $

4 A pâtisserie
B librairie
C crêperie
D 19,60 $
E 5,60 $
F 9,60 $

5 A parfumerie
B poissonnerie
C pharmacie
D 6,25 $
E 25,12 $
F 20,25 $

6 A magasin de sport
B bijouterie
C boucherie
D 19,00 $
E 9,10 $
F 99,00 $

**3** Comment prononcer la lettre *c*. Écoutez ce dialogue et séparez-en les mots. Répétez les phrases trois fois. Attention à la prononciation. Écoutez encore une fois pour vérifier. Répétez l'exercice. Traduisez les phrases dans votre propre langue. Apprenez les phrases par cœur.

**Commentçavaçavabienmercicombiencoûtecesacencuircelui-cinoncelui-làdanslecoin**

**4 a** Les nombres cardinaux jusqu'à 100. Regardez la section grammaire I1. Ensuite écrivez les chiffres en lettres.

*Exemple :* 1 quatre dollars cinquante

    **1** Élodie va à la boulangerie. Elle paie ......... (*4,50 $*).
    **2** Jean-François va à la poissonnerie. Il paie ......... (*12,70 $*).
    **3** Dominique va à la librairie. Elle paie ......... (*14,95 $*).
    **4** Fabienne va au supermarché. Elle paie ......... (*99,00 $*).
    **5** Giles va à la pharmacie. Il paie ......... (*10,72 $*).
    **6** Soraya va à la crêperie. Elle paie ......... (*3,45 $*).

**4 b** Les mots interrogatifs. Regardez la section grammaire E3. Ensuite écrivez les quatre exemples de phrases avec des mots interrogatifs que vous voyez dans le titre et les instructions de l'exercice 1. Traduisez-les dans votre langue.

**5 a** Travaillez à deux pour faire un jeu de rôle. Un(e) client(e) est à la librairie et parle à un(e) employé(e). Une personne joue le rôle A (l'employé(e)) et l'autre joue le rôle B (le/la client(e)). L'employé(e) commence.

    **1 A** *Bonjour. Je peux vous aider ?*
       **B** *Bonjour. Je voudrais ce journal et ce livre, s'il vous plait.*
    **2 A** *Voilà. Vous désirez autre chose ?*
       **B** *C'est combien, <u>un paquet de crayons</u>, s'il vous plait ?*
    **3 A** *<u>Un grand paquet ou un petit paquet</u> ?*
       **B** *<u>Un petit paquet</u>, s'il vous plait, et je voudrais aussi un stylo.*
    **4 A** *<u>Les crayons coûtent 4 $</u>. Quel stylo voulez-vous ?*
       **B** *Je voudrais un stylo vert.*
    **5 A** *Voilà, ça vous fait <u>24 $</u> en tout. Voulez-vous un sac ?*
       **B** *Non merci, j'ai mon panier. Au revoir.*

**5 b** Maintenant changez de rôle et faites le dialogue une deuxième fois. Changez les phrases soulignées en choisissant des mots et expressions dans la liste.

| | |
|---|---|
| la petite | la grande ou la petite |
| cette trousse | 15 $ |
| la petite trousse coûte 5 $ | |

*Décollage*

# 3.2b Faisons les courses

★ Acheter de la nourriture au supermarché, aux petits magasins, au marché
★ Les quantités ; les démonstratifs – les adjectifs et les pronoms

**Mehdi** Salut, je m'appelle Mehdi et j'habite loin d'un supermarché. Nous avons des magasins au village et j'aime bien ces magasins. Aussi, il y a le marché sur la place du village tous les jours. On y va deux fois par semaine pour acheter du poisson frais, des fruits et des paquets d'épices.

**Au supermarché**

**Noor** Je m'appelle Noor et j'habite à Bruxelles. Nous allons à l'hypermarché quand nous voulons acheter de l'électroménager. Un frigo par exemple. Mais d'habitude, nous faisons nos courses au supermarché. Dans le chariot, nous mettons des bouteilles d'eau minérale et des produits d'entretien pour la maison, et de la nourriture bien sûr !

**Nathan** Bonjour, je suis Nathan et j'habite une petite ville dans le centre de la France. Il y a un supermarché et un petit libre-service. Mais ce que nous aimons faire le plus, c'est aller au marché le samedi matin pour acheter des produits locaux de très bonne qualité, comme des kilos de fruits et de légumes.

**Denise** Moi, je suis Denise, bonjour. Ma grand-mère n'aime pas les supermarchés. Elle préfère aller au marché couvert. Elle sait exactement chez qui elle veut aller… Elle me dit « Non, je ne veux pas aller chez ce marchand de poisson. Je préfère celui-ci. Son poisson est plus frais. Cette boulangerie est trop chère, celle-là est moins chère. »

**Au marché**

**1** Ces quatre personnes parlent de leurs courses. Copiez et complétez les phrases avec des mots choisis dans la liste entre parenthèses.

*Exemple :* 1 Mehdi va au marché deux fois par semaine.

   **1** Mehdi va au marché (*une fois par semaine / tous les jours / deux fois par semaine*).
   **2** Mehdi fait ses courses (*au supermarché / en ville / au village*).
   **3** Mehdi achète du poisson (*tous les jours / deux fois par semaine / une fois par semaine*).
   **4** Noor va régulièrement (*au supermarché / au magasin d'électroménager / à l'hypermarché*).
   **5** Noor achète de la nourriture (*au marché / au supermarché / à l'hypermarché*).
   **6** Nathan habite (*une grande ville / un petit village / au centre de la France*).
   **7** Nathan aime mieux aller (*en grande surface / au libre-service / au marché*).
   **8** La grand-mère de Denise va (*au supermarché / au marché / au marché couvert*).

**2** Vous allez entendre deux conversations dans deux magasins différents. Il y a une pause entre les deux conversations. Répondez aux questions en choisissant A, B ou C. N'oubliez pas de lire les questions avant d'écouter.

*Exemple :* 1 B

**Première partie : à l'épicerie**

**1** Mehdi achète … paquets de sucre.
  **A** quatre
  **B** deux
  **C** trois

**2** La maman de Mehdi va faire de la confiture…
  **A** de fraise.
  **B** de citron.
  **C** de dentifrice.

**3** Mehdi veut aussi acheter…
  **A** des légumes.
  **B** des pommes.
  **C** des fraises.

**Deuxième partie : au supermarché**

**4** Noor et sa mère achètent combien de yaourts ?
  **A** trois paquets de dix
  **B** dix paquets de six
  **C** deux paquets de six

**5** Quelle quantité de fromage achètent-elles ?
  **A** un camembert entier
  **B** trois morceaux
  **C** un petit morceau

**6** Qui va choisir le parfum de la glace ?
  **A** le frère de Noor
  **B** Noor
  **C** la mère de Noor

**3** Les démonstratifs. Regardez les sections grammaire B5 et B6. Complétez les phrases avec la bonne forme du pronom ou adjectif démonstratif choisi dans le tableau ci-contre.

| | |
|---|---|
| celui-ci | ce |
| ce | celui-là |
| *celle-ci* | ces |
| cette | |

*Exemple :* 1 Celle-ci ?

**1** Quelle sorte de confiture veux-tu ? ………. ?

**2** Je n'aime pas ………. couleur.

**3** J'ai acheté ………. livre hier, il est très bien.

**4** Quel fromage préfères-tu ? ……… ou ……… ?

**5** Il a acheté ………. panier au marché.

**6** Je vais donner ………. fraises à ma voisine. Elle n'en a pas dans son jardin.

**4** Travaillez à deux pour faire un jeu de rôle. Un(e) client(e) au marché veut acheter des fruits et des légumes. Une personne joue le rôle A (le/la marchand(e)) et l'autre joue le rôle B (le/la client(e)). Le/La marchand(e) commence.

**1 A** *Bonjour. Qu'est-ce que vous voulez ?* **B** …

**2 A** *Vous voulez en gouter ? Qu'est-ce que vous en pensez ?* **B** …

**3 A** *Qu'est-ce que vous achetez au marché d'habitude ?* **B** …

**4 A** *Vous avez déjà gouté le fromage qu'on vend ici au marché ? C'était comment ?* **B** …

**5 A** *Où irez-vous cet après-midi ? Qu'est-ce que vous voulez acheter à manger ?* **B** …

| Bonjour monsieur/ madame, | je voudrais | un(e) / deux / cinq / un kilo de/d' / un panier de/d'… poires / oranges / fraises / pêches / pommes de terre / carottes / haricots verts |
|---|---|---|
| Oui, j'aimerais bien en gouter un peu. / Non, ne vous inquiétez pas. | | |
| C'est / Ils/Elles sont | bon(ne)(s) / délicieux / délicieuse(s) / trop mûr(s) / mure(s). | |
| D'habitude, j'achète | des fraises / des framboises / un melon / une pastèque / du pain / des gâteaux. | |
| J'ai essayé | le fromage / les gâteaux / les crêpes / les chichis. C'est / Ils/Elles sont bon(ne)(s) / pas mal. | |
| J'irai Je veux acheter | à la plage / en ville / au concert du jambon / une baguette / des pommes | cet après-midi / ce soir / demain / plus tard pour emmener avec moi. |

**5** Expliquez comment vous et votre famille faites vos courses. Écrivez environ 80-90 mots en français.
  • Habitez-vous en ville ou à la campagne ?
  • Y a-t-il beaucoup de magasins près de chez vous ?
  • Où faites-vous vos courses ? Pourquoi ?
  • Qu'est-ce que vous avez acheté la dernière fois que vous avez fait les courses ?

*Décollage*

# 3.2c Achetons des cadeaux

★ **Décrire en détail ce que vous voulez acheter**
★ **Les adjectifs possessifs (2) :** *votre/vos, notre/nos, leur/leurs* ; utiliser le bon registre linguistique

## Quel cadeau choisir… ?

| | |
|---|---|
| Stefan | Notre père et notre mère vont tous les deux fêter leur cinquantième anniversaire le mois prochain. Qu'est-ce que nous pourrions acheter comme cadeaux ? Nos idées ne sont pas très bonnes. |
| Marie-Claude | Alors, votre père, comment est-il ? Vous avez une photo de lui sur vos portables ? |
| Emma | Tiens, voici une photo. Il est très sportif. Il adore le cyclisme. Il fait partie d'une association de cyclistes. Il en est président et il organise ses évènements. |
| Marie-Claude | Donc il aime porter des vêtements de sport, en particulier pour le cyclisme ? |
| Emma | Ah, oui. |
| Marie-Claude | Bon, offrez-lui des lunettes de soleil pour cyclistes. Elles peuvent être rondes dans le carrées et il y a beaucoup de couleurs différentes, aussi. En plus, elles ont des verres spéciaux. |
| Emma | Et pour maman ? Une ceinture ou des gants, peut-être ? |
| Marie-Claude | Pourquoi pas des bijoux ? Récemment votre mère a acheté un joli collier en or au magasin « Beaux Cadeaux ». J'ai gardé l'adresse de leur site web. Il y a des boucles d'oreilles et des bagues en or ou en argent avec des pierres précieuses. |
| Emma | Génial ! Stefan, tu penses que c'est une bonne idée ? |
| Stefan | Mais oui, Marie-Claude a toujours de bonnes idées. Merci, Marie-Claude ! |

1 Lisez la conversation. Choisissez la bonne réponse pour compléter chaque phrase. Choisissez A, B ou C.

*Exemple :* 1 B

**1** Les parents de Stefan et Emma vont avoir … ans.
   **A** cinquante-cinq       **B** cinquante       **C** quarante-cinq

**2** Marie-Claude a beaucoup …
   **A** d'imagination.       **B** de vêtements.       **C** de lunettes de soleil.

**3** Le magasin « Beaux Cadeaux » est …
   **A** un magasin de sport.       **B** une bijouterie.       **C** une boucherie.

**4** Faire … est une passion pour le père de Stefan et Emma.
   **A** du ski       **B** de la randonnée       **C** du vélo

**5** Les boucles d'oreilles en or vont coûter …

**A** assez cher.      **B** très peu d'argent.      **C** rien du tout.

**6** Le cadeau offert au père de Stefan et Emma … parfait pour l'été.

**A** ne serait pas      **B** a été      **C** sera

**7** Marie-Claude a toujours une bonne …

**A** idée.      **B** réponse.      **C** question.

**8** Rester … est très important pour le père de Stefan et Emma.

**A** de bonne humeur      **B** en bonne santé      **C** à la maison

**2** Vous allez entendre Stefan et Emma parler des cadeaux qu'ils veulent acheter dans deux magasins. Reliez les débuts de phrases (1-8) aux fins de phrases (A-H).

*Exemple :* 1 G

**1** Le père de Stefan aime

**2** La mère de Sylvie a déjà acheté

**3** Les lunettes coûtent moins cher

**4** Le collier que la mère de Sylvie a acheté

**5** La période des soldes

**6** Sylvie choisit des boucles d'oreilles

**7** La vendeuse va

**8** Les boucles d'oreilles ont

**A** un collier dans cette bijouterie.

**B** est en métal précieux.

**C** faire un paquet-cadeau.

**D** parce qu'elles sont en promotion.

**E** de forme triangulaire.

**F** des pierres rouges.

**G** les lunettes bleues ou grises.

**H** est au mois de février.

**3** Les adjectifs possessifs. Regardez la section grammaire B9. Complétez les phrases avec la bonne forme de l'adjectif possessif de la liste. Vous pouvez utiliser le même adjectif possessif plus d'une fois.

*Exemple :* 1 votre

**1** Puis-je regarder ………. collection de montres, s'il vous plait ?

**2** Alors, les enfants, vous avez rangé ………. affaires ?

**3** J'aime bien la couleur de ces lunettes, mais je n'aime pas ………. forme.

**4** Nous partons en vacances demain, ………. valises sont prêtes.

**5** Christiane et Alain m'ont dit qu'ils aiment bien ………. maison, mais malheureusement ………. voisins sont très bruyants.

**6** Nous avons trois poules, mais ………. poules ne pondent pas beaucoup d'œufs.

**7** Nous sommes partis en vacances, mais au retour ………. voiture est tombée en panne.

**8** « Bonjour, Paul, je vous vois rarement maintenant. Comment va ………. maman ? »

| notre | leur | nos | leurs | votre | vos |
|-------|------|-----|-------|-------|-----|

**4** Travaillez à deux. Choisissez un des articles de l'exercice 1 page 122. Posez ces questions à votre partenaire sur l'article. Choisissez un autre article et changez de rôle, puis répondez aux questions de votre partenaire. Décrivez l'article en détail.

**1** Qu'est-ce que vous voulez acheter comme cadeau ?

**2** À qui allez-vous offrir ce cadeau ?

**3** Quelle forme voulez-vous ?

**4** Quelle couleur ou quel métal voulez-vous ?

**5** Décrivez un cadeau que vous avez offert à quelqu'un récemment ou un cadeau que vous avez reçu récemment.

- Quel cadeau avez-vous reçu ou offert ?
- De qui avez-vous reçu ce cadeau ou à qui avez-vous offert ce cadeau ?
- Décrivez-le en détail : la forme, la couleur, la matière
- Donnez votre avis concernant ce cadeau.

Écrivez environ 80-90 mots en français.

*En Vol*

# 3.2d Tu penses que ça me va... ?

★ **Décrire et choisir des vêtements ; donner son avis et exprimer son mécontentement**
★ **Les interrogatifs**

**Collection pour femmes**

Retrouvez tout le prêt-à-porter qui vous correspond dans notre nouvelle collection pour hommes et femmes !

Les vêtements que nous portons tous les jours sont une réflexion de qui nous sommes. Et qui êtes-vous ? Il est très important de pouvoir trouver des vêtements et des articles de mode qui nous vont bien. Nous vous proposons une large sélection de vêtements, et notre nouvelle collection vous permet de créer des looks et des tenues tendance qui reflètent votre personnalité.

Qu'est-ce que vous cherchez ? Une robe de soirée ? Laquelle ? Une belle jupe, un pantalon ou une écharpe ? Parmi notre collection vous trouverez des pièces qui vous plaisent et qui vous mettront en valeur.

Faites-vous plaisir et profitez d'un large choix d'articles et de vêtements pour vous habiller. Vous, et toute votre famille !

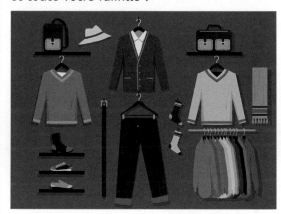

**Collection pour hommes**

Chloé : Tu as vu ce nouveau catalogue ? Il y a des vêtements que j'aime bien, surtout les jupes et les chaussures à talons. J'ai envie de commander quelque chose en ligne. Qu'en penses-tu ?

Fabienne : Quoi ? Ah, oui, il y a des jolis sacs que tu ne trouverais pas en ville.

Chloé : Alors, c'est décidé ? Tu vas commander un sac ? Lequel ?

Fabienne : Celui-là, en cuir argenté. Et toi ? Qu'est-ce qui te plait ?

Chloé : Moi, je vais commander ces sandales. Mais il faut d'abord voir s'ils ont ma pointure, le 39.

**1** Lisez la page de publicité et la conversation et décidez si les affirmations sont vraies (V) ou fausses (F). Si l'affirmation est fausse, corrigez-la selon le texte.

*Exemple :* 1 (F) Il y a un large choix / une large sélection.
   1 Seulement quelques vêtements sont proposés dans le catalogue.
   2 Il est important de se sentir bien dans ses vêtements.

3 Le catalogue ne propose que des vêtements pour femmes.
4 Il n'y a pas de vêtements pour enfants dans le catalogue.
5 Chloé va commander des chaussures à talons.
6 Fabienne va commander un sac à main.
7 Chloé ne sait pas si le magasin aura sa pointure.
8 Chloé n'aime pas les sandales.

2 Première partie : questions 1-4. Écoutez la première conversation. Complétez ces phrases avec les mots que vous entendez.

*Exemple :* 1 rouge
1 La robe que Fabienne va essayer est de couleur .......... .
2 Le tissu de la robe est du .......... .
3 Ce tissu est bien quand .......... .
4 La vendeuse suggère qu'elle essaie aussi .......... .

Deuxième partie : questions 5-8. Écoutez la deuxième conversation. Répondez aux questions en français.
5 Quel est le problème avec la chemise que l'homme a achetée ?
6 L'homme n'aime pas les autres chemises qui sont proposées. Quelles sont ses raisons ? [3]
7 Qu'est-ce qu'il demande ?
8 Où doit-il aller ?

3 Les interrogatifs: *qui, quoi, que, lequel, laquelle, lesquels, lesquelles*. Regardez les sections grammaire E1, E2 et E3. Complétez les phrases avec le bon mot interrogatif.

*Exemple :* 1 Que
1 « .......... cherchez-vous ? » « Je cherche un blouson vert. »
2 « .......... est à la porte ? » « C'est ta copine. »
3 « Tu as vu mon pull ? » « .......... ?» « Celui que j'ai acheté hier. »
4 « J'aime bien ces chaussures. » « .......... ? » « Celles qui sont derrière toi. »
5 « .......... ? Je ne t'entends pas, il y a trop de bruit ! »
6 « .......... est-ce que tu as invité à venir manger dimanche ? Ta voisine ? »

4 Posez ces questions à votre partenaire. Répondez aussi à ses questions. Ajoutez des détails supplémentaires, des formes de verbes différentes et des expressions variées. Quand c'est possible, ajoutez aussi des opinions.
1 Comment achètes-tu tes vêtements ?
2 Quels sont tes vêtements et style préférés ?
3 Peux-tu décrire un vêtement que tu as vraiment aimé ?
4 Qu'est-ce que tu achèteras la prochaine fois que tu iras au magasin de vêtements, à ton avis ? Décris-le.
5 Tu aimes porter des vêtements de marque ? Pourquoi ou pourquoi pas ?

5 Imaginez que vous avez reçu de l'argent pour votre anniversaire. Vous avez décidé d'aller en ville avec un copain/une copine pour acheter des vêtements.
• Décrivez les magasins où vous êtes allé(e)s.
• Dites pourquoi vous aimez certains magasins.
• Avez-vous trouvé les vêtements de vos rêves ?
• Décrivez vos achats. Avez-vous eu des problèmes en les achetant ?
• Qu'est-ce que vous allez acheter d'autre ? Pourquoi ?

# 3.3 Public services

## 3.3a Parlons de l'argent

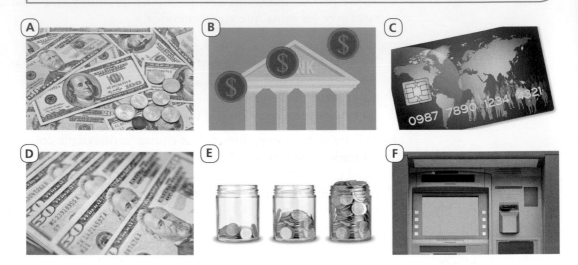

*Embarquement*

★ **Changer ou retirer de l'argent à la banque**
★ **Les nombres cardinaux supérieurs à 100**

**1** Regardez les images au sujet de l'argent et la banque et lisez les questions. Écrivez la bonne lettre A–F pour chaque question.

*Exemple :* 1 B

   **1** Excusez-moi, où est la banque s'il vous plait ?
   **2** Pouvez-vous me donner des pièces et des billets de cinquante et cent dollars, s'il vous plait ?
   **3** Avez-vous des billets de cinquante dollars s'il vous plait ?
   **4** Est-ce que je peux changer ces pièces, s'il vous plait ?
   **5** Est-ce que je peux utiliser ma carte bancaire ?
   **6** Où est le distributeur de billets automatique, s'il vous plait ?

**2** Comment prononcer la lettre *l*. Écoutez ces phrases et séparez-en les mots. Répétez les phrases trois fois. Attention à la prononciation ! Réécoutez pour vérifier. Répétez l'exercice. Traduisez les phrases dans votre langue. Apprenez les phrases par cœur.

**Danssonsommeililrêvequilestsuruneileoùiltrouveunebouteilleetdanslabouteilleilyaun billetlebilletestdéchirépauvreGilles !**

**3** Vous allez entendre six conversations à la banque. Regardez la grille et pour chaque conversation choisissez et écrivez la somme d'argent mentionnée et la chose qui est mentionnée.

*Exemple :* 1 : 900, son passeport

| | La somme d'argent | La chose |
|---|---|---|
| 1 | 200, 900, 600 $ | Elle demande : son passeport, son carnet de chèques, sa pièce d'identité |
| 2 | 550, 350, 250 $ | Elle demande : son carnet de chèques, son carnet de chèques de voyage, son passeport |
| 3 | 650, 670, 660 $ | Elle indique où se trouve : le bureau de change, la grande surface, le distributeur |
| 4 | 1 000, 9 000, 2 000 $ | Elle demande : son passeport, son carnet de chèques, sa pièce d'identité |
| 5 | 100, 830, 730 $ | Elle lui demande de : sortir, signer une fiche, dessiner quelque chose |
| 6 | 500, 600, 800 $ | Elle lui rend : son passeport, son carnet de chèques, sa pièce d'identité |

**4** Les nombres cardinaux au-dessus de 100. Regardez la section grammaire 11 et étudiez comment écrire les chiffres en lettres. Choisissez la bonne réponse à la fin de chaque phrase pour remplacer les chiffres.

*Exemple :* 1 quatre-cent-trente
   **1** Joaquin va retirer 430 $ du distributeur. (*quatre-cent-trente / quatre-cent-trois*)
   **2** J'ai 240 $ ! (*deux-cent-quatorze / deux-cent-quarante*)
   **3** Nous avons 374 $. (*trois-cent-soixante-quatre / trois-cent-soixante-quatorze*)
   **4** Je vais vous faire un chèque de 190 $. (*cent-soixante-dix / cent-quatre-vingt-dix*)
   **5** J'ai 676 $ sur mon compte. (*six-cent-soixante-seize / six-cent-soixante-six*)
   **6** Je vais payer 1 500 $ par carte de crédit. (*mille-cinq-cents / mille-cinq-cent*)

**5 a** Travaillez à deux pour faire un jeu de rôle. Choisissez le rôle A (le caissier/la caissière) ou le rôle B (le/la client(e)).
Vous allez à la banque. Vous voulez changer de l'argent.
   **A** Bonjour, je peux vous aider ?
   **B** Oui, bonjour, je voudrais <u>changer de l'argent</u>, s'il vous plait.
   **A** Quelle somme voulez-vous <u>changer</u> ?
   **B** Je voudrais changer <u>1 000 dollars en euros</u>, s'il vous plait.
   **A** Vous avez <u>une pièce d'identité</u> ?
   **B** Oui, voici <u>mon passeport</u>.
   **A** Merci. Voulez-vous autre chose ?
   **B** Non, merci. Au revoir et bonne journée.

**5 b** Maintenant changez de rôle et faites le dialogue une deuxième fois. Changez les expressions soulignées en choisissant des expressions dans le tableau.

| Je voudrais | changer de l'argent / retirer de l'argent / déposer de l'argent. |
|---|---|
| Quelle somme voulez-vous | changer / retirer / déposer ? |
| Je voudrais changer | ?? dollars / livres sterling / euros en livres sterling / dollars / euros. |
| Je voudrais retirer / déposer | ?? livres sterling / dollars / euros. |
| Vous avez | votre pièce d'identité / passeport / carte d'identité ? |
| Voici | mon passeport / ma carte d'identité / ma pièce d'identité. |

## 3.3b On reste en contact ?

*Décollage*

★ **Communiquer par téléphone, la poste ou Internet**
★ **Les pronoms relatifs *qui, que* ou *qu'***

En France, La Poste est une entreprise qui vous offre plusieurs services. Vous pouvez envoyer vos lettres, vos colis et acheter des timbres. La Poste est aussi une banque. Est-ce qu'on va souvent au bureau de poste ?

Gilles : « Personnellement, je vais rarement au bureau de poste. Si je veux des timbres, je les achète en ligne. »

Mme Faure : « Moi, j'y vais de temps en temps, surtout si j'ai un colis que je dois envoyer pour l'anniversaire d'un de mes petits-enfants. Ils aiment bien recevoir un colis de leur grand-mère ! »

Lise : « Ma mère préfère écrire des lettres mais moi je n'écris jamais de lettres, c'est plus rapide par Internet ! J'envoie des courriels, c'est moins cher ! »

Michèle : « Je collectionne les cartes postales. Je sais que beaucoup de gens mettent leurs photos sur Facebook mais pour moi une carte postale est quelque chose de spécial… »

**1** Lisez l'article. Copiez et complétez les phrases avec les mots choisis dans la liste entre parenthèses.

*Exemple :* 1 La Poste vous offre plusieurs services.

1. La Poste vous offre (*un seul service / plusieurs services*).
2. À la poste, vous pouvez acheter (*des timbres / des livres*).
3. Gilles ne va pas à la poste pour (*acheter ses timbres / envoyer un colis*).
4. Mme Faure va à la poste pour (*envoyer une carte d'anniversaire / envoyer un colis*).
5. Lise préfère utiliser Internet parce que c'est (*moins rapide / plus rapide*).
6. Michèle aime bien (*Facebook / les cartes postales*).

**2** Vous allez entendre deux conversations. Écrivez la lettre de chacune des six affirmations qui sont vraies. Lisez attentivement les affirmations avant d'écouter les conversations.

*Exemple :* 1 C

**Conversation numéro 1**

1 Bernard…
  A travaille dans un café.
  B ne peut pas faire de recherches par Internet.
  C n'a pas de connexion Internet.

2 Jean…
  A ne va pas aller chez Bernard.
  B est le correspondant de Bernard.
  C ne va pas apporter son ordinateur portable.

3 Bernard…
  A habite en ville.
  B n'utilise jamais Internet.
  C habite à la campagne.

**Conversation numéro 2**

4 La cliente…
  A ne peut pas écrire des textos.
  B veut rendre son téléphone portable.
  C veut acheter un nouveau téléphone portable.

5 L'employée Téléo…
  A dit qu'il y a un défaut avec l'écran.
  B dit que seule la cliente a ce problème.
  C dit que la cliente doit rendre son portable.

6 L'employée Téléo…
  A demande son adresse e-mail.
  B lui demande de patienter.
  C lui demande d'aller à la poste.

3 Les pronoms relatifs. Regardez la section grammaire D7. Complétez les phrases avec *qui, que* ou *qu'*.

*Exemple :* 1 que

  1 Le livre ….. je lis n'est pas très intéressant.
  2 Le colis ….. vous voulez envoyer à l'étranger est trop lourd.
  3 L'employée ….. est derrière le guichet n'a pas compris ce que je voulais.
  4 Les timbres ….. j'ai achetés sont très jolis.
  5 Le téléphone portable ….. il a choisi est très cher.
  6 L'adresse e-mail ….. elle m'a donnée n'est pas correcte.

4 Posez ces questions à votre partenaire. Répondez aussi à ses questions. Pour vous aider, utilisez le tableau.
  1 À qui est-ce que tu téléphones, et quand ?
  2 Tu aimes écrire des lettres ? Pourquoi (pas) ?
  3 Comment as-tu utilisé Internet la semaine dernière ?
  4 À l'avenir, est-ce que tu utiliseras les réseaux sociaux ? Pourquoi (pas) ?
  5 Quel est ton moyen de communication préféré ? Pourquoi ?

| | |
|---|---|
| Je téléphone à | mon meilleur copain / ma correspondante / mes grands-parents. |
| Je fais des appels téléphoniques | le soir / le weekend / quand j'ai le temps / quand je veux parler à quelqu'un. |
| J'aime écrire des lettres | pour parler de mes vacances / pour rester en contact avec ma famille. |
| Je n'aime pas écrire des lettres | parce que je préfère envoyer des SMS / parce que ça prend trop de temps / parce que je ne trouve jamais mon stylo. |
| La semaine dernière, | j'ai envoyé des e-mails / j'ai regardé un film / j'ai fait des achats en ligne. |
| À l'avenir, j'utiliserai les réseaux sociaux | parce que c'est rapide et amusant / pour arranger des rendez-vous avec mes amis. |
| Je préfère les appels téléphoniques / Internet / envoyer des lettres | parce que c'est moins cher / parce qu'il ne faut pas attendre longtemps / parce que je préfère le contact personnel / parce que j'ai toujours mon portable sur moi. |

5 Comment est-ce que vous communiquez ? Écrivez environ 80-90 mots en français.
  • Avec qui communiquez-vous le plus (famille, ami(e)(s) etc.) ?
  • Pourquoi vous (n') aimez (pas) écrire des lettres ?
  • Comment avez-vous utilisé Internet récemment ?
  • À l'avenir, utiliserez-vous souvent un portable ? Pourquoi (pas) ?

*En Vol*

## 3.3c Zut, j'ai perdu mes clés...

★ **Aller au bureau d'objets trouvés et rechercher un article perdu**
★ **Les pronoms directs ; les pronoms indirects ; l'accord des participes passés**

# Objets perdus

12 millions d'objets sont perdus en France chaque année. Quels sont les objets qui sont en tête dans la liste ? Les voici : pièces d'identités, clés, parapluies, portefeuilles et téléphones portables.

Clés

Parapluies

Téléphones portables

REPUBLIQUE FRANCAISE
Carte nationale d'identité
Mirepoix
Yvette
17/08/1965
F
Française
Docteur
45 Rue de la Lautrec, Villedubert, 11800, Aude
IDMIREPOIXFRA
65234574YVETTE

Pièces d'identité

Portefeuilles

Vous avez perdu quelque chose ? Il y a des sites web où vous pouvez poster une annonce gratuitement. En voici quelques exemples :

« Mercredi dernier, le 11 mars, j'ai perdu mon ordinateur portable. Je pense que je l'ai laissé dans le bus, ligne 31, que je prends à 17 h 00 tous les jours. Si vous avez trouvé mon ordi, dans un cartable marron en plastique de taille moyenne, contactez-moi au plus vite au 06 45 87 19 20. »

« J'ai perdu ma carte d'identité et mon portefeuille. Je les ai laissés à la caisse du supermarché. Si vous étiez dans la queue derrière moi, le vendredi 8 juin vers 18 h 30, et que vous avez trouvé un portefeuille en cuir noir, contactez-moi rapidement à l'adresse ou au numéro de téléphone suivants : sandrine@courriel.fr/06 45 63 61 04. »

« Je ne trouve plus mon sac à main avec mes affaires personnelles et mon appareil photo dedans. Il est grand, de couleur bleue avec une fermeture en argent. J'ai aussi perdu mes clés. Je les ai laissées à côté de mon sac sur une chaise dans le foyer de votre hôtel. Peut-être quelqu'un les a volées ? Si vous les avez trouvés, merci de me contacter sur ce numéro de téléphone – 04 56 96 53 01. »

**1** Lisez cet article sur les objets perdus. Ensuite, répondez aux questions en français.

*Exemple :* 1 12 millions

**1** Combien d'objets sont perdus en France chaque année ? [1]
**2** Pourquoi mentionne-t-on les pièces d'identité, les clés, les parapluies, les portefeuilles et les téléphones portables ? [1]
**3** Où est-il possible de poster une annonce gratuitement ? [1]
**4** Quel objet perdu était dans un cartable marron ? [1]
**5** Qu'est-ce qu'on doit faire si on trouve cet objet ? [1]
**6** Qui a peut-être trouvé le portefeuille en cuir noir de Sandrine ? [1]
**7** Comment peut-on contacter Sandrine si on ne veut pas lui téléphoner ? [1]
**8** Qu'est-ce que la personne au 04 56 96 53 01 espère ? [2]

**2** Vous allez entendre quatre personnes qui ont perdu quelque chose. Complétez les phrases avec les détails qui manquent.

*Exemple :* 1 moyenne, noire, blanche

**Numéro 1**
**1** La valise est de taille ......... et de couleur ......... et ......... .
**2** Il y a une carte sur la valise avec son nom, ......... et ......... .
**Numéro 2**
**3** La dame a laissé ses bijoux dans ......... de sa ......... .
**4** Il y a ......... en or et ......... en argent.
**Numéro 3**
**5** La jeune fille a laissé son ......... dans le car.
**6** Pour aller au bureau des objets trouvés, il faut tourner ......... .
**Numéro 4**
**7** Quelqu'un a volé ......... du monsieur.
**8** Il l'a perdu ......... .

**3** Les pronoms directs, les pronoms indirects et l'accord des participes passés. Regardez les sections grammaire D2-D5. Ensuite, écrivez la partie de la phrase qui manque avec le pronom direct ou indirect et l'accord du participe passé si nécessaire.

*Exemple :* 1 je l'ai laissée
**1** « Je recherche ma bague en or. Je pense que ............. (*laisser*) dans les toilettes de l'hôtel. »
**2** « J'ai perdu mon passeport et ma carte vitale. » « Tu ........ (*laisser*) sur la table dans le salon. »
**3** « Avez-vous trouvé mes gants ? Je ....... (*laisser*) dans le bus de la ligne 21. »
**4** « Nous avons perdu la clé de la maison. Nous ...... (*perdre*) dans le jardin. »
**5** « Mon ami ne trouve plus son téléphone portable. Il ...... (*laisser*) dans le métro. »
**6** « As-tu vu mon portefeuille ? » « Oui, je ........ (*voir*) sur la table dans le salon. »

**4** Travaillez à deux pour faire un jeu de rôle. Un(e) touriste a perdu quelque chose pendant un séjour à Avignon et parle avec un(e) employé(e) au bureau des objets trouvés. Une personne joue le rôle A (l'employé(e)) et l'autre joue le rôle B (le/la touriste). Ensuite, changez de rôles. L'employé(e) commence.

**1 A** Bonjour, madame/monsieur. Puis-je vous aider ? **B** …
**2 A** Faites-moi la description de l'objet. Est-il spécial ? **B** …
**3 A** Que faisiez-vous exactement quand vous l'avez perdu ? **B** …
**4 A** Je vais voir si on l'a trouvé. Où logez-vous en ce moment ? Quand quittez-vous Avignon ? **B** …
**5 A** Malheureusement, votre objet n'est pas là. Que voulez-vous faire ? **B** …

**5** Écrivez un e-mail de 130-140 mots en français à un(e) ami(e) pour lui raconter ce qui s'est passé quand vous avez perdu un objet.
- Quel objet avez-vous perdu ? Où et quand ?
- Pourquoi cet objet était-il important pour vous ?
- Qu'est-ce que vous avez fait pour retrouver l'objet perdu ?
- Avez-vous retrouvé l'objet ? Pourquoi (pas) ?
- À l'avenir, que ferez-vous pour éviter de perdre des objets ?

## 3.4 Natural environment

*Embarquement*

### 3.4a L'environnement et moi

★ **Améliorer son environnement**
★ *Il faut* + infinitif ; *on doit* + infinitif

## Que faut-il faire ?

> Dans notre village nous recyclons les bouteilles. On doit protéger notre source d'eau. Il faut avoir de l'eau propre et potable.

**Simba**

> J'habite près d'une forêt. On doit aller dans la forêt chercher les bouteilles cassées et les canettes en métal pour protéger les animaux sauvages.

**Claude**

> J'habite sur une île et mon père est pêcheur. Quand je vois les touristes arriver, je dis que l'on ne doit pas jeter les déchets à la mer. Le plastique est très mauvais pour les poissons.

**Amu**

> J'habite en montagne. Il faut protéger notre paysage. Je ramasse les déchets après les visites des touristes.

**Bernadette**

> Moi, j'habite dans le sud de la France. Il fait très sec en été et il y a le danger d'un feu de forêt. Il ne faut pas faire de barbecues dans la forêt. Je fais des posters pour informer les touristes.

**Yves**

> Mon père est agriculteur. J'ai persuadé mon père d'utiliser un produit bio car les produits chimiques sont dangereux pour l'environnement.

**Mélanie**

**1** Qui parle ? Lisez attentivement ce que les six jeunes disent et faites correspondre la phrase à une personne. Écrivez le nom de la personne.

*Exemple :* 1 Claude

    **1** ........... aime beaucoup les animaux.
    **2** ........... connait les dangers des produits chimiques.
    **3** ........... veut garder l'eau propre.
    **4** ........... ramasse les déchets.
    **5** ........... dit que les déchets sont dangereux en mer.
    **6** ........... affiche des posters.

**2** Vous allez entendre six jeunes gens qui parlent de ce qu'ils font pour leur environnement. Pour chaque personne choisissez l'image qui convient le mieux, A, B, C, D, E ou F.

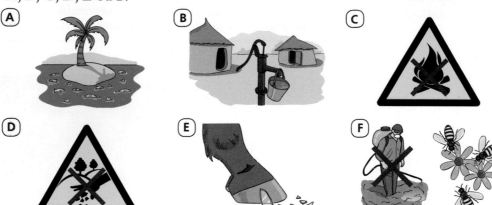

*Exemple :* 1 E

**3** Comment prononcer *ent*. Écoutez ces phrases et séparez-en les mots. Répétez les phrases trois fois. Attention à la prononciation ! Réécoutez pour vérifier. Répétez l'exercice. Traduisez les phrases dans votre propre langue. Apprenez les phrases par cœur.

souventlespoulesducouventcouvent

lessœursattendentpatiemment

lespetitespoulesgrandissentlentement

**G**

**4** *Il faut* + infinitif, *on doit* + infinitif. Regardez les sections grammaire K15 et K23. Ensuite, complétez ces phrases avec un verbe dans la liste.

jeter
recycler
*préserver*
introduire
fumer
persuader

*Exemple :* 1 préserver

**1** Bernadette pense qu'il faut .......... le paysage.
**2** Simba dit que les gens doivent .......... les bouteilles.
**3** Pour protéger les piétons nous devons .......... des limitations de vitesse.
**4** Nous devons .......... les gens de recycler.
**5** Yves dit qu'il ne faut pas .......... dans la forêt.
**6** Amura pense que nous ne devons pas .......... les déchets à la mer.

**5** Travaillez à deux pour faire un jeu de rôle. Choisissez le rôle A (un(e) ami(e)) ou le rôle B (vous). Un ami vous pose des questions sur l'environnement. Faites le jeu de rôle en changeant les parties soulignées.
  **1 A** Où habites-tu exactement ?
    **B** J'habite <u>dans une ville moyenne dans le sud-ouest de la France</u>.
  **2 A** Que fais-tu de tes déchets ?
    **B** Je recycle <u>les bouteilles</u> et <u>le papier</u>.
  **3 A** Tu fais autre chose pour protéger l'environnement ?
    **B** Oui. <u>J'achète des produits bio</u>.
  **4 A** Quand tu pars en vacances, que fais-tu pour protéger l'environnement ?
    **B** <u>Je ramasse tous mes déchets</u>.
  **5 A** Qu'est-ce qu'il faut protéger à la campagne ?
    **B** Il faut protéger <u>les animaux</u>.

*Décollage*

# 3.4b On adore les parcs nationaux

★ **Découvrir le rôle et l'importance des parcs nationaux**
★ **Le participe présent ; le participe présent avec *en* [1]**

# Allons au parc national... mais lequel ?

## 1 En France – Le parc national des Cévennes

Bienvenue au parc national des montagnes des Cévennes ! Si vous aimez la nature, les activités en plein air et la chaleur du climat du Sud, venez découvrir notre parc et ses paysages magnifiques. En venant ici, vous pouvez aussi vous rafraichir à la rivière et découvrir la beauté du paysage en suivant les sentiers de randonnées. Les jeunes enfants, n'ayant pas encore le gout de la randonnée, seront ravis par les nombreux parcs à thème. Vous n'avez plus qu'à choisir...

## 2 Au Canada

La nature pure et simple ! Les parcs nationaux québécois sont des aires protégées reconnues. Les centres d'activités, les campings, les sentiers favorisant la découverte des parcs respectent les zones sensibles. Vous êtes vraiment loin de tout, vivant dans une cabane en bois et ne voyant que

de la nature dans son état pur. Du plaisir, en toute saison, que vous vivrez au cœur de territoires protégés d'exception !

## 3 En Guadeloupe

Vous aimez la science de la vie et de la terre ? Alors, la Réserve de biosphère de la Guadeloupe est le parc pour vous ! Mer, montagnes, volcans, rivières et forêts... Il y a une énorme variété de paysages, et chaque paysage abrite des animaux, des insectes et de la végétation différents.

**1** Lisez l'article sur les parcs nationaux, puis répondez aux questions en français.

    **1** Comment est le climat dans les Cévennes ? [1]
    **2** Comment peut-on découvrir la beauté des paysages ? [1]
    **3** Où peut-on se baigner ? [1]
    **4** Qu'est-ce que le parc national des Cévennes offre aux jeunes enfants ? [1]
    **5** Dans les parcs nationaux québécois, où peut-on loger si on veut être loin de tout ? [1]

6 Quand peut-on visiter ces parcs nationaux ? [1]

7 Quels paysages peut-on voir en Guadeloupe ? Donnez deux exemples. [2]

8 Pourquoi la Guadeloupe est-elle bien pour les touristes qui s'intéressent aux animaux ? [1]

2 Vous allez entendre deux interviews avec deux personnes qui travaillent pour deux parcs nationaux différents. Travaillent-ils au parc de la Guadeloupe (G) ou au parc des Cévennes (C) ?

*Exemple :* 1 G

1 Il y a beaucoup d'espèces d'animaux différentes.

2 Il y a des festivals de musique.

3 Il y a un environnement très riche et varié.

4 On peut se baigner dans la rivière.

5 Le parc joue un rôle très important pour l'avenir de la planète.

6 On peut suivre des sentiers et faire des randonnées.

7 Les touristes aiment les endroits sauvages.

8 Les touristes peuvent acheter des produits à la ferme.

3 Le participe présent et le participe présent avec *en*. Regardez la section grammaire K13. Identifiez la forme du participe présent dans chaque phrase. Copiez et soulignez-la. Ensuite, traduisez les phrases dans votre langue.

*Exemple :* 1 en recyclant

1 Je fais un geste pour l'environnement en recyclant les bouteilles.

2 En faisant des randonnées, je peux apprécier le paysage.

3 Ayant décidé de protéger l'environnement, je n'utilise plus de pesticides.

4 J'économise de l'essence en allant à l'école à pied.

5 J'essaie de protéger l'environnement en achetant des produits bio.

6 En ramassant les déchets je protège les animaux.

7 J'informe les touristes du danger des barbecues dans la forêt en affichant des posters.

8 Étant la fille d'un pêcheur, je ne veux pas polluer la mer.

4 Posez ces questions à votre partenaire. Répondez aussi à ses questions. Regardez le texte de l'exercice 1 pour vous aider. Écrivez vos réponses et apprenez-les par cœur.

1 Qu'est-ce qu'on peut faire dans les parcs nationaux ?

2 Quelle sorte de paysage préfères-tu ? Pourquoi ?

3 Parle-moi de ta dernière visite d'un parc national (ou d'une autre destination à la campagne). Qu'est-ce que tu y as fait ?

4 As-tu aimé cette visite ? Pourquoi (pas) ?

5 Quel parc national veux-tu visiter à l'avenir ? Pourquoi ?

5 Imaginez que vous avez visité un parc national récemment. Décrivez ce parc à un(e) ami(e). Écrivez environ 80-90 mots en français.

● Dites dans quel parc vous êtes allé(e) et avec qui.

● Dites ce que l'on peut voir au parc.

● Dites ce que vous avez fait.

● Dites ce que vous avez aimé le mieux.

*En Vol*

# 3.4c Notre environnement est en danger !

★ **Analyser les problèmes ; trouver des solutions**
★ **Le participe présent ; le participe présent avec *en* [2]**

---

## Comment devenir plus vert...

### Quelques gestes simples pour aider l'environnement !

1   *Tout le monde sait qu'il est important de recycler. Mais le faisons-nous assez ? Il faut s'informer sur les règles de tri mises en place par la ville pour le recyclage. Mieux encore est de réutiliser les choses au lieu de les recycler. Et il ne faut pas oublier de rapporter ses bouteilles consignées au magasin.*

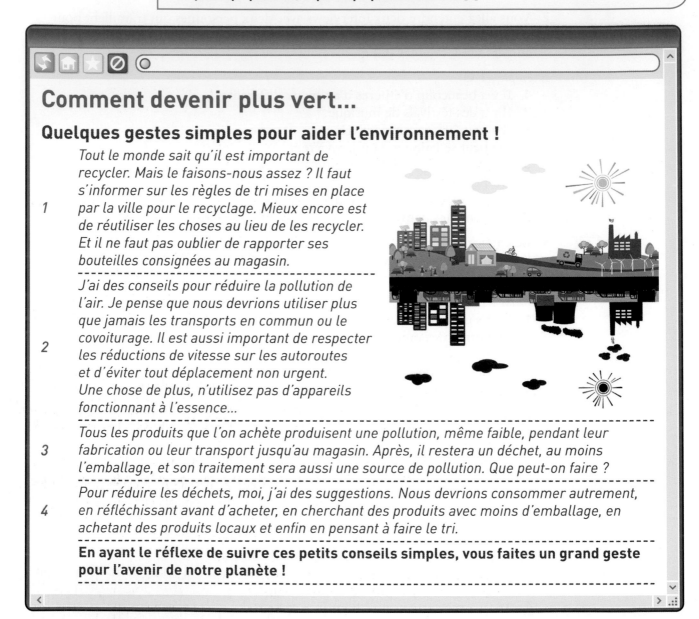

2   *J'ai des conseils pour réduire la pollution de l'air. Je pense que nous devrions utiliser plus que jamais les transports en commun ou le covoiturage. Il est aussi important de respecter les réductions de vitesse sur les autoroutes et d'éviter tout déplacement non urgent. Une chose de plus, n'utilisez pas d'appareils fonctionnant à l'essence...*

3   *Tous les produits que l'on achète produisent une pollution, même faible, pendant leur fabrication ou leur transport jusqu'au magasin. Après, il restera un déchet, au moins l'emballage, et son traitement sera aussi une source de pollution. Que peut-on faire ?*

4   *Pour réduire les déchets, moi, j'ai des suggestions. Nous devrions consommer autrement, en réfléchissant avant d'acheter, en cherchant des produits avec moins d'emballage, en achetant des produits locaux et enfin en pensant à faire le tri.*

**En ayant le réflexe de suivre ces petits conseils simples, vous faites un grand geste pour l'avenir de notre planète !**

---

**1** Lisez le blog. Qui dit quoi ? Associez chaque phrase à la personne qui convient.

*Exemple :* A 2

  **A** On devrait rouler lentement.
  **B** Le recyclage n'est pas toujours la meilleure solution.
  **C** Il est mieux d'acheter des produits de la région.
  **D** On devrait se déplacer en bus ou en train.
  **E** La pollution est inévitable.
  **F** Quand on veut acheter quelque chose, il faut d'abord penser aux conséquences de son choix.

**2** Vous allez entendre une interview avec deux personnes qui veulent informer les gens des dangers des sacs en plastique et de leurs effets sur l'environnement. Pour chaque question, choisissez les deux phrases correctes parmi les cinq propositions (A-E).

*Exemple :* 1 C,...

**1** Selon l'experte écologique...
- **A** Tout le monde sait que la France distribue 18 millions de sacs en plastique par an.
- **B** La France produit plus de sacs en plastique que les autres pays.
- **C** Dans de nombreux pays, les volontaires collectent beaucoup de sacs en plastique.
- **D** Le ramassage des sacs en plastique coûte cher.
- **E** Les sacs biodégradables ne sont pas parfaits.

**2** Selon Stéphane...
- **A** Les sacs en plastique causent la mort de beaucoup d'animaux dans la forêt.
- **B** C'est surtout dans l'eau que les sacs en plastique ont des effets nocifs.
- **C** On essaie de ramasser les sacs en plastique dans les océans.
- **D** Certains sacs en plastique se dégradent partiellement dans l'eau.
- **E** On peut utiliser des sacs en plastique pendant très longtemps.

**3** Les participes présents et les participes présents avec *en*. Regardez la section grammaire K13. Choisissez le participe présent ou le participe présent avec *en* du verbe entre parenthèses.

*Exemple :* 1 en triant
- **1** Jean protège l'environnement .......... (*trier*) ses déchets.
- **2** Sandra économise de l'essence .......... (*faire*) du covoiturage.
- **3** On peut aider la planète .......... (*faire*) des gestes comme le recyclage du papier.
- **4** Les sacs plastiques restent dans l'eau, .......... (*contribuer*) ainsi à la mort des animaux marins.
- **5** Ma mère fait un geste pour la planète .......... (*acheter*) des produits locaux.
- **6** .......... (*essayer*) d'acheter des produits bio, nous réduisons la consommation de pesticides.
- **7** .......... (*aller*) à l'école à pied, on peut améliorer sa santé et celle de la planète.
- **8** Nous économisons de l'essence .......... (*aller*) à la piscine à vélo.

**4** Travaillez à deux. Répondez aux questions en français.
- **1** Quels sont les problèmes environnementaux les plus graves ?
- **2** Quelles solutions y a-t-il à ces problèmes ?
- **3** En général, quels gestes votre famille fait-elle pour réduire la pollution ?
- **4** Qu'est-ce que vous avez fait la semaine dernière pour protéger l'environnement ?
- **5** À l'avenir, que ferez-vous pour améliorer la santé de la planète ?

**5** Écrivez un article de 130-140 mots pour le journal de votre école au sujet d'un projet pour améliorer l'environnement de l'école.
- Quel est le problème ? (déchets ? recyclage ? graffitis ? transports ?)
- Qu'est-ce qu'on a déjà fait pour résoudre ce problème ?
- Pourquoi ce problème existe-t-il encore ?
- Décrivez votre projet. Qui va participer au projet ?
- Pensez-vous que votre projet aura du succès ? Pourquoi (pas) ?

## 3.5a Le temps qu'il fait

★ **Parler du temps**
★ **Les points cardinaux**

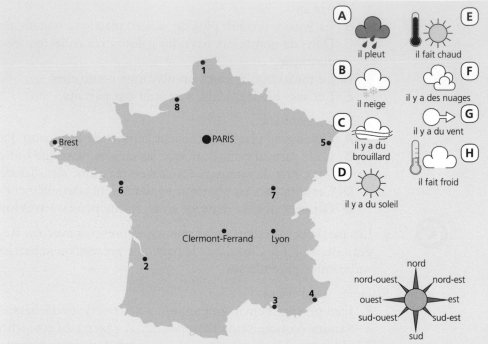

i   Nice est une ville dans le sud-est. En automne, il y a souvent du soleil.

ii   Calais est situé dans le nord du pays. Dans cette région, il fait froid en hiver.

iii   Marseille est une grande ville qui se trouve dans le sud. En été, en général, il fait très chaud.

iv   Bordeaux est situé dans le sud-ouest de la France. Comme c'est près de l'Atlantique, il y a du vent, surtout au printemps.

v   Dijon est une ville assez importante dans l'est de la France. Le temps est souvent nuageux dans ce coin, même en été.

vi   À Nantes, il y a quelquefois du brouillard en automne. On trouve cette ville dans l'ouest du pays.

vii   Strasbourg est en Alsace, dans le nord-est. C'est une ville assez froide. En hiver, il neige souvent.

viii   Dieppe est un port dans le nord-ouest. C'est une région où il pleut beaucoup, surtout au printemps.

**1 a** Lisez le temps qu'il fait dans différentes régions de la France. Identifiez les villes (1-8) et le temps qu'il y fait (A-H).

*Exemple :* 1 ii, H

**1 b** Faites la liste des saisons et la liste des types de temps en français, puis traduisez ces listes dans votre langue.

**2** Vous allez entendre six personnes parler du temps qu'il fait dans le pays où elles habitent. Pour chaque question, choisissez A, B, C ou D.

*Exemple :* 1A

 **3** Les points cardinaux. Regardez d'abord la section grammaire A3. Étudiez la carte de la France à la page 8 et dites où ces villes sont situées l'une par rapport à l'autre.

*Exemple :* 1 Marseille est au sud de Lyon.

| | |
|---|---|
| **1** Marseille – Lyon | **5** Marseille – Nantes |
| **2** Lille – Paris | **6** Rouen – Dijon |
| **3** Nantes – Lyon | **7** Paris – Strasbourg |
| **4** Bordeaux – Strasbourg | **8** Dijon – Bordeaux |

 **4** Comment prononcer *ou* et *u*, par exemple *le sud-ouest*. Écoutez cette phrase et séparez-en les mots. Répétez-la trois fois. Attention à la prononciation ! Réécoutez pour vérifier. Répétez l'exercice. Traduisez la phrase dans votre langue. Apprenez la phrase par cœur.

**Aujourd'huidanslesudouestilyadubrouillardmaisàToulonsurlacôteilyaduvent.**

 **5** Travaillez à deux. Quel temps fait-il dans votre pays ? À tour de rôle, posez des questions et répondez-y. Utilisez le tableau pour vous aider.

| Questions | | | Réponses | |
|---|---|---|---|---|
| Quel temps fait-il | dans le nord<br>dans l'est<br>dans le sud<br>dans l'ouest | au printemps ?<br>en été ?<br>en automne ?<br>en hiver ? | Il… | pleut.<br>neige.<br>fait chaud.<br>fait froid.<br>fait beau.<br>fait mauvais.<br>y a du soleil.<br>y a du vent.<br>y a du brouillard.<br>y a des nuages. |

 **6** Écrivez six phrases sur le climat de votre pays. Mentionnez les différents types de temps dans les différentes régions.

*Exemple :* Ici, en Égypte, il fait souvent très chaud.

**139**

# 3.5b Les prévisions météorologiques

*Décollage*

★ **Comprendre les prévisions météo**
★ *Si* + présent + futur

---

## Prévisions météo pour Brazzaville.

Brazzaville

**Mercredi 10** Le temps deviendra plus instable. Ciel variable, de très beau à très nuageux. Possibilité de pluie le matin. Vent faible.

**Jeudi 11** La situation s'améliorera dans la matinée. Si les nuages disparaissent, la chaleur reviendra. On attend 34 degrés dans l'après-midi.

**Vendredi 12** Il fera beau avec un ciel clair, sans nuages. Si le vent se lève, la soirée sera fraiche pour la saison.

**Samedi 13** Beau temps ensoleillé toute la journée. La température montera jusqu'à 37 degrés. Toutefois, en soirée, ce sera le retour des passages nuageux.

**Dimanche 14** Temps plus variable avec possibilité de petite pluie dans l'après-midi. Il fera moins chaud grâce au vent du sud-est qui soufflera à 30 kilomètres à l'heure.

**Lundi 15** Journée plutôt fraiche avec détérioration notable en soirée. Grosses pluies attendues dans la nuit.

**Mardi 16** Les nuages subsistent dans la matinée mais le ciel se dégage et l'après-midi sera chaude et ensoleillée. Peu de vent.

**Mercredi 17** Nuit chaude. La température dépassera 30 degrés dès le matin. Ce sera une chaleur humide. Si les nuages avancent, il y aura un gros risque d'orage en fin d'après-midi.

---

**1 a** Lisez les prévisions météo pour les huit prochains jours à Brazzaville, la capitale de la République du Congo, et répondez aux questions en français.

*Exemple :* 1 Dimanche 14
 1 Quel jour risque-t-il de pleuvoir un peu ?
 2 Quels jours seront nuageux ? [2]
 3 Quelle nuit y aura-t-il beaucoup de pluie ?
 4 Quelles journées seront les plus chaudes ? [2]
 5 Quel jour n'y aura-t-il pas de nuages ?
 6 Quel jour est-ce que le vent fera tomber la température ?
 7 Quel jour entendra-t-on le tonnerre ?
 8 Quel jour verra une détérioration notable du temps ?

**1 b** Utilisez le vocabulaire ci-dessous pour écrire deux listes : (1) mots associés au beau temps et (2) mots associés au mauvais temps.

| | | | | |
|---|---|---|---|---|
| instable | chaleur | frais | humide | tonnerre |
| nuageux | ciel | ensoleillé | orage | dépression |
| pluie | clair | détérioration | précipitations | éclaircie |

**2** Vous allez entendre la présentatrice donner les prévisions météo nationales pour les deux jours suivants. Copiez et complétez la grille en français.

| Mardi | Temps prévu |
|---|---|
| 1 Pour l'ensemble du pays | 1 beau |
| 2 Dans le nord | 2 ......... |
| 3 Dans le sud | 3 ......... |
| **Mercredi** | **Temps prévu** |
| 4 Sur la côte ouest | 4 ......... |
| 5 À l'intérieur du pays | 5 ......... |
| 6 Dans le nord | 6 ......... |
| 7 Dans l'est | 7 ......... |
| 8 Dans le sud | 8 ......... |

**3** *Si* + présent + futur. Regardez d'abord la section grammaire K5. Faites correspondre les débuts de phrases (1-8) aux fins de phrases (A-H). Puis traduisez les phrases dans votre langue.

*Exemple :* 1 C

1  S'il y a du vent      A  fait chaud.
2  Il va faire chaud      B  va peut-être neiger.
3  S'il y a des      C  il fera froid.
4  S'il gèle, il      D  restera chez nous.
5  S'il y a du brouillard, il      E  nuages noirs, il va pleuvoir.
6  S'il y a de l'orage, on      F  beau, on sortira.
7  S'il fait      G  va faire froid.
8  On ira à la piscine s'il      H  s'il y a du soleil.

**4** Travaillez à deux. Demandez à votre partenaire ce qu'il/elle fera le weekend prochain si, par exemple, il pleut ou s'il fait beau. Répondez aussi aux questions de votre partenaire. Ajoutez des détails supplémentaires à vos réponses.

**Questions**

| Le weekend prochain | qu'est-ce que | tu feras | s'il | pleut ?<br>fait mauvais / beau /<br>chaud / froid ?<br>neige ?<br>gèle ? |
|---|---|---|---|---|
| | où est-ce que | tu iras | | y a du soleil / du vent ? |

**Réponses possibles**

| Je vais<br>Nous allons | aller à la plage / rester chez moi / sortir avec mes copains. |
|---|---|
| J'irai | au cinéma. |
| Je sortirai | avec mes copines. |
| Je resterai | à la maison. |

**5** Vous allez passer une semaine chez votre ami(e) français(e). Envoyez-lui un courriel. Écrivez 80-90 mots en français. Dites-lui :
- le jour et l'heure de votre arrivée chez lui/elle
- les prévisions météo pour les prochains jours
- ce que vous pensez faire en cas de mauvais temps
- de suggérer lui-même/elle-même des activités s'il fait beau

*En Vol*

# 3.5c Les changements de climat

★ **Parler des changements climatiques et de leurs conséquences**
★ **Expressions suivies d'un verbe régulier au subjonctif**

## Les changements climatiques

Il faut bien qu'on l'admette : dans tous les pays, le climat a changé. On entend dire qu'il n'y a plus de saisons parce que l'été, l'automne, l'hiver et le **1**......... ne sont plus distincts comme ils l'étaient avant. Bien souvent, les étés sont trop chauds et sont accompagnés de sècheresse. Il y a bien sûr des conséquences telles que les **2**......... de forêt. Des pluies soudaines et excessives amènent des catastrophes telles que les **3**........... .

Une inondation

Dans les régions plus froides, on parle d'hivers sans **4**......... , ce qui est plutôt choquant si l'on considère que ces pays étaient enneigés pendant des mois entiers chaque année. Aux Iles Maldives, on s'inquiète de la **5**......... du niveau de la mer. Si cela continue, ces iles risquent d'être complètement **6**........... . Ceci est le résultat direct de la **7**......... des glaces dans les régions arctiques et antarctiques et une des conséquences du **8**......... de la Terre.

La fonte des glaces

Il se peut que l'homme joue un rôle important dans ces changements climatiques. L'activité industrielle et le transport routier et **9**........., par exemple, sont des facteurs qui contribuent à ces changements. Il est aussi possible que nous décidions que ces changements sont cycliques et tout à fait **10**........... . La situation actuelle toutefois est probablement le résultat d'une combinaison de ces deux facteurs. Tout ce que l'homme peut faire, c'est d'être conscient de ces problèmes environnementaux. D'une manière ou d'une autre, il faut qu'il réussisse à **11**......... son environnement.

**1** Lisez la page web sur les changements climatiques et complétez le texte en choisissant les bons mots dans la liste.

*Exemple :* 1 printemps

| | | | |
|---|---|---|---|
| protéger | *printemps* | incendies | réchauffement |
| submergées | neige | naturels | aérien |
| inondations | fonte | montée | |

**2 a** Vous allez entendre deux personnes parler des changements climatiques dans leur pays. Il y a une pause dans l'enregistrement. Pour chaque question, choisissez les deux phrases correctes parmi les cinq propositions (A-E).

*Exemple :* 1B, ...

**1 A** Il ne fait pas toujours chaud en Égypte.
**B** La mer Méditerranée a une bonne influence sur le climat.
**C** Le temps est trop sec sur la côte.
**D** On trouve peu de grandes villes à l'intérieur du pays.
**E** Il pleut assez souvent.

**2 A** Le réchauffement climatique n'est pas très visible au Québec.
**B** Autrefois, l'hiver ne durait que quelques mois.
**C** Les hivers sont moins longs aujourd'hui.
**D** Les étés sont moins secs qu'autrefois.
**E** Il y a plus de risques d'incendies.

**2 b** Vous allez entendre la troisième partie de l'enregistrement. Quelle est la conséquence du changement climatique sur l'économie locale pendant l'hiver ?

**3** Expressions suivies d'un verbe régulier au subjonctif. Regardez d'abord la section grammaire K12. Écrivez le verbe utilisé au subjonctif, puis traduisez les phrases dans votre langue.

*Exemple :* 1 s'améliore

**1** Il se peut que la situation s'améliore bientôt.
**2** Il est possible qu'il choisisse les Alpes pour ses vacances à la neige.
**3** Je ne pense pas que le temps nous permette de sortir aujourd'hui.
**4** Bien que le climat change, cela ne touche pas tout le monde.
**5** Il faut que nous protégions l'environnement.
**6** Je ne crois pas que la majorité des gens s'inquiète des changements climatiques.
**7** Il est important que nous agissions rapidement.
**8** Il est essentiel que les gouvernements travaillent ensemble pour trouver des solutions à ce problème environnemental.

**4** Écrivez un article sur les conséquences des changements de climat. Mentionnez :
- les liens avec les problèmes environnementaux
- les effets sur la population
- ce que nous pouvons faire pour faire face à ces problèmes
- ce qui risque de se passer si nous n'agissons pas

**5** Préparez des réponses aux questions suivantes et faites une discussion en groupe.
**1** Comment est-ce que le changement climatique a touché votre pays ?
**2** Quelles conséquences y a-t-il sur la population ?
**3** Qu'est-ce qui est fait pour limiter l'impact de ces changements ?
**4** Qu'est-ce qu'on devrait/pourrait faire pour améliorer la situation ?

# 3.6 Finding the way

*Embarquement*

## 3.6a Trouver son chemin

★ **Demander et comprendre des renseignements**
★ **Pour aller à... ?**

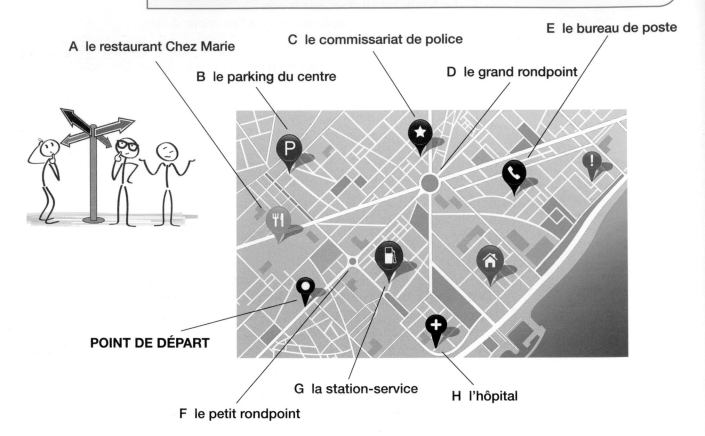

A le restaurant Chez Marie

B le parking du centre

C le commissariat de police

D le grand rondpoint

E le bureau de poste

POINT DE DÉPART

F le petit rondpoint

G la station-service

H l'hôpital

**1** On trouve son chemin. Regardez le plan et lisez les phrases. Pour chaque phrase, écrivez la lettre de l'endroit qui convient.

*Exemple :* 1 G

   **1** Allez tout droit jusqu'au petit rondpoint. Tournez à droite. C'est sur votre gauche.
   **2** Allez tout droit jusqu'au grand rondpoint. Prenez la quatrième sortie. C'est sur votre gauche.
   **3** Allez tout droit jusqu'au petit rondpoint. Tournez à gauche et encore à gauche.
   **4** Allez tout droit jusqu'au grand rondpoint. Prenez la deuxième sortie. Tournez tout de suite à droite, puis prenez la deuxième à gauche.
   **5** Allez tout droit jusqu'au petit rondpoint. Tournez à droite. Continuez tout droit, passez devant le parc qui est sur votre gauche, puis tournez à droite. Suivez la route et prenez la troisième à gauche. C'est la !

144

**2** Vous allez entendre six conversations dans la rue. Les gens demandent leur chemin. Choisissez à chaque fois l'endroit qui est demandé (A-F) et le renseignement qui est donné (G-I).

| | | | |
|---|---|---|---|
| **A** l'office de tourisme | **D** le commissariat de police | **G** tout droit |
| **B** le centre commercial | **E** la piscine | **H** à droite |
| **C** le stade | **F** la gare | **I** à gauche |

*Exemple :* 1 C, G

**3** Répétez les phrases trois fois. Attention à la prononciation ! Réécoutez pour vérifier. Répétez l'exercice. Traduisez les phrases dans votre langue. Apprenez les phrases par cœur.

**Jaivulesprévisionsmétéoàlatélévision.LastationdemétroPlacedelaNationafermé aprèsévacuationàcausedelapluie.**

**4** Regardez la section grammaire A3.1. Complétez les phrases avec le bon article défini.

| à la | à l' | au | aux |
|---|---|---|---|

*Exemple :* 1 aux

1 « Excusez-moi, pour aller ..... matchs, s'il vous plait. Où est le stade ? »
2 « Pardon, comment je fais pour aller ..... librairie ? »
3 « Monsieur, s'il vous plait, pour aller ..... sortie ? »
4 « Vous voulez aller ..... parc national ? Alors, c'est tout droit. »
5 « Pour aller ..... magasins les plus proches, s'il vous plait ? »
6 « Excusez-moi, pour aller ..... cinéma, c'est loin d'ici ? »
7 « Pour aller ..... arrêt de bus, s'il vous plait ? »
8 « Pour aller ..... gare routière, s'il vous plait ? Mon bus part dans 10 minutes. »

**5 a** Vous êtes à l'office de tourisme. Travaillez à deux pour faire un jeu de rôle. Choisissez le rôle A (la personne qui donne les renseignements) ou le rôle B (la personne qui cherche son chemin).

1 A *Bonjour, madame/monsieur, je peux vous aider ?*
   B *Oui, pour aller <u>au château</u>, s'il vous plait ?*
2 A *Vous sortez d'ici et vous tournez <u>à droite</u>.*
   B *Et quel est le chemin pour aller <u>au vieux port</u> ?*
3 A *C'est à <u>un kilomètre</u>. Tournez à gauche et continuez tout droit.*
   B *Où est-ce qu'il y a un bon <u>restaurant</u> ?*
4 A *Allez au centre-ville.*
   B *Je voudrais aussi visiter la cathédrale.*
5 A *Allez tout droit jusqu'au <u>petit</u> rondpoint et prenez la <u>deuxième sortie</u>.*
   B *Merci. Au revoir, madame/monsieur.*

**5 b** Maintenant changez de rôle et faites le dialogue une deuxième fois. Changez les phrases soulignées en choisissant des mots et expressions dans la liste.

| | | |
|---|---|---|
| à gauche | au centre commercial | hôtel |
| à la piscine | cinq cents mètres | première sortie |
| à l'hôpital | deux kilomètres | supermarché |
| au bureau de poste | grand | troisième sortie |

*Décollage*

# 3.6b Ça se trouve où, s'il vous plait… ?

★ **Expliquer la situation des endroits en ville**
★ **Ça / *ceci* / *cela* ; se trouver**

**A** Il y a un nouveau musée, je voudrais le voir. Tu peux voir s'il se trouve loin d'ici ?

**B** Ah, oui je l'ai trouvé. Il se trouve près de notre hôtel. Tu vois c'est ça, c'est juste à côté de la rivière. Nous pouvons y aller à pied, il faut aller tout droit et c'est la première à gauche.

**1 Marc et Laetitia**

**2 Carole et Mounir**

**A** Il faut aller voir la vieille ville. Regarde sur ton portable pour voir où ça se trouve.

**B** Voici le plan. Je pense que l'icône est ceci avec les vieilles maisons. Alors, il faut aller tout droit, traverser le pont et puis tourner à droite. Tout près, il y une grande place qui est très célèbre.

**A** Comme il pleut, allons à l'aquarium. Tu peux trouver cela avec ton portable. Regarde où ça se trouve et combien coûtent les billets.

**B** On peut prendre le métro. Pour aller à la station de métro la plus proche, celle-ci, il faut traverser la rue et continuer tout droit pendant 200 mètres.

**3 Laurent et Véronique**

**1** Lisez attentivement les conversations. Complétez ces phrases avec les mots qui manquent. Choisissez-les dans le tableau. Attention ! il y en a trois de trop.

*Exemple :* 1 près

**1** Le musée est situé ………. de l'hôtel.
**2** Le musée se trouve ………. de la rivière.
**3** On peut se rendre au musée ………. .
**4** Il y a une place célèbre à ………. de la vieille ville.
**5** Pour se rendre à la vieille ville il faut traverser le pont et tourner ………. .
**6** L'aquarium est assez loin, donc il faut y aller ………. .
**7** Pour arriver à la station de métro il faut ………. 200 mètres.
**8** Pour se rendre à la station de métro il faut aussi ………. la rue.

| proximité | marcher | *près* | traverser | en métro | loin de |
|-----------|---------|--------|-----------|----------|---------|
| à côté | tout droit | à pied | à droite | à gauche | |

**2** Vous allez entendre trois conversations entre des ami(e)s qui discutent d'où aller et de comment trouver leur chemin. Choisissez l'endroit (1-5) qui correspond à chaque affirmation (A-F). Attention ! il y a une affirmation de trop.

*Exemple :* 1 D

| | | | |
|---|---|---|---|
| **1** | le château | **A** | Ce n'est pas loin de la gare. |
| **2** | le centre commercial | **B** | Il se trouve devant le centre commercial. |
| **3** | la piscine | **C** | C'est en face du centre commercial. |
| **4** | le cinéma | **D** | Il faut être de l'autre côté de la rivière. |
| **5** | l'arrêt de bus | **E** | On tourne à gauche au rondpoint. |
| | | **F** | On peut utiliser la piste cyclable. |

**3** Regardez la section grammaire K14. Lisez ces phrases et choisissez la bonne forme du verbe *se trouver* dans la liste. Vous pouvez utiliser la même forme plusieurs fois.

*Exemple :* 1 se trouve

**1** « Excusez-moi, je cherche la bibliothèque. Savez-vous où elle .......... ? »

**2** « Pardon, monsieur, les magasins où .........., s'il vous plait ? »

**3** « Excusez-moi, je cherche la piscine »
« Elle n'est pas loin, elle .......... à côté du parc. »

**4** « Pour aller à la gare et la gare routière, s'il vous plait ? »
« Elles .......... au même endroit, à 200 mètres d'ici. »

**5** « Où .......... les plus jolies plages, s'il vous plait ? »

**6** « L'office de tourisme .......... dans cette rue ? »

**7** « La station-service la plus proche, s'il vous plait, elle .......... où ? »

**8** « L'hôpital, il .......... loin d'ici ? »

```
se trouve              se trouve-t-il         se trouvent-ils
se trouvent            se trouve-t-elle       se trouvent-elles
```

**4** Travaillez à deux pour faire un jeu de rôle. Une jeune personne demande son chemin dans la rue. Une personne joue le rôle A (la jeune personne) et l'autre joue le rôle B (le/la passant(e) dans la rue). A commence.

**1** A *Excusez-moi. Pouvez-vous m'aider ? Je suis en vacances ici et je ne connais pas la ville.* B …

**2** A *Je cherche l'aquarium. Il se trouve près d'ici ?* B …

**3** A *Je peux y aller à pied ?* B …

**4** A *Où est-ce que je peux trouver un plan de la ville ?* B …

**5** A *Ah oui. C'est en face de la gare ?* B …

```
Où voulez-vous aller ?              Oui, tournez à droite et c'est sur votre gauche.
Vous cherchez quel endroit ?       Allez à l'office de tourisme.
Non, c'est assez loin.             Non, c'est à côté de la cathédrale.
Oui, c'est à deux minutes à pied.  Non, c'est près du château.
Non, prenez l'autobus numéro 4.
```

**147**

*En Vol*

# 3.6c Pouvez-vous expliquer exactement... ?

★ **Comprendre des instructions plus compliquées**
★ *Cela, ceci, celui / celle ; ci / là*

## Numéro 1

— Bonjour, je peux vous aider ?

— Oui, je voudrais un plan de la ville, s'il vous plait.

— Prenez ceci. Je peux vous montrer les endroits à visiter si cela vous va ?

— Merci.

— Pour aller au port vous prenez la rue en face et ensuite la première rue à droite. Là vous avez beaucoup de petits restaurants. Est-ce que vous aimez les monuments historiques ?

— Oui, j'aime les églises.

— Alors notre plus belle église est celle-ci. Pour aller à l'église, il faut aller tout droit et monter la côte, pas celle-ci mais celle-là.

## Numéro 2

— Excusez-moi, madame, comment aller au musée des Beaux-Arts ?

— Je vais vous montrer. Vous tournez à gauche en sortant et vous continuez jusqu'au passage pour piétons, pas celui-ci mais celui-là. Après vous tournez à droite dans le passage du Musée.

— Merci, cela est très utile.

## Numéro 3

— Bonjour, vous désirez des renseignements ?

— Oui, j'aimerais faire une promenade en bateau. Où est-ce qu'il faut aller ?

— Regardez ceci. Là vous avez la route principale, vous la suivez jusqu'au port. Quand vous arrivez au port vous allez sur ce quai, celui sur la droite, et vous marchez 100 mètres. Là vous avez les bateaux qui font des promenades. Je vous recommande celui-ci, c'est le meilleur et c'est le moins cher.

**1** Ces gens demandent des renseignements dans un office de tourisme. Lisez les conversations attentivement et répondez aux questions en français.

*Exemple :* 1 La rue en face de l'office de tourisme.

### Numéro 1

1 Quelle rue faut-il prendre pour aller au port ?
2 Le monsieur, quel genre de sites aime-t-il visiter et qu'est-ce qu'il aime en particulier ? [2]
3 Que faut-il faire pour visiter ce monument ?

### Numéro 2

4 Où faut-il tourner en sortant ?
5 Le monsieur, où veut-il aller ?

### Numéro 3

6 Quelle rue faut-il suivre pour aller au port ?
7 Les bateaux se trouvent sur quel quai ?
8 La dame recommande un bateau. Pourquoi ? [2]

**2** Vous allez entendre quatre conversations dans lesquelles les gens donnent des renseignements. Choisissez la bonne réponse (A–K) pour terminer chaque phrase. Attention ! il y a trois réponses de trop.

*Exemple :* 1 D

**Numéro 1**

**1** Pour arriver à la rue Saint-Jacques il faut aller jusqu' à .......... .

**2** Après l'hôtel de ville, il faut prendre .......... .

**Numéro 2**

**3** La jeune femme cherche .......... .

**4** Quand elle sort du magasin, elle doit .......... .

**5** Après 150 mètres, elle doit .......... .

**Numéro 3**

**6** Le café du Coin se trouve dans .......... .

**7** Pour trouver le café du Coin, il faut continuer .......... .

**Numéro 4**

**8** Le parking se trouve .......... .

| | | | |
|---|---|---|---|
| **A** la première rue à droite | **D** *l'hôtel de ville* | **G** la rue Garibaldi | **J** traverser la rivière |
| **B** la rue Blaise Pascale | **E** jusqu'aux feux | **H** devant le Palais de Justice | **K** tourner à gauche |
| **C** tourner à droite | **F** près de la rivière | **I** la rue Victor Hugo | |

**3** Regardez la section grammaire B6. Complétez les phrases avec *cela, ceci* ou *celui-ci, celui-là, celle-ci, celle-là*.

*Exemple :* 1 celle-ci

**1** « Quelle rue doit-on prendre ? »
« Je pense que c'est ........., devant nous. »

**2** « Où veux-tu aller cet après-midi ? »
« Je ne sais pas. ............ m'est égal. »

**3** « ........ est l'endroit que l'on nous a recommandé. »

**4** « Quel monument veux-tu visiter, celui-ci ou ............. ? »

**5** « Quelle est la station la plus proche ? C'est celle-ci ou .............. ? »

**6** « J'aime aller à la plage. » « Laquelle ? » « ........... est la meilleure. »

**7** « L'hôtel est très cher, mais ............n'a pas d'importance, c'est ton anniversaire ! »

**8** « Tu vois le bâtiment là-bas ? » « Lequel ? ........ avec le toit rouge ? »

**4** Imaginez que vous avez visité une ville francophone. Vous n'aviez pas de plan et vous vous êtes un peu perdu(e). Écrivez un e-mail de 130–140 mots en français à un(e) ami(e) pour lui raconter ce qui s'est passé.

- Quelle ville avez-vous visitée et pourquoi ?
- Donnez au moins quatre détails de votre itinéraire après votre arrivée dans la ville.
- Comment avez-vous retrouvé votre chemin ?
- Avez-vous aimé la ville ? Pourquoi (pas) ?
- La prochaine fois que vous visiterez une nouvelle ville, que ferez-vous différemment ?

**5 a** Travaillez à deux. Répondez aux questions en français.

**1** Parlez de votre dernière visite d'une ville francophone. (Si vous n'avez pas encore visité une ville francophone, imaginez-la !) Pourquoi y êtes-vous allé(e) ?

**2** Êtes-vous allé(e) à l'office de tourisme ? Pourquoi (pas) ?

**3** Quels endroits avez-vous visités ? Comment y êtes-vous allé(e) ?

**4** Comment avez-vous trouvé ce moyen de transport ? Pourquoi ?

**5** À l'avenir, quelle ville francophone voudriez-vous visiter ? Qu'est-ce que vous y ferez ?

**5 b** Maintenant changez de rôle et faites le dialogue une deuxième fois.

# 3.7 Travel and transport

## 3.7a On se déplace

*Embarquement*

★ **Parler des moyens de transport**
★ *En/à* + **mode de transport**

une voiture

un bus/un autobus

un avion

un train

une personne à pied

un vélo

une moto

un taxi

---

Salut,

Ça va ? Tu me demandes comment je vais au collège. Eh bien, d'habitude, j'y vais à vélo parce que ce n'est pas loin de chez moi. Il faut dix minutes pour y arriver. Quelquefois, j'y vais avec mes copains à pied. S'il pleut, mon père m'emmène en voiture. À la fin de la journée, je rentre en bus s'il fait mauvais ou bien à pied s'il ne pleut pas.

Mon grand frère, lui, va au travail à moto mais s'il ne fait pas beau, il y va en train. Il a dix-huit ans. Ma belle-mère va souvent en ville pour faire des courses. En général, elle y va en taxi. C'est plus facile que d'y aller à pied.

Et toi, tu habites loin de la ville et de ton collège ?

À bientôt,

Luc

---

**1 a** Lisez le courriel de Luc. Copiez et complétez les phrases en ajoutant le moyen de transport correct.

*Exemple :* 1 D'habitude, Luc va au collège à vélo.

1 D'habitude, Luc va au collège .......... .
2 De temps en temps, il y va avec ses amis .......... .
3 S'il fait mauvais, il y va avec son père .......... .
4 Si le temps n'est pas beau, il rentre chez lui .......... .

5 S'il fait beau, il rentre à sa maison .......... .
6 Le matin, le frère de Luc va au travail .......... .
7 S'il fait mauvais, il y va .......... .
8 Pour faire les achats, sa belle-mère va en ville .......... .

**1 b** Faites correspondre les débuts de mots (1-6) aux fins de mots (7-12), puis traduisez ces moyens de transport dans votre langue.

*Exemple :* 1 en métro

| | | | |
|---|---|---|---|
| 1 en mé | 4 en cam | 7 teau | 10 ylette |
| 2 en c | 5 à mob | 8 cyclette | 11 ionnette |
| 3 en ba | 6 à bi | 9 tro | 12 ar |

**2** Écoutez quatre personnes qui participent à un sondage sur les moyens de transport. Copiez et complétez la grille.

| | Pour aller au collège | Pour aller au travail | Pour aller en vacances |
|---|---|---|---|
| 1 Exemple | à vélo | en train – en bus | en avion |
| 2 | | | |
| 3 | | | |
| 4 | | | |

**3** *En/à* + mode de transport. Regardez d'abord la section grammaire J et la liste de vocabulaire pour identifier les moyens de transport. Copiez et complétez les huit phrases en ajoutant *à* ou *en* à chaque phrase. Traduisez aussi les phrases dans votre langue.

*Exemple :* 1 Ma sœur va à son travail en métro.

**1** Ma sœur va à son travail ..... métro.
**2** On a fait une super croisière ..... bateau.
**3** Récemment mes grands-parents ont fait une excursion ..... car.
**4** Pour son travail, mon père voyage beaucoup ..... camion.

**5** Ils ont fait une randonnée ..... bicyclette.
**6** On est allés voir nos copains ..... mobylette.
**7** Ils vont au boulot ensemble ..... camionnette.
**8** J'ai traversé le lac ..... bateau à voile.

**4** Comment prononcer *eu* comme par exemple *on peut*. Écoutez cette phrase et séparez-en les mots. Répétez-la trois fois. Attention à la prononciation ! Écoutez encore une fois pour vérifier. Répétez l'exercice. Traduisez la phrase dans votre langue. Apprenez la phrase par cœur.

**Silpleutilestheureuxcarilpeutresterchezluisilleveut.**

**5** Posez les cinq questions ci-dessous à votre partenaire. Répondez aussi à ses questions et ajoutez des détails supplémentaires si possible. Pour vous aider, utilisez le tableau.

**1** Comment allez-vous au collège ?
**2** Combien de temps faut-il pour y arriver ?
**3** Et s'il pleut ?

**4** Et vos parents, comment vont-ils au travail ?
**5** Comment voyagez-vous quand vous partez en vacances ?

| Je vais | au collège | à pied / à vélo / à moto / à mobylette / à bicyclette. |
|---|---|---|
| Pour y arriver, il faut | dix minutes | en bus / en voiture / en taxi / en camionnette / en car / |
| S'il pleut, | j'y vais | en train / en métro / en bateau. |
| Mon père / Ma mère | va au travail | |
| Quand on part en vacances, | on y va | |

**6** Écrivez une phrase en français qui explique comment vous faites le trajet dans chacune de ces situations.

*Exemple :* Le matin, je vais à l'école en bus.
- Pour aller à l'école.
- Pour rentrer chez vous le soir.
- Pour aller en ville.
- Pour aller voir vos copains.
- Pour aller en vacances.

# 3.7b On y va à pied ou en bus ?

*Décollage*

★ **Parler de ses déplacements à pied et en bus**
★ ***Venir de* au présent suivi d'un infinitif**

**On attend le bus**

**Clément X**    Moi, je me déplace plus souvent en bus qu'à pied. J'habite en pleine campagne. Par exemple, je viens de rentrer du collège. Ça a pris cinq minutes. À pied, il faut au moins une demi-heure. C'est peut-être bon pour la forme mais ça prend trop de temps et puis, s'il pleut, est-ce qu'il est nécessaire que j'arrive chez moi tout mouillé ?

**Romanewoman**    Comme le car de ramassage scolaire est gratuit, c'est comme ça que je vais au collège, mais quand je vais en ville, j'y vais souvent à pied, parce que le car coûte cher. Un billet aller-retour est à presque trois euros. Combien de temps ça prend ? Eh bien, presque une demi-heure. C'est assez loin, à mon avis.

**Adamlafourmi**    Quel est l'avantage de prendre le bus ? Tout le monde devrait faire de la marche, il me semble. Les jeunes ne font pas assez de sport, c'est bien connu. Moi, je viens d'arriver chez moi. J'étais en ville. J'ai pris vingt minutes, c'est tout. Moi, je vous pose la question : est-ce qu'il est important de garder la forme ?

**Selma-gique**    On sait tous que la marche est bonne pour la santé, mais moi, je préfère faire d'autres sports. De plus, mon temps est limité. Comment est-ce que je peux perdre une heure par jour quand nos profs nous donnent tant de devoirs ? Pas possible. Je viens de faire mes devoirs pour demain. Il est dix heures du soir ! Donc, tout ce qui m'économise du temps, je le fais, comme prendre le bus pour mes déplacements.

**1** Lisez ce forum de discussion sur les avantages et les inconvénients de se déplacer à pied et en bus. Qui dit chaque phrase ?

*Exemple :* 1 Adamlafourmi

   **1** Si on veut rester en forme, il faut marcher tous les jours.
   **2** Ça coûte cher de prendre les transports en commun tous les jours.
   **3** Ma maison est trop loin de mon école. C'est pour ça que je prends le bus pour y aller.
   **4** Je n'ai pas le temps d'y aller à pied.
   **5** Je dois faire une heure de marche pour aller en ville et revenir chez moi.

6 Pour garder la forme, je fais de la natation et du basket.
7 Je n'utilise pas les transports en commun pour une question de forme.
8 S'il fait mauvais, je prends le bus.

2 Vous allez entendre deux vacanciers parler de leurs expériences. Choisissez l'activité de vacances (1-5) qui correspond à chaque affirmation (A-F). Attention ! il y a une affirmation de trop.

*Exemple :* 1 B

1 des excursions en groupe
2 un moyen de transport traditionnel
3 entre amis
4 un piquenique
5 des promenades à pied

A On a passé du temps près d'une rivière.
B On a vu beaucoup de villes intéressantes.
C On a fait du ski.
D On a apprécié le beau paysage alpin.
E On a logé dans une maison de vacances.
F On a fait une excursion dans le désert.

Promenade à dos de chameau

3 *Venir de* au présent suivi d'un infinitif. Regardez d'abord la section grammaire K20. Réécrivez les huit phrases en utilisant le présent du verbe *venir de*.

*Exemple :* 1 Je viens de rentrer de vacances ce matin.

1 Je suis rentrée de vacances ce matin.
2 Il a fait une randonnée.
3 Ils ont visité la Tunisie.
4 On a exploré le désert.

5 Elle y est allée en car.
6 On a vu les Alpes suisses.
7 J'ai pris mon vélo.
8 Elles ont fait le tour de la ville à pied.

4 Travaillez à deux. Posez ces questions à votre partenaire et répondez aussi à ses questions. Ajoutez des détails supplémentaires si possible.

*Exemple :* Tous les jours, je vais au collège à pied. J'habite assez près du collège.

- Comment vas-tu au collège ?
- Avec qui est-ce que tu y vas ?
- Tu y arrives à quelle heure ?
- Combien de temps te faut-il pour faire le trajet ?

- Est-ce que tu prends le bus quelquefois ?
- Pour aller où ?
- Quel bus prends-tu ?
- Quand as-tu pris le bus la dernière fois ?
- Pourquoi n'y es-tu pas allé(e) à pied ?

5 Écrivez environ 80 mots en français pour expliquer la manière dont vous venez de rentrer chez vous. Mentionnez :
- ce que vous venez de faire et où
- comment vous êtes rentré(e)
- pourquoi vous avez choisi de rentrer en bus/à pied
- combien de temps cela vous a pris

*En Vol*

# 3.7c Les déplacements urbains

★ **Décrire son chemin en ville**
★ *Venir de* au présent et à l'imparfait suivi d'un infinitif ; prépositions de lieu

# Les transports en ville

Pour vous déplacer facilement dans notre ville, servez-vous des transports en commun. Imaginez que vous venez d'arriver au centre en voiture et que vous ne pouvez pas trouver de place pour la garer. Que faites-vous ? Agacé et désespéré, vous rentrez chez vous sans avoir fait vos courses ou, si vous êtes un touriste, sans avoir visité la ville ! Pratiques, et offrant un bon rapport qualité-prix, les services des autobus et du tramway sont là pour vous aider. Pourquoi ne pas en profiter, donc ?

Pour ceux qui viennent de faire leurs courses, par exemple, le taxi est évidemment la solution de facilité. C'est certainement pratique, mais n'oubliez pas que cela coûte cher. Les bus et le tramway, quant à eux, vous amèneront tout près de votre destination à un prix abordable et, contrairement à ce que pensent beaucoup de gens, les arrêts sont nombreux.

Il suffit de lire ce témoignage d'une personne en visite dans notre ville pour voir qu'utiliser les transports en commun peut être plutôt avantageux.

« Nous venions d'arriver à Montpellier pour passer huit jours chez notre fille quand nous avons eu un accident de voiture. Rien de bien grave mais il a fallu la réparer. On a donc dû dépendre des transports publics pour nos déplacements et avons été enchantés des facilités de transport que cette ville offre à ses habitants ainsi qu'aux visiteurs. Nous avons été impressionnés par la fréquence des bus, leur ponctualité et surtout le choix d'itinéraires qui fait qu'il est toujours possible de les utiliser, quelle que soit votre destination. On venait de se rendre compte de tout cela quand le garagiste nous a contactés pour nous dire que notre voiture était prête. Vous devinez le reste ! On a fini notre séjour sans s'en servir ! »

**1** Lisez cette page d'informations sur les transports urbains qu'offre la ville de Montpellier. Ensuite, répondez aux questions en français.

*Exemple :* 1 C'est facile [1] et...

    **1** Pourquoi conseille-t-on aux visiteurs de Montpellier d'utiliser les transports en commun pour se déplacer ? [2]
    **2** Pourquoi un(e) habitant(e) de la ville qui conduit peut-il/elle être énervé(e) ?
    **3** Quel est l'avantage de prendre un autobus ou le tramway plutôt qu'un taxi ?
    **4** Quels autres facteurs convaincront les gens de prendre le bus ou le tramway quand ils font leurs courses ? [2]
    **5** Qu'est-ce qui a poussé le visiteur à se servir des transports publics ? [2]
    **6** Qu'a pensé le visiteur des transports en commun à Montpellier ?
    **7** Qu'est-ce qui l'a frappé le plus en ce qui concerne les bus ?
    **8** Une fois sa voiture réparée, qu'a fait le visiteur ?

**2** Écoutez M. Bertrand (première partie) et Mme Duval (deuxième partie) parler à une employée de l'office de tourisme. Faites correspondre les débuts de phrases (1-8) aux fins de phrases (A-H).

*Exemple :* 1 C

| | |
|---|---|
| **1** M. Bertrand vient de | **A** expliquer comment y aller. |
| **2** Il aimerait | **B** tous les quarts d'heure. |
| **3** L'employé essaie de lui | **C** trouver son hôtel. |
| **4** Pour y aller, il doit | **D** manquer le bus. |
| **5** Pour aller à la patinoire, il faut | **E** prendre la direction de l'autoroute. |
| **6** Pour trouver l'arrêt de bus le plus proche, on doit | **F** faire deux cents mètres. |
| **7** Sur cette ligne, le bus passe | **G** se perdre. |
| **8** Mme Duval vient de | **H** prendre le bus numéro douze. |

**3** *Venir* de au présent et à l'imparfait suivi d'un infinitif. Regardez d'abord la section grammaire K20. Ensuite, réécrivez les huit phrases en utilisant l'imparfait du verbe *venir de*. Enfin, traduisez les phrases dans votre langue.

*Exemple :* 1 Il venait de trouver une place pour se garer.

**1** Il vient de trouver une place pour se garer.
**2** Nous venons de faire les courses.
**3** Le bus vient de partir.
**4** Ils viennent d'avoir un accident de voiture.
**5** Le garagiste vient de les contacter.
**6** Vous venez de manquer le bus.
**7** Je viens de vous le dire.
**8** Tu viens de prendre le train.

**4** Travaillez à deux pour faire un jeu de rôle. Un(e) touriste de passage à Montpellier a besoin d'aller à la mairie mais ne sait pas où elle se trouve et demande conseil à un(e) passant(e). Une personne joue le rôle A (le/la touriste) et l'autre joue le rôle B (le/la passant(e)). Ensuite, changez de rôle. Le/La touriste commence.

**1 A** *Excusez-moi. Je suis en vacances et je suis perdu(e). Où se trouve la place de la mairie, s'il vous plaît ?* **B** *...*
**2 A** *D'accord, merci. Il faut combien de temps pour y aller à pied ?* **B** *...*
**3 A** *Moi, j'aime prendre le bus. Qu'est-ce qu'il y a comme transports publics ici ? Ils sont comment ?* **B** *...*
**4 A** *Et se déplacer en taxi, c'est comment ici ?* **B** *...*
**5 A** *Comment vous déplacez-vous d'habitude ?* **B** *...*

**5** Écrivez un SMS de 130-140 mots en français à votre cousin(e) belge qui passe une semaine chez vous mais qui s'est perdu(e) en ville. Mettez dans votre SMS :
- Trois possibilités de retour à la maison (en bus, en taxi, à pied).
- La meilleure solution selon vous. Donnez des détails.
- Les raisons pour lesquelles les deux autres solutions sont plus problématiques.
- Ce que vous avez fait quand vous vous êtes perdu(e) en ville.
- Ce que vous avez l'intention de faire de manière à ce que cette situation ne se reproduise plus.

# Vocabulaire

### 3.1a Je vais en ville

**l'aquarium (*m*)** aquarium
**la banque** bank
**la bibliothèque** library
**la boutique** shop, boutique
**le bowling** bowling alley
**la cathédrale** cathedral
**le centre commercial** shopping centre
**le centre sportif** sports centre
**le château** castle
**le cinéma** cinema

**le commissariat (de police)** police station
**l'église (*f*)** church
**le garage** garage
**la gare (routière)** (bus) station
**la gendarmerie** police station
**l'hôpital (*m*)** hospital
**l'hôtel de ville (*m*)** town hall
**le jardin public** parc
**la mairie** town hall
**l'office de tourisme (*m*)** tourist office

**le parc** parc
**le parking** car park
**la poste** post office
**le stade** stadium
**le supermarché** supermarket
**le syndicat d'initiative** tourist office
**le théâtre** theatre
**le zoo** zoo

### 3.1b À la campagne et en ville

**agréable** nice, pleasant
**animé(e)** busy
**le bruit** noise
**bruyant(e)** noisy
**calme** quiet, calm
**le calme** calm
**la distraction** entertainment

**l'endroit (*m*)** place
**l'espace (*m*)** space
**excessivement** excessively
**le fleuve** *river*
**historique** historical
**impressionnant(e)** impressive
**l'immeuble (*m*)** block of flats

**le monde** people
**la nature** nature
**la place** place
**la rivière** river
**suffisamment** sufficiently
**tellement** really
**touristique** touristy

### 3.1c Je déteste ma ville

**l'ambiance (*f*)** atmosphere
**se baigner** to bathe, swim
**le bistrot** bistro, bar
**cultiver** to cultivate
**dangereux (dangereuse)** dangerous
**en été** in summer
**en hiver** in winter

**le lac** lake
**loin** far
**loin d'ici** far from here
**pittoresque** picturesque
**pollué(e)** polluted
**la pollution** pollution
**proche** near

**se promener** to (go for a) walk
**reposant(e)** relaxing, restful
**le soir** evening
**les sports nautiques** water sports
**super** super
**sûr (sure)** sure
**tout à fait** absolutely

### 3.2a Qu'est-ce qu'on achète ?

**l'alimentation générale (*f*)** grocer's shop
**la bague** ring
**la bijouterie** jeweller's
**la boucherie** butcher's
**la boulangerie** bakery
**le bracelet** bracelet
**la brosse à dents** toothbrush
**la charcuterie** delicatessen

**combien** how much
**la crème solaire** suncream
**la crèmerie** dairy shop
**la crêperie** creperie
**l'épicerie** grocer's
**la librairie** bookshop
**les lunettes (*f*) de soleil** sunglasses
**la parfumerie** perfume shop

**les pastilles pour la gorge** throat sweets
**le peigne** comb
**la poissonnerie** fishmonger's
**le prix** price
**le savon** soap
**toucher** to touch
**la trousse de toilette** toilet bag

### 3.2b Faisons les courses

**la bouteille** bottle
**la caisse** checkout, till
**le/la caissier (-ière)** cashier
**le chariot** trolley
**cher (chère)** expensive
**le chou-fleur** cauliflower
**le concombre** cucumber
**la confiture** jam
**l'électroménager (*m*)** electrical appliances
**l'épice (f)** spice

**faire les courses** to do the shopping
**le frigo** fridge
**la grande surface** supermarket
**l'hypermarché (*m*)** hypermarket
**le kilogramme** kilogram
**le libre-service** self-service
**le marchand** seller, stallholder
**le marché couvert** covered market
**le morceau** piece
**la nourriture** food

**le panier** basket
**le paquet** packet
**les produits (*m*) (locaux, d'entretien)** (local, cleaning) products
**quelques** some, a few
**le rayon** department
**le sac** bag
**le sac à vie** bag for life
**le tube** tube

## 3.2c Achetons des cadeaux

**l'anniversaire (*m*)** birthday
**la bague** ring
**la bijouterie** jeweller's
**les boucles (*f*) d'oreilles** earrings
**le cadeau** present
**la ceinture** belt
**le collier** necklace

**la couleur** colour
**coûter** to cost
**de valeur** valuable
**disponible** available
**la forme** shape
**les gants (*m*)** gloves
**l'idée (*f*)** idea

**les lunettes (*f*) de soleil** sunglasses
**la montre** watch
**offrir** to give
**une paire de ...** a pair of ...
**les soldes (*m*)** sales
**sportif (-ive)** sporty
**le/la vendeur (-euse)** seller, sales assistant

## 3.2d Tu penses que ça me va... ?

**l'achat (*m*)** purchase
**les baskets (*f*)** trainers
**Ça vous va bien !** It suits you!
**la cabine d'essayage** changing room
**la casquette** cap
**la chaussette** sock
**le chemisier** blouse
**le coton (en coton)** cotton

**cher (chère)** expensive
**court(e)** short
**la cravate** tie
**décontracté(e)** casual
**dépenser** to spend
**différent(e)** different, various
**échanger** to exchange, swap
**étroit(e)** narrow, tight

**l'imperméable (*m*)** raincoat
**la laine** wool
**le sac (à main)** (hand) bag
**la soie** silk
**la taille** size
**trop grand(e)/petit(e)** too big/small
**trop large/serré(e)** too wide/tight
**la veste** jacket

## 3.3a Parlons de l'argent

**l'argent (*m*)** money
**la banque** bank
**le billet** ticket
**la caisse** cashier's desk
**la carte bancaire** bank card
**le centime (le centime d'euro)** cent
**changer** to change
**le chèque** cheque
**la commission** commission
**le compte bancaire** bank account

**le coût** cost
**déposer** to deposit
**le distributeur de billets automatique** cash machine
**l'euro (*m*)** euro
**la facture** bill
**la fiche** form
**les frais (*m*) de commission** commission fees
**la monnaie** currency

**le passeport** passport
**payer** to pay
**la pièce** piece
**la pièce d'identité** piece of identity
**la pièce de monnaie** coin
**pour cent** percentage
**remplir** to fill in
**retirer de l'argent** to withdraw money

## 3.3b On reste en contact ?

**l'adresse (*f*)** address
**l'adresse (*f*) e-mail** e-mail address
**l'avantage (*m*)** advantage
**le bureau de poste** post office
**la carte d'anniversaire** birthday card
**la carte postale** postcard
**le colis** parcel
**le courriel** e-mail

**le courrier** mail, post
**envoyer (un colis, un SMS/un texto)** to send (a parcel, a text message)
**à l'étranger** abroad
**le guichet** counter; box office
**la lettre** letter
**en ligne** online
**lourd(e)** heavy

**le paquet** package
**retourner** to return
**la signature** signature
**signer** to sign
**téléphoner** to telephone
**le téléphone portable/mobile** mobile phone
**le timbre** stamp

## 3.3c Zut, j'ai perdu mes clés...

**en argent** in silver
**le bureau (des objets trouvés)** (lost-property) office
**casser** to break
**la clé (les clés)** key (keys)
**le commissariat de police** police station
**la couleur** colour
**le cuir (en cuir)** leather (in leather)
**déclarer** to report
**décrire** to describe
**la description** description

**la gare routière** bus station
**laisser** to leave
**laisser tomber** to drop
**moyen(ne)** medium
**l'or (*m*) (en or)** gold (in gold)
**oublier** to forget
**le parapluie** umbrella
**perdre** to lose
**le plastique (en plastique)** plastic (in plastic)
**le portefeuille** wallet

**la poche** pocket
**le portemonnaie** purse
**la taille** size
**trouver** to find
**la valise** suitcase
**le vol** theft
**voler** to steal

## 3.4a L'environnement et moi

**l'agriculture bio (f)** organic farming
**le danger** danger
**dangereux (dangereuse)** dangerous
**les déchets (m)** waste
**l'eau (non) potable** (non-)drinkable water
**l'écologie (f)** ecology
**écologique** ecological
**l'écologiste (f/m)** ecologist
**l'environnement (m)** environment
**faire le tri** to sort

**falloir (il faut)** to have to
**l'incendie (m)** fire
**jeter** to throw
**le nettoyage** cleaning
**nettoyer** to clean
**peu profond(e)** shallow
**la pile** battery
**polluer** to pollute
**la pollution** pollution
**préserver** to preserve

**les produits biologiques** organic products
**la protection** protection
**protéger** to protect
**ramasser** to gather, collect
**le recyclage** recycling
**recycler** to recycle
**sauver** to save
**trier** to separate, sort
**vide** empty

## 3.4b On adore les parcs nationaux

**l'aire (f)** area, zone
**l'animal sauvage (m)** wild animal
**la baignade** swimming, bathing
**(se) baigner** to swim, bathe
**la biodiversité** biodiversity
**la chaleur** heat
**le champ** field

**la chute d'eau** waterfall
**le climat** climate
**le danger** danger
**dangereux (dangereuse)** dangerous
**l'endroit (m)** place
**la ferme** farm
**le lac** lake

**la mer** sea
**mordre** to bite
**la mouche** fly
**nager** to swim
**la nature** nature
**la planète** planet

## 3.4c Notre environnement est en danger !

**l'amélioration (f)** improvement
**améliorer** to improve
**les animaux marins** sea animals
**l'autoroute (f)** motorway
**biodégradable** biodegradable
**la campagne** countryside

**le conseil** advice
**la côte** coast
**la déforestation** deforestation
**(se) dégrader** to break down, degrade
**le déplacement** movement
**l'emballage (m)** packaging

**faire un geste** to do something (for a cause)
**grave** serious
**le problème** problem
**résoudre** to solve
**les résultats (m)** results
**la solution** solution

## 3.5a Le temps qu'il fait

**en automne** in the autumn
**beau (belle)** fine
**le brouillard** fog
**chaud** warm
**l'est (m)** east
**en été** in the summer

**froid** cold
**en hiver** in the winter
**mauvais(e)** bad
**le nord** north
**le nuage** cloud
**l'ouest (m)** west

**le pays** country
**au printemps** in the spring
**le soleil** sun
**le sud** south
**le temps** weather
**le vent** wind

## 3.5b Les prévisions météorologiques

**l'amélioration (f)** improvement
**la chaleur** heat
**le ciel** sky
**se dégager** to clear
**la dépression** depression
**l'éclaircie (f)** sunny spell
**ensoleillé(e)** sunny
**frais (fraiche)** cool

**frais (fraiche)** cool
**la gelée** frost
**geler** to freeze
**le givre** frost
**nuageux (nuageuse)** cloudy
**l'orage (m)** storm
**l'ouragan (m)** hurricane
**la pluie** rain

**plus ou moins** more or less
**pousser** to push
**la prévision** forecast
**protéger** to protect
**souffler** to blow
**tirer** to pull
**le tonnerre** thunder
**le verglas** ice

## 3.5c Les changements de climat

**agir** to act
**au lieu de** instead of
**bien que** although
**la côte** coast
**court(e)** short
**doux (douce)** mild, soft
**enneigé(e)** snowy

**être conscient(e) de** to be aware of
**le feu** fire
**fondre** to melt
**l'île (f)** island
**l'incendie (m)** fire
**l'inondation (f)** flood
**le manque** lack

**le niveau** level
**pluvieux (pluvieuse)** rainy
**protéger** to protect
**le réchauffement** warming
**la sècheresse** drought

## 3.6a Trouver son chemin

**l'aire (f) de jeux** playground
**aller (pour aller)** to go (in order to go)
**alors** then, so
**l'arrêt de bus (m)** bus stop
**l'auberge de jeunesse (f)** youth hostel
**la cathédrale** cathedral
**le château** castle
**le cinéma** cinema
**le commissariat de police** police station
**continuer** to continue
**droit(e) (à droite)** right (on the right)

**l'église (f)** church
**ensuite** then
**excusez-moi** excuse me
**la face (en face)** side (opposite)
**la gare** railway station
**gauche (à gauche)** left (on the left)
**l'hôpital (m)** hospital
**l'hôtel (m)** hotel
**jusqu'à** until, as far as
**l'office de tourisme (m)** tourist office
**pardon** excuse me

**le parking** car park
**la piscine** swimming pool
**la place** square
**la plage** beach
**le port** port
**le restaurant** restaurant
**le rondpoint** roundabout
**la station-service** petrol station
**la station de métro** underground station
**tout droit** straight on

## 3.6b Ça se trouve où, s'il vous plait... ?

**le centre historique** historic centre
**le chemin** path, way
**à coté de** next to
**devant** in front
**l'endroit (m)** place
**loin** far

**à pied** on foot
**la piste cyclable** cycle path
**le pont** bridge
**prendre** to take
**près** near
**proche** nearby

**renseigner** to inform
**la sortie** exit
**tout de suite** straightaway
**traverser** to cross
**se trouver** to be located
**la vieille ville** old town

## 3.6c Pouvez-vous expliquer exactement... ?

**le bâtiment** building
**la colline** hill
**ensemble** together
**les feux (m)** traffic lights
**indiquer** to show, tell
**là (là-bas)** there (over there)

**le monument** monument
**le passage pour piétons** pedestrian crossing
**le plan (de la ville)** (town) plan
**recommander** to recommend
**les renseignements (m)** information

**retrouver** to find
**suivre** to follow
**le toit** roof
**tourner** to turn

## 3.7a On se déplace

**à l'étranger** abroad
**l'avion (m)** aeroplane
**le bateau** boat
**le bateau à voile** sailing boat
**la bicyclette** bicycle
**le camion** lorry
**la camionnette** van
**le car** coach

**le chauffeur** chauffeur/driver
**combien de temps** how long
**comment** how
**le/la conducteur/conductrice** driver
**la croisière** cruise
**se déplacer** to move
**mener** to lead
**le métro** underground, tube

**la mobylette** moped
**la moto** motorbike
**le moyen de transport** means of transport
**à pied** on foot
**le trajet** journey
**le vélo** bike
**la voiture** car
**voyager** to travel

## 3.7b On y va à pied ou en bus ?

**le car de ramassage scolaire** school bus
**combien de temps** how much time, how long
**découvrir** to discover
**l'endroit (m)** place
**escalader** to climb
**faire un tour** to go around
**gaspiller** to waste

**gratuit(e)** free (of charge)
**hebdomadaire** weekly
**la marche** walking
**mouillé(e)** wet, damp
**poser** to put down
**quotidien(ne)** daily
**la randonnée** hike
**la santé** health

**le sommet** peak
**la station balnéaire** seaside resort
**tant de** so many
**le trajet** journey
**traverser** to cross
**venir de** to come from
**la vue d'ensemble** overall view

## 3.7c Les déplacements urbains

**abordable** affordable
**l'arrêt (m) d'autobus** bus stop
**se déplacer** to move around
**enchanté(e)** delighted

**le feu (m) (tricolore)** traffic lights
**la fréquence** frequency
**se garer** to park
**l'itinéraire (m)** route

**manquer** to miss
**se perdre** to get lost
**se rendre compte de** to realise
**se servir de** to use

*Décollage*

# La Suisse, un pays prospère et accueillant

## Informations sur la Suisse

La Suisse est un pays avec des frontières avec la France, l'Allemagne, l'Italie, l'Autriche et le Liechtenstein. Elle est formée de vingt-six cantons. La ville de Berne en est la capitale.

C'est un pays qui est assez montagneux. En effet, les Alpes en occupent une bonne partie. La population de la Suisse est d'environ huit millions d'habitants dont la plupart habitent les grandes villes telles que Zurich et Genève.

C'est un pays neutre, c'est-à-dire qu'il ne participe pas aux décisions politiques ou militaires prises par les autres pays.

C'est aussi un pays prospère où la qualité de vie est bonne. De nombreux touristes viennent en Suisse pour y faire du ski par exemple ou simplement se relaxer.

Le climat y est doux en été et froid en hiver. Les quatre saisons de l'année sont bien distinctes.

La Suisse est connue dans le monde pour son horlogerie de précision. Le chocolat suisse a aussi une renommée internationale. Les amateurs de spécialités suisses apprécieront la fondue et la raclette, deux recettes de cuisine fantastiques.

La Suisse est un pays très accueillant où il est facile de se sentir chez soi. On s'habitue vite à son rythme de vie qui est dans l'ensemble plutôt calme.

1  Lisez les informations sur la Suisse. Les phrases 1-8 contiennent chacune une erreur. Corrigez les erreurs.

  1  La Suisse est entourée de quatre pays différents.

  2  Genève est la capitale de la Suisse.

  3  La population des grandes villes est de huit millions d'habitants.

  4  La Suisse fait partie de l'Union européenne.

  5  Beaucoup de touristes viennent y pratiquer des sports nautiques.

  6  Au mois d'aout, il fait plutôt frais.

  7  La Suisse a une renommée internationale pour sa cuisine.

  8  Les gens y mènent une vie assez frénétique.

Magazine

# Genève, qu'en pensez-vous ?

**On peut se promener au bord de l'eau**

**La ville et le lac Léman**

| | |
|---|---|
| *Suissavantou* | Moi, j'y travaille et ça me plait bien. Évidemment, c'est une grande ville et il y a beaucoup de circulation. Heureusement que les transports publics sont bien organisés. |
| *Genevoicar* | Peut-être que oui, mais si on prend sa voiture, on ne sait pas où la mettre. Il n'y a pas assez de places de parking. On n'habite pas tous près d'un arrêt d'autobus ou d'une gare ! |
| *Envirofana1* | Je ne vous comprends pas, Genevoicar. Prenez votre vélo, ça vous fera du bien. Et l'air qu'on respire sera meilleur, non ? En plus, comme ça, vous apprécierez la beauté de notre ville. |
| *Optimiste25* | De quoi vous plaignez-vous ? Vous avez une ville extraordinaire, au bord d'un lac. Je sais bien que je n'y vis pas. En fait, je ne suis ici que pour une semaine – mais il est évident que c'est un endroit presque idéal. |

# Quelles langues parle-t-on en Suisse ?

**Mettez-vous au défi. Devinez les informations qui manquent.**

Eh bien, cela dépend où vous habitez en Suisse. Si vous êtes proches de la France, la langue française est dominante. **1**......... de la population parle français en Suisse.

L'allemand toutefois est la langue la plus utilisée. Près des **2**.......... de la population parlent allemand.

Dans la partie sud de la Suisse, on se sert de l'italien pour communiquer. Cela concerne à peu près **3**.......... pour cent de la population.

Traditionnellement, il existe une quatrième langue officielle qui s'appelle le Romanche. Parlée par seulement **4**.......... actuellement, elle est en train de disparaitre.

Au travail, **5**.......... parle anglais. Ceci est un effet de la mondialisation et de l'influence anglo-américaine sur le reste du monde.

A   une personne sur cent

B   un quart

C   une personne sur quatre

D   dix

E   deux tiers

Schweizer Pass
Passeport suisse
Passaporto svizzero
Passaport svizzer
Swiss passport

Magazine

# Le Maroc, un pays de charme

## Vivre à Casablanca

Moi, j'habite à Casablanca. C'est la ville la plus prospère du Maroc. C'est une ville moderne en pleine expansion. On construit beaucoup de nouvelles maisons et c'est maintenant devenu un peu trop grand. Il y a trop de circulation sur les routes et la pollution y est importante. Il y a aussi beaucoup d'industries, ce qui n'arrange rien. Bien sûr, il y a la mer… heureusement ! Casablanca n'est pas une belle ville mais la plupart de ceux qui y vivent l'adorent.

Casablanca vu de la mer

J'ai mon boulot en ville. Je commence le matin à 8 heures et je rentre chez moi à 17 heures. J'habite chez mes parents dans un appartement super. C'est vrai qu'il y a de la pauvreté qui est évidente dans certains quartiers à l'extérieur de la ville. Casablanca est en effet une ville de contrastes où la richesse et la pauvreté coexistent, ainsi que l'ancien et le moderne, la vie occidentale et la vie africaine, le monde musulman et le monde séculaire. Ces différents aspects de la ville la rendent unique au Maroc.

Tout cela est peut-être un peu chaotique mais aussi fascinant. Le weekend, ce qui me plait le plus c'est de me promener et de voir comment vivent les gens. Ici, je me sens libre de vivre comme je veux et le fait que ce n'est pas une ville touristique est aussi quelque chose de positif, à mon avis.

Le samedi, soit je reste chez moi, soit je sors avec mes copains et mes copines et on va au cinéma ou en boite de nuit, ça dépend. Il y a tout ce qu'il faut pour les jeunes ici.

1 Lisez le blog de Farida et dites si les affirmations 1-6 sont vraies (V), fausses (F) ou si l'information ne nous est pas donnée (ND).

  1 Entre la circulation et les industries, Casablanca n'est pas une ville sans problèmes.

  2 C'est une ville au bord de l'eau qui n'est pas sans charme.

  3 Farida habite dans un bel appartement mais dans un quartier pauvre.

  4 Farida trouve la diversité architecturale et culturelle qui existe à Casablanca plutôt choquante.

  5 Farida se plait beaucoup à Casablanca.

  6 Comme il y a beaucoup à faire pour les jeunes à Casablanca, Farida va voir un film ou va danser chaque weekend.

*Menteur ! Nabila, Amjad et Samira parlent du Maroc. Qui est le menteur/la menteuse ?*

| | |
|---|---|
| *Nabila* | Le climat permet d'y partir en vacances une grande partie de l'année. Les touristes visitent Marrakech parce qu'ils adorent les souks et les plages. Pour ceux qui aiment le ski, il y a les montagnes de l'Atlas. |
| *Amjad* | Casablanca est la plus grande ville du Maroc et en est la capitale. C'est aussi la première métropole du Maghreb et le port le plus important du continent africain. On visite souvent Casablanca pour les affaires. Après Marrakech et Agadir, c'est la ville la plus visitée du pays. |
| *Samira* | Il y a beaucoup de mosquées à visiter au Maroc. L'influence musulmane est bien en évidence. Il y a les souks bien sûr et aussi des monuments romains importants. Les gens sont sympa, il y fait chaud et puis, à Essaouira par exemple, on est au bord de l'Atlantique. |

**A** Prix réduits pour ceux qui savent y faire.  **C** Un lieu de rencontres.
**B** Un nombre inimaginable d'articles.  **D** Des marchés artisanaux.

# Les marchés marocains

## 1

En France, quand on dit : « C'est le souk », cela veut dire que tout est en désordre. Au Maroc, un souk est un marché qui se passe quelquefois en plein air et quelquefois dans une série de salles et de tentes. Les commerçants y vendent souvent des produits qu'ils ont faits eux-mêmes comme par exemple des bijoux, des tapis, des vêtements, de la poterie ou du parfum.

On trouve tout ce qu'on veut au souk

## 2

On y trouve tout ce dont on a besoin, comme par exemple des fruits, des légumes, des épices, des souvenirs, etc. Dans certains souks, on peut même acheter des animaux tels que les moutons. Les marchands sont normalement organisés en quartiers ; un pour l'alimentation, un pour l'habillement, un autre pour l'équipement.

## 3

Comme les prix ne sont pas toujours fixes, il est recommandé de marchander dans les souks, c'est-à-dire d'offrir un prix inférieur au prix demandé. Attention ! vous n'avez qu'à regarder un produit ou simplement vous arrêter et le marchand viendra vous parler en espérant que vous achèterez quelque chose.

## 4

Les souks ne sont pas des marchés ordinaires. On y vient pour faire ses courses mais aussi pour voir ses amis. Ce sont des endroits pleins de charme où vous apprécierez l'ambiance marocaine.

*En Vol*

# Coin révision C1

## Les activités d'écoute plus sophistiquées

---

**Stratégies générales pour l'écoute**

→ Avant d'écouter, lisez les instructions et les questions.

→ Pas de panique ! Vous allez écouter l'enregistrement deux fois.

→ Quand vous écoutez l'enregistrement, prenez des notes mais n'oubliez pas de les rayer plus tard. Notez aussi qu'il y a une ou deux pauses dans l'interview.

→ Répondez aux questions dont vous êtes certain(e) de la réponse.

→ Écoutez l'enregistrement une deuxième fois et concentrez-vous sur les questions auxquelles vous n'avez pas encore pu répondre. Si vous n'avez pas répondu à la question 1 par exemple, la réponse est au début de l'enregistrement. Focalisez votre attention sur cette partie de l'enregistrement.

---

Ces pages vont vous familiariser avec ces deux types d'exercice d'écoute :

● questions à choix multiple (A, B, C, D)
● identifier les affirmations vraies dans une liste

## Questions à choix multiple

1 a Travaillez avec un(e) partenaire. Regardez l'exercice 1b. Avant d'écouter l'interview, lisez les questions et les réponses possibles. Discutez-en et essayez d'identifier les réponses qui sont probablement fausses. Justifiez vos choix.

*Exemple : Question 1*

*Les réponses C et D sont probablement fausses parce que les quatre saisons ne sont jamais les mêmes.*

---

→ Lisez les questions et toutes les réponses possibles (A, B, C, D) pour avoir une idée de ce dont il s'agit.

→ Vous n'entendrez pas nécessairement les mêmes mots et expressions que vous lirez dans les questions. Attention aux synonymes !

→ Faites attention aux expressions négatives.

→ Vous entendrez peut-être des mots individuels qui sont les mêmes que dans les questions, mais dans un autre contexte. Lisez la phrase complète avant de décider si c'est la bonne réponse.

---

**1 b** Vous allez entendre une interview avec un météorologue à la radio. Vous allez entendre l'interview deux fois. Il y a une pause dans l'interview. Pour chaque question, cochez (✓) la bonne case (A-D). Vous avez d'abord quelques secondes pour lire les questions.

**1** Avant, comment étaient les quatre saisons ?

| A | | Toutes les mêmes |
|---|---|---|
| B | | Très distinctes |
| C | | Froides |
| D | | Chaudes |

[1]

**2** À quoi les changements climatiques sont-ils dus ?

| A | | c'est la conséquence de l'activité humaine |
|---|---|---|
| B | | c'est seulement un phénomène naturel et cyclique |
| C | | aux changements de saisons |
| D | | ce n'est la faute de personne |

[1]

**3** Les inondations sont la conséquence de quoi ?

| A | | de la sècheresse |
|---|---|---|
| B | | de la glace |
| C | | de grosses pluies |
| D | | de la pollution |

[1]

**4** Que va-t-il se passer dans les régions polaires ?

| A | | il y aura des inondations |
|---|---|---|
| B | | il y aura des sècheresses |
| C | | le niveau de la mer va monter |
| D | | la glace va fondre |

[1]

**5** Quelle est la meilleure solution au problème des changements climatiques ?

| A | | d'avoir un impact important sur la planète |
|---|---|---|
| B | | de moins polluer l'atmosphère |
| C | | de s'assurer contre les changements climatiques |
| D | | de se battre contre les forces naturelles |

[1]

**6** Quelle action n'est pas du tout recommandée ?

| A | | d'utiliser sa voiture |
|---|---|---|
| B | | d'utiliser les transports publics |
| C | | d'avoir une industrie propre |
| D | | de jouer un rôle en tant qu'individu |

[1]

[Total : 6]

# Identifier les affirmations vraies dans une liste

**2 a** Travaillez avec un(e) partenaire. Regardez l'exercice 2b. Avant d'écouter l'interview, lisez les affirmations et traduisez-les dans votre langue.

→ Attention ! La séquence est importante : première partie de la conversation – pause – deuxième partie de la conversation – pause – troisième partie de la conversation. Pour chaque partie de la conversation, il y a cinq affirmations, dont deux sont vraies.

→ Si vous n'êtes pas sûr/sure, devinez la bonne réponse. Quelles deux options sont les plus probables ?

**2 b** Vous allez entendre deux fois une conversation entre Benoît et Marie, deux amis qui vont aller en ville ensemble à pied. Il y a deux pauses dans la conversation. Pour chaque question, cochez (✓) les **deux** bonnes cases (A-E). Vous avez d'abord quelques secondes pour lire les questions.

1 A Marie vient de changer de l'argent. ☐

B Marie ira à l'étranger la semaine prochaine. ☐

C Marie participe à un échange scolaire. ☐

D Marie est déjà allée chez sa partenaire l'été dernier. ☐

E Marie va demander à sa mère d'envoyer des lettres. ☐

**[2]**

[PAUSE]

2 A Samedi dernier, Benoît a perdu son portefeuille. ☐

B Benoît ne sait pas combien d'argent il avait dans son portefeuille. ☐

C Quelqu'un a trouvé son portefeuille et l'a ramené au bureau des objets trouvés. ☐

D Benoît va acheter du pain et des croissants pour sa mère. ☐

E Benoît n'aime pas aller dans les supermarchés. ☐

**[2]**

[PAUSE]

3 A Après avoir fait les courses, Marie et Benoît iront à la bibliothèque. ☐

B Marie doit emprunter un livre pour sa mère. ☐

C Benoît va laisser son ordinateur portable au magasin pour le faire réparer. ☐

D Marie rentrera chez elle pendant que Benoît ira au magasin. ☐

E Benoît a besoin d'argent pour payer la réparation de son ordinateur portable. ☐

**[2]**
**[Total : 6]**

*En Vol*

# Coin révision C2

## Les exercices de lecture plus sophistiqués

### Stratégies générales pour la lecture

→ Lisez attentivement le titre du texte et les instructions pour savoir ce qu'on vous demande de faire.

→ Ensuite, lisez le texte rapidement pour en comprendre le sens général.

→ Lisez bien les questions ou les affirmations pour savoir quels renseignements vous devez trouver dans le texte.

→ Relisez le texte pour pouvoir trouver les détails dont vous avez besoin pour compléter l'exercice.

Ces pages vont vous familiariser avec ces deux types d'exercice de lecture :
- décider quel texte correspond à quelle personne
- répondre à des questions en français

# Décider quel texte correspond à quelle personne

1 a Lisez les descriptions des cinq personnes dans l'exercice 1b. Pour chaque personne, écrivez trois caractéristiques.

→ Essayez de trouver un texte qui correspond à toutes les caractéristiques de chaque personne.
→ Attention ! Vous n'aurez pas besoin de tous les textes.

1 b Lisez les descriptions (a-e) de cinq personnes qui cherchent une famille d'accueil dans un pays francophone. Lisez aussi les huit annonces (1-8). Quelle annonce convient le mieux à chaque personne ? Pour chaque personne, écrivez le bon numéro (1-8) dans la case appropriée.

| a | | Moi, je fais partie d'un groupe dans lequel je joue de la batterie. C'est ma passion et ce serait bien de partager une semaine avec une famille qui n'a pas peur d'un peu de bruit. | ................... |
| b | | Je connais déjà la France – j'y suis allé plusieurs fois – et je voudrais passer huit jours dans un autre pays. J'ai horreur de la solitude, donc une famille nombreuse me conviendrait bien. | ................... |
| c | | Je suis végétarienne et j'adore les animaux. Plutôt que d'aller dans une grande ville, je serais heureuse de loger dans une ferme ou dans un petit village. Mais je crains le froid ! | ................... |
| d | | Moi, je vais faire des études d'arts plastiques. Donc ce serait bien si je pouvais combiner cet intérêt avec un séjour dans une famille francophone. Le climat n'a pas d'importance pour moi. | ................... |
| e | | J'aime bien voyager, surtout en mer. J'ai cinq semaines libres cet été et je veux en profiter au maximum. Un séjour d'une semaine n'est pas suffisant. Et je ne veux pas entendre un seul mot d'anglais ! | ................... |

| | |
|---|---|
| 1 | Vous appréciez le patrimoine et la culture ? Ici, vous êtes à 2 km d'une des meilleures galeries du nord de la France et notre ville est pleine de bâtiments historiques. Vous viendrez ici pour parler français, mais notre fille voudrait bien perfectionner son anglais aussi. |
| 2 | Pourquoi ne pas visiter la Belgique ? Nous voudrions accueillir une jeune fille ou un jeune garçon qui peut rester pendant au moins deux semaines. C'est un endroit assez isolé, mais nous sommes à quelques pas de l'arrêt d'autobus, donc vous pourrez vous rendre facilement en ville. |
| 3 | Si vous venez chez nous, vous pourrez vous détendre dans la nature et peut-être nous aider à nourrir les poules et les moutons. Vous pourrez aussi vous rafraichir dans notre piscine extérieure. Une chose qu'il faut bien comprendre dès le début : chez nous, la viande est interdite ! |
| 4 | Ici à la montagne, la chaleur n'est jamais étouffante. C'est idéal pour les randonnées et le VTT. Nos deux enfants sont d'ailleurs très sportifs – ils participent à des tournois de natation en France et à l'étranger. Le seul inconvénient, c'est qu'il n'y a pas grand-chose à faire le soir. |
| 5 | Chez nous, tout le monde joue d'un instrument. Donc le calme est rare ! À part cela, nous sommes tous sportifs. Notre maison se trouve sur la côte atlantique, donc il ne fait pas trop chaud, même en plein été. Notre chambre d'invités sera libre pendant huit jours à partir du 8 aout. |
| 6 | Nous sommes une famille de trois personnes très accueillante. La santé est primordiale chez nous. On prend rarement la voiture et on mange beaucoup de légumes et de fruits. La maison est bien chauffée – ce qui est nécessaire dans cette région de France. |
| 7 | Nous aimerions vous souhaiter la bienvenue en Corse, où nous habitons une belle maison avec vue sur la montagne. Pour venir chez nous, vous prendrez le bateau de Marseille. Une fois ici, vous pouvez rester un mois si vous voulez. On ne parle que français, donc il faudra vous entrainer ! |
| 8 | Nous vous invitons à passer une semaine chez nous dans notre appartement bien situé et confortable. Avec nos quatre enfants, vous ne vous ennuierez pas. Ici à Genève, vous êtes à quelques minutes de la frontière française, mais vous aurez de quoi vous occuper dans la ville aussi. |

[Total : 5]

# Répondre à des questions en français

2 a Travaillez avec un(e) partenaire. Lisez les descriptions et les annonces dans l'exercice 2b. Pour chaque annonce, écrivez un détail utile, par exemple : Quel genre d'information cherchez-vous ? Quel temps du verbe (passé, présent, futur) utilise-t-on dans l'annonce ? Comparez votre liste avec celle de votre partenaire.

→ Pour certaines questions, vous ne trouverez pas dans le texte les mots exacts dont vous avez besoin. Vous devrez comprendre le texte et répondre directement aux questions.
→ Notez le temps du verbe dans la question. Cela vous aidera à choisir le temps correct dans votre réponse.
→ Si vous trouvez dans le texte un mot clé qui est aussi dans la question, ce n'est pas nécessairement la bonne réponse. Lisez le paragraphe entier pour en être sûr/sure.

2 b  Lisez l'article et répondez aux questions en français.

## Le transport – un problème urgent

Les moyens de transport sont là pour nous faciliter la vie, tout au moins c'est ce qu'on pourrait croire. En fait, ils sont une des causes les plus importantes de la pollution atmosphérique.

Cette forme de pollution est très grave dans des pays tels que la Chine, où la population des grandes villes est énorme, et aussi dans d'autres pays tels que la France, où il a fallu autoriser aux Parisiens, temporairement, d'utiliser leur voiture seulement un jour sur deux.

À l'avenir, la voiture électrique sera peut-être une solution à ce problème. Elle existe déjà et certains pays tels que la Norvège l'ont adoptée avec enthousiasme. Les statistiques montrent qu'un quart des voitures neuves sont des voitures électriques. En attendant son expansion au niveau mondial, il faut que chacun pense au covoiturage, par exemple. C'est une solution simple mais qui pourrait réduire la circulation de moitié si chacun y pensait.

Les voitures ne sont pas les seules à polluer l'air qu'on respire. Le trafic aérien est de plus en plus dense et est responsable d'une partie importante de la pollution de l'air.

Quant aux transports publics tels que l'autobus ou le train, ils sont très utiles. Ce qui ne nous plait pas, c'est qu'ils ne nous amènent pas de porte à porte. On prend trop souvent sa voiture parce que c'est plus facile et plus pratique.

Pourtant, on en est arrivés à un tel point qu'il faut absolument passer à l'action. Ce n'est pas seulement la responsabilité du gouvernement mais celle de chacun. Pensons un peu aux générations futures !

1  Selon l'article, quel est l'objectif de tous les moyens de transport ?  [1]

2  Pourquoi est-ce que les grandes villes en Chine ont un problème de pollution atmosphérique ?  [1]

3  À Paris, qu'est-ce qu'on a interdit aux automobilistes de faire emporairement ?  [1]

4  Quel chiffre démontre l'enthousiasme de la Norvège pour les voitures électriques ?  [1]

5  À long terme, qu'est-ce qu'on espère concernant les voitures électriques ?  [1]

6  Quel serait l'aspect positif du covoiturage si chacun y participait ?  [1]

7  Pourquoi les avions posent-ils un problème croissant ?  [1]

8  Pourquoi préférons-nous prendre la voiture plutôt que les transports publics ? Donnez deux détails.  [2]

9  Qu'est-ce que tout le monde devra faire, et pourquoi ?  [2]

[Total : 11]

*Décollage*

## 4.1a L'enseignement secondaire en France

★ **Parler de l'enseignement secondaire français**
★ **La négation (*jamais*, *rien*, *personne*, *plus*, *que*)**
★ **Les nombres ordinaux**

# Guide de l'enseignement secondaire français

| Le lycée pro ou général et technologique (second cycle) | (17–18 ans) | Bac pro | Bac général | Bac technologique |
|---|---|---|---|---|
| | | Terminale pro | Terminale | Terminale |
| | (16–17 ans) | BEP ou CAP | Première | Première |
| | | Première pro | | |
| | (15–16 ans) | Seconde pro | Seconde générale et technologique | |
| | | Le Brevet | | |
| Le collège (premier cycle) | (14–15 ans) | Troisième | | |
| | (13–14 ans) | Quatrième | | |
| | (12–13 ans) | Cinquième | | |
| | (11–12 ans) | Sixième | | |

## Vous avez 11 ans

Vous avez enfin 11 ans. Voici le commencement de l'enseignement secondaire. Le seul problème : vous ne connaissez rien du système éducatif secondaire. On ne vous a jamais expliqué comment ça marche. Ne vous inquiétez plus ! Vous n'avez qu'à lire ce dépliant pour trouver toutes les informations nécessaires.

## Le collège

Commençons avec le collège, où vous resterez jusqu'à l'âge de 15 ans. C'est vrai que la rentrée en sixième peut être difficile, avec un nouvel emploi du temps et des méthodes de travail différentes. Vous ne vous habituerez surement jamais aux nouvelles matières. Et il n'y aura personne pour vous aider. Faux ! Le principal et les enseignants sont tous là pour vous aider, et à l'âge de 12 ans vous passerez tranquillement en cinquième, puis en quatrième, avant de préparer le Brevet des collèges en troisième. Cette année-là, vous devrez choisir un lycée.

## Le lycée

Vous passerez 3 ans au lycée, pour la seconde, la première et la terminale, mais comment choisir le bon lycée pour vous ? Le lycée professionnel est idéal pour les jeunes pratiques qui veulent obtenir un diplôme professionnel comme le brevet d'études professionnelles, le baccalauréat professionnel ou le certificat d'aptitude professionnelle. Si vous êtes plutôt doué pour les études et voulez préparer le baccalauréat général ou technologique, choisissez un lycée général et technologique.

**1** Lisez le dépliant et dites si les affirmations suivantes sont VRAIES ou FAUSSES. Si l'affirmation est FAUSSE, corrigez-la selon le texte.

*Exemple :* 1 VRAI

   **1** En France, on va au collège à l'âge de 11 ans.
   **2** Personne ne sait comment fonctionne le système éducatif français.
   **3** Normalement, on passe 6 ans au collège en France.
   **4** La vie au collège ne ressemble pas à la vie à l'école primaire.
   **5** Dans un collège, les professeurs aident les élèves s'ils ont un problème.
   **6** La dernière année du lycée s'appelle la terminale.
   **7** Tout le monde va dans le même type de lycée.
   **8** Si on va dans un lycée professionnel, on n'obtient pas de diplôme.

**2** Vous allez entendre une interview avec Laure au sujet de l'école secondaire en France. L'interview a deux parties. Il y a une pause entre les deux parties de l'interview. Répondez aux questions en choisissant A, B ou C. N'oubliez pas de lire les questions avant d'écouter.

*Exemple :* 1 C

**Première partie**

**1** Le système scolaire français…
  **A** est considéré comme démodé.
  **B** n'est plus aussi bon qu'avant.
  **C** est parmi les meilleurs systèmes éducatifs du monde.

**2** Laure…
  **A** va bientôt passer un examen.
  **B** vient seulement de commencer le collège.
  **C** a déjà le Brevet.

**3** L'enseignement secondaire en France…
  **A** est trop structuré, selon Laure.
  **B** est payant.
  **C** commence à l'âge de 11 ans.

**4** Laure…
  **A** a beaucoup appris au collège.
  **B** est encore plus timide qu'avant, maintenant.
  **C** n'a rien appris au collège.

**Deuxième partie**

**5** Elle…
  **A** ira sans aucun doute dans un lycée général et technologique.
  **B** doit choisir entre deux types de lycée.
  **C** veut aller dans un lycée professionnel.

**6** Le choix du type de lycée…
  **A** dépend des matières qu'un élève aime.
  **B** n'a pas d'importance.
  **C** n'est pas fait par les élèves eux-mêmes.

**3** La négation *(ne…jamais, ne…rien, ne…personne, ne…plus, ne…que)*. Regardez d'abord la section grammaire F. Reliez les débuts et les fins de phrase pour faire des phrases complètes.

*Exemple :* 1 F

**1** Je n'ai
**2** Je ne suis
**3** Ma sœur n'a
**4** Je ne connais
**5** Mon frère ne fait
**6** Ma sœur ne veut
**7** Ils n'ont
**8** Si tu ne fais

**A** que 11 ans et elle est donc en sixième.
**B** plus aller dans un lycée général et technologique.
**C** jamais ses devoirs.
**D** rien, tu ne réussiras jamais.
**E** jamais été forts en maths.
**F** rien appris au collège.
**G** plus collégien.
**H** personne en quatrième.

**4** Posez ces questions à votre partenaire. Répondez aussi à ses questions pour comparer le système scolaire dans votre pays avec le système scolaire français. Pour vous aider, utilisez le texte de l'exercice 1. Ajoutez des détails supplémentaires et votre opinion.
  **1** À quel âge va-t-on à l'école secondaire dans ton pays ?
  **2** Combien de matières étudie-t-on à l'école secondaire là où vous habitez et comment s'appellent toutes les classes ?
  **3** Qu'est-ce que tu veux étudier après les examens et pourquoi ?
  **4** Quel était ton cours préféré hier ? Pourquoi ?
  **5** À quel âge quitte-t-on l'école secondaire dans ton pays ? C'est le bon âge à ton avis ?

**5** Écrivez un e-mail ou un blog où vous résumez les différences les plus importantes entre le système scolaire en France et le système scolaire dans votre pays.
  ● À quel âge est-ce qu'on commence l'école secondaire ?
  ● Décrivez les matières qu'on étudie et les examens qu'on passe.
  ● Quels sont les noms des classes ?
  ● À quel âge est-ce qu'on quitte l'école secondaire ?

*En Vol*

# 4.1b Mes souvenirs de l'école primaire

★ **Décrire vos souvenirs de l'école primaire**
★ **Les pronoms possessifs** (*le mien, le tien* etc.)
★ **L'imparfait**

## Quand j'étais à l'école primaire

**Fillette01**
Coucou! Je viens de discuter de l'école primaire avec une vieille amie. Elle n'aimait pas son école mais moi, vraiment, j'adorais la mienne… les maitres et les maitresses, les matières, les activités qu'on faisait. Je trouvais tout super intéressant et j'aimais bien y aller chaque matin. Je me souviens en particulier d'une maitresse qui nous lisait toujours une histoire après le déjeuner. Et j'étais toujours impatiente d'acheter le matériel scolaire… de nouveaux carnets, des crayons, un cartable. J'ai de bons souvenirs. Et les vôtres, ils sont bons ? Vous aimiez votre école primaire ?

**JoJo3000**
Bof ! J'aimais assez l'école primaire mais, à mon avis, la mienne n'était pas aussi sympa que la tienne, Fillette01. Je trouvais les activités qu'on faisait bêtes et les autres se moquaient souvent de moi car j'étais très grand. En plus, je détestais l'heure du déjeuner ; nous ne mangions pas bien. Ceci dit, les maitresses étaient super gentilles et très patientes avec nous. Mon petit frère ira bientôt en primaire, mais pas à la même école que moi. J'espère vraiment que la sienne sera meilleure. Il n'est pas comme moi. Lui, il est beaucoup plus sociable et je suis sûr qu'il aimera bien l'école primaire.

**@OhLaLa**
Fillette01, tu as raison. L'école primaire me manque énormément. Je m'y amusais tellement bien et mes souvenirs sont aussi bons que les tiens. Moi aussi, j'avais des crayons de toutes les couleurs… et une petite trousse rouge qu'adoraient toutes mes copines. Quant aux maitres et maitresses, les nôtres étaient gentils aussi. En fait, ma petite sœur commencera l'école primaire en septembre et elle ira dans cette même école. Elle est un peu anxieuse, mais c'est normal. Le jour de la rentrée, je lui expliquerai tout simplement que tous les maitres sont gentils et je lui dirai de bien s'amuser.

**1** Lisez le forum de discussion. Ensuite, répondez aux questions en français.

*Exemple :* 1 Parce qu'elle en a parlé avec une amie.

  **1** Pourquoi Fillette01 pense-t-elle à l'école primaire ?
  **2** Quels aspects de l'école primaire mentionne-t-elle ? [2]
  **3** Qu'avait-elle toujours hâte de faire ?
  **4** Pourquoi JoJo3000 n'aimait-il pas l'école primaire autant que Fillette01 ? [3]

**5** Quel était le seul aspect positif de l'école primaire, selon lui ?

**6** Que pensait @OhLaLa de l'école primaire ?

**7** Pourquoi ses copines l'enviaient-elles ?

**8** Sur quel point les trois jeunes sont-ils d'accord ?

**2** Vous allez entendre une conversation entre deux jeunes, Audrey et Hanif, au sujet de l'école primaire. Choisissez les quatre affirmations qui sont vraies. Étudiez les affirmations avant d'écouter.

*Exemple :* 1, …

**1** Tout au début, Audrey était nerveuse.

**2** Audrey avait trop de devoirs quand elle était à l'école primaire.

**3** Elle a eu du mal à se faire des amis.

**4** À l'école primaire, Hanif s'amusait bien avec ses copains.

**5** Tous les maitres et maitresses d'Hanif étaient gentils.

**6** Audrey aimait tous ses maitres et maitresses.

**7** Audrey ne jouait pas de rôle dans les spectacles scolaires parce qu'elle oubliait toujours les paroles.

**8** Audrey avait ses propres feutres et crayons.

**3** Les pronoms possessifs ; l'imparfait. Regardez d'abord les sections grammaire B10 et K7. Complétez les phrases avec les verbes entre parenthèses à l'imparfait et remplacez les mots en gras par un pronom possessif.

*Exemple :* 1 Les maitresses de mon frère étaient plus strictes que les miennes.

**1** Les maitresses de mon frère ………. plus strictes que **mes maitresses**. (*être*)

**2** Nous ………. toujours que nos amis ………. plus que **vos amis**. (*croire, travailler*)

**3** Mes parents ………. toujours que mes profs ………. moins stricts que **leurs profs**. (*dire, être*)

**4** Ils ne ………. pas si le livre ………. à Anne ou si c'était **mon livre**. (*savoir, appartenir*)

**5** Je ………. aller à mon école à pied mais **ton école** se ………. plus loin. (*pouvoir, trouver*)

**6** Vous ………. que votre école primaire ………. plus grande que **notre école**. (*penser, être*)

**7** Je ………. mes maitres, mais lui, il ………. bien **ses maitres**. (*détester, aimer*)

**8** Je ………. toujours mes devoirs, mais tu ne ………. jamais **tes devoirs**. (*faire, faire*)

**4** Travaillez à deux pour faire un jeu de rôle. Un(e) élève français(e) parle avec un(e) ami(e) de ses souvenirs de l'école primaire. Une personne joue le rôle A (l'élève) et l'autre joue le rôle B (l'ami(e)). L'élève commence.

**1 A** Tu aimais l'école primaire ? Tu en as de bons souvenirs ? **B** …

**2 A** Et comment étaient tes maitres ? **B** …

**3 A** Et les autres élèves, comment étaient-ils ? **B** …

**4 A** Et qu'est-ce que tu faisais pendant l'heure du déjeuner ? **B** …

**5 A** Imagine que ton petit frère/ta petite sœur commence l'école primaire. Qu'est-ce que tu lui diras le matin de sa première journée ? **B** …

**5** Décrivez maintenant vos souvenirs de l'école primaire. Écrivez un billet de blog. Vous devez écrire 130-140 mots en français.

• Dites si vous aimiez l'école primaire et pourquoi.

• Décrivez votre maitre(sse) préféré(e) et un(e) autre que vous n'aimiez pas.

• Dites ce que vous faisiez pendant la récréation / à midi.

• Dites ce que vous aviez comme matériel scolaire.

• Imaginez que vous allez parler à un groupe d'enfants qui vont commencer l'école primaire. Quels conseils est-ce que vous leur donnerez ?

# 4.2 Further education and training

*Décollage*

## 4.2a Après le collège

★ **Parler de ce que l'on veut faire après le collège**
★ **La forme disjointe du pronom**

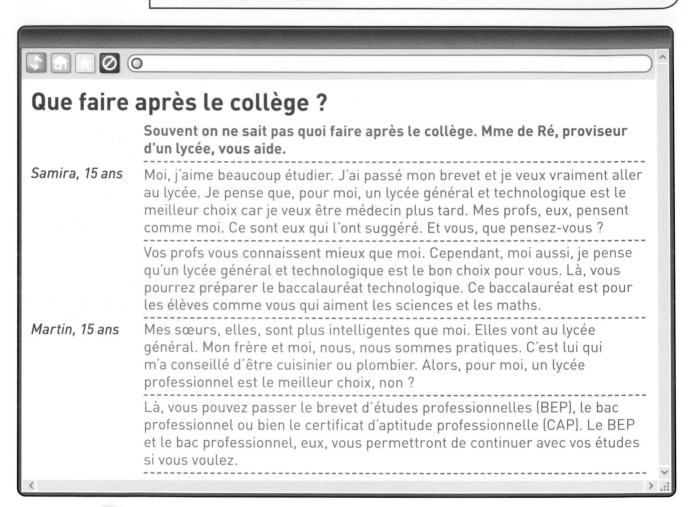

## Que faire après le collège ?

**Souvent on ne sait pas quoi faire après le collège. Mme de Ré, proviseur d'un lycée, vous aide.**

**Samira, 15 ans**

Moi, j'aime beaucoup étudier. J'ai passé mon brevet et je veux vraiment aller au lycée. Je pense que, pour moi, un lycée général et technologique est le meilleur choix car je veux être médecin plus tard. Mes profs, eux, pensent comme moi. Ce sont eux qui l'ont suggéré. Et vous, que pensez-vous ?

Vos profs vous connaissent mieux que moi. Cependant, moi aussi, je pense qu'un lycée général et technologique est le bon choix pour vous. Là, vous pourrez préparer le baccalauréat technologique. Ce baccalauréat est pour les élèves comme vous qui aiment les sciences et les maths.

**Martin, 15 ans**

Mes sœurs, elles, sont plus intelligentes que moi. Elles vont au lycée général. Mon frère et moi, nous, nous sommes pratiques. C'est lui qui m'a conseillé d'être cuisinier ou plombier. Alors, pour moi, un lycée professionnel est le meilleur choix, non ?

Là, vous pouvez passer le brevet d'études professionnelles (BEP), le bac professionnel ou bien le certificat d'aptitude professionnelle (CAP). Le BEP et le bac professionnel, eux, vous permettront de continuer avec vos études si vous voulez.

**1** Lisez le forum au sujet de ce que veulent faire les jeunes à l'avenir. Ensuite, répondez aux questions en français.

*Exemple :* 1 travailleuse

    **1** Comment est Samira ?
    **2** Qu'est-ce que Samira a fait récemment ?
    **3** Selon ses profs, quel est le meilleur choix de lycée pour elle ?
    **4** Pourquoi le baccalauréat technologique est-il le meilleur choix pour Samira ?
    **5** Pourquoi Martin ne veut-il pas aller au même lycée que ses sœurs ?
    **6** Qui est un peu comme lui ?
    **7** Qu'est-ce qu'il veut faire plus tard ? [2]
    **8** Qu'est-ce qu'on peut faire après le BEP ou le bac pro ?

**2** Vous allez entendre trois jeunes qui parlent de leur vie après le collège. Écoutez et mettez les mots ci-dessous à côté du bon nom.

| le certificat d'aptitude professionnelle | maçon |
|---|---|
| instituteur | pratique |
| s'inquiète | grande école |
| le brevet | les sciences |

| Élodie | *le brevet* |
|---|---|
| Adrien | |
| Franck | |

**3** La forme disjointe du pronom. Regardez d'abord la section grammaire D6. Copiez et complétez les phrases avec une forme disjointe du pronom.

*Exemple :* 1 elles

**1** Mes copines, ........... , sont toutes très artistiques.

**2** Mes parents, ........... , n'ont pas eu l'occasion de faire des études supérieures. ........... , j'ai plus de chance qu'........... .

**3** Mon frère, ........... , est plus intelligent que ........... et va aller à la fac.

**4** Pour ........... , qui veut être hôtelière, le bac professionnel est peut-être le meilleur choix.

**5** Je m'entends bien avec mes sœurs. Ce sont ........... qui m'ont aidé à décider quoi faire après mon Brevet.

**6** Mes amis et moi voulons tous aller au lycée général. Pour ........... , c'est tout simplement le meilleur choix.

**7** Et ........... , les filles, vous voulez faire des études supérieures ?

**8** ........... , tu es très doué pour les études.

**4 a** Travaillez à deux pour faire ce jeu de rôle. Une jeune personne vient de passer le brevet et parle à son/sa professeur(e). Une personne joue le rôle A (le/la professeur(e)) et l'autre joue le rôle B (l'élève). Le/La professeur(e) commence.

**1 A** Bonjour. Alors, vous avez passé le Brevet et il faut choisir quoi faire maintenant. Dites-moi, qu'est-ce que vous aimez comme matières ? **B** …

**2 A** Quel genre de lycée allez-vous choisir ? Pourquoi ? **B** …

**3 A** Vous voulez préparer quel baccalauréat ou diplôme ? **B** …

**4 A** Qu'ont dit vos parents et vos autres profs ? **B** …

**5 A** Qu'est-ce que vous allez faire après le lycée ? **B** …

| Moi, j'aime / j'adore<br>Par contre, je déteste / j'ai horreur de<br>L'histoire-géo / L'anglais | les maths / les sciences / le français / le dessin / la technologie.<br>l'informatique / l'EPS.<br>m'intéresse aussi. |
|---|---|
| À mon avis / Je dirais que<br><br>Moi, je vais choisir | le lycée général et technologique / professionnel est le meilleur choix pour moi parce que j'aime les langues vivantes / les sciences / la technologie.<br>un lycée général car je veux devenir prof. |
| Je pense que | le bac général est le meilleur choix pour moi parce que je veux être scientifique plus tard.<br>le bac pro ou le BEP seraient bien pour moi car je veux être cuisinier. |
| Mes parents / autres profs | sont d'accord avec moi.<br>pensent que X serait un meilleur choix pour moi.<br>disent que c'est à moi de décider. |

| J'aimerais bien étudier les sciences à l'université / poursuivre mes études / faire des études supérieures.<br>Je n'aime pas vraiment étudier, alors je n'irai pas à l'université.<br>Je ne sais pas si je veux aller à l'université. |
|---|

**4 b** Maintenant changez de rôle et faites le dialogue une deuxième fois.

**5** Écrivez un article pour une page web disant ce que vous allez faire après le collège.

*En Vol*

# 4.2b Mes projets d'avenir

★ **Parler de ses projets d'avenir**
★ **Le conditionnel**

**Pascal, 18 ans.** Pascal est en terminale. Si tout va bien, il aura bientôt son bac technologique. Il voudrait faire des études supérieures et étudierait bien dans une grande école mais elles coûtent cher. En plus, « Je ne sais pas si je supporterais deux années de classes préparatoires. » confie-t-il.

Alors il espère faire un DUT* dans un Institut universitaire de technologie. « Là je profiterais d'une formation de deux années et je pourrais faire des stages en entreprise » précise-t-il.

**Adélaïde et Eloïse, 18 ans.** Ces jumelles espèrent être bientôt bachelières générales. Et après ?

« Nous ferions des études supérieures tout de suite si ça ne coûtait pas aussi cher. » précisent-elles. « Nos parents n'auraient pas assez d'argent. »

Elles ont donc décidé d'arrêter temporairement leurs études pour voyager et gagner de l'argent. Leur sœur ainée a fait pareil – sans l'avoir fait elle n'aurait pas l'esprit si ouvert. Les jumelles iront à la fac quand elles rentreront pour faire une licence de lettres classiques.

**Guy, 18 ans.** Guy a son BEP et veut poursuivre ses études. « Nous avons cru que vous seriez prêt à arrêter vos études » ont dit ses professeurs. Guy aussi a cru qu'il travaillerait avec son père comme boulanger. Cependant, il a choisi de faire un apprentissage. Il passera une partie de son temps chez un employeur et une partie à étudier dans un centre de formation d'apprentis.

**Anouk, 17 ans.** Anouk est en première et prépare un baccalauréat général. « J'ai toujours voulu être professeur dans un collège » dit-elle. « Alors, si j'ai mon bac, j'aimerais m'inscrire à la fac car je dois avoir une licence pour devenir prof. Je ferais une licence de langues, je pense. Je devrais faire un master aussi et finalement, le CAPES, un concours de professeur certifié. Ce serait dur, mais pour moi, ça vaudrait la peine. »

*\* DUT – Diplôme universitaire de technologie*

**1** Lisez la page web. Ensuite lisez les affirmations ci-dessous. Choisissez la bonne personne / les bonnes personnes chaque fois. Écrivez P (Pascal), AE (Adélaïde + Éloïse), G (Guy) ou A (Anouk).

*Exemple :* 1 P, AE

Qui…
   **1** dit qu'étudier peut coûter cher ?
   **2** va pouvoir travailler chez un employeur tout en étudiant ?
   **3** doit avoir plusieurs diplômes pour faire ce qu'il/elle voudrait ?
   **4** veut aller à la fac pour étudier des langues anciennes, la littérature et la civilisation grecques et latines ?

5 ne prépare pas le bac ?

6 va faire comme un membre de sa famille ?

7 a considéré une institution sélective ?

8 fait un bac général ?

**2** Vous allez entendre deux jeunes qui discutent de ce qu'elles voudraient faire après le bac. Pendant que vous écoutez les jeunes, répondez aux questions en choisissant A, B, C ou D. Lisez les questions avant d'écouter.

*Exemple :* 1 C

**1** Florence…

A est à la fac.

B ne veut jamais aller à la fac.

C ne sait pas encore ce qu'elle veut faire à l'avenir.

D a déjà réussi son bac.

**2** Elle…

A va peut-être voyager avec une copine.

B veut voyager en Inde.

C va voyager avec sa cousine.

D va faire du bénévolat.

**3** Elle aimerait…

A faire une licence d'histoire.

B travailler dans un hôtel plus tard.

C rester à l'étranger.

D travailler pour ses parents.

**4** Isabelle fait…

A un bac général.

B une licence.

C un BTS.

D un bac technologique.

**5** Elle…

A va étudier à la fac.

B veut étudier dans une grande école.

C va travailler toute de suite.

D va voyager.

**6** Elle serait bien contente…

A de pouvoir toujours étudier une langue étrangère.

B d'arrêter ses études.

C de gagner de l'argent.

D de quitter l'école.

**3** Le conditionnel. Regardez d'abord la section grammaire K11. Complétez les phrases avec la bonne forme des verbes entre parenthèses au conditionnel.

*Exemple :* 1 irais

**1** Moi j'………. volontiers à la fac mais ça coûte trop cher. (*aller*)

**2** Elle ………. plus de temps libre si elle n'était pas en prépa pour une grande école. (*avoir*)

**3** Nous ………. voyager ensemble. (*pouvoir*)

**4** J'ai cru que vous ………. bien content de poursuivre des études. (*être*)

**5** Mes parents m'………. si je voulais m'inscrire en prépa. (*aider*)

**6** Et toi, tu ………. une licence de langues ou d'histoire ? (*faire*)

**7** Si on voyageait ensemble ce ………. super. (*être*)

**8** Mes copains ………. à tous mes concerts si je devenais chanteuse. (*venir*)

**4** Posez et répondez à ces questions. Ajoutez des détails supplémentaires, des formes de verbes différentes, et des expressions variées.

**1** Qu'est-ce qu'il y a comme études supérieures ici ?

**2** Quels sont les choix si l'on ne veut plus étudier ?

**3** Est-ce qu'il existe d'autres diplômes professionnels ?

**4** Peut-on arrêter temporairement les études ? Si oui, qu'est-ce qu'on peut faire ?

**5** Est-ce qu'il y a les mêmes choix qu'en France ?

**5** Écrivez un paragraphe pour décrire ce qu'on peut faire en quittant l'école là où vous habitez. Vous devez écrire 130-140 mots en français. Servez-vous des points de l'exercice 4.

# 4.3 Future career plans

## 4.3a Les métiers

*Décollage*

★ **Parler de différents métiers**
★ **La négation**

### Les métiers possibles

Coucou, c'est Alice. J'ai commencé récemment à me demander ce que je veux faire comme métier. En ce moment, je n'ai vraiment aucune idée.

Ma sœur, elle, est professeure mais ça ne m'intéresse pas du tout. Pour être professeur, il faut être calme et avoir beaucoup de patience et moi, je ne suis ni patiente ni calme. Par contre, j'aimerais peut-être travailler avec des enfants. Je pourrais travailler comme animatrice. Le problème, c'est que ce n'est pas bien payé. Pour moi, le salaire, c'est assez important.

Ma mère, elle, est traductrice. C'est intéressant mais ce n'est pas un travail très stable, à mon avis. De toute façon, moi, je n'ai jamais aimé les langues alors je ne ferai pas ça comme métier. Mon grand-père ne travaille plus mais il était pharmacien. Voici un métier qui m'intéresse. Après tout, je suis forte en sciences et en maths. Ma meilleure copine, elle, adore les animaux et aimerait bien être vétérinaire. Le seul problème ? Elle n'aime pas du tout les sciences. Moi, j'aime les sciences mais j'ai peur des animaux. Je n'ai aucune envie d'être médecin – personne ne devrait étudier pendant 9 ans, à mon avis.

Mon père, lui, est scientifique. Je serai peut-être scientifique comme lui. Ce qui est sûr, c'est que si je veux avoir un emploi bien payé, je dois beaucoup travailler.

**1** Lisez le blog, puis répondez aux questions en choisissant A, B ou C.

*Exemple :* 1 B

**1** Alice aime assez les enfants…
  **A** et pourrait travailler comme professeure.
  **B** et pourrait travailler comme animatrice.
  **C** et sait exactement ce qu'elle veut faire comme métier.
**2** Pour Alice…
  **A** l'argent est important.
  **B** l'argent n'est pas important.
  **C** travailler avec des enfants est important.
**3** Elle…
  **A** aimerait bien faire le même métier que sa mère.
  **B** n'a pas envie de faire le même métier que sa mère.
  **C** aime les langues mais ne veut pas être traductrice.

**4** Son grand-père…
  **A** est pharmacien.
  **B** était vétérinaire.
  **C** est retraité.
**5** Alice et sa meilleure amie…
  **A** aiment les mêmes choses.
  **B** veulent, toutes les deux, être vétérinaires.
  **C** ont des centres d'intérêt différents.
**6** Alice…
  **A** fera peut-être le même métier que son père.
  **B** pense que son père est trop bien payé.
  **C** n'est pas prête à beaucoup travailler.

**2** Vous allez entendre trois jeunes qui parlent des métiers. Lisez les affirmations ci-dessous, puis écoutez les jeunes. Choisissez la bonne personne/les bonnes personnes chaque fois. Écrivez G (Georges), V (Valérie) ou S (Sarah).

*Exemple :* 1 G
   **1** Je suis plutôt artistique, comme mes parents.
   **2** Ma mère travaille dans le sport.
   **3** Ma mère travaille dans un magasin.
   **4** Je pense que la stabilité est importante.
   **5** Mon père aime gagner pas mal d'argent.
   **6** Je ne ferai ni le métier de ma mère, ni le métier de mon père.
   **7** Ma voisine parle une langue étrangère.
   **8** Ma mère a un emploi intéressant.

**3** La négation. Regardez d'abord la section grammaire F. Faites des phrases négatives. Utilisez les adverbes de négation entre parenthèses.

*Exemple :* 1 Mon grand-père n'est plus mécanicien.
   **1** Mon grand-père, il est mécanicien. (*ne…plus*)
   **2** Ma sœur veut être professeur. (*ne…pas*)
   **3** Lui, il est stressé. (*ne…jamais*)
   **4** Il y a beaucoup du monde au bureau. (*ne…personne*)
   **5** Ils ont compris. (*ne…rien*)
   **6** Mon frère cadet a 11 ans mais il sait ce qu'il veut faire comme métier. (*ne…que*)
   **7** J'ai aimé les maths. (*ne…jamais*)
   **8** Je veux être photographe. C'est un métier stable. (*ne…plus*) (*ne…pas*)

**4** Posez ces questions à votre partenaire. Répondez aussi à ses questions. Si possible, ajoutez des détails supplémentaires. Écrivez vos réponses et apprenez-les par cœur.
   **1** Que font tes parents ou d'autres membres de ta famille comme métier ?
   **2** Ils aiment leurs métiers ?
   **3** Quelles qualités faut-il avoir pour faire ces métiers ?
   **4** Toi, tu aimerais faire ces métiers ? Pourquoi/Pourquoi pas ?
   **5** Quel est ton métier de rêve ? Pourquoi ?

| Ma mère / Mon père travaille comme<br>Moi aussi, je veux être<br>Je ne veux surtout pas être | analyste-programmeur (-euse), animateur (-trice), sportif (-ve), archéologue, chercheur (-euse), entraîneur (-euse), informaticien(ne), ingénieur(e), interprète, médecin, moniteur (-trice) de ski, musicien(ne), peintre, pharmacien(ne), photographe, professeur en collège / lycée, scientifique, traducteur (-trice), vétérinaire, | parce que<br>c'est un<br>métier | intéressant / important / bien payé / utile / varié / stable / stressant / ennuyeux. |
|---|---|---|---|
| Ma grand-mère<br>Mon grand-père | ne travaille plus. | | |
| Pour faire ce travail, il faut | être calme / patient(e) / intelligent(e) / fort(e) en langues, maths, sciences / sportif, sportive.<br>aimer les enfants / les animaux / travailler en équipe. | | |

**5** Écrivez un blog au sujet des gens que vous connaissez ou des gens célèbres qui font des métiers intéressants. Dites quelles qualités il faut avoir pour faire ces métiers et si vous aimeriez faire la même chose. N'oubliez pas de donner des raisons.

*Exemple :* **Ma tante est archéologue…**

*En Vol*

# 4.3b Mon futur métier

★ **Parler des métiers possibles**
★ **La négation ; le conditionnel passé**

## Comment choisir le bon métier ?

*Savoir quoi choisir comme métier peut être très difficile. Comment savoir si on a bien choisi ? Voici des conseils de trois personnes qui ont mal choisi et auraient dû faire autre chose.*

### Cyril, 45 ans

Moi, j'aurais aimé être scientifique. Après tout, j'ai toujours adoré les sciences et je suis plutôt curieux comme personne. Cependant, quand j'étais plus jeune, le plus important était de gagner beaucoup d'argent. C'est pour ça que j'ai choisi le mauvais métier. Moi, j'ai décidé d'être analyste-programmeur, un métier que je n'aurais jamais dû choisir. Je n'aime ni le travail, ni mon patron. Je fais la même chose tous les jours. Comme scientifique, je n'aurais pas gagné beaucoup d'argent et je ne serais peut-être pas parti en vacances tous les ans, mais je serais plus content. Il faut absolument faire ce qui vous intéresse.

### Françoise, 40 ans

Mes grands-parents auraient été très déçus. Ils m'ont toujours dit d'avoir de grandes ambitions, mais moi, j'avais trop peur. J'aurais dû être chanteuse mais je croyais que je ne réussirais pas, que la stabilité était plus importante. J'ai beaucoup étudié et je suis devenue prof de musique. J'aime bien enseigner et les élèves sont gentils. Ils disent constamment « Vous auriez dû être chanteuse, madame. » Je n'ai aucune envie d'être professeur toute ma vie. Comme chanteuse, j'aurais eu l'occasion de voyager et j'aurais rencontré beaucoup de gens intéressants. Je serais même devenue célèbre, peut-être. Il ne faut pas avoir peur.

### Jean, 38 ans

Après des années d'études, je suis devenu avocat. C'est un métier bien payé et intéressant, c'est vrai. Cependant, je dois beaucoup travailler et je rentre toujours tard. J'aurais préféré être artiste-peintre. « Tu n'aurais pas dû écouter tes parents » dit souvent ma femme. Pourtant, si je n'étais pas avocat, nous n'aurions pas pu vivre dans une grande maison. Maintenant, je fais de la peinture quand j'ai du temps libre. Il faut avoir une vie privée aussi.

**1** Lisez les conseils. Ensuite, reliez les débuts et fins de phrases selon le sens du texte.

*Exemple :* 1 D

| | |
|---|---|
| **1** Cyril | **A** avait un emploi différent. |
| **2** Son travail | **B** ne déteste pas le travail qu'il fait. |
| **3** Cyril serait plus content s'il | **C** aurait dû écouter ses grands-parents. |
| **4** Il n'est plus d'avis | **D** voulait gagner beaucoup d'argent quand il était plus jeune. |
| **5** Françoise | **E** que l'argent est la chose la plus importante. |
| **6** Elle pense | **F** est peu varié. |
| **7** Jean | **G** qu'on doit prendre des risques quelquefois. |
| **8** Il | **H** aimerait passer plus de temps chez lui. |

**2** Vous allez entendre une conversation entre deux amies au sujet des métiers. Il y a deux pauses dans la conversation. Pour chaque question, choisissez les deux phrases qui sont correctes parmi les cinq propositions (A-E). N'oubliez pas de lire les affirmations avant d'écouter la conversation.

*Exemple :* 1 C, ...

**1** A Anne aurait pu être actrice quand elle était plus jeune.
B Marine est célèbre.
C Marine se demande si elle a choisi le mauvais métier.
D Pour Marine, l'argent n'est pas important.
E Selon Anne, Marine est faite pour être professeure.

**2** A Anne aime travailler avec d'autres personnes.
B En fin de compte, Anne pense qu'elle a choisi le bon métier.
C Marine pense qu'Anne aurait dû être journaliste.
D Anne n'a pas fait d'études supérieures.
E Anne va changer de métier.

**3 a** Le conditionnel passé. Regardez d'abord la section grammaire K11. Mettez les phrases au conditionnel passé.

*Exemple :* 1 Il n'aurait pas dû travailler dans un bureau.

**1** Il ne (*devoir*) pas travailler dans un bureau.
**2** J'(*aimer*) être comptable mais j'étais nul en maths.
**3** Nous (*pouvoir*) acheter une grande maison.
**4** Elles (*venir*) au bureau, mais elles n'avaient pas le temps.
**5** Comme avocat, vous (*devenir*) riche.
**6** Comme pilote, tu (*voyager*) beaucoup.
**7** Mme Hardy ne (*penser*) jamais que je deviendrais scientifique.
**8** Elle (*préférer*) ne pas travailler le weekend.

**3 b** Relisez la page web. Trouver des exemples de *ne...ni...ni* et de *ne...aucun*. Copiez ces phrases négatives et traduisez-les dans votre langue. Ensuite, écrivez une phrase qui contient *ne...ni...ni* et une deuxième qui contient *ne...aucun(e)*.

*Exemple :* Il n'aime ni le café, ni le thé. Elle, elle n'avait aucune idée.

**4** Travaillez à deux pour faire ce jeu de rôle. Un(e) élève ne sait pas quoi faire comme métier et parle à un conseiller/une conseillère d'orientation professionnelle. Une personne joue le rôle A (le conseiller/la conseillère) et l'autre joue le rôle B (l'élève). Le conseiller/La conseillère commence.

  **1** A Bonjour. Dis-moi, qu'est-ce que tu fais comme matières ? B ...
  **2** A Quelles sont tes matières préférées et quelles matières est-ce que tu n'aimes pas ? Quels sont tes centres d'intérêt et tes qualités ? B ...
  **3** A Qu'est-ce qui est important pour toi dans un métier ? B ...
  **4** A Que font tes parents comme métier ? Est-ce qu'ils ont bien choisi ? Pourquoi ? B ...
  **5** A À ton avis, qu'est-ce que tu pourrais faire comme métier ? B ...

**5** Écrivez un paragraphe pour décrire ce que fait quelqu'un que vous connaissez et ce qu'il/elle aurait pu/aurait dû faire comme métier. Dites aussi ce que vous voulez faire. Vous devez écrire 130-140 mots en français.
- Qu'est-ce qu'il/elle fait comme métier ? Aime-t-il/elle son métier ?
- Qu'est-ce qu'il/elle a comme diplômes ?
- Comment est-il/elle ? Calme, patient(e)... ?
- Qu'est qu'il/elle aurait pu/aurait dû faire comme métier ?
- Qu'est-ce que vous pourriez faire comme métier ?

# Employment

*Décollage*

## 4.4a J'arrête les études pendant un an !

★ **Parler d'arrêter les études pendant un an et des petits boulots**
★ **Les expressions de temps**

Salut Orane,

J'espère que tu vas bien. Moi, j'ai beaucoup travaillé pendant toute l'année mais enfin, les grandes vacances sont arrivées. Cependant, je n'aurai pas beaucoup de temps libre cette année car j'ai trouvé un boulot. Je suis guide touristique à Marseille depuis deux semaines. Ce n'est pas pour longtemps, seulement pour les grandes

vacances, mais c'est bien pour moi. Je travaille tous les jours pendant quatre heures, entre dix heures et quatorze heures. Après, j'ai le temps de me relaxer un peu.

Dès que j'ai vu l'annonce il y a deux mois, je voulais ce boulot. Heureusement, ils m'ont employé. Être guide touristique est super. Je gagne un peu d'argent et je passe du temps dehors. J'adore voir différentes choses pendant la journée. Comme les touristes, moi aussi je découvre Marseille. Il y a des attractions touristiques que je ne connaissais pas avant. En plus, je rencontre des gens extrêmement intéressants. Il y a deux jours, j'ai parlé pendant deux heures avec un vieil homme très intelligent et marrant aussi. Avoir un petit boulot est super.

Et toi, tu vas chez tes grands-parents pour les vacances cette année ou tu restes à Cherbourg ?

Amitiés,

Paul

**1** Lisez l'e-mail puis répondez aux questions en français.

*Exemple* : 1 Il est travailleur parce qu'il dit qu'il a beaucoup travaillé pendant toute l'année.

   **1** Comment est Paul comme élève ? Comment le sait-on ? [2]
   **2** Pourquoi est-ce que Paul ne se repose pas en ce moment ? [1]
   **3** Depuis combien de temps fait-il ce travail ? [1]
   **4** Combien de jours par semaine travaille-t-il ? [1]
   **5** Comment a-t-il trouvé ce boulot ? [1]
   **6** Pourquoi aime-t-il son boulot ? [2 raisons]
   **7** Qu'ont-ils en commun, Paul et les touristes ? [1]
   **8** Où habite Orane ? [1]

**2** Écoutez les cinq jeunes parler de leur année sabbatique. Ensuite, notez si chaque personne a trouvé l'expérience positive (P), négative (N) ou positive et négative (P/N).

*Exemple* : 1 P/N

**3** Les expressions de temps. Regardez d'abord la section grammaire C4. Complétez les phrases avec une expression de temps dans la liste.

*Exemple :* 1 en

**1** J'ai beaucoup appris .......... un an.
**2** J'ai passé un examen .......... deux semaines.
**3** Il faut beaucoup travailler en ce moment, mais ce n'est pas .......... longtemps.
**4** Hier, j'ai travaillé .......... huit heures.
**5** Je ne connaissais pas le pays .......... mon départ.
**6** .......... un an, j'étais toujours au collège.
**7** On va commencer .......... qu'il arrive.
**8** J'étudie le français .......... cinq ans maintenant.

| il y a | pendant | avant | *en* |
|--------|---------|-------|------|
| pour | après | dès | depuis |

**4** Travaillez à deux pour faire ce jeu de rôle. Un(e) élève veut faire une année sabbatique et doit persuader sa mère/son père que c'est une bonne idée. Une personne joue le rôle A (la mère/le père) et l'autre joue le rôle B (l'adolescent(e)).

**1 A** Alors, qu'est-ce que tu veux étudier à la fac, chéri(e) ? **B** …
**2 A** Pourquoi ne veux-tu pas aller à la fac tout de suite ? **B** …
**3 A** Qu'est-ce que tu vas faire ? **B** …
**4 A** Tes profs t'ont parlé des inconvénients ? Qu'est-ce qu'ils ont dit ? **B** …
**5 A** Qu'est-ce que tu vas faire après ? **B** …

| En fait, | j'en ai marre des études. |
|----------|---------------------------|
| | je veux arrêter mes études pendant un an. |
| | j'ai envie de faire une année sabbatique. |

Voyager / Travailler m'ouvrira l'esprit.
Je veux découvrir d'autres cultures / gagner un peu d'argent.

Je vais mettre de l'argent de côté.
Je trouverai un boulot. / Je gagnerai de l'argent. / Je ferai du bénévolat à l'étranger. / Je voyagerai.

Il y a beaucoup d'inconvénients/d'avantages.
Mes profs ont dit que les études sont importantes pour avoir un bon métier plus tard.
Ils pensent que je m'ennuierai peut-être si j'arrête mes études.

| Après, | j'irai à l'université. / je trouverai du travail. |
|--------|--------------------------------------------------|

**5** Voudriez-vous arrêter vos études pendant un an ? Répondez aux questions suivantes. Écrivez environ 80-90 mots en français.
- Que peut-on faire pendant une année sabbatique ?
- Qu'est-ce qu'on peut apprendre pendant une année sabbatique, à votre avis ?
- Quels peuvent être les inconvénients ?
- Que peuvent faire les jeunes après ?

*En Vol*

# 4.4b Je vais poser ma candidature

★ **Apprendre à comment poser sa candidature**
★ *Quand* + le futur ; les années

 **A**

 **B**

**C**

### Jobs d'été au Camping Plage
Quand ? juillet-aout

Vous :

- travaillerez en équipe avec des adultes/enfants

- serez responsable, patient(e), plein(e) d'énergie

- pourrez camper gratuitement sur le site

- parlerez deux ou trois langues

On vous donnera plus de détails quand vous nous contacterez.

**Nous recherchons des vendeurs/vendeuses pour la période estivale. Il faut :**

- aimer le contact avec des gens
- être responsable, sociable et honnête
- pouvoir travailler 40 heures par semaine

Envoyez votre CV et lettre de motivation à : jobsdété@supermarché.fr

### Aimez-vous les animaux ?
On cherche un(e) étudiant(e) pour nous aider un jour par semaine pendant trois mois à partir du 10 juin. Vous travaillerez avec des poneys, des ânes, des chèvres et des chats. Il y aura aussi des travaux agricoles.

---

Gwenaëlle Durand

7, Rue du Quinconce

49100 Angers

le 21 juin 2016

Monsieur, Madame,

J'ai vu votre annonce et comme je veux travailler pendant l'été, j'ai décidé de poser ma candidature.

Mes matières préférées au collège sont l'anglais et l'espagnol. Quand j'aurai le Brevet, j'irai au lycée général où je continuerai certainement les langues. J'ai donc bien envie de les pratiquer pendant les grandes vacances. Quand je serai plus âgée j'aimerais bien travailler dans le tourisme. J'aime aussi l'EPS et j'ai envie de travailler dehors. Mon sport préféré, c'est le foot. Je fais partie d'une équipe de foot depuis deux mille quatorze, ce qui me plait. J'adore danser aussi.

Je m'entends très bien avec les enfants et je suis très patiente. Ma sœur et moi, nous faisons régulièrement du babysitting et pendant les vacances quand nous aurons plus de temps, nous en ferons surement encore plus.

Je pourrai commencer à travailler en juillet quand les cours finiront. Je serai libre pendant la durée des grandes vacances. Merci de m'envoyer des renseignements supplémentaires sur les horaires et la rémunération.

Je vous prie d'agréer, Monsieur, Madame, l'expression de mes sentiments distingués.

*Gwenaëlle Durand*

**1** Lisez les annonces et la lettre de motivation. Ensuite, décidez si les affirmations ci-dessous sont vraies (V), fausses (F) ou pas mentionnées (PM).

**1** Pour travailler au camping, on doit aimer les gens.

**2** Le poste de vendeur/vendeuse est bien payé.

**3** Les jeunes qui répondent à l'annonce 'C' doivent aimer travailler dehors.

**4** Gwenaëlle a déjà le brevet.

**5** Elle aime faire du tourisme.

**6** Elle fait du ballet.

**7** Elle est forte en langues.

**8** Elle part en vacances cet été.

**2** Vous allez entendre une conversation entre deux copains. Il y a deux pauses dans la conversation. Choisissez les deux phrases qui sont correctes parmi les cinq propositions (A-E). N'oubliez pas d'étudier les questions avant d'écouter.

*Exemple :* 1 A,…

**1 A** Marc cherche du travail.
**B** Noémie a déjà le bac.
**C** Pour être steward chez Air France, il faut avoir le bac.
**D** Marc a déjà des renseignements sur le salaire.
**E** Marc n'a pas les qualités qu'il faut pour être steward.

**2 A** Noémie est très calme comme personne.
**B** Marc est extraverti.
**C** Marc parle trois langues.
**D** Noémie aimerait bien servir des boissons.
**E** Marc n'a pas vraiment envie de visiter d'autres pays.

**3** *Quand* + le futur. Regardez les sections grammaire G2 et K5.1. Complétez les phrases avec la bonne forme des verbes entre parenthèses. Écrivez les années en lettres.

*Exemple :* 1 deux-mille-dix-huit, auront

**1** En .......... (*2018*), quand ils .......... (*avoir*) dix-huit ans, ils voudront aller à la fac.

**2** En .......... (*2020*), quand il .......... (*être*) en retraite, il .......... (*voyager*).

**3** En .......... (*1999*) elle a dit, « Quand je .......... (*travailler*), j'.......... (*économiser*) beaucoup d'argent. »

**4** En .......... (*2000*), notre mère est allée en Inde. Quand nous .......... (*aller*) en Asie l'année prochaine, nous aussi, nous .......... (*visiter*) l'Inde.

**5** Quand tu .......... (*arriver*), il faudra monter au premier étage. Je sais parce que j'y suis allé en .......... (*2010*).

**6** Le monument qui se trouve sur la place date de .......... (*1897*). Quand vous le .......... (*voir*), vous .......... (*être*) vraiment impressionnés.

**7** La dame qui vient nous parler est née en .......... (*1930*). Quand nous la .......... (*rencontre*), nous lui .......... (*poser*) beaucoup de questions.

**8** En .......... (*2070*) quand j'.......... (*avoir*) 90 ans, le monde .......... (*être*) différent.

**4** Travaillez à deux pour répondre aux questions. A pose des questions au sujet du poste et des qualités exigées, B répond. Ensuite, changez de rôle.

**1** De quel poste s'agit-il ?

**2** Pourquoi veux-tu faire ce travail ?

**3** Quelles qualités faut-il pour faire ce travail ?

**4** Quelle expérience et quels diplômes faut-il, et est-ce que tu les auras ?

**5** As-tu réservé des vacances ? Seras-tu libre pour faire ce travail ?

**5** Écrivez une lettre de motivation pour un des postes suivants :
- guide touristique
- serveur/serveuse
- vendeur/vendeuse

Pensez aux points suivants et servez-vous de la lettre de l'exercice 1 :
- vos matières préférées
- pourquoi vous voulez ce poste
- ce que vous voulez faire à l'avenir
- quelles sont vos qualités
- l'expérience que vous avez eue

# Communication and technology at work

Décollage

## 4.5a Je vais leur téléphoner

★ Parler de communiquer au travail
★ La concordance des temps

---

**Réceptionniste :** Piscine Jean Leclerc, bonjour. C'est Sandra à l'appareil. Je peux vous aider ?

**Client :** Je veux venir nager et un ami m'a dit qu'il y avait des séances réservées aux adultes là où il nage. Vous avez ce genre de séances ?

**Réceptionniste :** Oui, il y a une séance réservée aux adultes tous les matins. Si vous patientez un moment, je vais vous dire l'heure exacte. Je ne l'ai pas devant moi... Non, je n'ai pas l'horaire. Je pense que c'est de six heures à neuf heures. Sinon, il y a une séance réservée aux séniors plus tard l'après-midi, à dix-sept heures, je pense. Il y a aussi des cours d'aquagym trois fois par semaine.

**Client :** Il y a un cours d'aquagym aujourd'hui ?

**Réceptionniste :** Alors, la monitrice a dit hier qu'elle ne se sentait pas très bien. Cependant, elle est rarement absente alors elle va peut-être venir. Ne quittez pas, monsieur ! Je vais demander à mon collègue et je vais vous dire si elle vient. *[Quelques minutes plus tard]* Désolée, monsieur, le cours est annulé.

**Client :** Bon alors, je vais juste venir nager. Ça coûte combien, madame ?

**Réceptionniste :** Le plein tarif, c'est 3 € et le tarif réduit est 2,60 €.

**Client :** Alors, 2,60 €. Merci, madame.

**Réceptionniste :** Je vous en prie. Au revoir.

---

**1** Un client téléphone à une piscine. Lisez la transcription. Ensuite, lisez les phrases ci-dessous et trouvez l'intrus chaque fois.

*Exemple :* 1 c

**1** La réceptionniste a) répond au téléphone b) fait passer le client au service clientèle c) dit son nom.

**2** Le client a) ne connait pas bien la piscine b) connait bien la piscine c) ne sait pas s'il y a des séances réservées aux adultes.

**3** La réceptionniste a) n'est pas très efficace b) est très efficace c) n'est pas sure des heures des séances.

**4** Les séniors peuvent nager a) seulement trois fois par semaine b) l'après-midi c) le matin.

**5** La réceptionniste a) travaille seule b) travaille avec un collègue c) demande des renseignements à un collègue.

**6** Le client a) ne peut pas faire l'activité qu'il voulait faire b) fait de l'aquagym c) nage.

**7** La monitrice est a) paresseuse b) travailleuse c) malade.

**8** Le client va payer le tarif a) sénior b) adulte c) réduit.

**2** Vous allez entendre un appel téléphonique entre deux vendeurs. La conversation a deux parties. Il y a une pause entre les deux parties de la conversation. Répondez aux questions en choisissant A, B ou C. N'oubliez pas de lire les questions avant d'écouter.

*Exemple :* 1 A

**1** Les Galeries Lafayette sont un...
  **A** grand magasin.    **C** supermarché.
  **B** petit commerce.

**2** La cliente est dans le magasin de ...
  **A** Lyon.    **C** Grenoble.
  **B** Angers.

**3** Elle essaie d'acheter ...
  **A** un pantalon.    **C** une robe.
  **B** une jupe.

**4** La cliente voulait la taille...
  **A** 36.    **C** 46.
  **B** 38.

**5** Elle ne veut pas la robe...
  **A** bleu marine.    **C** rouge.
  **B** marron.

**6** Gaétan va envoyer...
  **A** deux robes.    **C** une robe.
  **B** trois robes.

**3** La concordance des temps. Regardez d'abord la section grammaire K25. Lisez les phrases. Notez les temps qu'on utilise chaque fois. Ensuite, traduisez-les dans votre langue.

*Exemple :* 1 le présent, le futur proche
  **1** S'il arrive en retard, je ne vais pas être content.
  **2** Il a dit que la robe était belle.
  **3** Si vous travaillez beaucoup, vous allez gagner beaucoup d'argent.
  **4** Si tu ne le fais pas cette semaine, tu devras le faire la semaine prochaine.
  **5** Avant elle aimait les vêtements sombres, mais elle préfère les vêtements colorés maintenant.
  **6** Je sais bien qu'il n'a pas travaillé aujourd'hui.
  **7** J'étais en ville quand j'ai vu ma voisine.
  **8** J'espère qu'ils ont trouvé du travail.

**4** Travaillez à deux pour faire un jeu de rôle. Un/Une patron(ne) dans un bureau a demandé à un/une employé(e) de lui téléphoner. Une personne joue le rôle A (le/la patron(ne)) et l'autre joue le rôle B (l'employé(e)).

  **1 A** *Oui, allo ! Qui est qui à l'appareil ? Que désirez-vous ?* **B** ...
  **2 A** *Ah, oui ! À quelle heure les clients de Genève sont-ils arrivés et où est-ce que vous allez les emmener diner ce soir ?* **B** ...
  **3 A** *Parfait. Que pensent-ils de leur hôtel ?* **B** ...
  **4 A** *Tant mieux. Comment s'est passée la réunion hier ? Qui était là ?* **B** ...
  **5 A** *D'accord, c'est bien, merci. Au fait, pourquoi n'irez-vous pas en Asie en fin de compte ?* **B** ...

| | |
|---|---|
| Bonjour. C'est X à l'appareil. | Vous m'avez demandé de vous appeler cet après-midi. |

| |
|---|
| Ils sont arrivés ce matin / cet après-midi à X heures.<br>Je pense aller au restaurant « Le salamandre ». La nourriture y est délicieuse et il se trouve près de leur hôtel. |

| |
|---|
| J'ai l'impression qu'ils l'aiment bien. Personne ne s'en est plaint.<br>Ils le trouvent un peu démodé, je pense. |

| La réunion | s'est très bien passée / ne s'est pas bien passée.<br>X, qui est... chargé(e) de clientèle / dessinateur (-trice) / du service informatique... est/sont venu(e)(s). |
|---|---|

| |
|---|
| J'irai la semaine prochaine. / Je serai en Australie la semaine prochaine. |

**5** Faites la transcription de votre conversation.

*Décollage*

# 4.5b L'informatique au travail

★ Parler de l'informatique au travail
★ L'interrogatif (l'inversion, l'intonation, *est-ce que*)
★ L'heure

**Le service informatique** Allo. Je peux vous aider ?

**L'employé** Oui. J'ai une présentation très importante à donner cet après-midi à quinze heures mais mon ordinateur ne marche plus. Je n'arrive pas à allumer ma tablette et j'ai laissé mon smartphone chez moi. Je veux télécharger quelques fichiers mais je ne peux même pas me connecter à Internet. En plus, j'ai essayé d'imprimer quelques documents hier soir mais l'imprimante est tombée en panne, semble-t-il. Est-ce que vous pourriez venir voir ? Et à quelle heure ?

**Le service informatique** On est très occupés ce matin mais on pourra venir à onze heures. Votre ordinateur, l'avez-vous éteint et remis en marche ? Sinon, il faut peut-être essayer. Et est-ce que vous avez rechargé votre tablette ? Quant à l'imprimante, n'oubliez pas qu'il faut mettre du papier dedans ; peut-être qu'elle est à court de papier.

**L'employé** Éteindre et remettre en marche mon ordinateur ne marche pas et ma tablette, elle, est chargée à 100%. Je viens de vérifier et il y a bien du papier dans l'imprimante. Je serais donc très reconnaissant si vous pouviez venir m'aider. Cependant, onze heures, c'est trop tard. Vous serait-il possible de venir plus tôt, à neuf heures et demie ou à dix heures moins le quart, par exemple ?

**Le service informatique** On va essayer, mais je ne promets rien.

**1 a** Travaillez à deux. Trouvez dans le texte tous les mots associés à l'informatique. Y a-t-il d'autres mots que vous pouvez ajouter à la liste ? Ensuite, traduisez tous les mots dans votre langue.

*Exemple :* l'ordinateur, …

**1 b** Lisez la conversation, puis répondez aux questions en choisissant A, B ou C.

*Exemple :* 1 A

**1** L'employé…
**A** a besoin de son ordinateur pour terminer son travail.
**B** n'a pas pu faire sa présentation.
**C** va utiliser sa tablette car son ordinateur ne marche pas.

**2** Il…
**A** a déjà imprimé tous les documents.
**B** a essayé d'imprimer ses documents.
**C** va essayer d'imprimer les documents.

**3** Le service informatique…
**A** ne peut pas venir tout de suite.
**B** va venir l'aider tout de suite.
**C** ne sait pas comment réparer les ordinateurs.

**4** L'employé…
**A** a oublié de recharger sa tablette.
**B** va charger sa tablette à 100%.
**C** n'a pas oublié de recharger sa tablette.

**5** Suite à leur conversation, l'employé…
**A** n'a plus besoin du service informatique.
**B** a toujours besoin du service informatique.
**C** va mettre du papier dans l'imprimante.

**6** L'employé demande donc au service informatique…
**A** de venir avant onze heures.
**B** de ne pas venir.
**C** de venir après onze heures.

**2** Vous allez entendre une conversation entre une nouvelle employée et son patron qui essaie d'expliquer comment marchent tous les appareils. Pendant que vous écoutez, complétez le résumé ci-dessous avec les mots choisis dans la liste. Attention ! il y a cinq mots de trop.

*Exemple :* 1 bureau

Zahara vient de commencer un nouvel emploi dans un **1**........... Ses collègues sont gentils et l'emmènent à la cantine pour le **2**.......... . Son **3**.......... veut lui montrer comment marchent tous les appareils, mais sans succès. D'abord, il lui donne un **4**.......... , mais il n'arrive pas à l'allumer. Il a même oublié qu'il faut un **5**......... . Ensuite, il lui donne un **6**......... , mais la batterie est à plat. Quant à l'**7**......... , elle a disparu ! Heureusement, le **8**......... est là, mais on a l'impression que le patron ne sait pas comment il marche non plus. En fait, le seul appareil qu'il sait faire marcher, c'est la cafetière numérique.

| | | | |
|---|---|---|---|
| patron | mot de passe | collègue | tablette | chargeur |
| collège | bureau | ordinateur | téléphone portable | |
| tableau blanc interactif | déjeuner | imprimante | petit déjeuner | |

**3** Les questions. Regardez d'abord la section Grammaire E. Changez les phrases en questions en utilisant l'inversion et puis *est-ce que*.

*Exemple :* 1 As-tu terminé ton travail ? Est-ce que tu as terminé ton travail ?

**1** Il est déjà quinze heures. Tu as terminé ton travail.

**2** Il sait comment marche l'imprimante.

**3** Vous n'avez pas de smartphone.

**4** Il faut entrer votre mot de passe.

**5** C'est à quatorze heures, votre présentation.

**6** Ils ne savent pas à quelle heure commence la réunion.

**7** Vous pouvez m'aider.

**8** Tu as oublié de recharger ton portable.

**4** Travaillez à deux pour poser une question pour chaque réponse. Utiliser l'intonation, *est-ce que* ou l'inversion. Chacun de vous doit utiliser une méthode différente.

*Exemple :* 1 Oui, j'ai fini.

Partenaire A : Avez-vous fini ?

Partenaire B : Est-ce que vous avez fini ?

Partenaire A : Vous avez fini ?

    **1** Oui, j'ai fini.

    **2** Elle commence à dix heures.

    **3** Ah non ! La batterie est à plat.

    **4** Oui, mais j'ai oublié mon mot de passe.

    **5** Oui, elle marche, je dois simplement mettre du papier dedans.

**5** Imaginez que vous travaillez dans un bureau. Écrivez un courriel à un(e) nouvel(le) employé(e) pour lui donner toutes les informations nécessaires. Vous devez écrire 80-90 mots en français.

- À quelle heure doit-il/elle arriver le matin et faut-il apporter un ordinateur portable ou non ?
- Quels sont tous les appareils qu'il faut pour faire ce travail, et pourquoi ?
- Quel est l'appareil le plus important à votre avis et pourquoi ?
- Donnez un exemple d'une fois où un appareil ne marchait pas.

*En Vol*

# 4.5c Mon entretien d'embauche

★ **Apprendre comment réussir un entretien d'embauche**
★ *Après avoir/être*

## Comment réussir ton entretien d'embauche

*Vous avez vu une annonce pour le petit boulot de vos rêves. Après avoir posé votre candidature et obtenu un entretien, vous devez maintenant vous y préparer. Soyez tranquille et suivez ces conseils.*

### 1 Préparez vos réponses

Voici l'occasion de montrer pourquoi vous êtes le meilleur candidat. Il faut donc être préparé. Après être allé chez tous vos copains pour leur dire les bonnes nouvelles, mettez-vous au travail. Il y a des choses qu'un recruteur voudra savoir.

● Réfléchissez bien aux raisons pour lesquelles vous voulez ce poste. Après y avoir réfléchi, écrivez quelques phrases pour expliquer vos motivations. Pensez à vos études, à ce que vous voulez faire plus tard et à vos centres d'intérêts. Par exemple Kévin aime beaucoup les sciences et veut les étudier à la fac. Il a donc été embauché comme guide au musée des sciences.

● Après vous être demandé pourquoi vous voulez le poste, pensez aux qualités qui font de vous le meilleur candidat. Êtes-vous travailleur ? Aimez-vous le sport ? Pensez à ce que cherche l'employeur.

● Avez-vous de l'expérience ? Si possible, parlez d'un petit boulot qui a un rapport avec le poste que vous voulez. Sinon, parlez de ce que vous avez appris en faisant un travail. Considérons Anna. Après avoir fait du babysitting toutes les semaines pendant un an, elle comprenait l'importance d'écouter ce qu'on lui disait. Une qualité qui a fait d'elle une bonne candidate.

### 2 Habillez-vous correctement

Après avoir préparé vos réponses, pensez à votre habillement. Un jean sale et un sweat déchiré ne suffiront pas. Soyez soigné.

### 3 Arrivez un peu en avance

Il vaut mieux arriver en avance. Vous aurez le temps de respirer un peu. Isabella nous a dit ce qui lui est arrivé : « Après être arrivée à un entretien en retard, je ne pouvais pas me concentrer. »

**1** Lisez les conseils puis répondez aux questions en français.

*Exemple :* 1 Des personnes qui passent un entretien.

1 Les conseils sont pour qui ?
2 Qu'est-ce qu'offre un entretien ?
3 Que veut savoir un recruteur ? [3]
4 À quoi doit-on penser en faisant une liste de ses qualités ?

5 Si on n'a jamais fait ce type de travail, de quoi peut-on parler ?
6 Pourquoi un employeur choisirait-il Anna ?
7 Comment peut-on faire une bonne première impression ?
8 Pourquoi devrait-on arriver en avance ?

**2** Écoutez l'entretien. Complétez les phrases avec le(s) bon(s) mot(s) français. N'oubliez pas de lire les phrases avant d'écouter.

*Exemple :* 1 2001

**1** Max est né en .......... .
**2** Il veut le poste de .......... .
**3** À l'avenir, il veut travailler dans .......... .
**4** Max a beaucoup .......... .

**5** Il aime bien les .......... .
**6** Il a déjà travaillé dans une .......... .
**7** Il veut savoir quels seront .......... .
**8** L'employeur lui .......... pour dire s'il a le poste.

**3 a** *Après avoir/être.* Regardez d'abord la section grammaire K8.6. Relisez la page web de l'exercice 1. Trouvez des exemples d'*après avoir*, d'*après être* et d'*après s'être*. Copiez-les et traduisez-les dans votre langue.

*Exemple :* Après avoir posé votre candidature

**3 b** Complétez les phrases avec *après avoir*, *après être* ou *après s'être* et la bonne forme du verbe entre parenthèses.

*Exemple :* 1 Après avoir vu

**1** .......... (*voir*) l'annonce, j'ai tout de suite posé ma candidature.
**2** .......... (*se décider*) à arrêter les études pendant un an, elle a commencé à chercher du travail.
**3** .......... (*faire*) ses devoirs, il a lavé la voiture de son voisin.
**4** .......... (*rentrer*) chez eux, ils ont regardé la télé.
**5** .......... (*se rendre*) compte qu'il n'avait pas les qualités qu'il fallait, il n'a pas posé sa candidature.
**6** .......... (*travailler*) au camping l'été dernier, il savait qu'il ne voulait pas travailler dans le tourisme.
**7** .......... (*réfléchir*) à ce qu'elle voulait faire plus tard, elle a commencé à chercher un petit boulot.
**8** .......... (*arriver*), elle a pris un café.

**4 a** Travaillez à deux pour faire ce jeu de rôle. Un(e) candidat(e) a un entretien d'embauche. Une personne joue le rôle A (l'employeur) et l'autre joue le rôle B (le/la candidat(e)). L'employeur commence.

**1 A** Bonjour. Dites-moi, pourquoi voulez-vous faire ce genre de travail ? **B** …
**2 A** Quelles qualités avez-vous ? **B** …
**3 A** Quels diplômes avez-vous ? Vous aurez bientôt d'autres diplômes aussi ? Lesquels ? **B** …
**4 A** Vous avez déjà eu un petit boulot ? Quel est l'avantage d'avoir fait ce travail ? Parlez-moi de votre expérience. **B** …
**5 A** Vous irez bientôt en vacances ? Quand serez-vous libre pour commencer ? **B** …

**4 b** Maintenant, changez de rôle et faites le dialogue une deuxième fois.

**5** Vous avez posé votre candidature pour être serveur/serveuse dans un restaurant en ville. Vous avez un entretien. Écrivez des réponses aux questions qu'on pourrait vous poser pour les montrer à votre oncle qui fait souvent passer des entretiens. Vous devez écrire 130-140 mots en français.

- Qu'est-ce que vous aimez étudier ?
- Quels sont vos centres d'intérêt ?
- Que voulez-vous faire à l'avenir ?

- Quelles sont les qualités qui font de vous le/la meilleur(e) candidat(e) ?
- Avez-vous déjà travaillé dans ce secteur ?

# 5.1 International travel

*Décollage*

## 5.1a Les différents moyens de transport

★ **Parler de différents moyens de transport**
★ **Savoir reconnaitre et utiliser l'imparfait**

Le train à grande vitesse (TGV) est géré par la SNCF (Société nationale des chemins de fer français) depuis sa création en 1981 et son réseau couvre l'ensemble de la France.

Sa vitesse est appréciée par tous les passagers. Il peut atteindre les 400 kilomètres à l'heure et le trajet du nord au sud du pays est fait en quelques heures. Comparez cela avec la vitesse des trains du temps de nos grands-parents. Ils étaient tirés à cette époque par des locomotives à vapeur qui ne dépassaient pas les 100 kilomètres à l'heure. Les temps ont bien changé ! Lisez ce qu'en dit ce retraité : « Quand j'étais jeune, on ne prenait pas souvent le train. Nous voyagions en car en général mais nous n'allions pas bien loin. Maintenant, voyager est devenu un plaisir. »

Les voyageurs aiment le TGV parce qu'il est confortable. Le prix du billet est plus élevé que celui d'un train ordinaire, mais les voyageurs ne s'en plaignent pas. On voyage dans le calme car il fait peu de bruit et, au niveau de l'environnement, il est peu polluant.

Grâce au réseau TGV, la Belgique et la Grande-Bretagne, par exemple, sont reliées à la France et faciles d'accès. L'Eurostar, en effet, permet à ses passagers de faire le voyage de Paris à Londres beaucoup plus rapidement que s'ils devaient prendre le ferry de Calais à Douvres.

**1** Lisez cet article sur le TGV. Copiez et complétez la grille.

| Réseau TGV | Vitesse maximum | Avantages du TGV | Inconvénients du TGV | Avantage de l'Eurostar |
|---|---|---|---|---|
| **1** *l'ensemble de la France* | 2 | 3 | 6 | 8 |
| | | 4 | 7 | |
| | | 5 | | |

**2** Vous allez entendre une conversation entre Henri et sa sœur Hélène au sujet de deux voyages. Choisissez le moyen de transport (1-5) qui correspond à chaque affirmation (A-F). Attention ! il y a une affirmation de trop.

*Exemple :* 1 B

**1** sa propre voiture
**2** le train
**3** le taxi
**4** le métro
**5** l'avion

**A** Henri et Hélène ne considèrent pas ça bon marché.
**B** On avait conseillé à Henri de ne pas s'en servir.
**C** Il est arrivé à destination en retard.
**D** Hélène est d'accord avec Henri que c'est un moyen de transport pratique.
**E** Hélène va le prendre pour aller en Angleterre.
**F** Selon Henri, cela aurait été le meilleur choix pour les parents de Romane.

**3 a** Savoir reconnaitre et utiliser l'imparfait. Regardez d'abord la section grammaire K7. Lisez les quatre phrases et identifiez les verbes utilisés à l'imparfait. Ensuite, traduisez les phrases dans votre langue.

*Exemple :* 1 marchaient

1 Du temps de nos grands-parents, les trains marchaient à la vapeur.
2 Leur vitesse ne dépassait pas les cent kilomètres à l'heure.
3 Très peu de gens voyageaient en avion.
4 Quand j'étais plus jeune, je n'aimais pas prendre l'avion.

**3 b** Réécrivez ces phrases à l'imparfait. Utilisez *c'était, il y avait, il faisait, il fallait*.

*Exemple :* 1 Il y avait beaucoup de pollution à cause des avions.

1 Il y a beaucoup de pollution à cause des avions.
2 C'est très cher comme moyen de transport.
3 Il fait froid dans l'aéroport.
4 Comme il ne fait pas chaud au Canada, il faut un gros manteau.

**4 a** Travaillez à deux pour faire un jeu de rôle. Une jeune personne veut acheter un billet de train à Lyon. Une personne joue le rôle A (l'employé(e) de la SNCF) et l'autre joue le rôle B (le/la client(e)). L'employé(e) commence.

1 A Bonjour, monsieur/mademoiselle. Comment est-ce que je peux vous aider ? B ...
2 A À quelle date ? Et voulez-vous un aller simple ou un aller-retour ? B ...
3 A Vous voulez voyager en deuxième classe ou préférez-vous voyager en première classe ? Pourquoi ? B ...
4 A Vous avez déjà pris ce train ? C'était comment, le trajet ? B ...
5 A Comment vous déplacerez-vous une fois arrivé(e) ? B ...

| Je voudrais / J'aimerais… | acheter / réserver un billet<br>aller<br>voyager<br>partir<br>faire<br>un aller simple / un aller-retour | pour Lyon.<br>à Lyon.<br>en première classe.<br>à huit heures du matin.<br>une réservation. |
|---|---|---|
| Quels sont les horaires des trains ? | | |
| Est-ce que je peux payer par carte de crédit ? | | |
| Le voyage était<br>Le train était | long / ennuyeux / super / intéressant / peu stressant.<br>très/peu confortable. | |
| Une fois arrivé(e), | je me déplacerai à pied.<br>c'est … qui m'emmènera en voiture. | |

**4 b** Maintenant, faites le dialogue une fois de plus, mais cette fois, changez de rôle.

**5** Écrivez à un ami un e-mail sur un voyage en avion ou en train que vous avez fait récemment. Vous devez écrire 80-90 mots en français.
- Dites quelle a été votre destination et le moyen de transport.
- Dites quelle a été la durée du voyage (heures de départ et d'arrivée).
- Parlez du confort, de la vitesse, de la ponctualité.
- Quelle a été votre opinion du voyage et comment voyagerez-vous la prochaine fois ?

**193**

*En Vol*

# 5.1b Vacances en groupes

★ **Parler de vacances organisées et de la manière de voyager**
★ **La voix passive**

## Trois voyages inoubliables

### Ce voyage est organisé par Vacances Plus.

Huit jours en pension complète avec guide accompagnateur qui parle français – à partir de 1200 euros.

L'Inde est un pays immense où les populations vivent en harmonie. Visitez le nord, ses montagnes et ses forêts. Allez voir la capitale et surtout la vieille ville, dont les bâtiments sont des merveilles d'architecture.

Dans le nord du pays, on aime bien faire la fête et s'amuser dans la rue. Tout ceci contribue à une bonne ambiance. On doit reconnaitre qu'il y a du bruit dans les villes. Il y a tellement de voitures que la circulation en ville est pratiquement impossible. Quand vous avez assez de tout cela, détendez-vous en allant visiter la citadelle de Jaisalmer ou le temple d'Armistar.

Paysage de l'Inde

### Cette promotion vous est offerte par Vacances Africaines.

Le Masai Mara et ses animaux

Partez en safari au Kenya et profitez aussi des belles plages et du climat équatorial qui fait qu'il est agréable tout le long de l'année. Visitez les parcs naturels tels que le Masai Mara. Vous y rencontrerez des lions, des éléphants, des léopards et même des rhinocéros. Avec nous, vous verrez tout ce qu'il y a à voir. Vous vous déplacerez en minibus et serez assis à côté d'une vitre. Le vol de Paris à Nairobi dure huit heures. Passez la deuxième semaine près de Mombassa, sur les plages. À partir de 1800 euros.

### Ces vacances vous sont proposées par Europtrain.

Faites-vous plaisir, faites le tour de l'Europe en train ! Ça vous dit ? Restez deux jours dans chacune des sept villes mentionnées sur l'itinéraire et explorez-les. À chacune de ces destinations, vous serez libre de découvrir la ville seul(e) si c'est votre désir ou bien de

Une vue de Prague

participer à une de nos excursions. Le but de chaque excursion est de vous montrer ce qu'il ne faut pas manquer dans cette ville. Vous resterez dans des hôtels à trois étoiles et le repas du soir est compris dans le prix. À partir de 2200 euros.

**1** Lisez ces trois publicités et répondez aux questions en français.

*Exemple :* 1 la pension complète

    **1** Quelle sorte d'hébergement est proposée pour 1 200 € ?

    **2** Quelle visite est particulièrement recommandée dans la capitale de l'Inde ?

    **3** Quelles sont les deux causes de bruit dans les rues des villes en Inde ? [2]

    **4** Quel est l'avantage du climat au Kenya ?

    **5** Comment vous sera-t-il possible de voir les animaux dans les parcs naturels ?

    **6** Combien de temps dure le séjour au Kenya ?

    **7** Combien de villes visiterez-vous pendant le tour d'Europe en train ?

    **8** Quel est le choix d'activités dans chacune d'elles ? [2]

**2** Vous allez entendre Mme Depeyre (D), M. Morin (M) et Mme Vernon (V) dire ce qu'ils pensent de leurs dernières vacances à un intervieweur. Lisez les affirmations 1 à 8 attentivement. Qui dit chaque phrase ?

*Exemple :* M

    **1** Moi, les plages, je connais ça. Je n'ai pas besoin d'aller si loin pour en trouver.

    **2** On avait un guide super qui nous a tout bien expliqué.

    **3** J'ai préféré la première semaine parce qu'on a vu toutes sortes de bêtes sauvages en liberté.

    **4** On a mangé des plats typiques de chaque pays. Ça m'a bien plu.

    **5** Il faut dire que le vol était plutôt long et qu'on a été un peu surpris par la chaleur.

    **6** Le problème, c'était que si on allait en excursion, il n'y avait plus assez de temps pour faire autre chose.

    **7** Comme il y avait des embouteillages, on a passé beaucoup de temps dans le car.

    **8** C'est un moyen de transport qui a beaucoup d'avantages mais aussi des inconvénients.

**3** La voix passive. Regardez d'abord la section grammaire K17. Réécrivez les huit phrases à la voix passive.

*Exemple :* 1 Le confort des grands hôtels *est apprécié* par la plupart des gens.

    **1** La plupart des gens apprécient le confort des grands hôtels.

    **2** Europtrain a organisé des excursions.

    **3** L'itinéraire mentionne sept villes.

    **4** Vacances Africaines offre deux semaines au Kenya pour moins de 2 000 $.

    **5** Le groupe a visité la citadelle et le temple.

    **6** Le guide a tout expliqué.

    **7** Les touristes aiment le Masai Mara.

    **8** Vacances Plus propose un séjour en Inde pour 1 200 $.

**4** Écrivez une lettre de 130-140 mots à votre ami(e) français(e) sur le voyage organisé que vous avez fait récemment.

- Dites où vous êtes allé(e), quand c'était et combien de temps ont duré vos vacances.
- Avec qui avez-vous voyagé et comment ?
- Qu'est-ce que vous avez aimé et pourquoi ?
- Qu'est-ce que vous n'avez pas beaucoup aimé et pourquoi ?
- Quel voyage organisé aimeriez-vous faire l'année prochaine ?

**5** Travaillez à deux. Posez ces questions à votre partenaire et changez de rôle.

    **1** Parle-moi de ton voyage organisé. C'était où et il a duré combien de temps ?

    **2** Comment s'est passé le voyage ?

    **3** Qu'est-ce que tu as aimé pendant le séjour et pourquoi ?

    **4** Qu'est-ce que tu n'as pas trop aimé et pourquoi ?

    **5** Est-ce que tu aimerais refaire un voyage organisé ? Où irais-tu ?

## 5.2 Weather on holiday

*Décollage*

### 5.2a Quel temps fait-il dans ce coin ?

★ Parler du climat de différentes régions
★ Reconnaître le plus-que-parfait

---

**Henri**

L'année dernière, on est allés au Canada sur la côte pacifique, dans l'ouest du pays. On avait lu que le printemps y arrive en février. On a donc loué un gite et on y est restés une semaine en mars. Il est vrai que sur la côte elle-même, il ne faisait pas froid, mais à l'intérieur du pays, il gelait toutes les nuits et les matinées étaient fraiches. On n'avait pas pensé à apporter des vêtements d'hiver. C'était dommage parce qu'on n'est pas trop sortis à cause de cela.

---

**Corinne**

Mon ami et moi avons visité la région du Québec en été, et c'était super. Nous avions vu des vidéos et pensions faire du kayak et rencontrer des baleines. Le temps toutefois ne nous a pas permis de sortir tous les jours. Il a beaucoup plu et il y a même eu de l'orage. On a, bien sûr, exploré la région et nous l'avons bien appréciée. Je voudrais bien y aller encore une fois mais en automne.

**On a vu des baleines**

---

**Michel**

L'hiver dernier, j'ai fait du ski dans l'ouest du Canada avec mes parents. La saison de ski est longue là-bas. J'avais entendu dire qu'elle dure de décembre à mai. On a donc réservé nos vacances pour le mois de février. Non seulement il y avait beaucoup de neige sur les pistes, mais il y avait aussi du soleil presque tous les jours. Évidemment, il faisait plus frais

**Le ski de fond, c'est génial**

la nuit. Il n'a pas fait mauvais temps une seule fois. C'était vraiment bien. Mon père aimerait y retourner mais en été, quand il fait chaud.

---

**1** Lisez ces trois contributions à un forum de discussion sur les vacances au Canada. Répondez aux questions en choisissant A, B ou C.

*Exemple :* 1 B

**1** Henri…
  **A** est allé au Canada en février.
  **B** a passé huit jours au Canada.
  **C** est sorti tous les jours.

**2** Henri a trouvé…
  **A** qu'il faisait froid sur la côte.
  **B** qu'il faisait doux à l'intérieur du pays.
  **C** qu'il faisait frais le matin.

**3** Corinne est allée au Canada…
  **A** en été.
  **B** toute seule.
  **C** en automne.

**4** La plupart du temps, …
  **A** il y a eu de l'orage.
  **B** il a fait beau.
  **C** il a plu.

**5** Michel est allé faire du ski au Canada…
  **A** en février.
  **B** en mai.
  **C** dans l'est du pays.

**6** Il a…
  **A** fait frais pendant la journée.
  **B** fait mauvais une fois.
  **C** fait beau pratiquement tous les jours.

**2** Vous allez écouter Henri (H), Corinne (C) et Michel (M) parler du temps qu'il a fait pendant leurs vacances. Lisez d'abord les affirmations 1-8. Qui dit chaque phrase ?

*Exemple :* 1 H

  **1** Le printemps arrive tard au Canada, sauf dans l'ouest du pays.
  **2** À cause du temps, on n'a pas pu aller voir les baleines.
  **3** Sur la côte, la température reste au-dessus de zéro.
  **4** Mes amis n'ont pas pu aller sur les pistes.
  **5** L'été dernier, il a fait beau mais pas cet été.
  **6** Le climat français est plus chaud que le climat canadien.
  **7** On a seulement pris nos vêtements d'été. C'était une erreur !
  **8** Le temps qu'il a fait était parfait.

**3** Le plus-que-parfait. Regardez d'abord la section grammaire K9. Notez les huit verbes utilisés au plus-que-parfait.

*Exemple :* 1 il avait plu

  **1** Cette semaine-là, il faisait beau. La semaine précédente, il avait plu tous les jours.
  **2** J'avais lu qu'il pleut beaucoup dans ce pays au printemps.
  **3** On m'avait dit de prendre des vêtements d'hiver.
  **4** Nous étions arrivés trop tôt.
  **5** Ils n'avaient pas prévu de mauvais temps.
  **6** L'année précédente, nous avions eu un temps ensoleillé.
  **7** Aviez-vous pensé au climat de ce pays ?
  **8** J'y étais déjà allée avec mes parents.

**4** Le climat. Écrivez 80-90 mots en français.
  ● Décrivez le climat dans votre pays.
  ● Décrivez le climat d'un pays que vous avez visité.
  ● Quel pays aimeriez-vous visiter et pourquoi?
  ● Quel pays n'aimeriez-vous pas visiter et pourquoi?

**5** Travaillez à deux. Posez ces questions à votre partenaire sur une visite (réelle ou imaginaire) d'un autre pays et changez de rôle.
  **1** Où es-tu allé(e) ?
  **2** Quel temps faisait-il ?
  **3** Qu'est-ce que tu as fait comme activités ?
  **4** Quelles sont les différences de climat avec ton pays ?
  **5** Quel pays aimerais-tu visiter et pourquoi ?

*En Vol*

## 5.2b Quelles vacances !

★ **Parler des effets du temps**
★ **Savoir utiliser le plus-que-parfait**

# Incendie au camping de l'Ardèche

Ça nous a gâché nos vacances

Hier, en fin d'après-midi, les vacances de cinq familles de touristes français, belges et suisses ont été **1**........... par un gros orage qui est tombé sur le camping de l'Ardèche.

Heureusement, il n'y a eu ni **2**.......... ni morts. En effet, toutes les familles affectées avaient décidé de **3**.......... l'après-midi au bord de la rivière.

Ce n'est que quand elles sont retournées au camping qu'elles ont vu ce qui s'était **4**........... .

Les services météo avaient dit que des orages pourraient se déclarer dans la région. Vers 16h00, de gros **5**.......... noirs sont apparus, puis il y a eu des éclairs et on a entendu le **6**........... . La foudre est tombée directement sur une voiture garée au camping. Elle a pris **7**.......... immédiatement et, à cause du vent, cinq tentes familiales ont **8**.......... avant que les **9**.......... puissent y faire quelque chose.

La famille suisse a **10**.......... sa voiture, sa tente et tout ce qu'il y avait à l'intérieur. La famille belge était de passage et était là pour une nuit seulement. Eux aussi sont repartis chez eux. Les trois autres familles faisaient **11**.......... d'un groupe et sont toujours là parce que les autres membres du groupe ont décidé de les aider en les **12**.......... pour le reste de la semaine. Quelles vacances !

**1 a** Lisez cet article sur un incendie dans un camping. Choisissez les mots corrects dans le tableau pour compléter l'article. Attention ! il y a trois mots de trop.

*Exemple :* 1 gâchées

| | | | | |
|---|---|---|---|---|
| hébergeant | passé | partie | soleil | brulé |
| nuages | passer | feu | *gâchées* | perdu |
| blessés | tonnerre | pompiers | pris | passant |

**1 b** Relisez l'article et répondez aux questions en français.

**1** Qui a été directement affecté par les conséquences de l'orage ?

**2** Quand se sont-ils rendu compte de ce qui s'était passé ?

**3** Quelles étaient les prévisions météo ?

**4** Où est-ce que la foudre est tombée ?

**5** Comment sait-on que le feu s'est propagé rapidement ?

**6** Quelle famille a été la plus affectée ?

**7** Quelle autre famille a pris la décision de rentrer chez elle ?

**8** Comment est-ce que les autres membres du groupe français ont aidé les trois autres familles ?

**2 a** Vous allez entendre Mme Ali et M. Robert parler à leurs voisins de leurs dernières vacances. Pour chaque question, choisissez les deux phrases qui sont correctes parmi les cinq propositions (A-E).

**1 A** Mme Ali pensait qu'il ferait beau et chaud au Canada.
**B** Il n'a presque pas plu.
**C** Ils se sont baignés.
**D** Ils ont fait une excursion en montagne.
**E** Ils ont pêché.

**2 A** Il faisait trop chaud au Maroc pour sortir le matin.
**B** Ils n'avaient pas envie de sortir le soir.
**C** Ils ont acheté des souvenirs dans un souk.
**D** L'hôtel n'était pas climatisé.
**E** M. Robert préfère les pays moins chauds.

**2 b** Vous allez entendre la troisième partie de l'enregistrement. Pourquoi est-ce que Mme Estève n'a pas fait de ski et qu'a-t-elle fait d'autre ?

**3** Le plus-que-parfait. Regardez d'abord la section grammaire K9. Complétez les huit phrases en utilisant les verbes donnés entre parenthèses au plus-que-parfait.

*Exemple :* 1 Nous avions pensé

**1** Nous .......... .......... (*penser*) qu'il ferait beau cet été.
**2** Pourquoi ..........-vous .......... (*choisir*) cette destination ?
**3** Il .......... .......... (*faire*) froid toute la semaine.
**4** J'y .......... .......... (*aller*) l'année dernière.
**5** Ils .......... .......... (*espérer*) faire du ski.
**6** On n'.......... pas .......... (*pouvoir*) sortir.
**7** ..........-tu .......... (*venir*) ici en pensant trouver le soleil ?
**8** Mes parents .......... .......... (*réserver*) nos places.

**4 a** Travaillez à deux pour faire un jeu de rôle. Une personne joue le rôle A et l'autre joue le rôle B. A commence.

**1 A** *Où es-tu allé(e) en vacances ?* B …
**2 A** *Quel temps faisait-il ?* B …
**3 A** *Qu'est-ce que tu as fait quand il faisait beau?* B …
**4 A** *Et qu'est-ce que tu as fait comme autres activités ?* B …
**5 A** *Est-ce que tu y retournerais ? Pourquoi/Pourquoi pas ?* B …

**4 b** Maintenant changez de rôle.

**5** Écrivez environ 150 mots en français pour expliquer a) les préparatifs que vous aviez faits avant de partir en vacances l'année dernière et b) la manière dont le temps a affecté vos vacances. Mentionnez :
- les informations que vous aviez trouvées avant de partir
- les réservations
- votre opinion à propos de vos vacances
- vos projets
- les effets du temps sur vos projets

## (5.3) Festivals and faiths

*Embarquement*

## 5.3a Les fêtes et les différentes fois

★ **Parler des fêtes et des fois différentes**
★ **Les adverbes comparatifs**
★ **Les prépositions**

### Deux fêtes différentes

Connaissez-vous les fêtes aussi bien que vous le pensez ? Ces récits vous permettront de mieux connaitre deux fêtes religieuses.

**L'Aïd al-fitr**

Salut ! C'est Hanif. Moi, je viens de fêter l'Aïd al-fitr, fête musulmane qui marque la fin du Ramadan et qu'on célèbre aussi joyeusement que les chrétiens fêtent Noël. Pendant un mois, nous ne pouvions ni manger ni boire du lever au coucher du soleil, sauf ma grand-mère qui est très âgée. J'apprécie bien sûr l'importance du Ramadan, de mieux ressentir de l'empathie envers les pauvres, mais quelle joie de célébrer l'Aïd ensemble après, de partager des repas délicieux, d'échanger des cadeaux – l'aspect préféré de mon petit frère ! Chez nous, les festivités durent quatre jours, mais dans d'autres pays musulmans elles durent moins longtemps. La seule chose que je n'aime pas ? Me lever plus tôt que d'habitude pour la prière commune à la mosquée !

**Hanouka**

Ici Ana. Moi, je fêterai bientôt Hanouka, fête juive qui a lieu en décembre, plus tard dans l'année, donc, que l'Aïd al-fitr, et qui dure huit jours, plus longtemps aussi, donc. Connue aussi sous le nom de « Fête des Lumières » grâce au candélabre à neuf branches (la ménorah) que nous allumons chaque soir dans nos foyers, sans oublier les synagogues, la Hanouka est ma fête préférée. Célébrer la victoire d'un petit groupe de Juifs contre l'armée grecque pour reprendre le Saint-Temple, le miracle de l'huile, suffisante pour allumer la ménorah pendant un jour mais qui en a duré huit, est important à mon avis. J'aime les prières, mais j'aime autant manger beaucoup d'aliments frits !

**1** Lisez l'article. C'est qui ? Hanif, la grand-mère d'Hanif, le frère d'Hanif ou Ana ?

*Exemple :* 1 Hanif

Qui…

**1** parle d'une fête qui a déjà eu lieu ?
**2** n'a pas jeuné pendant le Ramadan, cette année ?
**3** parle des origines d'une fête ?
**4** doit prier le matin avec beaucoup d'autres gens ?
**5** fête pendant plus longtemps que certaines autres personnes de la même foi ?

**6** aime recevoir des cadeaux ?
**7** aime également les repas et les aspects religieux de la fête qu'il/elle décrit ?
**8** attend toujours avec impatience la fête dont il/elle parle ?

**2** Vous allez entendre une conversation entre une chrétienne et un hindou au sujet de leur fête préférée. La conversation a deux parties. Il y a une pause entre les deux parties de la conversation. Répondez aux questions en choisissant A, B ou C. N'oubliez pas de lire les questions avant d'écouter.

*Exemple :* 1 B

**Première partie**

1 Julie…
   A est la seule de sa famille qui préfère Pâques.
   B comprend bien que bon nombre de Chrétiens préfèrent une autre fête.
   C est du même avis que sa sœur en ce qui concerne Pâques.

2 Julie préfère Pâques…
   A pour des raisons religieuses.
   B malgré le fait qu'elle mange mieux à Noël à son avis.
   C parce qu'elle adore échanger des cadeaux.

3 La famille de Julie…
   A déteste les jeux.
   B cache des sucreries qu'elle doit retrouver.
   C n'achète pas d'œufs en chocolat.

**Deuxième partie**

4 Deepak…
   A dit que Pâques, c'est sa fête préférée aussi.
   B va fêter Pâques avec sa famille à l'étranger.
   C ne fête pas Pâques.

5 Il…
   A pense que les autres fêtes hindoues sont moins aimées que Diwali.
   B ne sait pas pourquoi on célèbre Diwali.
   C n'aime pas beaucoup Diwali.

6 Pendant la fête de Diwali,…
   A Deepak mange toujours plus de bonbons que son frère.
   B les feux d'artifice sont interdits.
   C il y a des cérémonies religieuses.

3 **Les adverbes comparatifs.** Regardez d'abord la section grammaire C3. Complétez les phrases comparatives en vous servant des mots dans la liste.

> moins longtemps que
> plus tard que
> aussi affectueusement que
> autant qu'
> *mieux qu'*
> plus tôt que
> moins joyeusement que
> moins bien que

*Exemple :* 1 À Noël, nous mangeons **mieux qu'**à Pâques.

1 À Noël, nous mangeons .......... à Pâques : de la dinde, de la buche de Noël, j'adore ça.
2 Ce festival commence .......... les autres.
3 Il en parle ..........toi.
4 Mes amis arrivent toujours .......... moi. J'aime arriver avant eux.
5 Vous célébrez .......... nous, mais vraiment, nous nous amusons bien.
6 Nous dansons .......... eux.
7 Tu chantes .......... lui.
8 Les festivités ont duré .......... prévu.

4 Posez ces questions à votre partenaire. Répondez aussi à ses questions pour comparer une des fêtes de l'exercice 1 ou 2 avec un autre festival que vous connaissez. Pour vous aider, utilisez le texte de l'exercice 1 et la transcription de l'exercice 2. Ajoutez votre opinion.
   1 Quand a lieu chaque fête ?
   2 Qu'est-ce qu'elles célèbrent ?
   3 Comment fête-t-on ces fêtes et pendant combien de temps ?
   4 Est-ce que tu as célébré une de ces fêtes récemment ? Qu'est-ce que tu as fait et t'es-tu bien amusé(e) ?
   5 Comment fêteras-tu cette fête l'année prochaine, à ton avis ?

5 Écrivez un billet de blog au sujet d'une fête de votre choix. Comparez-le avec d'autres fêtes. Vous devez écrire 80-90 mots en français.
   • Comment s'appelle la fête ? Quand a-t-elle lieu ?
   • Pourquoi fête-t-on cette fête ?
   • Comment fête-t-on d'habitude et comment avez-vous fêté la dernière fois que cette fête a eu lieu ?
   • Comment fêterez-vous cette fête l'année prochaine ? Pourquoi ? Comment seront les festivités à votre avis ?

*En Vol*

# 5.3b Une fête de famille

★ **Décrire une fête familiale ailleurs dans le monde et la comparer avec une fête familiale française.**
★ **Les adverbes comparatifs ; *ne...pas si* + adjectif**
★ **Les adverbes superlatifs**

## Un mariage hindou

**Interview avec Talika**

**Talika, jeune Malaisienne de seize ans, vient d'assister au mariage de sa sœur. Elle nous en parle.**

*Talika, vous habitez en France mais vous êtes d'origine malaisienne. Parlez-nous du mariage de votre sœur.*

Alors, ma famille et moi, nous sommes hindous et les mariages hindous diffèrent énormément des mariages français. Par exemple, ce sont les parents, qui trouvent le plus souvent le conjoint idéal pour leur fille. C'est l'aspect des mariages hindous que j'aime le moins. Heureusement, ma sœur aime vraiment son époux mais moi, j'aimerais mieux choisir le mien moi-même. Cependant, ce n'est pas toujours si facile si l'on a des parents traditionnels. Aussi, je sais bien qu'en France il faut se marier à la mairie avant d'avoir une cérémonie religieuse ou bien laïque si l'on veut, et donc cela peut durer un certain temps, mais en ce qui concerne les mariages hindous, les festivités durent encore plus longtemps, s'étendant souvent sur plusieurs jours, ou plus si la famille est très riche.

*Et comment s'habille la mariée ?*

Au lieu de porter une robe de mariée blanche, la mariée hindoue porte un sari rouge ainsi que des bijoux traditionnels. C'est plutôt le marié qui est vêtu de blanc. En fait, c'est ce que j'aime le plus : toutes les couleurs, les bijoux, le henné. C'est vrai que les Français fêtent leurs mariages aussi joyeusement que nous fêtons les nôtres mais les leurs ne sont pas si colorés.

*Ici en France, les Français peuvent se pacser (signer un Pacte civil de solidarité) au lieu de se marier, ou bien avoir une cérémonie laïque. J'ai l'impression que de ne pas avoir une cérémonie religieuse n'est pas si bien accepté si l'on est hindou.*

En fait, il y a différents genres de mariage, dont un où il n'y a pas de cérémonie religieuse. Personnellement, je n'aimerais pas ça autant qu'une cérémonie religieuse. En plus, mes parents l'accepteraient moins facilement qu'un mariage plus traditionnel.

**1** Lisez l'interview avec Talika. Ensuite répondez aux questions en français.

*Exemple :* 1 Parce qu'elle est hindoue.

**1** Pourquoi le mariage de la sœur de Talika était-il différent d'un mariage typique français ?

**2** Comment les mariages hindous diffèrent-ils, en général, des mariages français ? [2]

**3** Selon Talika, quel est l'inconvénient le plus important des mariages hindous ?

**4** Pourquoi bon nombre de Français ont-ils deux cérémonies ?

**5** Qui s'habille en blanc traditionnellement chez les hindous et chez les Français ? [2]

**6** Qu'est-ce qui plaît particulièrement à Talika en ce qui concerne les mariages hindous ? [3]

**7** Qu'est-ce qu'un PACS ?

**8** Quel genre de cérémonie préférerait Talika ?

**2** Vous allez entendre une interview avec deux jeunes, Monique et Alexandre, au sujet des fêtes de famille. Écoutez, puis décidez si chaque affirmation est vraie (V) ou fausse (F). Corrigez les phrases fausses.

*Exemple :* 1 V

1 La mère de Monique pourra se reposer dimanche.
2 Monique pense aller au restaurant pour la fête des Mères.
3 Contrairement à la tradition, la sœur de Monique n'offre pas de cadeau à sa mère pour la fête des Mères.

4 Alexandre va accompagner Monique en ville pour acheter un cadeau.
5 C'est la Bar Mitzvah d'Alexandre, mercredi.
6 Le frère d'Alexandre a treize ans.
7 Alexandre attend dimanche avec impatience.
8 Le frère d'Alexandre a du mal à dormir.

**3** Les adverbes comparatifs et superlatifs. Regardez d'abord la section grammaire C3. Complétez les phrases avec la bonne forme comparative ou superlative des adverbes entre parenthèses.

1 Pendant la fête des mères, les enfants travaillent en général .......... (*dur*) que leur mère.
2 Chez moi, c'est mon petit frère qui attend .......... (*impatiemment*) Noël. Il adore cette fête !
3 À Pâques, je mange toujours .......... (*beaucoup*), et beaucoup .......... (*sainement*) que d'habitude. J'aime trop le chocolat.
4 Je dirais que ma grand-mère a dansé .......... (*beaucoup*) nous, malgré son âge.

5 Je vais me lever .......... (*tôt*) que d'habitude demain parce que c'est le jour de Noël.
6 La fête que j'aime .......... (*bien*), c'est Pâques parce que j'adore les œufs en chocolat.
7 C'est toujours mon père qui chante .......... (*fort*). Et il chante faux, en plus.
8 Ce qu'il aime .......... (*peu*), c'est se retrouver en famille parce qu'il y a toujours des disputes.

**4** Travaillez à deux pour faire un jeu de rôle. Un(e) jeune français(e) parle avec un(e) ami(e) qui vient d'assister à un mariage hindou. Une personne joue le rôle A (le/la jeune français(e)) et l'autre joue le rôle B (l'ami(e)). A commence.

1 A Salut. Ça va ? Comment s'est passé le mariage ? B …
2 A Elle était comment, la robe de la mariée ? B …
3 A En quoi les mariages hindous ressemblent-ils aux mariages français et en quoi en diffèrent-ils ? B …
4 A Tu es allé(e) à beaucoup de mariages hindous ? Ils sont tous pareils ? B …
5 A Tu auras quel genre de cérémonie si tu te maries ? B …

**5** Utilisez les informations des pages 200 à 203 pour écrire une page web comparant une fête de famille française que vous avez célébrée récemment avec une fête de famille ailleurs dans le monde que vous allez célébrer bientôt (un mariage, Diwali, une Bar Mitzvah ou Hanouka, par exemple). Écrivez 130-140 mots en français.

- Dites quand a eu lieu la fête française et quand aura lieu l'autre fête.
- Dites comment vous avez fêté la fête française et comment vous fêterez l'autre.
- Dites combien de temps la fête française a duré et combien de temps durera l'autre fête.
- Décrivez ce que vous avez mangé/bu à la fête française et ce que vous mangerez/boirez à l'autre.
- Dites quels étaient les aspects les plus positifs de la fête française et quels seront les aspects les plus positifs de l'autre, à votre avis.

## 5.4 International menus

### 5.4a Les recettes d'autres pays

*Décollage*

★ **Préparer des repas d'autres pays du monde**
★ **Les pronoms indéfinis**

# CUISINE

## Poisson au curry

Facile à réaliser, ce plat mauricien épicé et savoureux vous transportera tous en vacances. N'importe qui peut le faire. Certains le servent avec du riz ; d'autres, avec des lentilles ou du chutney – c'est à chacun de décider. Ce qui est sûr, c'est que personne ne pourra y résister !

**Ingrédients :**

4 filets de poisson  •  4 gousses d'ail  •  2 ognons  •  1 morceau de gingembre  •  3 cuillères à café de poudre de curry  •  1 cuillère à café de graines de cumin  •  1 petite boite de lait de coco  •  quelques feuilles de curry  •  1 citron  •  sel  •  poivre

1 Assaisonner le poisson avec du sel et du poivre.

2 Couper les filets en morceau.

3 Faire dorer le poisson dans une poêle et réserver au chaud (au four, si possible).

4 Éplucher et émincer les ognons et l'ail à l'aide d'un couteau et tout faire frire dans une poêle avec un peu d'huile.

5 Ajouter le gingembre, la poudre de curry, le cumin et un verre d'eau et tout mélanger.

6 Laisser cuire quelques minutes avant d'ajouter le lait de coco, les morceaux de poisson et les feuilles de curry – il n'en faut que quelques-unes.

7 Faire cuire le tout doucement pendant encore 15 minutes.

8 Ajouter un peu de citron au moment de servir.

À servir avec du riz blanc ou bien quelque chose de plus exotique, tel que du chutney de coco à la menthe.

Voici un plat que tout le monde va adorer. Cependant, au cas où quelqu'un n'aimerait pas les plats épicés, mettre un morceau de poisson de côté ou bien ajuster les épices, en en omettant certaines si vous le souhaitez.

 **1** Lisez l'article. Ensuite, mettez les instructions dans l'ordre.

*Exemple :* 5, …

1 Pelez et hachez les légumes et faites-les dorer.
2 Continuez à tout cuire pendant un quart d'heure.
3 Faites revenir le poisson, qui doit être doré.
4 Ajoutez le reste des ingrédients.

5 Assaisonnez le poisson.
6 Coupez le poisson.
7 Ajoutez les épices.

 **2** Vous allez entendre un cuisinier expliquer comment préparer un plat marocain. Choisissez la réponse appropriée pour chaque question. N'oubliez pas de lire les questions avant d'écouter.

*Exemple :* 1 C

**1** De quel plat parle-t-on ?
  **A** un plat végétarien
  **B** un plat gouteux mais mauvais pour la santé
  **C** un plat populaire dans le restaurant d'Asil
  **D** un plat de poisson

**2** Asil pense…
  **A** qu'il faut manger sain.
  **B** que manger sain, ce n'est pas pour tout le monde.
  **C** que manger sain n'est pas très important.
  **D** que le tofu est plus sain que le poulet.

**3** Où met-on le poulet et les ognons ?
  **A** dans une poêle
  **B** dans le four
  **C** dans une casserole
  **D** dans une marmite

**4** Quelles épices sont mentionnées ?
  **A** le cumin, le paprika, le piment en poudre
  **B** le safran, la cannelle, le cumin
  **C** le safran, le piment en poudre, la cannelle
  **D** le paprika, la cannelle, le cumin

**5** Que doit-on faire avec les tomates ?
  **A** les couper en rondelles
  **B** ne pas les couper
  **C** les couper en petits cubes
  **D** les couper en deux

**6** Comment devraient être les abricots ?
  **A** frais
  **B** réduits en purée
  **C** coupés en rondelles
  **D** secs

**3** Les pronoms indéfinis. Regardez d'abord la section grammaire B8. Reliez les débuts et les fins de phrase.

*Exemple :* 1 D

**1** Beaucoup de gens aiment la cuisine indienne
**2** Voici un plat facile à préparer ;
**3** La plupart de mes copines cuisinent bien
**4** Mes amis vont
**5** Y trouve-t-on de bons restaurants ?
**6** Mangeons quelque chose
**7** Je ne sais pas comment préparer ce plat, donc
**8** C'était tellement délicieux qu'il

**A** mais quelques-unes passent peu de temps dans la cuisine.
**B** tout préparer.
**C** Oui, il y en a plusieurs.
**D** mais d'autres la trouvent trop épicée.
**E** n'en reste pas beaucoup.
**F** de différent ce soir.
**G** n'importe qui peut le faire.
**H** je vais demander à quelqu'un.

**4** Travaillez à deux pour faire un jeu de rôle. Un(e) cliente dans une restaurant a terminé son repas et parle au chef. Une personne joue le rôle A (le/la client(e)) et l'autre joue le rôle B (le chef). Le/La client(e) commence.

  **1 A** Bonjour, monsieur/madame. J'ai adoré le curry vert de poulet. C'est facile à faire à la maison ? Quels ingrédients faut-il ? **B** …

  **2 A** Et quels ustensiles faut-il ? **B** …

  **3 A** Comment mangez-vous les currys thaï, d'habitude ? **B** …

  **4 A** Vous préparez des currys végétariens dans ce restaurant aussi ? Que substitue-t-on à la viande ? **B** …

  **5 A** Il me faudra combien de temps pour le préparer ? **B** …

**5** Écrivez un billet de blog au sujet d'un plat étranger que vous avez préparé. Servez-vous des textes et exercices précédents. Écrivez 80-90 mots en français.
  ● Comment s'appelle le plat et d'où vient-il ?
  ● Quels ingrédients faut-il ?
  ● Comment prépare-t-on ce plat ?
  ● Qui a aimé ce plat et qui ne l'a pas aimé ? Pourquoi ? Qu'est-ce que vous changeriez la prochaine fois ?

*En Vol*

## 5.4b Comment mange-t-on à l'étranger ?

★ Décrire les plats mangés à l'étranger et les comparer avec ceux mangés en France
★ Les adjectifs indéfinis

# L'ile Maurice : une ile riche en spécialités locales

Connue pour ses kilomètres de plages de sable blanc, l'ile Maurice a toujours été dotée de produits frais et délicieux, dont profitent les familles mauriciennes tous les jours. Considérons tous les poissons et fruits de mer, par exemple, pêchés à l'aube dans l'océan Indien et déposés chaque matin dans les marchés locaux par les pêcheurs mauriciens avant d'être vendus, et mangés, le jour même. Bien sûr, c'est pareil en Bretagne et dans toutes les autres zones côtières françaises, sauf que l'océan, les poissons et les plats qui en résultent ne sont pas les mêmes.

Il va sans dire que de tels produits représentent une partie importante de la gastronomie de l'ile Maurice, et les Mauriciens les mangent souvent en grillade ou bien avec différentes sauces ou légumes. Certains plats mauriciens, étant originaires d'Inde, sont plus piquants et épicés que les plats français. Le curry, par exemple, ainsi que quelques autres plats renommés y compris le « vindave » — composé de vinaigre, d'ognons et d'épices — et le « rougail » — réalisé à partir de tomates, d'ognons et d'ail — qui sont pareils.

Comme certaines familles françaises, beaucoup de familles mauriciennes préfèrent manger un fruit en dessert. Cependant, on ne trouvera pas les mêmes fruits là-bas. Au lieu d'une pomme, les Mauriciens mangent quelque chose de plus exotique, comme une papaye, une mangue, un litchi, une goyave ou un fruit de la passion. Ceci dit, ils ont aussi plusieurs fruits plus classiques : les melons, les ananas et les bananes, par exemple. Et ils apprécient aussi les biscuits, surtout le napolitaine, formé de deux biscuits sablés avec de la confiture au milieu.

Lisez l'article. Ensuite, répondez aux questions en français.

*Exemple :* 1 Ils ont beaucoup de bons produits à leur disposition.

1 Pourquoi les Mauriciens peuvent-ils manger bien ?

2 Comment les Mauriciens savent-ils que les poissons qu'ils achètent au marché sont toujours très frais ?

3 Comment est-ce que cela compare au poisson qu'on achète en France ? [3]

4 Pourquoi les habitants de l'ile Maurice mangent-ils beaucoup de poisson ?

5 Selon l'article, la cuisine mauricienne est influencée par quel autre pays ?

6 Quelle est la différence entre certains plats mauriciens et les plats typiquement français ?

7 Quel ingrédient le « vindave » et le « rougail » ont-ils en commun ?

8 Quel est l'avantage d'habiter à l'ile Maurice pour ceux qui préfèrent manger un fruit en dessert ?

**2 a** Vous allez entendre, deux fois, une interview avec Zac qui parle de son séjour au Japon et de ce qu'il y a mangé. Choisissez les quatre affirmations qui sont vraies. Étudiez les affirmations avant d'écouter.

*Exemple :* 2 …

**1** Zac a trouvé la nourriture japonaise moins saine que la nourriture française.
**2** Il dinait avec une famille japonaise.
**3** Il mangeait des plats peu traditionnels mais bons tout de même.
**4** Il se servait d'un couteau et d'une fourchette car il avait du mal à utiliser les baguettes.

**5** Il trouvait les Japonais impolis.
**6** Au Japon les pâtes ne se mangent pas de la même façon qu'en France.
**7** D'habitude, Zac prenait un plat sucré.
**8** Il buvait une boisson chaude tous les soirs.

**2 b** Corrigez les phrases qui sont fausses.

**3 a** Les adjectifs indéfinis. Regardez d'abord la section grammaire B7. Choisissez la bonne forme de l'adjectif indéfini chaque fois.

*Exemple :* 1 Les cuisinières sont **toutes** très gentilles.

**1** Les cuisinières sont **tout / tous / toutes / toute** très gentilles.
**2** Nous avons une **telle / tel / tels / telles** chance de pouvoir essayer la cuisine de ce pays.
**3** Il me semble que les plats sont **tous / tout / toutes / toute** les **mêmes / même**.
**4** **Certaines / Certain / Certaine / Certains** personnes aiment bien la cuisine chinoise, d'**autre / autres** personnes ne l'aiment pas.

**5** Ils mangent toujours à la **même / mêmes** heure.
**6** Elle a un **telle / tels / tel / telles** enthousiasme pour la cuisine. Elle sera surement cuisinière plus tard.
**7** Prenez **quelques / quelque** chocolats, je vous en prie.
**8** J'ai passé **plusieur / plusieurs** jours chez une famille espagnole. Ils m'ont servi beaucoup de nourriture mais je n'ai mangé que **certain / certaine / certains / certaines** plats.

**3 b** Les adjectifs indéfinis. Regardez d'abord la section grammaire B7. Relisez le texte de l'exercice 1. Écrivez tous les exemples d'adjectifs indéfinis et traduisez-les dans votre langue.

*Exemple :* tous (les jours), …

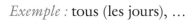

**4** Posez ces questions à votre partenaire. Répondez aussi à ses questions. Ajoutez des détails supplémentaires et quelques adjectifs indéfinis. Corrigez les erreurs de prononciation ou de grammaire.

**1** Vous avez déjà mangé un plat étranger ? Où l'avez-vous mangé ?
**2** En quoi consistait ce plat ?
**3** En quoi ce plat ressemble-t-il aux plats mangés dans votre pays ?

**4** Est-ce qu'il était facile à préparer et à manger ? Pourquoi ?
**5** Est-ce qu'il y a un autre plat que vous voudriez gouter ? Où pourrez-vous le manger ?

**5** Écrivez un billet de blog décrivant un plat que vous avez mangé dans une famille étrangère. Vous devez écrire 130-140 mots en français.

● Quel plat est-ce que vous avez mangé et où ?
● Est-ce que vous avez aimé ce plat ? Pourquoi ?
● Quels en étaient les ingrédients ?

● Quels ustensiles fallait-il pour préparer ce plat ? Comment est-ce qu'on le mangeait ?
● En quoi ce plat ressemble aux plats mangés dans votre pays ?

*Décollage*

## 5.5a Les problèmes de l'environnement

★ **Parler des problèmes environnementaux et de leurs solutions**
★ **Savoir utiliser de*puis* + présent et reconnaitre *depuis* + imparfait**

**1** Classez ces expressions en deux catégories : « 1 Les problèmes » et « 2 Les solutions ».

| | | |
|---|---|---|
| la pollution | les voitures électriques | les embouteillages |
| le recyclage | les centres de recyclage | les zones industrielles |
| les ordures | la circulation | donner préférence aux transports en |
| l'utilisation du vélo | la limitation de vitesse | commun (métro, tramways, bus, cars) |
| les usines | les voitures | les déchets |
| les avions | le bruit | la pollution de l'eau |

## La pollution de l'air. Un problème soluble

L'année dernière, la ville de Paris a connu un niveau de **1**.......... supérieur à celui de toutes les autres villes du monde. Cela durait depuis au moins une semaine. C'était le résultat de conditions météo **2**.......... et surtout du nombre de voitures qui circulent dans notre capitale. Depuis des dizaines d'années, à Paris, la **3**.......... est vraiment dense. Il y a des embouteillages tous les jours. La situation était si grave que les autorités ont décidé de prendre des mesures d'urgence.

Un numéro d'immatriculation pair, un numéro d'immatriculation impair

Comme elles voulaient **4**.......... les Parisiens à laisser leurs voitures à la maison, elles ont dit que les **5**.......... seraient gratuits et que le parking aussi serait gratuit si les gens garaient leur voiture **6**.......... chez eux.

La tour Eiffel dans la brume

Pour **7**.......... le nombre de voitures de 50%, elles ont décidé que seules les voitures avec un numéro d'immatriculation pair seraient **8**.......... à entrer dans la ville. Le lendemain, c'était le tour des voitures avec un numéro impair. C'était une mesure temporaire mais efficace. De plus, elles ont limité la **9**.......... à 20 kilomètres à l'heure en ville. Le résultat a été fantastique. Depuis ce temps-là, il n'y a plus d'embouteillages et une **10**.......... bien meilleure. Le niveau de pollution est redevenu normal.

**2** Lisez l'article sur la pollution à Paris et choisissez les mots corrects dans le tableau pour compléter les blancs du texte (1 à 10).

*Exemple :* 1 pollution

| | | |
|---|---|---|
| *pollution* | défavorables | réduire |
| circulation | vitesse | qualité d'air |
| encourager | transports en commun | |
| près de | autorisées | |

**3** Vous allez entendre quatre personnes originaires du Gabon, du Congo, de Belgique et du Luxembourg parler des problèmes de l'environnement dans leurs pays respectifs. Choisissez la bonne réponse A, B, C ou D.

**1** À Libreville, il y a un problème d'accès…
  **A** à l'eau propre.
  **B** à la mer.
  **C** aux transports.
  **D** à la ville.

**2** À Brazzaville, on s'inquiète…
  **A** du nombre de sacs en plastique.
  **B** du niveau de pollution.
  **C** du problème des transports.
  **D** des problèmes d'importation.

**3** Le gouvernement congolais a pris des mesures contre la pollution générée par…
  **A** les voitures.
  **B** les usines.
  **C** le plastique.
  **D** le bruit.

**4** À Bruxelles, on a fait … d'efforts environnementaux.
  **A** trop peu
  **B** beaucoup
  **C** assez
  **D** moins

**5** Au Luxembourg, la pollution de l'eau…
  **A** est encore un problème.
  **B** n'existait pas avant.
  **C** est inquiétante.
  **D** n'est plus un problème.

**6** Maintenant, on doit réduire…
  **A** la circulation.
  **B** le nombre d'avions.
  **C** le bruit.
  **D** la pollution de l'eau.

**4** Savoir utiliser *depuis* + présent et reconnaitre *depuis* + imparfait. Regardez d'abord la section grammaire K19. Réécrivez les phrases 1-4 en utilisant *depuis* + présent. Puis, traduisez les phrases 5-8 dans votre langue.

*Exemple :* 1 Le problème existe depuis 10 ans.
  **1** Ça fait 10 ans que le problème existe.
  **2** Ça fait quelques années qu'on recycle les ordures ménagères.
  **3** Ça fait longtemps que la pollution affecte les grandes villes.
  **4** Ça fait plusieurs années qu'on encourage l'utilisation du vélo pour se déplacer en ville.
  **5** Le problème de la circulation en ville existait depuis au moins 10 ans.
  **6** Ils se déplaçaient à pied ou à vélo depuis l'année dernière.
  **7** Je ne recyclais rien depuis longtemps.
  **8** Nous avons acheté une super voiture. Nous n'avions pas de voiture depuis 1 an.

**5** Travaillez à deux. Posez des questions à votre partenaire sur les problèmes de l'environnement dans votre région. Répondez aussi à ses questions.
  **1** Quels sont les problèmes de l'environnement ici ?
  **2** Quel est le problème le plus grave à votre avis ? Pourquoi ?
  **3** Qu'est-ce qu'on a déjà fait pour trouver des solutions à ce problème ?
  **4** Quel a été le résultat de ces actions ?
  **5** Que faut-il faire d'autre, à votre avis ?

**6** Écrivez environ 80-90 mots en français sur un problème de l'environnement qui vous concerne.

*Exemple :* Dans ma région, je pense que le problème de l'environnement qui est le plus grave est…

*En Vol*

# 5.5b Les solutions environnementales canadiennes

★ **Parler des décisions prises en faveur de l'environnement**
★ **Les verbes suivis d'une préposition et d'un infinitif**

Le lac Moraine au Canada

Le Ministère de l'environnement de l'Ontario continue à protéger les sols, l'air et les eaux de la province. Son but est aussi de combattre le changement climatique pour garantir la prospérité et une bonne qualité de vie pour les générations présentes et futures. Quelles décisions ont été prises pour réaliser ces buts ?

- Si vous avez un véhicule assez vieux, vous devez passer et réussir un test d'émissions. Sinon, vous n'aurez pas le droit de l'utiliser. Le certificat est valable pour un an.

- Votre entreprise doit avoir une autorisation environnementale si elle jette des polluants dans l'atmosphère, les eaux ou les sols, ou si elle stocke ou transporte des déchets.

- On vous recommande d'utiliser l'eau du robinet. Le Ministère investit beaucoup d'argent pour que tout le monde ait de l'eau propre. Il n'est donc pas nécessaire d'acheter de l'eau en bouteille. En effet, le plastique est pratiquement indestructible et pollue notre environnement.

- Les véhicules électriques, les transports en commun et les vélos nous aident à réduire les émissions. L'Ontario investit dans les transports et vous offre une réduction sur les prix des voitures électriques.

- L'énergie éolienne utilise le vent pour produire de l'électricité. C'est une source d'énergie renouvelable. Beaucoup de fermes ont leurs propres éoliennes et bénéficient d'une aide financière du Ministère.

- L'énergie solaire est aussi utilisée dans l'Ontario. Il y a un bon ensoleillement qui permet aux habitants de bénéficier de cette forme d'énergie. Étant aussi une source d'énergie renouvelable, le Ministère encourage son utilisation en offrant son aide financière à ceux que cela intéresse.

**1** Lisez l'article sur ce que fait le Ministère de l'environnement de l'Ontario et répondez aux questions en français.
    **1** Quels sont les buts du Ministère de l'environnement de l'Ontario ? [2]
    **2** Dans quel cas ne peut-on pas utiliser un vieux véhicule ?

3  Dans quels cas est-ce qu'une entreprise doit avoir une autorisation gouvernementale ? [2]
4  Pourquoi n'est-il pas nécessaire d'acheter de l'eau en bouteille ?
5  Comment est-ce que l'Ontario encourage l'achat de voitures électriques ?
6  Qui reçoit une aide du Ministère pour leur production d'électricité ?
7  Pourquoi est-ce que l'énergie solaire est une bonne ressource en Ontario ?
8  Comment est-ce que le Ministère encourage son utilisation ?

2  Vous allez écouter les suggestions de Marine, Arthur, Jade et Henri pour améliorer l'environnement de l'Ontario. D'abord, lisez les affirmations 1-8. Qui dit chaque phrase ? Écrivez M, A, J ou H.

*Exemple :* 1 Marine
1  La solution, c'est de réduire de moitié le nombre de voitures qui entrent en ville.
2  Il faut offrir le parking gratuit à ceux qui ont des passagers dans leur voiture.
3  Les zones industrielles ne sont pas assez surveillées.
4  Nous devons développer toutes les formes d'énergie renouvelable.
5  Les voitures sans passagers devraient payer pour pouvoir entrer en ville.
6  Il faut faire quelque chose. Le niveau de pollution à Toronto est trop élevé.
7  Ce n'est pas seulement le transport qu'il faut considérer.
8  Pour moi, c'est plus la faute des entreprises que celle des individus.

3  Les verbes suivis d'une préposition et d'un infinitif. Regardez d'abord la section grammaire K18. Réécrivez les huit phrases dans le bon ordre. Traduisez aussi les phrases dans votre langue.

*Exemple :* 1 Ils ont commencé à réduire les émissions de gaz carbonique.
1  ont les carbonique ils à de commencé réduire émissions gaz
2  recommande du on l'eau vous d'utiliser robinet
3  gens à en les de l' acheter continuent eau bouteille
4  les renouvelables ils d'investir ont dans promis énergies
5  décidé de ils des ont trouver solutions
6  ils demandé nous faire covoiturage ont de du
7  va produire cela plus aider à d'électricité
8  le les à transports Ministère gens en se des encourage servir commun

4  Préparez des réponses aux questions suivantes et faites une discussion en groupe.
1  Quels sont les problèmes environnementaux dans votre région ?
2  Que fait-on pour les résoudre ?
3  Qu'est-ce qu'il faudrait encore faire pour améliorer la situation ?
4  Qu'est-ce que vous ferez, personnellement, à l'avenir pour protéger l'environnement ?

5  Écrivez une lettre de 130-140 mots à votre ami(e) français(e) sur les solutions possibles aux problèmes de l'environnement dans votre pays.

● Décrivez l'utilisation des énergies éolienne et solaire.
● Proposez des solutions pour réduire l'utilisation des sacs en plastique.
● Décrivez une solution à la pollution créée par les voitures et les avions.
● Proposez une solution à la pollution industrielle.
● Donnez une solution pour réduire l'utilisation des bouteilles en plastique.

# Vocabulaire

## 4.1a L'enseignement secondaire en France

**académique** academic

**le baccalauréat général** general baccalaureate

**le baccalauréat professionnel** professional baccalaureate

**le baccalauréat technologique** technical baccalaureate

**le Brevet des collèges** exam at the end of *collège*

**le brevet d'études professionnelles** technical school certificate

**le certificat d'aptitude professionnelle** vocational training certificate

**la cinquième** second year of *collège*; fifth

**le collège** secondary school from the age of 11 to 14

**collégien(ne)** student at a *collège*

**le commencement** start

**le diplôme professionnel** professional qualification

**l'emploi (*m*) du temps** timetable

**l'enseignant(e)** teacher

**l'enseignement (*m*) secondaire** secondary education

**laïque** secular

**le lycée** secondary school from the age of 15 to 17

**le lycée général et technologique** academic secondary school

**le lycée professionnel** vocational secondary school

**lycéen(ne)** student at a *lycée*

**la première** second year of *lycée*; first

**le principal** headteacher

**la quatrième** third year of *collège*; fourth

**la rentrée** start of the school year

**la seconde** first year of *lycée*; second

**la sixième** first year of *collège*; sixth

**structuré(e)** structured

**le système éducatif** education system

**la terminale** final year of *lycée*

**la troisième** final year of *collège*; third

## 4.1b Mes souvenirs de l'école primaire

**l'activité (*f*)** activity

**l'ami(e)** friend

**s'amuser** to have a nice time

**avoir peur** to be scared

**le cartable** school bag

**les ciseaux** scissors

**la colle** glue

**connaitre** to know

**la cour** playground

**le crayon** pencil

**crier** to shout

**les devoirs** homework

**l'école (*f*) maternelle** nursery school

**l'école primaire** primary school

**l'élève (*m/f*)** pupil

**élever** to raise (children, animals)

**se faire des amis** to make friends

**le feutre** felt-tip pen

**la gomme** eraser

**l'heure (*f*) du déjeuner** lunchtime

**l'histoire (*f*)** story; history

**le jardin d'enfants** kindergarten

**le matériel scolaire** school equipment

**le/la maitre/maitresse** primary school teacher

**se moquer de** to mock

**nerveux (-euse)** nervous

**le premier jour** first day

**la récréation** breaktime

**la règle** ruler

**la sonnette** bell

**le souvenir** memory

**se souvenir de** to remember

**le spectacle scolaire** school play

**le stylo** pen

**la trousse** pencil case

## 4.2a Après le collège

**l'avenir (*m*)** future

**le baccalauréat (général/technologique/professionnel)** general/technological/professional baccalaureate

**le Brevet (des collèges)** qualification equivalent to GCSEs

**le brevet d'études professionnelles (BEP)** technical school certificate

**le certificat d'aptitude professionnelle (CAP)** vocational training certificate

**le choix** choice

**doué(e)** gifted/talented

**l'école (*f*) de langues** language school

**l'enseignement (*m*)** education

**l'étudiant(e)** student

**les études (supérieures)** (further) studies

**l'examen (*m*)** exam

**la grande école** prestigious, selective higher-education institution in France

**l'hôtellerie (*f*)** hospitality trade

**s'intéresser à** to be interested in

**le métier** career

**passer un examen** to sit an exam

**préparer** to prepare

**le résultat** result

**réussir** to pass

**savoir** to know

**le stage (en entreprise)** work placement (for a company)

**l'université (*f*)** university

## 4.2b Mes projets d'avenir

**l'apprentissage (*m*)** apprenticeship

**bachelier (bachelière)** student who has passed the baccalaureate

**le brevet de technicien supérieur (BTS)** vocational training certificate taken after the age of 18

**les classes préparatoires** preparatory classes (for *grandes écoles*)

**le concours** competitive exam

**le diplôme universitaire de technologie (DUT)** 2-year qualification taken at a technical college after the *bac*

**la faculté** university

**en faculté** at university

**la formation** training

**gagner** to earn

**l'Institut universitaire de technologie (IUT)** technical university

**la licence** bachelor's degree

**le marché du travail** workplace

**le master** master's degree

**mi-trimestre** half term

**le niveau** level

**poursuivre** to pursue

**sélectif (sélective)** selective

**supporter** to support, tolerate, bear

**temporairement** temporary

**le travail** work

**les travaux (*m*) (pratiques)** practical work

**le trimestre** term

**universitaire** university/academic

## 4.3a Les métiers

l'analyste-programmeur (-programmeuse) program analyst
l'animateur (animatrice) activity leader
l'archéologue archaeologist
l'architecte (m/f) architect
l'artiste-peintre painter
l'astronaute astronaut
le/la banquier/banquière banker
bien payé(e) well-paid
calme calm
le/la chanteur/chanteuse singer
le/la chercheur/chercheuse researcher
le/la chirurgien/chirurgienne surgeon
le/la chômeur/chômeuse unemployed person

le/la coiffeur/coiffeuse hairdresser
le constructeur builder
le/la créateur/créatrice de sites Internet web designer
le/la commerçant(e) shopkeeper
le danseur/la danseuse dancer
en plein air in the fresh air, outside
l'entraineur (entraineuse) trainer
être renvoyé(e) to be fired/sacked
l'ingénieur(e) engineer
l'interprète interpreter
le menuisier carpenter
le/la moniteur/monitrice de ski ski instructor
le/la musicien(ne) musician

la patience patience
patient(e) patient
le/la peintre painter
le/la photographe photographer
la profession profession
professionnel(le) professional
le salaire salary
le/la scientifique scientist
le/la secrétaire secretary
se faire virer to get fired/sacked
le soldat/la femme soldat soldier
le/la traducteur/traductrice translator
travailler à son compte to be self-employed
le/la vétérinaire vet

## 4.3b Mon futur métier

l'ambition (f) ambition
l'argent (m) money
l'avocat(e) solicitor, lawyer
avoir peur to be scared
célèbre famous
le conseil advice
conseiller to advise
le contact contact
curieux (curieuse) curious, inquisitive
déçu(e) disappointed

devenir to become
le/la conseiller/conseillère (d'orientation professionnelle) careers advisor
en équipe in a team
enrichissant(e) enriching, rewarding
exigeant(e) demanding
gagner de l'argent to earn money
le/la journaliste journalist
monotone monotonous, dreary
la motivation motivation

motiver to motivate
le/la patron(ne) boss
rencontrer to meet
le/la salarié(e) employee
la satisfaction satisfaction
la stabilité stability
stressant(e) stressful
varié(e) varied
la vie privée private life
voyager to travel

## 4.4a J'arrête les études pendant un an !

l'année (f) sabbatique gap year
l'annonce (f) advert
au chômage unemployed
l'avantage (m) advantage
la culture culture
connaitre to know
découvrir to discover
depuis since
économiser (de l'argent) to save money
embauché(e) employed, hired

embaucher to employ, hire
l'employé(e) employee
employer to employ
l'esprit (m) (ouvert, d'équipe) open-/team-minded
(à) l'étranger (m) abroad
faire des économies to save
le/la guide (touristique) tourist guide
les grandes vacances summer holidays
l'inconvénient (m) disadvantage

manquer à qqn to be missed by sb
négatif (négative) negative
passionnant(e) exciting, engaging
persuader to persuade
le petit boulot holiday job, casual work
positif (positive) positive
le poste post, position
réfléchir à to reflect on, think about
se renseigner sur to find out about
le tourisme tourism

## 4.4b Je vais poser ma candidature

le babysitting babysitting
bilingue bilingual
la candidature application
chercher to look for
communiquer to communicate
la communication communication
contacter to contact
le curriculum vitae (CV) curriculum vitae
la date de naissance date of birth
la description description
écrire to write
enthousiaste enthusiastic

envoyer to send
honnête honest
les horaires (m) hours
la langue maternelle mother tongue, native language
la lettre de motivation covering letter
libre free
par semaine per week
à partir de from
le pays de résidence country of residence
la période (estivale) (summer) period
poser sa candidature to apply

les qualités (f) qualities
rechercher to look for
la rémunération remuneration, pay
les renseignements (m) (supplémentaires) (additional) information
répondre to respond, answer
responsable responsible
sociable sociable

## 4.5a Je vais leur téléphoner

**d'accord** OK
**l'aide (f)** help
**aider** to help
**allo** hello (on telephone)
**(à) l'appareil (m)** (on the) phone
**le/la client(e)** customer
**le/la collègue** colleague
**le commerce** business
**la conférence** conference
**la conversation** conversation

**décrocher** to pick up (the phone)
**la demande** application
**demander à qqn** to ask someone
**efficace** efficient
**faire passer** to pass (sth) on to (sb)
**je vous en prie** you are welcome
**mauvais(e)** bad
**mettre en relation avec** put (sb) through to (sb)
**le moment** moment

**le numéro** number
**patienter** to wait
**ne quittez pas** please hold
**raccrocher** to hang up
**le/la réceptionniste** receptionist
**le répondeur** answering machine
**téléphoner à qqn** to ring someone
**tout de suite** straight away

## 4.5b L'informatique au travail

**à X heures** at X o'clock
**allumer** to switch on
**charger** to charge
**le clavier** keyboard
**la clé (f) USB** USB stick
**cliquer** to click
**le/la collègue** colleague
**coller** to paste
**copier** to copy
**le dossier** folder
**effacer** to delete
**éteindre** to switch off
**l'imprimante** printer

**imprimer** to print
**le logiciel** software
**marcher** to work
**mettre en ligne** to upload
**mettre en marche** to switch on, start up
**le mode d'emploi** user manual/instructions
**numérique** digital
**le mot de passe** password
**l'ordinateur (m)** computer
**l'ordinateur (m) portable** laptop
**participer à une téléconférence** to make a conference call
**le (téléphone) portable** mobile (phone)

**le réseau social** social network
**sauvegarder** to save
**la sécurité en ligne** online security
**le service informatique** IT department
**le tableau blanc interactif** interactive whiteboard
**la tablette (électronique)** tablet
**télécharger** to download
**X heures et demie** half past X
**X heures et quart** quarter past X
**X heures moins le quart** quarter to X
**le vlog** vlog
**le vlogueur/la vlogueuse** vlogger

## 4.5c Mon entretien d'embauche

**apprendre** to learn
**en avance** early
**le/la candidat(e)** candidate
**se concentrer** to concentrate, focus
**expliquer** to explain
**montrer** to show
**en retard** late
**les centres (m) d'intérêt** interests

**l'emploi (m)** job
**l'employeur (m)** employer
**l'entretien (m) (d'embauche)** (job) interview
**le formulaire** form
**l'habillement (m)** clothing, dress
**l'impression (f)** impression
**les motivations** reasons

**l'occasion (f)** opportunity
**préparer** to prepare
**la raison** reason
**le rapport** report, relation
**le recruteur** recruitment consultant
**soigné(e)** well-dressed
**tôt** early
**valoir mieux** to be better

## 5.1a Les différents moyens de transport

**le billet** ticket
**le chemin de fer** railway
**conduire** to drive
**doubler** to overtake
**élevé(e)** high
**faire attention à** to be careful about

**l'horaire (m)** timetable
**la locomotive à vapeur** steam engine
**le panneau** road sign
**le passager/la passagère** passenger
**les personnes âgées** elderly people
**le réseau** network

**le rondpoint** roundabout
**la vitesse** speed
**le vol** flight
**le voyage** journey

## 5.1b Vacances en groupe

**à travers** across
**être assis(e)** to be sitting
**attirer** to attract
**le bruit** noise
**le but** aim, goal
**compris(e)** included

**découvrir** to discover
**expliquer** to explain
**gouter** to taste
**l'itinéraire (m)** route, itinerary
**montrer** to show
**le parc naturel** nature reserve

**la pension complète** full board
**la place** place
**la plupart** most
**profiter** to take advantage of
**le vol** flight

## 5.2a Quel temps fait-il dans ce coin ?

**à cause de** because of
**à l'intérieur** on the inside
**au moins** at least
**au-dessus** above
**avoir de la chance** to be lucky

**la baleine** whale
**Quel dommage !** What a shame!
**partout** everywhere
**la piste** track
**prévoir** to forecast, predict

**la saison** season
**le ski de fond** cross-country skiing
**la station de ski** ski resort
**toutefois** however

## 5.2b Quelles vacances !

**apparaitre** to seem
**avoir envie de** to feel like
**le bagage** luggage
**bruler** to burn
**la climatisation** air conditioning

**se déclarer** to break out
**l'éclair (m)** lightning
**envisager** to consider
**la foudre** lightning
**garantir** to guarantee

**héberger** to accommodate
**de passage** passing through
**les préparatifs (m)** preparations
**le projet** project

## 5.3a Les fêtes et les différentes fois

**la célébration** celebration
**célébrer** to celebrate
**le/la croyant(e)** believer
**Diwali** Diwali
**la durée** duration
**durer** to last
**le festival** festival
**les festivités (f)** celebrations
**la fête** festival, celebration
**fêter** to celebrate

**le feu d'artifice** firework
**Hanouka** Hanukkah
**hindou(e)** Hindu
**le jeûne** fast
**juif/juive** Jewish
**la mosquée** mosque
**Noël** Christmas
**partager** to share
**Pâques** Easter
**le pèlerinage** pilgrimage

**la prière** prayer
**le ramadan** Ramadan
**religieux/religieuse** religious
**le repas** meal
**le service/l'office (m) religieux** religious
  service
**souhaiter** to wish
**le spectacle** show
**la synagogue** synagogue

## 5.3b Une fête de famille

**accepter** to accept
**la Bar Mitzvah** Bar Mitzvah
**les bijoux (m)** jewellery
**la cérémonie** ceremony
**coloré(e)** colourful
**la couleur** colour
**coûter cher** to be expensive
**l'époux/épouse** spouse

**la fête de famille** family party
**la fête des mères** Mother's Day
**le genre** type
**s'habiller** to get dressed, to dress
**le henné** henna
**laïc/laïque** secular
**le mariage** wedding
**le marlé** groom

**la mariée** bride
**se marier** to get married
**le PACS (Pacte civil de solidarité)**
  contract of civil union, civil partnership
**se rappeler** to remember
**le souvenir** memory
**traditionnel(le)** traditional
**vêtu(e)** dressed

## 5.4a Les recettes d'autres pays

**ajouter** to add
**la boite** packet, box
**couper** to cut
**le couteau** knife
**la cuillère à café** teaspoon
**épicé(e)** spicy
**émincer** to slice thinly
**éplucher** to peel
**faire dorer** to brown

**faire frire** to fry
**la feuille** leaf
**le filet** filet
**le four** oven
**le gingembre** ginger
**la gousse** clove
**hacher** to chop
**laisser cuire** to cook
**mariner** to marinate

**la marmite** pot
**mijoter** to simmer
**le morceau** piece
**le plat** dish
**la poêle** frying pan
**savoureux** tasty
**le sel** salt
**le verre** glass

## 5.4b Comment mange-t-on à l'étranger ?

**apprécier** to like
**les baguettes** chopsticks
**la boisson** drink
**la casserole** (sauce)pan
**composé(e) de** made up of

**délicieux/délicieuse** delicious
**le dessert** dessert
**épicé(e)** spicy
**la fourchette** fork
**frais/fraiche** fresh

**la nourriture** food
**piquant(e)** hot (spicy food)
**servir** to serve
**la spécialité** speciality
**traditionnel(le)** traditional

## 5.5a Les problèmes de l'environnement

**améliorer** to improve
**la circulation** traffic
**les déchets (m)** waste, rubbish
**se déplacer** to move, to get around
**l'embouteillage (m)** traffic jam

**impair(e)** odd (number)
**inquiétant(e)** worrying
**ménagère** household, domestic
**le numéro d'immatriculation** registration
  number

**les ordures (f)** refuse, waste
**pair(e)** even (number)
**propre** clean
**réduire** to reduce, to decrease
**l'usine (f)** factory

## 5.5b Les solutions environnementales canadiennes

**combattre** to fight against
**le covoiturage** carsharing
**l'éolienne (f)** wind turbine

**l'individu** individual
**le polluant** pollutant
**le robinet** tap

**surveiller** to supervise
**le véhicule** vehicle

*Décollage*

# La Belgique et ses fêtes originales

Vous croyez que la Belgique a peu à offrir aux touristes ? Ce n'est pas le cas. Contrairement à ce que pensent beaucoup de gens, la Belgique a beaucoup à offrir aux visiteurs y compris toute une variété de fêtes originales. Ces fêtes un peu… bizarres sont sures de vous enchanter et de vous apprendre beaucoup sur les coutumes et les traditions belges.

Considérons, par exemple, le Carnaval de Binche. Cette manifestation folklorique dure trois jours. Pendant ce Carnaval, la ville belge de Binche retourne au XVIe siècle. Certains hommes et garçons de cette ville s'habillent en personnages folkloriques qui s'appellent les Gilles et vont de maison en maison. C'est considéré comme un grand honneur. Le dernier jour, il y a un défilé. Les Gilles portent des plumes d'autruche* et donnent aux spectateurs des oranges, ce qui porte bonheur. Voici un évènement populaire et unique.

Vous ne vous intéressez pas au folklore ? Pourquoi ne pas aller à Anima, festival du dessin animé et du film d'animation ? Ce festival a lieu dans la capitale et a connu ces dernières années beaucoup de succès. Ce n'est pas surprenant. C'est la Belgique qui a produit Tintin et les Schtroumpfs.

Ensuite, vous pouvez toujours aller au Carnaval des Ours* d'Andenne. Soyez tranquille, ce ne sont pas de vrais ours. L'ours est tout simplement l'emblème de cette ville. Pourquoi ? Alors, on dit qu'au début du VIIIe siècle, un de ses habitants, un petit de 9 ans, a tué un ours qui terrifiait le quartier. C'est à cause de cette histoire que chaque année des dizaines d'ours et des groupes musicaux se promènent dans les rues d'Andenne.

Si ça ne vous dit pas, il y a aussi la Régate Internationale de baignoires* à Dinant. Voici une course nautique de baignoires décorées de façon originale.

*une autruche – un grand oiseau d'Afrique; un ours – un grand animal carnivore comme Baloo dans le* Livre de la Jungle*; une baignoire – un appareil dans lequel on prend un bain*

---

**1** Lisez l'article au sujet des fêtes belges. Répondez aux questions en choisissant A, B, C ou D.

**1** À Binche, comment s'habillent certains hommes ?

 **A** en ours

 **B** en Tintin

 **C** en Gilles

 **D** en Schtroumpf

**2** À quoi est associé Bruxelles ?

 **A** le folklore

 **B** la mode

 **C** la littérature

 **D** le dessin animé

**3** Qui, dit-on, a tué un ours à Andenne ?

 **A** une fille

 **B** un garçon

 **C** un homme de la ville

 **D** un musicien

**4** Que peut-on voir à Dinant ?

 **A** des gens déguisés

 **B** des baignoires déguisées en bateaux

 **C** des bateaux déguisés en baignoires

 **D** des habitants qui se baignent

Mettez-vous au défi. Voici des informations sur le peintre surréaliste belge, Magritte. À vous de les mettre dans l'ordre chronologique !

1 Comme chef des surréalistes belges, Magritte a profondément marqué l'art.

2 Il a rencontré Georgette Berger à l'âge de quinze ans.

3 En 1926, faisant ses études à l'Académie des Beaux-arts de Bruxelles, Magritte commençait à peindre des tableaux surréalistes. Sa première toile surréaliste ? *Le jockey perdu.*

4 Magritte et Georgette se sont mariés en 1922.

5 Magritte est mort d'un cancer à l'âge de soixante-neuf ans. Cependant, il inspire toujours les artistes du monde entier. Beaucoup de ses peintures se trouvent au Musée Magritte à Bruxelles.

6 Magritte a peint ses premiers tableaux en 1915. Ces œuvres étaient impressionnistes.

*Ceci n'est pas une pipe.*

7 René Magritte est né à Lessines en Belgique en 1898. Il a eu une enfance difficile.

8 Il a rencontré d'autres surréalistes à Paris où il a passé trois ans. En rentrant en Belgique, Magritte est devenu le chef des surréalistes belges.

| | |
|---|---|
| **A** Le meilleur ami de l'homme | **C** Le génie |
| **B** Un ado intrépide | **D** Le côté drôle |

# Fiche info

## Un héros belge

1 Tintin est le héros du dessinateur belge Hergé. Il apparait dans les bandes dessinées, *Les aventures de Tintin*. Ce jeune reporter est un grand voyageur et a même marché sur la lune. Il lutte contre le mal. Il est curieux et courageux. En plus il est très calme, même dans des situations dangereuses.

2 Tintin a un entourage fidèle*. Le plus fidèle, c'est peut-être son chien, Milou, qui est toujours avec lui. Milou est presque comme une personne. Il est toujours là pour aider Tintin, même s'il est un peu moins sage que le héros principal lui-même.

3 Les personnages les plus comiques des aventures de Tintin sont sans doute le capitaine Haddock et les deux policiers Dupond et Dupont. Contrairement à Tintin, le capitaine, lui, se met facilement et souvent en colère et semble plutôt ridicule. Les policiers se ressemblent physiquement. Eux aussi sont des personnages ridicules. Ils sont peu efficaces et ne réussissent jamais.

4 Un autre ami de Tintin, c'est le Professeur Tournesol. Voici un homme assez âgé qui porte d'habitude une redingote verte. Il est très intelligent et sympa aussi et invente des choses magnifiques comme des fusées et des sous-marins. Cependant, il peut être irritable aussi.

\* *fidèle – loyal*

Magazine

# Vivre au paradis

*Eugénie est française et vit depuis cinq ans en Nouvelle-Calédonie. Elle nous a parlé de sa vie sur cette ile française exceptionnelle.*

**La vie en Nouvelle-Calédonie diffère-t-elle énormément de la vie en France ?**

Ici, on se lève plus tôt qu'en France. Moi, je me lève à six heures parce que l'école commence à sept heures et quart mais il y a des gens qui se lèvent encore plus tôt, vers quatre heures du matin, par exemple. Après s'être levés si tôt, ces gens prennent le déjeuner vers onze heures et demie et alors le diner vers dix-huit heures trente. Ils se couchent tôt aussi, vers vingt heures trente.

**Il fait beau tout le temps ?**

La Nouvelle-Calédonie se trouve dans le Pacifique sud et il fait donc chaud et soleil la plupart du temps. On passe beaucoup de temps dehors en faisant attention d'éviter les heures les plus chaudes de la journée en été. On sort donc plutôt le matin et puis le soir. Ceci dit, il pleut ici aussi.

**Et que faites-vous pour vous amuser ?**

Je fais beaucoup de sport. Moi, j'adore faire de l'athlétisme ou bien nager dans la mer, comme beaucoup de mes amis. Le paysage ici est tellement varié qu'il y a quelque chose pour tout le monde : balades, planche à voile, surf, plongée sous marine. On peut bien sûr se reposer et admirer le paysage magnifique aussi.

**On y mange bien ?**

Oui, très bien, et sain aussi je pense. Personnellement, je mange beaucoup de fruits et de légumes ainsi que du poulet, du bœuf, du poisson et du pain. Le seul problème ? Certains produits coûtent assez cher.

**Il y a d'autres désavantages à habiter en Nouvelle-Calédonie ?**

La situation politique n'est pas trop sure. Ce pays a été colonisé par la France en 1853. Certains habitants veulent rester en France, d'autres aimeraient mieux être indépendants.

---

**1** Lisez l'article puis répondez aux questions en écrivant vrai (V), faux (F) ou pas mentionné (PM). Corrigez les phrases qui sont fausses.

   **1** Eugénie est née en Nouvelle-Calédonie.

   **2** Les jours d'école, elle doit se lever à quatre heures du matin.

   **3** Les habitants vont rarement dehors en été parce qu'il fait trop chaud.

   **4** Eugénie est plutôt sportive.

   **5** Eugénie a déjà fait de la plongée sous-marine.

   **6** Le paysage est impressionnant.

   **7** Eugénie est végétarienne.

   **8** La Nouvelle-Calédonie est un territoire français et la plupart des habitants en sont contents.

*Magazine*

**2** Fiche info. Mettez-vous au défi. Complétez les informations au sujet de la Nouvelle-Calédonie avec les chiffres de la liste.

| 11 | 268 767 | 1853 | 18 575.5 | 1500 | 28 | 1991 | 1989 |

# Fiche info

## La Nouvelle-Calédonie

La Nouvelle-Calédonie, archipel situé dans l'océan Pacifique à **1**.......... km de l'Australie, est un territoire de la France depuis **2**.......... . Ce petit pays a une superficie de **3**.......... km² et une population de **4**.......... habitants. De ces habitants, seules les Mélanésiens et les Kanaks sont originaires de la Nouvelle-Calédonie. Les autres habitants viennent pour la plupart de différents pays européens et asiatiques. Voici donc une population très diverse, ce qui est apprécié dans la bande dessinée calédonienne, *La Brousse en Folie*.

La capitale, Nouméa, est la seule grande ville et se trouve dans le sud. Depuis **5**.........., il y a trois provinces distinctes en Nouvelle-Calédonie : la Province Sud, la Province Nord, la Province des îles Loyauté.

Le français est la langue officielle de cette île mais il y a aussi des dialectes. Il y a par exemple **6**.......... langues kanak et **7**.......... dialectes. Le français de Nouvelle-Calédonie diffère du français européen à cause de l'accent et des expressions particulières.

Comme la population, la musique de la Nouvelle-Calédonie est très diverse, le Kaneka, le reggae, le jazz et le rock étant tous populaires. Le festival *Live en aout* autrefois appelé *Jazz en aout*, qui a été créé en **8**.......... , réunit des groupes de jazz, rock, soul et folk dans les bars et restaurants du territoire.

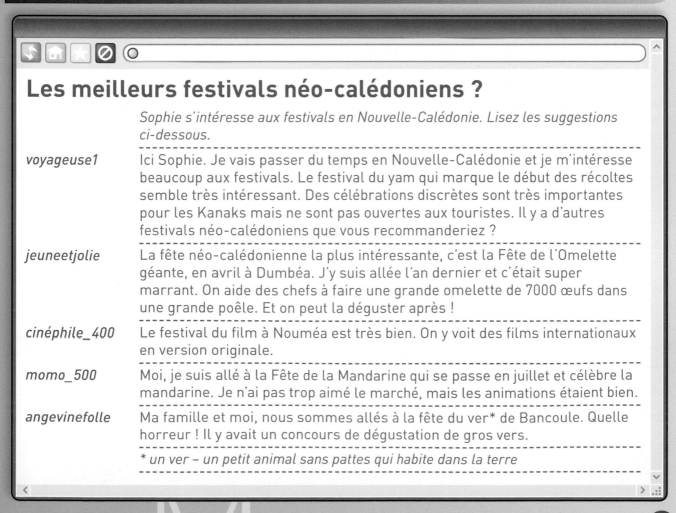

## Les meilleurs festivals néo-calédoniens ?

*Sophie s'intéresse aux festivals en Nouvelle-Calédonie. Lisez les suggestions ci-dessous.*

**voyageuse1** — Ici Sophie. Je vais passer du temps en Nouvelle-Calédonie et je m'intéresse beaucoup aux festivals. Le festival du yam qui marque le début des récoltes semble très intéressant. Des célébrations discrètes sont très importantes pour les Kanaks mais ne sont pas ouvertes aux touristes. Il y a d'autres festivals néo-calédoniens que vous recommanderiez ?

**jeuneetjolie** — La fête néo-calédonienne la plus intéressante, c'est la Fête de l'Omelette géante, en avril à Dumbéa. J'y suis allée l'an dernier et c'était super marrant. On aide des chefs à faire une grande omelette de 7000 œufs dans une grande poêle. Et on peut la déguster après !

**cinéphile_400** — Le festival du film à Nouméa est très bien. On y voit des films internationaux en version originale.

**momo_500** — Moi, je suis allé à la Fête de la Mandarine qui se passe en juillet et célèbre la mandarine. Je n'ai pas trop aimé le marché, mais les animations étaient bien.

**angevinefolle** — Ma famille et moi, nous sommes allés à la fête du ver* de Bancoule. Quelle horreur ! Il y avait un concours de dégustation de gros vers.

*\* un ver – un petit animal sans pattes qui habite dans la terre*

*En Vol*

# Coin révision D1
## Comment améliorer votre français écrit

---

### Quatre idées pour vous aider à aborder la tâche

→ À l'écrit, vous avez le choix entre deux questions. Cela peut être un e-mail, une lettre ou un article. **Choisissez l'option qui vous est la plus familière** (pas nécessairement celle qui vous intéresse le plus), c'est-à-dire vous connaissez bien le vocabulaire et la grammaire requis et vous avez beaucoup d'idées à ce sujet-là. Basez votre décision seulement là-dessus.

→ Organisez votre travail avec soin. **Vous devez écrire entre 130 et 140 mots en français.** Divisez ce chiffre par le nombre de points dont vous devez discuter (3 ou 4) mais gardez 10 à 20 mots en réserve si une introduction et/ou une conclusion sont nécessaires.

→ Vous connaissez vos points forts. Servez-vous-en ! Par exemple, vous savez **utiliser le présent, le passé et le futur.** Si la question le demande, référez-vous à quelque chose que vous avez fait l'année dernière par exemple, ou à quelque chose que vous avez l'intention de faire à l'avenir. Étudiez bien la question pour savoir quels temps elle vous permet d'utiliser dans votre réponse.

→ **Lisez la question attentivement.** Par example, faites des comparaisons, si la question le spécifie.

---

**1  a**  Lisez la réponse à cette question. Comment peut-on l'améliorer ? Discutez-en avec un(e) partenaire.

**Mon avenir professionel.**

Écrivez un e-mail à un(e) ami(e) à ce sujet.

- Qu'est-ce que vous avez l'intention de faire comme métier plus tard ? Pourquoi ?
- Quelles qualités sont nécessaires pour exercer ce métier ?
- Comment vous êtes-vous renseigné(e) sur ce métier ?
- Que ferez-vous si vous n'arrivez pas à réaliser votre ambition ?
- Quel métier n'aimeriez-vous pas exercer ? Pourquoi pas ?

Écrivez 130-140 mots **en français**.

---

Salut,

Tu me demandes mon choix de métier. Moi, je voudrais être assistante sociale. C'est important d'aider les gens.

Pour cela, il faut être patient et il faut aimer aider les gens. Je dois aller à l'université et je dois étudier pendant trois ans. Cela sera dur.

Ma voisine est assistante sociale. Elle dit que c'est intéressant mais fatigant. Elle travaille dans la ville voisine et elle prend l'autobus tous les jours. Ma meilleure copine au collège voudrait aussi devenir assistante sociale.

Si ce n'est pas possible de devenir assistante sociale, je voudrais faire du bénévolat pendant un an. Plus tard, je voudrais travailler dans un hôpital comme infirmière. Je ne voudrais pas devenir institutrice.

À bientôt,

Emma

---

→ Écrivez des phrases plus longues en utilisant des conjonctions comme *car, parce que, quand, si*. Ajoutez des adverbes de temps comme *le matin, après cela, plus tard*.

→ Utilisez des temps différents – passé, présent et futur. Il y aura des indications de temps dans la question.

→ Donnez votre opinion et justifiez-la. Utilisez des adjectifs différents et des expressions comme *je pense que, je crois que, à mon avis, cela m'intéresse, ça (ne) me plait (pas)*.

→ Utilisez des expressions négatives, par exemple : *je ne veux pas, je n'ai jamais vu, nous n'allons plus, il n'y a rien*.

→ Écrivez entre 130 et 140 mots.

1 b  Écrivez une meilleure version.          1 c  Travaillez avec un(e) partenaire. Comparez vos deux versions.

2 a  Lisez la réponse à cette question. Comment peut-on l'améliorer ? Discutez-en avec un(e) partenaire.

## Les voyages scolaires

Vous venez de passer une journée intéressante en voyage scolaire. Écrivez un article pour le magazine de votre collège.

- Où êtes-vous allé(e) ? Avec qui ?
- Comment était le voyage ?
- Qu'est-ce que vous avez aimé et qu'est-ce que vous n'avez pas aimé ?
- Préférez-vous les voyages scolaires, les sorties entre ami(e)s ou les sorties en famille ?
- Où voudriez-vous passer une journée en voyage scolaire à l'avenir ? Pourquoi ?

Écrivez 130-140 mots **en français**.

La semaine dernière, je suis allée à Monaco pour une journée avec mon collège. Le voyage était ennuyeux. Le voyage a duré deux heures. C'était au bord de la mer. C'était bien.

J'ai aimé visiter le centre-ville. J'ai fait les magasins. Il y a beaucoup de magasins où on peut acheter des souvenirs. J'ai acheté un poster pour mon frère. Je n'ai pas aimé la plage. Nous sommes rentrés chez nous très tard. Il était une heure du matin. J'étais très fatiguée.

Moi, je préfère les sorties entre amies. Samedi, on va aller au cinéma. Il y a un bon film. J'aime bien mes amies. On rigole ensemble.

À l'avenir, je voudrais passer une journée en voyage scolaire à Paris. Il y a beaucoup de magasins et je voudrais visiter les monuments aussi.

→ Évitez les répétitions en trouvant des synonymes. Ne copiez pas les mots exacts de la question.

→ Écrivez des phrases avec des verbes de deux (ou trois) temps différents. Combinez des verbes, par exemple : *nous pourrions aller, je viens de finir, on m'a invitée à venir*.

→ Donnez votre opinion sur deux (ou trois) choses et dites laquelle vous préférez.

→ Variez vos phrases en pensant à la séquence des idées.

2 b  Écrivez une meilleure version.          2 c  Travaillez avec un(e) partenaire. Comparez vos deux versions.

## Quatre conseils supplémentaires

→ Préparez votre réponse avant de l'écrire. Écrivez des notes.

→ Divisez votre réponse en cinq paragraphes – une pour chaque point. Ainsi, vous verrez si vous avez oublié quelque chose.

→ Vérifiez votre travail. Les adjectifs sont-ils correctement accordés ? Les verbes sont-ils correctement conjugués ?

→ Pensez à la présentation de votre travail. Surtout, écrivez lisiblement.

# Coin révision D2

## Comment avoir une conversation naturelle

---

### Stratégies

Pour obtenir de bonnes notes dans la section conversation, il faut :

**A** parler couramment pour retenir l'attention de l'auditeur
**B** utiliser les différents temps du verbe correctement
**C** améliorer votre prononciation
**D** exprimer et comparer vos opinions personnelles

---

## A Parler couramment

**1 a** Combinez les éléments de la colonne gauche (1-7) avec ceux de la colonne droite (A-G) pour former des phrases.

*Exemple :1 G*

| | | | |
|---|---|---|---|
| 1 | Je pense que | **A** | répéter ? |
| 2 | Excusez-moi, mais | **B** | vous donner un exemple. |
| 3 | Ah, je trouve cela | **C** | pas tout à fait compris. |
| 4 | Pouvez-vous | **D** | pouvez-vous dire cela encore une fois ? |
| 5 | Je voudrais | **E** | pensé à cela. |
| 6 | Pardon, mais je n'ai | **F** | très intéressant. |
| 7 | Je n'avais pas | **G** | c'est une bonne idée. |

**1 b** Choisissez cinq questions de conversation basées sur les sections 4 et 5 du livre. Travaillez avec un(e) partenaire. Posez les questions et faites de petites conversations en utilisant les phrases de l'exercice 1a.

*Exemple :*

*A Trouvez-vous qu'il est important de conserver l'eau ?*

*B Pardon, mais je n'ai pas tout à fait compris.*

*A À votre avis, est-il important d'utiliser moins d'eau ?*

*B Ah oui, je pense que c'est très important.*

---

### Stratégies

→ Démontrez vos compétences en français. Par exemple, vous pouvez donner des explications et utiliser des expressions négatives.
→ Utilisez des conjonctions (*et, mais, parce que, puisque, quand, où...*) pour former des phrases plus longues.
→ Utilisez des adjectifs et des adverbes pour donner des descriptions plus détaillées.

---

**1 c** Répétez les conversations de l'exercice 1b en utilisant ces stratégies.

## B Utiliser les différents temps du verbe correctement

2 a Lisez les cinq questions (1-5) et les cinq temps du verbe (A-E). Pour chaque question, identifiez le temps correct. Si nécessaire, regardez la section grammaire de ce livre – les références sont entre parenthèses.

*Exemple : 1 D*

| | | |
|---|---|---|
| 1 | À quelle heure êtes-vous arrivés à l'hôtel ? | A présent (K1) |
| 2 | Quel type de séjour préférez-vous ? | B futur (K5) |
| 3 | Où irez-vous pendant les grandes vacances ? | C conditionnel (K11) |
| 4 | Quels monuments vouliez-vous visiter ? | D passé composé (K8) |
| 5 | Si possible, avec qui partiriez-vous en vacances ? | E imparfait (K7) |

2 b Avec votre partenaire, faites une conversation avec chaque question de l'exercice 2a. Répondez en utilisant le même temps du verbe que dans la question, mais utilisez des verbes différents.

## C Améliorer votre prononciation

> Si vous utilisez une version écrite pour préparer votre conversation, il faut faire attention à la prononciation. Imitez le français que vous entendez. Il y a aussi certaines règles à suivre, par exemple :
>
> → En général, on ne prononce pas les lettres *d*, *g*, *s*, *t*, *x* et *z* à la fin d'un mot : *lourd, bourg, mois, chat, choix, allez*. On ne prononce pas la lettre *h* au début du mot : *honnête, l'horaire*.
> → On prononce la lettre *e* d'une façon différente si elle a un accent. Comparez *côte/côté, pratique/pratiqué, repos/répondre*. Comparez aussi *acheté/achète*.
> → Faites attention à la liaison devant les mots qui commencent par une voyelle. Les règles sont complexes, mais on fait toujours la liaison après *les, des, ses, en, on, sans* et certains autres mots fréquents.

3 a Les consonnes finales et la lettre *h*. Écoutez ces phrases, puis dites-les à haute voix et vérifiez que vous les avez prononcées correctement.

| | | | |
|---|---|---|---|
| Regarde le ciel ! | C'est l'heure du départ. | Il fait mauvais. | On y va à pied. |
| C'est un étudiant. | D'accord ! | Quel est le tarif ? | Je n'aime pas cet hôtel. |

> Avec certaines lettres, par exemple *r*, les règles sont plus compliquées et certains mots ne suivent pas les règles. Il vaut mieux apprendre la prononciation de ces mots quand vous les entendez.

3 b Des mots qui ne suivent pas une règle simple. Écoutez ces phrases, puis dites-les à haute voix et vérifiez que vous les avez prononcées correctement.

| | | | |
|---|---|---|---|
| Il est cuisinier. | Je viens de finir. | J'en ai six. | J'aime ce travail. |
| C'est un instituteur. | C'est très cher. | Voici la clef. | Il y en a trop. |
| Il faut étudier. | Elle cherche un métier. | On joue au foot. | C'est dans l'ouest. |

3 c Faire ou ne pas faire la liaison. Lisez et écoutez ces phrases, puis dites-les à haute voix et vérifiez que vous les avez prononcées correctement.

Il y a des inconvénients.
Vous avez visité le Québec ?
Il n'y a pas de plages ici.
Les excursions coûtent cher.
Je préfère les voyages scolaires en France.

Quand peut-il venir ?
Il fait moins beau en Angleterre.
Tu veux y aller maintenant ?
Nous restons à la maison.
Je préférerais visiter un autre pays.

# D Exprimer et comparer vos opinions personnelles

4 a Reliez les débuts de phrase 1-7 aux fins de phrase A-G. Traduisez les phrases dans votre langue et apprenez-les.

*Exemple : 1 F*

1 Il y a des avantages
2 Je ne suis pas
3 C'est peut-être vrai,
4 Certains jeunes
5 Cette idée
6 Je ne sais pas
7 Il n'y a pas de

A tout à fait d'accord.
B ont une opinion différente.
C ce qu'on peut faire.
D solution facile.
E mais je ne suis pas sûr (sure).
F et des inconvénients.
G ne me plait pas.

## Comment justifier vos opinions

4 b Lisez ces expressions. Traduisez-les dans votre langue et apprenez-les.

| parce que / car / puisque | à cause de | par conséquent | malgré cela |
| pour (+ infinitif) | donc | même si | |

4 c Travaillez en groupes de trois personnes. Décidez qui est 1, 2 et 3.

Regardez la grille et les trois questions sous la grille. La personne qui répond aux questions doit utiliser au moins deux phrases de l'exercice 4a pour donner et justifier des opinions différentes à chaque sujet. Si nécessaire, la personne qui pose les questions peut ajouter des questions pour encourager une réponse plus sophistiquée. La troisième personne écoute la conversation et en fait une évaluation.

| Conversation | Personne 1 | Personne 2 | Personne 3 |
|---|---|---|---|
| 1 | *pose les questions* | *répond aux questions* | *fait une évaluation* |
| 2 | fait une évaluation | pose les questions | répond aux questions |
| 3 | répond aux questions | fait une évaluation | pose les questions |

1 Quel serait votre métier de rêve ? [2]

2 Quelle est la meilleure destination de vacances ? Pourquoi ? [2])

3 Qu'est-ce qu'il faut faire pour protéger l'environnement ? [2])

# Grammar

The following grammar summary includes all of the grammar and structure points required for Cambridge IGCSE™ French. Note that while the subjunctive is covered here for reference, knowledge of the subjunctive is not required for Cambridge IGCSE.

## Grammar section contents

# A Nouns and articles *Les noms et les articles*

A noun is:

- a person (e.g. the teacher)
- a name (e.g. Mary)
- an object (e.g. guitar)
- a concept/idea (e.g. luck)
- a place (e.g. cinema)

## A1 Gender *Le genre*

All nouns in French are either masculine or feminine. In the dictionary, masculine nouns are usually indicated with (*m*) and feminine nouns with (*f*).

In the singular, the definite article ('the') is *le* in the masculine and *la* in the feminine, both changing to *l'* before a vowel:

| | |
|---|---|
| *le chapeau* | the hat |
| *le sac* | the bag |
| *le stylo* | the pen |
| *l'œuf* | the egg |
| *la fille* | the girl |

| | | |
|---|---|---|
| *la porte* | the door | |
| *la gare* | the station | |
| *l'idée* | the idea | |

The indefinite article (the word for 'a' or 'an') is *un* in the masculine and *une* in the feminine.

The most common way to make the feminine form of a masculine noun is to add *-e* to the end:

| | | |
|---|---|---|
| *un ami* | *une amie* | a friend |

If a noun ends in *-e* in the masculine form, it does not generally change in the feminine form:

| | | |
|---|---|---|
| *un élève* | *une élève* | a student |

The examples below show how other masculine nouns change in the feminine form:

| | | |
|---|---|---|
| *un boulanger* | *une boulangère* | a baker |
| *un jumeau* | *une jumelle* | a twin |
| *un époux* | *une épouse* | a husband/wife |
| *un danseur* | *une danseuse* | a dancer |
| *un moniteur* | *une monitrice* | a supervisor |
| *un technicien* | *une technicienne* | a technician |
| *un lion* | *une lionne* | a lion/lioness |

Some nouns are traditionally always masculine, even when referring to a female:

| | |
|---|---|
| *un auteur* | an author |
| *un médecin* | a doctor |

In general, words for animals only have one gender, although there are some exceptions:

| | | |
|---|---|---|
| *un chien* | *une chienne* | a dog/bitch |
| *un chat* | *une chatte* | a cat |

The word for 'a person' is *une personne* and is always feminine.

Some words have a separate masculine and feminine form:

| | | |
|---|---|---|
| *un fils* | *une fille* | a son/daughter |
| *un mari* | *une femme* | a husband/wife |
| *un roi* | *une reine* | a king/queen |
| *un copain* | *une copine* | a male friend/female friend |

Some words have two genders; their meaning depends on the gender:

| | | | |
|---|---|---|---|
| *un livre* | a book | *une livre* | a pound |
| *un manche* | a handle | *une manche* | a sleeve |
| *un poste* | a job | *une poste* | a post office |
| *un voile* | a veil | *une voile* | a sail |

The endings of words can sometimes be used to determine the gender of a noun. In general, words ending in *-age, -aire, -é, -eau, -eur, -ier, -in, -isme, -ment* and *-o* are masculine:

| | |
|---|---|
| *un garage* | a garage |
| *un bureau* | an office |
| *le bonheur* | happiness |

The following feminine nouns are exceptions to this rule:

| | |
|---|---|
| *une clé* | a key |
| *une image* | a picture |
| *l'eau* | water |
| *la fin* | the end |
| *la météo* | the weather forecast |
| *la plage* | the beach |
| *la radio* | the radio |

Words ending in *-ade, -ance, -ation, -ée, -ère, -erie, -ette, -que, -rice, -sse* and *-ure* are generally feminine:

| | |
|---|---|
| *une limonade* | a lemonade |
| *la natation* | swimming |
| *la fermière* | the farmer's wife |

The following masculine nouns are exceptions to this rule:

| | |
|---|---|
| *un lycée* | a secondary school |
| *un musée* | a museum |
| *le dentifrice* | toothpaste |
| *un kiosque* | a newspaper stand |

## A2 Plurals *Les pluriels*

For the majority of nouns, plurals are made by adding *-s* to the singular form:

| | | |
|---|---|---|
| *une porte* | *des portes* | door(s) |

Nouns ending in *-s, -x* or *-z* stay the same:

| | | |
|---|---|---|
| *un bras* | *des bras* | arm(s) |
| *un nez* | *des nez* | nose(s) |
| *une voix* | *des voix* | voice(s) |

Nouns ending in *-eau* or *-eu* add *-x*:

| | | |
|---|---|---|
| *un jeu* | *des jeux* | game(s) |

Exception:

| | | |
|---|---|---|
| *un pneu* | *des pneus* | tyre(s) |

Nouns ending in *-ail* change to *-aux*:

| | | |
|---|---|---|
| *un travail* | *des travaux* | work(s) |

Nouns ending in *-al* change to *-aux*:

| | | |
|---|---|---|
| *un animal* | *des animaux* | animal(s) |

Nouns ending in -*ou* add -*s*:

| *un cou* | *des cous* | neck(s) |

Exceptions include:

| *un bijou* | *des bijoux* | jewel(s) |
| *un caillou* | *des cailloux* | stone(s) |
| *un chou* | *des choux* | cabbage(s) |
| *un genou* | *des genoux* | knee(s) |

**Note:** some nouns are singular in form but plural in meaning, and take a singular verb. These include *la famille*, *la police* and *la foule*:

*La famille est dans la maison.*
The family is in the house.

*La police arrive.*
The police arrive.

# A3 Definite article *Les articles définis*

The word for 'the' in French has four forms: *le*, *la*, *l'* and *les*.
*Le* is used for masculine nouns that start with a consonant:

| *le cahier* | the exercise book |

*La* is used for feminine nouns that start with a consonant:

| *la fleur* | the flower |

*L'* is used for nouns that begin with a vowel or a silent 'h', whether they are masculine or feminine:

| *l'ennemi* (m) | the enemy |
| *l'huile* (f) | the oil |

*Les* is used with all nouns in the plural:

| *les cahiers* | *les huiles* |
| *les fleurs* | *les ennemis* |

The definite article is used:

- to refer to a particular object or person

*Le sac est sur la table.*
The bag is on the table.

- with a noun used in a general sense

*Il aime beaucoup le chocolat, mais il n'aime pas les bonbons.*
He likes chocolate a lot, but he does not like sweets.

- with countries and languages

*La Belgique est très petite.*    *J'étudie l'allemand.*
Belgium is very small.    I study German.

- with parts of the body

*J'ai les mains propres.*
I have clean hands.

- with people's names or titles

| *la petite Hélène* | little Helen |
| *le roi Charles* | King Charles |

- with days of the week to convey 'every':

*Le jeudi je sors avec mes amis.*
On Thursdays I go out with my friends.

**A3.1 Changes to the definite article *Comment changer les articles définis***
*Le* and *les* contract to *au* and *aux* when used with *à* ('to'/'at'):

Incorrect: *Je vais à le magasin.*
Correct: *Je vais au magasin.*
I'm going to the shop.

Incorrect: *Ils sont à les magasins.*
Correct: *Ils sont aux magasins.*
They are at the shops.

There are no changes with *la* or *l'*:

*Il est à la poste.*
He is at the post office.

*Tu vas à l'église.*
You are going to the church.

Note how these forms are used when describing flavours:

*un sandwich au fromage*    a cheese sandwich

*une glace à la vanille*  a vanilla ice cream

and ailments:

*J'ai mal au pied et à la jambe.*
I have a bad foot and a bad leg.

You will also find them with compass directions:

*Il habite au nord/sud de la ville.*
He lives to the north/south of the town.

*Elle habite à l'est/l'ouest de la région.*
She lives to the east/west of the area.

However, to say you are going to a country, use *en* for feminine countries and *au* for masculine ones. Use *à* to say you are going to a named place.

*Je vais à Montréal au Canada, mais Paul va à Rome en Italie.*
I'm going to Montreal in Canada, but Paul is going to Rome in Italy.

*Le* and *les* contract to *du* and *des* when used with *de*:

Incorrect: *Elle est près de le cinéma.*
Correct: *Elle est près du cinéma.*
She is near the cinema.

Incorrect: *Vous partez de les magasins.*
Correct: *Vous partez des magasins.*
You are leaving the shops.

There are no changes with *la* and *l'*:

*Elle est près de la gare.*
She is near the station.

*Elle est près de l'église.*
She is near the church.

## A4 Indefinite article *Les articles indéfinis*

There are two words for 'a' and 'an'; *un* is used for masculine nouns and *une* is used for feminine nouns:

| | |
|---|---|
| *un perroquet* | a parrot |
| *une maison* | a house |

There are specific occasions when an indefinite article is not used:

- with a person's job
- with a negative

*Il est facteur.*
He is a postman.

*Je n'ai pas de chat.*
I don't have a cat.

## A5 Partitive article *Les articles partitifs*

The word for 'some'/'any' in French has four forms: *du, de la, de l'* and *des.*

*Du* is used for masculine nouns:

*du pain*      some bread

*De la* is used for feminine nouns:

*de la confiture*      some jam

*De l'* is used for nouns that begin with a vowel or a silent 'h', whether masculine or feminine:

| | |
|---|---|
| *de l'eau* | some water |
| *de l'huile* | some oil |

*Des* is used for plural nouns:

*Ils ont vu des girafes.*
They saw some giraffes.

There are specific occasions when a partitive is not used:

- with a verb in the negative

*Il n'y a pas de légumes.*
There are no vegetables.

- with an adjective in front of the noun

*Ils ont vu de belles plages.*
They saw some beautiful beaches.

- after expressions of quantity

| | |
|---|---|
| *beaucoup de pain* | a lot of bread |
| *un peu de beurre* | a little butter |
| *un litre de lait* | a litre of milk |
| *500 grammes de fromage* | 500 grammes of cheese |
| *une bouteille de limonade* | a bottle of lemonade |
| *un paquet de chips* | a packet of crisps |
| *une boite de tomates* | a tin of tomatoes |

### A5.1 *Jouer à/jouer de*
*Jouer* can be followed by *à* when talking about playing a sport or game, but by *de* when talking about playing an instrument:

*Il joue **au** foot. Elle joue **du** violon.*

# B Adjectives and pronouns *Les adjectifs et les pronoms*

## B1 Adjective agreements *L'accord des adjectifs*

Adjectives describe nouns. In French, you usually need to change the spelling of an adjective to agree with the noun that it is describing. The most usual way is to:

- add -e to make it feminine singular
- add -s to make it masculine plural
- add -es to make it feminine plural

For example:

*Le chapeau est bleu.*
The hat is blue.

*La robe est bleue.*
The dress is blue.

*Les chapeaux sont bleus.*
The hats are blue.

*Les robes sont bleues.*
The dresses are blue.

**Exceptions**
Adjectives ending in -e remain the same in both the masculine and the feminine singular:

*Le livre est rouge.*
The book is red.

*La porte est rouge.*
The door is red.

Adjectives ending in -s do not add an extra s in the masculine plural:

*Le pull est gris.*
The sweater is grey.

*Les pulls sont gris.*
The sweaters are grey.

Adjectives with the following endings change as shown below:

| | |
|---|---|
| *affreux, affreuse* | awful |
| *cher, chère* | dear |
| *indien, indienne* | Indian |
| *sportif, sportive* | sporty |
| *gros, grosse* | large, fat |

| | |
|---|---|
| *bon, bonne* | good |
| *gentil, gentille* | nice |

Three adjectives have a special form that is used when the noun is masculine singular and begins with a vowel or silent 'h':

- *beau* becomes *bel*

| | |
|---|---|
| *un bel homme* | a handsome man |

- *vieux* becomes *vieil*

| | |
|---|---|
| *un vieil hôtel* | an old hotel |

- *nouveau* becomes *nouvel*

| | |
|---|---|
| *un nouvel hôtel* | a new hotel |

The following adjectives are irregular:

| | |
|---|---|
| *blanc, blanche* | white |
| *complet, complète* | complete, full |
| *doux, douce* | soft, gentle |
| *favori, favorite* | favourite |
| *faux, fausse* | false |
| *frais, fraiche* | fresh |
| *long, longue* | long |
| *public, publique* | public |
| *roux, rousse* | red (hair) |
| *sec, sèche* | dry |
| *secret, secrète* | secret |

Some adjectives of colour do not change, for example:

| | |
|---|---|
| *cerise* | cherry |
| *marron* | brown |
| *noisette* | hazel |
| *orange* | orange |
| *paille* | straw-coloured |
| *pêche* | peach-coloured |
| *des robes orange* | orange dresses |

Similarly, compound adjectives of colour do not change:

| | |
|---|---|
| *bleu clair* | light blue |
| *bleu marine* | navy blue |
| *bleu foncé* | dark blue |
| *des chaussures bleu foncé* | dark-blue shoes |

## B2 Position of adjectives *La position des adjectifs*

Most adjectives are placed after the noun they are describing:

*Elle a un chien noir.*
She has a black dog.

Some more common adjectives are placed before the noun:

| | | | |
|---|---|---|---|
| *beau* | beautiful, handsome | *joli* | attractive, pretty |
| *bon* | good | *long* | long |
| *gentil* | nice | *mauvais* | bad |
| *grand* | big | *nouveau* | new |
| *gros* | large | *petit* | small |
| *haut* | high | *premier* | first |
| *jeune* | young | *vieux* | old |

*C'est une jolie robe.*
That's a pretty dress.

If you are using two adjectives to describe a noun, they are usually put in their normal position, and in alphabetical order if both come in front or after the noun:

*une jolie robe rouge*  a pretty red dress

*une jolie petite voiture* an attractive little car

**Note:** some adjectives can be placed either before or after a noun and have a different meaning according to their position:

| | |
|---|---|
| *un ancien docteur* | a former doctor |
| *un garage ancient* | an old garage |
| | |
| *un cher oncle* | a dear uncle |
| *un livre cher* | an expensive book |
| | |
| *le dernier disque* | the latest record |
| *jeudi dernier* | last Thursday |
| | |
| *un grand homme* | a great man |
| *un homme grand* | a tall man |
| | |
| *mon pauvre oncle* | my poor uncle |
| *un oncle pauvre* | a poor (i.e. 'not rich') uncle |
| | |
| *ma propre maison* | my own house |
| *ma maison propre* | my clean house |

## B3 Comparisons *Les comparaisons*

To compare one thing with another, use *plus*, *moins* or *aussi* in front of the adjective and *que* after:

| | |
|---|---|
| *plus…que* | more…than |
| *moins…que* | less…than |
| *aussi…que* | as…as |

*Le château est plus grand que la maison.*
The castle is bigger than the house.

*Les pommes sont moins chères que les oranges.*
Apples are less expensive than oranges.

*Mes amis sont aussi sportifs que moi.*
My friends are as sporty as me.

Exceptions: *bon* ('good') becomes *meilleur* ('better'):

*Elle a un bon portable, mais, moi, j'ai un meilleur portable.*
She has a good mobile, but I have a better mobile.

*Mauvais* ('bad') becomes *pire* or *plus mauvais* ('worse'):

*Ce poisson est mauvais, mais la viande est pire (or plus mauvaise).*
This fish is bad, but the meat is worse.

**Note:** the use of *si* after a negative.

*Ce n'est pas si facile.*
This is not so easy.

## B4 Superlative *Les superlatifs*

To say that something is the best, biggest, smallest etc., use *le*, *la*, or *les* with *plus/moins* followed by an adjective:

| | |
|---|---|
| *le livre le plus cher* | the most expensive book |
| *la maison la moins propre* | the least clean house |
| *les hommes les moins intelligents* | the least intelligent men |

If the adjective normally goes in front of the noun, the superlative also goes in front of the noun:

| | |
|---|---|
| *la plus petite robe* | the smallest dress |

Note that the superlative in French is followed by *de* whereas English uses 'in':

| | |
|---|---|
| *le plus grand magasin de Paris* | the largest shop in Paris |

Exceptions include:

| | |
|---|---|
| *le/la meilleur(e)* | the best |
| *le/la plus mauvaise* or *le/la pire* | the worst |
| *le/la moindre* | the least |

## B5 Demonstrative adjectives *Les adjectifs démonstratifs*

In French there are four forms of the demonstrative adjective (meaning 'this', 'that', 'these', 'those'):

| | |
|---|---|
| *ce livre* (m sing) | this/that book |
| *cette robe* (f sing) | this/that dress |
| *cet avion* (m; beginning with a vowel) | this/that aeroplane |
| *cet homme* (m; beginning with a silent 'h') | this/that man |
| *ces livres* (pl) | these/those books |

To give further emphasis, add the endings *-ci* or *-là*:

| | |
|---|---|
| *ce livre-ci et ce cahier-là* | this book here and that exercise book there |

## B6 Demonstrative pronouns *Les pronoms démonstratifs*

There are several forms of the demonstrative pronoun: *ce, cela, ça, celui* (m sing), *celle* (f sing), *ceux* (m pl) and *celles* (f pl).

*Ce* (c' before a vowel) means 'it', 'that' or 'those'.

*Ce sont mes chaussures préférées.*
Those are my favourite shoes.

*Ça* is used in various phrases:

*Ça va bien.*
I'm fine.

*C'est ça.*
That's right.

*Ça ne fait rien.*
It doesn't matter.

*Celui, celle, ceux* and *celles* mean 'the one(s)' and agree with the noun to which they refer. The endings *-ci* or *-là* can be added for emphasis.

*Quel magasin est-ce que tu préfères ? Celui qui est à gauche. Celui-là est trop petit.*
Which shop do you prefer? The one that is on the left. That one is too small.

*Quelles voitures aimes-tu ? Celles-ci. Je n'aime pas celles qui sont bleues.*
Which cars do you like? These. I don't like the blue ones. (i.e. 'Those which are blue.')

## B7 Indefinite adjectives *Les adjectifs indéfinis*

Indefinite adjectives add an unspecified value to a noun.

*Chaque* means 'each', and never changes form:

| | |
|---|---|
| *chaque garçon* | each boy |
| *chaque fille* | each girl |

*Quelques* means 'some' or 'a few':

*Tu as quelques DVD.*
You have some DVDs.

*Tel* means 'such' and can be used to say 'like that'. It has four forms: *tel* (m sing), *telle* (f sing), *tels* (m pl) and *telles* (f pl):

*Un tel livre est cher.*
Such a book is expensive.

*Avec une telle famille, il ne s'ennuie jamais.*
With a family like that, he never gets bored.

*Même* means 'same':

*Ils ont la même voiture que nous.*
They have the same car as us.

*Pareil* means 'similar':

*J'aime ton sac. J'en ai un pareil.*
I like your bag. I have a similar one.

*Certain* means 'some' or 'certain':

| | |
|---|---|
| *après un certain temps* | after some time, after a certain time |

*Plusieurs* means 'several':

*Plusieurs personnes sont arrivées.*
Several people arrived.

*Autre* means 'other':

| | |
|---|---|
| *un autre livre* | another book |

Nous avons acheté les autres chaussures.
We (have) bought the other shoes.

*Tout* is the word for 'all' and has four forms: *tout* (m sing), *toute* (f sing), *tous* (m pl) and *toutes* (f pl):

| | |
|---|---|
| *tout le temps* | all the time |
| *tous les jours* | every day |

## B8 Indefinite pronouns *Les pronoms indéfinis*

Some common indefinite pronouns are:

| | |
|---|---|
| *chacun(e)* | each |
| *tout* | all |
| *autre* (sing) | other |
| *plusieurs* | several |
| *certain(e)* (sing) | certain |
| *quelqu'un* | someone |
| *quelques-uns* (m pl) | some, a few |
| *quelques-unes* (f pl) | some, a few |
| *quelque chose* | something |
| *n'importe qui/quoi* | anybody/thing |

These can be used either as the subject or the object of a verb:

*Certains sont riches, plusieurs sont pauvres; d'autres ne sont ni riches ni pauvres.*
Some are rich, several are poor; others are neither rich nor poor.

*Vous avez des livres ? J'en ai quelques-uns dans mon sac.*
Do you have any books? I have some in my bag.

*Chacun a reçu 100 euros.*
Each (one) received 100 euros.

*Il n'y en a pas d'autres.*
There are no others left.

*J'ai trouvé quelque chose d'intéressant.*
I found something interesting.

*Elle parle à n'importe qui.*
She talks to anybody.

## B9 Possessive adjectives *Les adjectifs possessifs*

In French the possessive adjectives have the forms shown below:

| | m sing | f sing | m/f pl |
|---|---|---|---|
| my | *mon* | *ma* | *mes* |
| your (s) | *ton* | *ta* | *tes* |
| his/her/its | *son* | *sa* | *ses* |
| our | *notre* | *notre* | *nos* |
| your (pl) | *votre* | *votre* | *vos* |
| their | *leur* | *leur* | *leurs* |

In French the possessive adjective agrees with the object it is describing and not with the gender of the person who is the possessor. For example, *mon père* could be used by both a male and a female speaker.

**Note:** if a feminine singular word starts with a vowel or silent 'h', use the masculine form *mon*, *ton* and *son* (not *ma*, *ta* and *sa*):

*mon amie Louise*        my friend Louise

## B10 Possessive pronouns *Les pronoms possessifs*

The possessive pronoun agrees with the object it is replacing and not the person to whom the object belongs:

| | m sing | f sing | m pl | f pl |
|---|---|---|---|---|
| mine | *le mien* | *la mienne* | *les miens* | *les miennes* |
| yours (s) | *le tien* | *la tienne* | *les tiens* | *les tiennes* |
| his/hers/its | *le sien* | *la sienne* | *les siens* | *les siennes* |
| ours | *le nôtre* | *la nôtre* | *les nôtres* | *les nôtres* |
| yours (pl) | *le vôtre* | *la vôtre* | *les vôtres* | *les vôtres* |
| theirs | *le leur* | *la leur* | *les leurs* | *les leurs* |

For example:

*J'ai mon crayon. Tu as le tien ?*
I have my pencil. Do you have yours?

*Je n'ai pas de chaise. Donne-moi la sienne.*
I don't have a chair. Give me his/hers.

Possession can also be expressed by using *à moi, à toi, à lui, à elle, à soi, à nous, à vous, à eux* or *à elles*:

*Ce livre est à moi, mais ce cahier est à lui.*
This book is mine, but this exercise book is his.

**Note:** there is no apostrophe 's' in French: 'Luc's house' is 'the house of Luc': *la maison de Luc*.

# C Adverbs *Les adverbes*

Adverbs are words or phrases such as 'slowly', 'really' or 'very' that modify the meaning of other words or phrases. They tell you how, when, where and how often something is done. In English, they usually end in -ly.

## C1 Formation *La formation des adverbes*

In French to form an adverb you generally use the feminine form of the adjective and add -ment:

*lent* (m) → *lente* (f) → *lentement (lente + ment)*       slowly

Some adjectives change their final e to é before adding -ment:

*énorme* → *énormément* enormously

If an adjective ends in a vowel, the adverb is formed by adding -ment to the masculine form:

*poli* → *poliment* politely

If the masculine form of the adjective ends in -ant, the adverb ends in -amment:

*constant* → *constamment* constantly

If the masculine form of the adjective ends in -ent, the adverb ends in -emment:

*évident* → *évidemment* evidently

Some of the most commonly used adverbs do not follow this pattern:

| | | | |
|---|---|---|---|
| *beaucoup* | a lot | *petit à petit* | gradually |
| *bien* | well | *très* | very |
| *d'habitude* | usually | *vite* | quickly |
| *mal* | badly | | |

Adverbs are invariable, so they do not agree in gender or number.

## C2 Position of adverbs *La position des adverbes*

If the verb in a sentence is in the present, future or conditional, the adverb is usually placed after the verb:

*Nous regardons tranquillement le film.*
We watch the film quietly.

In a sentence where the verb is in the perfect or pluperfect tense, long adverbs, adverbs of place and some common adverbs of time all follow the past participle, whereas short common adverbs come before the past participle:

*Elle a souvent pris l'autobus.*
She took the bus often.

*Je suis arrivée hier.*
I arrived yesterday.

See section D4 for help with the use of the adverb y.

## C3 Comparisons *Les comparaisons*

The comparative of adverbs is formed in the same way as the comparative of adjectives:

*Je regarde des films plus régulièrement que ma mère.*
I watch films more regularly than my mother.

*Il mange moins vite que moi.*
He eats less quickly than me.

*Elle chante aussi doucement que sa sœur.*
She sings as sweetly as her sister.

The superlative of adverbs is also formed in the same way as the superlative of adjectives, by using *le plus* and *le moins*:

*C'est Pierre qui court le plus vite.*
It is Pierre who runs the fastest.

However, there are some exceptions:

- *Beaucoup* becomes *plus* in the comparative and *le plus* in the superlative.

*Il mange plus que moi.*
He eats more than me.

*C'est nous qui jouons le plus.*
It is us who play the most.

- *Bien* becomes *mieux* ('better') in the comparative and *le mieux* ('the best') in the superlative.

*Il parle espagnol mieux que moi.*
He speaks Spanish better than me.

*C'est elle qui joue le mieux.*
It is she who plays the best.

## C4 Adverbial expressions *Les expressions adverbiales*

There are several adverbial expressions of time, sequence and frequency:

| | |
|---|---|
| *après* | afterwards |
| *après-demain* | the day after tomorrow |
| *aujourd'hui* | today |
| *avant-hier* | the day before yesterday |
| *d'abord* | firstly |
| *d'habitude* | usually |
| *de temps en temps* | from time to time |
| *demain* | tomorrow |
| *depuis* | since |
| *dès* | from |
| *encore* | again |
| *enfin* | finally |
| *ensuite* | next |

| | |
|---|---|
| *hier* | yesterday |
| *il y a* | ago |
| *pendant* | during |
| *pour* | for |
| *puis* | then |
| *quelquefois* | sometimes |
| *rarement* | rarely |
| *régulièrement* | regularly |
| *souvent* | often |
| *toujours* | always |
| *tous les jours* | every day |
| *une fois par semaine* | once a week |

### C4.1 Adverbs of place *Les adverbes de lieu*
Adverbs of place include:

| | |
|---|---|
| *dedans* | inside |
| *dehors* | outside |
| *ici* | here |
| *là-bas* | (over) there |
| *loin* | far |
| *partout* | everywhere |

### C4.2 Quantifiers *Les quantificateurs*
Quantifiers (qualifying words) include:

| | |
|---|---|
| *assez* | enough, quite |
| *beaucoup* | a lot |
| *comme* | as, just |
| *de moins en moins* | less and less |
| *de plus en plus* | more and more |
| *énormément* | enormously |
| *excessivement* | excessively |
| *extrèmement* | extremely |
| *fort* | very, most |
| *un peu* | a little |
| *la plupart* | the most |
| *suffisamment* | sufficiently |
| *tellement* | so much |
| *tout à fait* | completely |
| *très* | very |
| *trop* | too (much) |

*La ville est assez intéressante mais trop bruyante.*
The town is quite interesting, but too noisy.

*Il devient de plus en plus courageux.*
He's becoming braver and braver.

# D Personal pronouns *Les pronoms personnels*
Personal pronouns are used in place of a noun.

## D1 Subject pronouns *Les pronoms sujets*
Subject pronouns come before the verb and show who is doing the action:

| | |
|---|---|
| *je* | I |
| *tu* | you (sing, informal) |
| *il* | he |
| *elle* | she |
| *nous* | we |
| *vous* | you (pl, polite) |
| *ils* | they (m) |
| *elles* | they (f) |

*On* has several meanings: 'we', 'one', 'they', 'you' or 'people':

*On a fini.*
We/You etc. (have) finished.

Note that *tu* is used when talking to one person you know well. *Vous* is used when talking to an adult you do not know well or to more than one person.

*Salut Jeanne, tu vas bien ?*
Hi Jeanne, are you well?

*Bonsoir monsieur, comment allez-vous ?*
Good evening sir, how are you?

Remember also that *il* and *elle* can be used to mean 'it' when referring to masculine and feminine nouns:

*Où est le livre ? Il est sur la table.*
Where is the book? It is on the table.

*Où est la fenêtre ? Elle est près de la porte.*
Where is the window? It is near the door.

## D2 Direct object pronouns *Les pronoms directs*
The direct object of a verb is the person or thing that is receiving the action. In the sentence 'The girl reads the book', 'the book' is the direct object. When you do not want to repeat the direct object, you can replace it with a direct object pronoun (i.e. 'The girl read the book and she enjoyed it').

The direct object pronouns are:

| | |
|---|---|
| *me* | me |
| *te* | you |
| *le/la* | him/her/it |
| *nous* | us |
| *vous* | you |
| *les* | them |

## D3 Indirect object pronouns *Les pronoms indirects*

An indirect object pronoun expresses 'to' or 'for' a person, for example 'the girl gave the book to me', or 'he bought a present for us'. The indirect object pronouns are:

| | |
|---|---|
| *me* | to/for me |
| *te* | to/for you |
| *lui* | to/for him/her/it |
| *nous* | to/for us |
| *vous* | to/for you |
| *leur* | to/for them |

There are two other pronouns: *en* and *y*.

● *en* — of it, some, any

*J'en prends.*
I take some.

*Il en veut ?*
Does he want any?

● *y* — there

The pronoun *y* (there) usually replaces a place:

*Vous allez en ville ? Oui, j'y vais.*
Are you going to town? Yes, I am going there.

*Y* can also replace *à* or *dans* + a noun:

*Est-ce que tu penses à tes devoirs ? Oui, j'y pense.*
Are you thinking about your homework? Yes, I am thinking about it.

## D4 Position of direct/indirect object pronouns *La position des pronoms directs/indirects*

Direct/indirect object pronouns usually go in front of the verb:

*Il le voit.*
He sees it.

If the verb is in the perfect or pluperfect tense, direct and indirect object pronouns usually go in front of the auxiliary verb:

*Il m'a regardé.*
He looked at me.

Note also the position in sentences using the future with *aller*:

*Je vais y aller demain.*
I'm going there tomorrow.

*Il va leur en parler demain.*
He's going to talk to them about it tomorrow.

## D5 Order of object pronouns *L'ordre des pronoms*

If two object pronouns are used with the same verb, the order is:

| Position | | | | |
|---|---|---|---|---|
| **First** | **Second** | **Third** | **Fourth** | **Fifth** |
| *me* | | | | |
| *te* | *le* | *lui* | *y* | *en* |
| *se* | *la* | *leur* | | |
| *nous* | *les* | | | |
| *vous* | | | | |

*Il me les donne.*
He gives them to me.

If you are giving a command, the pronoun follows the verb and is joined by a hyphen:

*Mangez-la.*
Eat it.

*Donne-les-lui.*
Give them to him/her.

In affirmative commands *me* becomes *moi* and *te* becomes *toi*:

*Montrez-moi.*
Show me.

However, if the command is negative, the direct and indirect object pronouns come in front of the verb:

*Ne me le donne pas.*
Don't give it to me.

**Note:** if a direct object pronoun is placed in front of the auxiliary verb *avoir* in the perfect and pluperfect tenses, the past participle agrees in gender (m/f) and number (sing/pl) with the direct object pronoun:

*Elle a acheté la pomme et elle l'a mang**é**e.*
She bought the apple and she ate it.

In the above sentence, the direct object pronoun *la* (which has contracted to *l'*) is referring to *la pomme*, which is a feminine singular noun.

## D6 Disjunctive pronouns *La forme disjointe du pronom*

The disjunctive (or emphatic) pronouns are: *moi, toi, lui, elle, nous, vous, eux, elles*. They are used:

● when combined with *-même*

*toi-même*            yourself

- in comparisons

*Il est plus petit que toi.*
He is smaller than you.

- as a one-word answer

*Qui a le stylo ? Moi.*
Who has the pen? Me.

- after prepositions

*Il est devant elle.*
He is in front of her.

- for emphasis

*Lui, il est docteur.*
He is a doctor.

- after *c'est* and *ce sont*

*C'est toujours elle qui gagne.*
It's always her who wins.

## D7 Relative pronouns *Les pronoms relatifs*

Relative pronouns are used to link two clauses (main clause and subordinate clause). The most commonly used relative pronouns are *qui*, *que*, *dont* and *où*.

*Qui* is used when the relative pronoun is the subject of the verb in the subordinate clause:

*Le chanteur qui parle est très intelligent.*
The singer who is talking is very intelligent.

*Que* (or *qu'* in front of a vowel or a silent 'h') is used when the relative pronoun is the object of the verb in the subordinate clause:

*La pomme que je mange est verte.*
The apple (that) I'm eating is green.

**Note:** *qui* and *que* can also be used as conjunctions (see section H).

*Dont* usually translates as 'whose', 'of whom' or 'of which':

*C'est une personne dont nous ne connaissons pas l'adresse.*
It's a person whose address we don't know.

*Dont* is also used instead of *qui* and *que* when the verb in the subordinate clause is usually followed by *de*:

*Il a le stylo dont j'ai besoin.*
He has the pen that I need. (lit. 'the pen of which I have need')

(to need = *avoir besoin de*)

*Où* is used when the relative pronoun means 'where':

*J'ai vu la maison où il est né.*
I saw the house where he was born.

Use *ce qui* and *ce que* to mean 'what', when 'what' is not a question:

*Il va faire ce qui est plus facile.*
He is going to do what is easier.

*J'ai fait ce que tu m'as demandé.*
I did what you asked me.

*Lequel* (m sing), *laquelle* (f sing), *lesquels* (m pl) and *lesquelles* (f pl) are used after a preposition to mean 'which' when referring to inanimate objects:

*Il a vu le cahier dans lequel tu dessines.*
He saw the exercise book that you draw in. (lit. 'in which you draw')

*Il a perdu la boite dans laquelle elle met les crayons.*
He has lost the box that she puts the pencils in. (lit. 'in which she puts the pencils')

**Note:** when used with *à*, these pronouns change to *auquel* (m sing), *à laquelle* (f sing), *auxquels* (m pl) and *auxquelles* (f pl):

*Il a oublié le travail auquel il n'a pas donné son attention.*
He has forgotten the work that he did not give his attention to. (lit. 'to which he did not give his attention')

When used with *de*, these pronouns change to *duquel* (m sing), *de laquelle* (f sing), *desquels* (m pl) and *desquelles* (f pl):

*On est allés au cinéma près duquel se trouve la piscine.*
We went to the cinema near to which the swimming pool is situated.

# E Asking questions *Poser des questions*

The following are question words:

| | |
|---|---|
| *Combien (de) ?* | How many/much? |
| *Comment ?* | How? |
| *Où ?* | Where? |
| *Pourquoi ?* | Why? |
| *Quand ?* | When? |
| *Que/Qu'est-ce que/Qu'est-ce qui ?* | What? |
| *Qui/Qui est-ce qui ?* | Who? |
| *Quoi ?* | What? |

*Quel* (m sing)/*Quelle* (f sing)/*Quels* (m pl)/*Quelles* (f pl) ? Which?

*Lequel* (m sing)/*Laquelle* (f sing)/*Lesquels* (m pl) *Lesquelles* (f pl) ? Which (one(s))?

Examples of questions are:

*Comment vas-tu ?*
How are you?

*Où sont les toilettes ?*
Where are the toilets?

*Qu'est-ce qu'il a dit ?*
What did he say?

*À quelle heure ?*
At what time?

*Depuis quand habites-tu Paris ?*
How long have you been living in Paris?

*Lequel des deux films préférez-vous ?*
Which of the two films do you prefer?

There are several ways of asking a question:

● by raising your voice at the end of the sentence

*Tu vas sortir ?*
Are you going to go out?

● by putting *est-ce que* in front of the sentence, preceded by a question word, if appropriate

*Est-ce que tu vas sortir ?*
Are you going to go out?

*Pourquoi est-ce que tu vas sortir ?*
Why are you going to go out?

● by inverting the subject and the verb with a hyphen in between

*Allez-vous en France ?*
Are you going to France?

*Avez-vous fini ?*
Have you finished?

When the subject and verb are inverted, you need to add an extra 't' after a verb ending with a vowel:

*Alors, Dominique va-t-elle jouer au football ?*
Well then, is Dominique going to play football?

## E1 Referring to people *Concernant des gens*

In French there are alternative ways of asking 'who?' and 'what?' For example, you can either use the simple *qui ?* or the more complex construction *qui est-ce qui ?*, which literally means 'who is it that?'

*Qui* (or *qui est-ce qui*) is used to ask 'who?', when 'who' is the subject of the verb:

*Qui est dans le jardin ?*
*Qui est-ce qui est dans le jardin ?*
Who/Who is it that (lit.) is in the garden?

*Qui* (or *qui est-ce que*) is used if 'who' is the object of the sentence:

*Qui tu regardes ?*
*Qui est-ce que tu regardes ?*
Who are you/who is it that (lit.) you are looking at?

## E2 Referring to things *Concernant des objets*

Use *qu'est-ce qui* if what you are talking about is the subject of the sentence:

*Qu'est-ce qui a disparu ?*
What (lit. what is it that) has disappeared?

Use *que* and invert the verb if what you are talking about is the object of the verb, or use *qu'est-ce que* with no inversion:

*Que manges-tu ?*
*Qu'est-ce que tu manges ?*
What are you eating?

Use *quoi* with a preposition:

*De quoi parles-tu ?*
What are you talking about?

## E3 *Quel* and *lequel*

*Quel ?* means 'which?' As it is an adjective, it needs to agree with the noun. There are four forms: *quel* (m sing), *quelle* (f sing), *quels* (m pl) and *quelles* (f pl):

*Quel sac ?*
Which bag?

*Quelle voiture ?*
Which car?

*Quels crayons ?*
Which pencils?

*Quelles filles ?*
Which girls?

*Lequel, laquelle, lesquels* and *lesquelles* mean which one(s)?

*J'aime ces robes. Laquelle préférez-vous ?*
I like these dresses. Which one do you prefer?

# F Negatives *La négation*

Generally, negatives are expressed by using *ne* with one of the words shown below:

| | |
|---|---|
| *ne...pas* | not |
| *ne...jamais* | never |
| *ne...rien* | nothing |
| *ne...personne* | no one |
| *ne...plus* | no more, no longer |
| *ne...que* | only |
| *ne... guère* | hardly |
| *ne...aucun(e)* | no, not one |
| *ne...nulle part* | nowhere |
| *ne...point* | not |
| *ne...ni...ni* | neither...nor |

## F1 Position *La position*

With the present, future, conditional and imperfect, *ne* generally goes in front of the verb and the second part of the negative after it:

*Elle **ne** mange **jamais** de poisson.*
She never eats fish.

*Ils n'iront **ni** en France **ni** en Espagne.*
They will go neither to France nor to Spain.

To give a negative command, you also place *ne* in front of the verb and the second part of the negative after it:

***Ne** mange **pas** le chocolat !*
Don't eat the chocolate!

With the perfect and pluperfect tenses, *ne* generally goes in front of the auxiliary and *pas*, *jamais* etc. after it:

*Il **n'a pas** joué au tennis.*
He didn't play tennis.

*Elle **n'avait jamais** fini.*
She had never finished.

However, with *ne...personne*, *ne...que*, *ne...aucun(e)*, *ne...nulle part*, *ne...ni...ni*, the *ne* is placed in front of the auxiliary and the *personne*, *que* etc. after the past participle:

*Je **n'ai** vu **personne**.*
I saw no one.

*Il **n'a** vu **que** trois maisons.*
He saw only three houses.

With the immediate future, *ne* is placed in front of the part of *aller* and the *pas* after it:

*Il **ne** va **pas** partir demain.*
He is not going to leave tomorrow.

If there are pronouns in front of the verb, *ne* goes in front of the pronouns:

*Je **ne** t'en donne **pas**.*
I do not give you any.

*Ma sœur **ne** me les a **pas** prêtés.*
My sister did not lend them to me.

The negatives *ne...personne*, *ne...rien*, *ne...ni...ni* and *ne...jamais* can be used as the subject of the sentence. In this case, the second part of the negative comes first and is then followed by *ne*:

***Rien ne** me tente.*
Nothing tempts me.

***Personne ne** me cherche.*
Nobody is looking for me.

In the negative *ne...aucun*, *aucun* is an adjective and therefore agrees with the noun to which it refers:

*Il **n'y** a **aucune** maison dans la rue.*
There is no house in the street.

If two negatives are used, they are usually placed in alphabetical order:

*Je **ne** regarderai **plus** rien.*
I will no longer watch anything.

If the infinitive of a verb is in the negative, both parts of the negative go in front of the infinitive:

*Elle va promettre de **ne plus** mentir.*
She is going to promise not to lie any more.

Negatives are usually followed by *de*:

*Nous **n'avons pas de** crayons.*
We do not have any pencils.

*Il **ne** mange **jamais de** poisson.*
He never eats fish.

*Rien*, *jamais*, *personne*, *nulle part*, *aucun(e)* and *ni...ni* can be used on their own:

*Qu'est-ce que tu manges ? **Rien**.*
What are you eating? Nothing.

*As-tu déjà vu la tour Eiffel ? **Jamais**.*
Have you ever seen the Eiffel Tower? Never.

*Qui est parti ? **Personne**.*
Who has left? Nobody.

*Tu l'as vu où ? **Nulle part**.*
Where did you see him? Nowhere.

# G Time and dates *L'heure et les dates*

## G1 Time *L'heure*

Note the different ways of telling the time, including using the 24 hour clock

*Il est une heure.* (no 's' on *heure*)
It is one o'clock.

*Il est trois heures.*
It is three o'clock.

*Il est deux heures...*

| | |
|---|---|
| *...cinq.* | It is 2.05. |
| *...dix.* | It is 2.10. |
| *...et quart.* | It is quarter past two. |
| *...vingt.* | It is 2.20. |
| *...vingt-cinq.* | It is 2.25. |
| *...et demie.* | It is half past two. |

*Il est trois heures moins vingt-cinq* or
*Il est deux heures trente-cinq.*
It is 2.35.

*Il est trois heures moins vingt* or
*Il est deux heures quarante.*
It is 2.40.

*Il est trois heures moins le quart* or
*Il est deux heures quarante-cinq.*
It is 2.45.

*Il est trois heures moins dix* or
*Il est deux heures cinquante.*
It is 2.50

*Il est trois heures moins cinq* or
*Il est deux heures cinquante-cinq.*
It is 2.55.

*Il est midi.*
It is midday.

*Il est minuit.*
It is midnight.

*Il est midi/minuit et demi.*
It 12:30 p.m./a.m.
(note no 'e' on *demi*)

Examples using the 24 hour clock:

*Le bus arrive à quatorze heures trente.*
The bus arrives at 14:30.

*Le train part à dix-huit heures vingt.*
The train leaves at 18:20.

*Le film finit à vingt-deux heures quinze.*
The film ends at 22:15.

## G2 Dates *Les dates*

To say a date in French use: *le* + the number + the month, with the exception of 'the first' when you use *le premier*.

| | |
|---|---|
| *le 1 janvier* | le premier janvier |
| *le 2 février* | le deux février |
| *le 4 mars* | le quatre mars |
| *le 6 avril* | le six avril |
| *le 8 juin* | le huit juin |
| *le 11 juillet* | le onze juillet |
| *le 15 aout* | le quinze aout |
| *le 18 septembre* | le dix-huit septembre |
| *le 20 octobre* | le vingt octobre |
| *le 25 novembre* | le vingt-cinq novembre |
| *le 30 décembre* | le trente décembre |

**Note:** the *le* is missed out when you include the day of the week: *jeudi 7 avril*

Note also how to say 'in' a month or year, and how years are said in French:

*Mon anniversaire, c'est au mois de juin.*
My birthday is in June.

*Mon grand-père est né en 1950 (mille-neuf-cent-cinquante).*
My grandfather was born in 1950.

# H Conjunctions *Les conjonctions*

Conjunctions link two sentences or join two parts of a sentence:

| | |
|---|---|
| *à la fin* | in the end |
| *ainsi* | thus |
| *alors* | in that case, then |
| *bien que* | although |
| *car* | for/because |
| *cependant* | however |
| *c'est-à-dire* | that is to say |
| *d'abord* | at first |
| *d'ailleurs* | moreover |
| *de toute façon* | in any case |
| *donc* | therefore, so |
| *en effet* | indeed |
| *en fait* | in fact |
| *enfin* | at last, finally |
| *ensuite* | next |
| *et* | and |
| *mais* | but |
| *ou* | or |
| *ou bien* | or else |
| *parce que* | because |
| *par conséquent* | as a result |
| *pendant que* | while |
| *puis* | then, next |
| *quand* | when |
| *quand même* | all the same |
| *plus tard* | later, later on |
| *par contre* | on the other hand |

**Note:** the relative pronouns *qui* and *que* (see section D7) can also be used as conjunctions:

*Je sais que tu es prêt.*
I know that you are ready.

*Je sais qui a gagné le prix.*
I know who won the prize.

# I Numbers *Les nombres*

## I1 Cardinal numbers *Les nombres cardinaux*

| | |
|---|---|
| 0 *zero* | 19 *dix-neuf* |
| 1 *un* | 20 *vingt* |
| 2 *deux* | 21 *vingt-et-un* |
| 3 *trois* | 22 *vingt-deux* |
| 4 *quatre* | 30 *trente* |
| 5 *cinq* | 31 *trente-et-un* |
| 6 *six* | 32 *trente-deux* |
| 7 *sept* | 40 *quarante* |
| 8 *huit* | 50 *cinquante* |
| 9 *neuf* | 60 *soixante* |
| 10 *dix* | 70 *soixante-dix* |
| 11 *onze* | 71 *soixante-et-onze* |
| 12 *douze* | 72 *soixante-douze* |
| 13 *treize* | 79 *soixante-dix-neuf* |
| 14 *quatorze* | 80 *quatre-vingts* |
| 15 *quinze* | 81 *quatre-vingt-un* |
| 16 *seize* | 90 *quatre-vingt-dix* |
| 17 *dix-sept* | 91 *quatre-vingt-onze* |
| 18 *dix-huit* | 99 *quatre-vingt-dix-neuf* |

| | |
|---|---|
| 100 *cent* | 1 000 *mille* |
| 101 *cent-un* | 1 200 *mille-deux-cents* |
| 110 *cent-dix* | 1 202 *mille-deux-cent-deux* |
| 200 *deux-cents* | 2 000 *deux-mille* |
| 201 *deux-cent-un* | 1 000 000 *un million* |
| 221 *deux-cent-vingt-et-un* | 1 000 000 000 *un milliard* |

## I2 Fractions *Les fractions*

½ *un demi*    ⅓ *un tiers*    ¼ *un quart*    ¾ *trois quarts*

## I3 Ordinal numbers *Les nombres ordinaux*

These are usually formed by adding *-ième* to the cardinal number:

| | |
|---|---|
| *trois, troisième* | third |
| *six, sixième* | sixth |

Exceptions:

| | |
|---|---|
| *premier (m), première (f)* | first |
| *cinquième* | fifth |
| *neuvième* | ninth |

Numbers ending in an e drop the final e:

| | |
|---|---|
| *quatre, quatrième* | fourth |

# J Prepositions *Les prépositions*

Prepositions are placed before a noun or pronoun to express position, movement and circumstance relative to it, for example: 'It is *behind* the shop.' Below is a list of frequently used prepositions. See sections A3 and A5 for information on how those prepositions ending in *à* or *de* change, depending on the noun that follows:

| | |
|---|---|
| *à côté de* | next to |
| *à droite de* | on/to the right of |
| *à gauche de* | on/to the left of |
| *après* | after |
| *à travers* | across |
| *au-dessous de* | beneath |
| *au-dessus de* | above |
| *au fond de* | at the back/end of |
| *au sujet de* | about |
| *autour de* | around |
| *avant* | before |
| *avec* | with |
| *chez* | at |
| *contre* | against |
| *dans* | in |
| *de* | of/from |
| *depuis* | since |
| *derrière* | behind |
| *dès* | from (a specific moment in time) |
| *devant* | in front of |
| *en* | in/by/to |
| *en face de* | opposite |
| *entre* | between |
| *hors de* | out of/apart from |
| *jusqu'à* | as far as/up to |

| le long de | along |
|---|---|
| par-dessus | over |
| parmi | among |
| pendant | during |
| pour | for |
| près de | near to |
| quant à | as for |
| sans | without |
| sous | under |
| sur | on |
| vers | to/towards/about |

## J1 En

En is used with:

- feminine countries

| en Italie | in Italy |
|---|---|

- most means of transport

| en autobus | by bus |
|---|---|
| en voiture | by car |
| en avion | by plane |
| en train | by train |
| en bateau | by boat |

Some exceptions:

| à pied | on foot |
|---|---|
| à vélo | by bike |
| à moto | by motorbike |

- months and years

| en mars | in March |
|---|---|
| en 1700 | in 1700 |

- materials

| en soie | made of silk |
|---|---|

# K Verbs  *Les verbes*

Verbs describe actions:

Last week I went to Paris.

When you look for a French verb in the dictionary, it is shown with one of the three endings -er, -ir or -re. This ending indicates the type of verb and how it needs to change when written in the various tenses. The form of the verb found in the dictionary is called the infinitive, and means 'to…'. For example:

| jouer | to play |
|---|---|
| finir | to finish |
| rendre | to give back |

## K1 Present tense  *Le présent*

The present tense gives information about what is happening at the moment or what happens regularly. In English, we have three forms of the present tense: 'I eat', 'I am eating' and 'I do eat'. In French, there is only one form: *je mange*.

## K2 Regular verbs  *Les verbes réguliers*

The present tense is formed by removing -er, -ir and -re from the infinitive and adding the appropriate endings, as shown below:

| | jouer (to play) | finir (to finish) | rendre (to give back) |
|---|---|---|---|
| je | joue | finis | rends |
| tu | joues | finis | rends |
| il/elle/on | joue | finit | rend |
| nous | jouons | finissons | rendons |
| vous | jouez | finissez | rendez |
| ils/elles | jouent | finissent | rendent |

### -er verb exceptions

Some -er verbs differ from the pattern described above. Verbs ending in -cer change the c to ç where the c is followed by a or o, to make the pronunciation soft:

| lancer (to throw) | |
|---|---|
| je lance | nous lançons |
| tu lances | vous lancez |
| il/elle/on lance | ils/elles lancent |

Other verbs that follow the same pattern include *commencer* (to start), *avancer* (to advance), *menacer* (to threaten) and *remplacer* (to replace).

Verbs ending in -ger add an e before -ons in the *nous* form, to make the pronunciation soft:

| nager (to swim) | |
|---|---|
| je nage | nous nageons |
| tu nages | vous nagez |
| il/elle/on nage | ils/elles nagent |

Other such verbs include *voyager* (to travel), *loger* (to lodge), *manger* (to eat), *partager* (to share) and *ranger* (to tidy).

Most verbs ending in -eler double the l in the je, tu, il/elle/on and ils/elles forms:

| s'appeler (to be called) | |
|---|---|
| je m'appelle | nous nous appelons |
| tu t'appelles | vous vous appelez |
| il/elle/on s'appelle | ils/elles s'appellent |

Some verbs change the acute accent on the infinitive to a grave accent in the *je*, *tu*, *il/elle/on* and *ils/elles* forms:

| *espérer* (to hope) | |
| --- | --- |
| *j'espère* | *nous nous espérons* |
| *tu espères* | *vous vous espérez* |
| *il/elle/on espère* | *ils/elles espèrent* |

Other such verbs include *répéter* (to repeat) and *préférer* (to prefer).

Verbs ending in *-yer* change *y* to *i* in the *je*, *tu*, *il/elle/on* and *ils/elles* forms:

| *payer* (to pay) | |
| --- | --- |
| *je paie* | *nous payons* |
| *tu paies* | *vous payez* |
| *il/elle/on paie* | *ils/elles paient* |

Other such verbs include *appuyer* (to lean), *envoyer* (to send), *employer* (to use), *essayer* (to try) and *nettoyer* (to clean).

Some verbs add an accent in the *je*, *tu*, *il*, *elle*, *on* and *ils/elles* forms:

| *acheter* (to buy) | |
| --- | --- |
| *j'achète* | *nous achetons* |
| *tu achètes* | *vous achetez* |
| *il/elle/on achète* | *ils/elles achètent* |

Other such verbs include *geler* (to freeze), *lever* (to lift), *peser* (to weigh) and *se promener* (to go for a walk).

**-*ir* verb exceptions**

Some *-ir* verbs use the *-er* verb endings in the present tense:

| *offrir* (to offer) | |
| --- | --- |
| *j'offre* | *nous offrons* |
| *tu offres* | *vous offrez* |
| *il/elle/on offre* | *ils/elles offrent* |

Others such verbs include *ouvrir* (to open), *couvrir* (to cover) and *souffrir* (to suffer).

## K3 Irregular verbs *Les verbes irréguliers*

There are many verbs that do not form the present tense in the way described above. The three most commonly used are:

| | *aller* (to go) | *être* (to be) | *avoir* (to have) |
| --- | --- | --- | --- |
| *je/j'* | vais | suis | ai |
| *tu* | vas | es | as |
| *il/elle/on* | va | est | a |
| *nous* | allons | sommes | avons |
| *vous* | allez | êtes | avez |
| *ils/elles* | vont | sont | ont |

Below is a list of frequently used irregular verbs, some of which are conjugated in the verb tables at the end of this section.

| | | | |
| --- | --- | --- | --- |
| *s'assoir* | to sit down | *naitre* | to be born |
| *boire* | to drink | *paraitre* | to appear |
| *conduire* | to drive | *partir* | to leave |
| *croire* | to believe | *pouvoir* | to be able |
| *connaitre* | to know | *prendre* | to take |
| *construire* | to build | *pleuvoir* | to rain |
| *coudre* | to sew | *recevoir* | to receive |
| *craindre* | to fear | *rire* | to laugh |
| *devoir* | to have to | *savoir* | to know |
| *dire* | to say/tell | *sortir* | to go out |
| *se distraire* | to enjoy oneself | *sourire* | to smile |
| *écrire* | to write | *suivre* | to follow |
| *faire* | to make/to do | *venir* | to come |
| *joindre* | to join | *vivre* | to live |
| *lire* | to read | *voir* | to see |
| *mettre* | to put | *vouloir* | to wish/to want |

## K4 Expressing the future *Exprimer le futur*

There are two ways of expressing the future, just as in English:

● the future tense, which is used to talk about events that will happen or will be happening

● the 'to be going to' construction, as in 'I am going to see my grandma' (the immediate future)

## K5 Future tense *Le futur*

To form the future tense of regular *-er* and *-ir* verbs, the following endings are added to the infinitive: *-ai*, *-as*, *-a*, *-ons*, *-ez*, *-ont*.

For *-re* verbs, the *e* is removed from the infinitive before the endings are added.

| | -er verbs | -ir verbs | -re verbs |
| --- | --- | --- | --- |
| *je* | *jouerai* | *punirai* | *rendrai* |
| *tu* | *joueras* | *puniras* | *rendras* |
| *il/elle/on* | *jouera* | *punira* | *rendra* |
| *nous* | *jouerons* | *punirons* | *rendrons* |
| *vous* | *jouerez* | *punirez* | *rendrez* |
| *ils/elles* | *joueront* | *puniront* | *rendront* |

Some verbs do not use the infinitive to form the future tense and have an irregular stem:

| | | |
| --- | --- | --- |
| *acheter* | *j'achèterai* | I will buy |
| *aller* | *j'irai* | I will go |

| | | |
|---|---|---|
| avoir | j'aurai | I will have |
| courir | je courrai | I will run |
| devoir | je devrai | I will have to |
| envoyer | j'enverrai | I will send |
| être | je serai | I will be |
| faire | je ferai | I will do/make |
| mourir | je mourrai | I will die |
| pouvoir | je pourrai | I will be able |
| recevoir | je recevrai | I will receive |
| savoir | je saurai | I will know |
| venir | je viendrai | I will come |
| voir | je verrai | I will see |
| vouloir | je voudrai | I will wish/want |

### K5.1 Quand/si and the future Quand/si et le futur

In a future context, we use the present tense after 'when' in English, whereas in French the future tense is used. For example, in 'You will see the children when you arrive', 'when you arrive' is in the present tense in English but in French the future tense is used, i.e. 'when you will arrive':

*Tu verras les enfants quand tu arriveras.*

This is also the case with *dès que* and *aussitôt que*, which both mean 'as soon as':

*Il partira dès que/aussitôt qu'il finira.*
He will leave as soon as he finishes.

However, you will find a present and a future tense used in a sentence containing the word 'if':

*Demain, s'il fait beau, j'irai à la plage.*
Tomorrow, if it is fine, I will go to the beach

## K6 Immediate future  Le futur proche

The immediate future is so called because it describes actions that are more imminent. It uses *aller* (to go) and an infinitive:

*Je vais partir à 7 heures.*
I am going to leave at 7 o'clock.

*Je vais manger d'abord et après, je ferai la vaisselle.*
I am going to eat first and afterwards I will do the washing up.

The immediate future is also used to imply that something is more certain to happen. *Il va pleuvoir* ('It is going to rain') suggests the likelihood is that it most definitely *is* going to rain, whereas *il pleuvra* ('it will rain') does not convey the same amount of certainty.

## K7 Imperfect tense  L'imparfait

The imperfect tense is used for actions that used to happen or which were happening, and to describe events and people in the past:

When I was younger, I used to go to a club.

As I was watching television, the phone rang.

The sun was shining and they were happy.

To form the imperfect tense, remove the *-ons* ending from the *nous* form of the verb in the present tense, except in the case of *être*, and add the following endings: *-ais, -ais, -ait, -ions, -iez, -aient*.

For example *nous jouons*, remove *-ons* = jou + ending:

| | |
|---|---|
| je jou**ais** | I used to play/was playing |
| tu jou**ais** | you used to play/were playing |
| il/elle/on jou**ait** | he/she/one used to play/was playing |
| nous jou**ions** | we used to play/were playing |
| vous jou**iez** | you used to play/were playing |
| ils/elles jou**aient** | they used to play/were playing |

**Note:** *manger* (and verbs conjugated like *manger*) have an additional e in the *je, tu, il/elle/on, ils/elles* forms in the imperfect:

*je mang**eais**, tu mang**eais**, il/elle/on mang**eait**, ils/elles mang**eaient***

Verbs ending in *-cer*, such as *lancer*, need ç before the *a*:

*je lan**ç**ais, tu lan**ç**ais, il/elle/on lan**ç**ait, ils/elles lan**ç**aient*

The e or ç is added to keep the pronunciation soft.

*Être* is the only verb that is irregular in the imperfect tense. It uses the same endings, but has the stem *ét-*:

| | | | |
|---|---|---|---|
| j'étais | I was | nous étions | we were |
| tu étais | you were | vous étiez | you were |
| il/elle/on était | he/she/one was | ils/elles étaient | they were |

## K8 Perfect tense  Le passé composé

### K8.1 Regular verbs  Les verbes réguliers

The perfect tense is used to talk about actions or events that took place in the past, usually on one occasion only. In English, we have different ways of expressing the perfect tense, for example 'I watched', 'I have watched' and 'I have been watching'. In French, there is only one form for all these ways: *j'ai regardé*.

The perfect tense of all verbs is formed with two parts: most verbs use a part of *avoir* in the present tense (this is often referred to as the auxiliary verb) and a past participle. To form the past participle of regular verbs, the final *-er*, *-ir*, or *-re* is removed from the infinitive and the following endings are added: *-é* for an *-er* verb, *-i* for an *-ir* verb and *-u* for an *-re* verb.

| | -er verbs | -ir verbs | -re verbs |
|---|---|---|---|
| j'ai | joué | choisi | rendu |
| tu as | joué | choisi | rendu |
| il/elle/on a | joué | choisi | rendu |
| nous avons | joué | choisi | rendu |
| vous avez | joué | choisi | rendu |
| ils/elles ont | joué | choisi | rendu |

## K8.2 Verbs with irregular past participles *Les participes passés irréguliers*

A number of verbs have irregular past participles, although they still use *avoir* as their auxiliary:

| | | | |
|---|---|---|---|
| *avoir* (to have) | *eu* | *mettre* (to put) | *mis* |
| *boire* (to drink) | *bu* | *ouvrir* (to open) | *ouvert* |
| *comprendre* (to understand) | *compris* | *pleuvoir* (to rain) | *plu* |
| | | *pouvoir* (to be able to) | *pu* |
| *conduire* (to drive) | *conduit* | *prendre* (to take) | *pris* |
| *courir* (to run) | *couru* | *recevoir* (to receive) | *reçu* |
| *croire* (to believe) | *cru* | *rire* (to laugh) | *ri* |
| *devoir* (to have to) | *dû* | *savoir* (to know) | *su* |
| *dire* (to say/tell) | *dit* | *tenir* (to hold) | *tenu* |
| *écrire* (to write) | *écrit* | *vivre* (to live) | *vécu* |
| *être* (to be) | *été* | *voir* (to see) | *vu* |
| *faire* (to do/make) | *fait* | *vouloir* (to wish/want) | *voulu* |
| *lire* (to read) | *lu* | | |

## K8.3 Agreement of past participles *L'accord des participes passés*

In the sentence below, que (which replaces the feminine noun *la boite*) is the direct object of *…a achetée*. Since the *que* comes before the past participle, an extra -e is added to the past participle.

*Elle a ouvert la boite qu'elle a achetée.*    She opened the box that she bought.

In the following sentence, *maisons*, which is feminine plural, is the direct object and comes in front of the past participle, so an extra -es is added.

*Quelles maisons ont-ils vues ?*    Which houses did they see?

## K8.4 Verbs that use *être* as an auxiliary verb *L'utilisation d'*être *comme verbe auxiliare*

Some verbs use the present tense of *être* to form the perfect tense:

| | |
|---|---|
| *aller* | to go |
| *arriver* | to arrive |
| *descendre* | to go down/to come down |
| *entrer* | to go in |
| *monter* | to go up |
| *mourir* | to die |
| *naitre* | to be born |
| *partir* | to leave |
| *rester* | to stay |
| *retourner* | to return |
| *sortir* | to come out/go out |
| *tomber* | to fall |
| *venir* | to come |

They all have a regular past participle, except for:

| | | | |
|---|---|---|---|
| *venir* | *venu* | *naître* | *né* |
| *mourir* | *mort* | | |

## K8.5 Past participle of verbs that use *être* *Les participes passés des verbes avec* être

The past participle of a verb that uses *être* as its auxiliary has to agree in gender and in number with the subject.

For masculine singular, add nothing to the past participle.

For feminine singular, add -e.

For masculine plural, add -s.

For feminine plural, add -es.

| | |
|---|---|
| *je suis parti* (m sing) | *je suis partie* (f sing) |
| *tu es parti* (m sing) | *tu es partie* (f sing) |
| *il est parti* (m sing) | *elle est partie* (f sing) |
| *nous sommes partis* (m pl) | *nous sommes parties* (f pl) |
| *vous êtes partis* (m pl) | *vous êtes parties* (f pl) |
| *ils sont partis* (m pl) | *elles sont parties* (f pl) |

If using *vous* when speaking to a single male, there is no agreement; if using *vous* when speaking to a single female, add -e. The same rules of agreement also apply to reflexive verbs in the perfect tense, as they also use *être* (see section K14).

**Note:** *descendre*, *monter* and *sortir* can be used with *avoir*, but this changes their meanings to: *descendre* (to take/bring down), *monter* (to take/bring up) and *sortir* (to take/bring out):

*Il a descendu la chaise.*
He brought the chair down.

*Il a monté la table.*
He brought the table up.

*Il a sorti son livre.*
He took out his book.

### K8.6 *Après avoir/être*

The past participle can be used with *après avoir* and *après être* to say 'after doing' something:

*Après avoir pris le livre, elle a dessiné.*
After taking the book, she drew.

*Après être sorti, il a fait du shopping.*
After going out, he went shopping.

For this construction to be possible, the subject of both verbs in the sentence must be the same.

**Note:** a reflexive verb needs to have the appropriate reflexive pronoun:

*Après m'être assis, j'ai lu le magazine.*
After sitting down, I read the magazine

## K9 Pluperfect tense  *Le plus-que-parfait*

The pluperfect tense is used to talk about what had happened before something else happened in the past:

They returned to the town *they had visited* last year.

It is formed using an auxiliary verb (the imperfect of *avoir* or *être*) and a past participle. Those verbs that use *être* in the perfect tense also use *être* in the pluperfect tense.

| | |
|---|---|
| *j'avais fini* | I had finished |
| *tu avais fini* | you had finished |
| *il/elle/on avait fini* | he/she/one had finished |
| *nous avions fini* | we had finished |
| *vous aviez fini* | you had finished |
| *ils/elles avaient fini* | they had finished |
| *j'étais sorti(e)* | I had gone out |
| *tu étais sorti(e)* | you had gone out |
| *il/elle/on était sorti(e)* (sing) | he/she/one had gone out |
| *nous étions sortis/sorties* | we had gone out |
| *vous étiez sorti(e)* (sing) | you had gone out |
| *ils/elles étaient sortis/sorties* | they had gone out |

## K10 Imperatives  *L'impératif*

The imperative is used for telling somebody to do something. To form the imperative, the *tu, vous* and *nous* forms of the present tense are used without the subject pronoun.

### -*er* verbs

With -*er* verbs, the *tu* form of the present tense loses its final -*s*:

*Mange ton diner !*
Eat your dinner!

*Mangeons les pommes !*
Let's eat the apples!

*Mangez les glaces !*
Eat the ice creams!

### -*ir* verbs

*Choisis un gâteau !*
Choose a cake!

*Choisissons du pain !*
Let's choose some bread!

*Choisissez un livre !*
Choose a book!

### -*re* verbs

*Apprends ta grammaire !*
Learn your grammar!

*Apprenons le vocabulaire !*
Let's learn the vocabulary!

*Apprenez les verbes irréguliers !*
Learn the irregular verbs!

**Exceptions**
There are four verbs that have irregular forms in the imperative:

| | | | |
|---|---|---|---|
| *avoir* | aie ! | ayons ! | ayez ! |
| *être* | sois ! | soyons ! | soyez ! |
| *savoir* | sache ! | sachons ! | sachez ! |
| *vouloir* | veuille ! | veuillons ! | veuillez ! |

## K11 Conditional  *Le conditionnel*

The conditional is used to talk about things that would happen or that someone would do. To form the conditional, add the following endings to the infinitive (or the stem of those verbs that have an irregular stem in the future tense): -*ais, -ais, -ait, -ions, -iez, -aient*.

**Note:** these endings are also used for the imperfect tense.

| | -*er* verbs | -*ir* verbs | -*re* verbs |
|---|---|---|---|
| *je* | regard**erais** | fin**irais** | rend**rais** |
| *tu* | regard**erais** | fin**irais** | rend**rais** |
| *il/elle/on* | regard**erait** | fin**irait** | rend**rait** |
| *nous* | regard**erions** | fin**irions** | rend**rions** |
| *vous* | regard**eriez** | fin**iriez** | rend**riez** |
| *ils/elles* | regard**eraient** | fin**iraient** | rend**raient** |

*J'aimerais aller à l'université.*
I would like to go to unversity.

*Il serait content s'il pouvait sortir samedi.*
He would be happy if he was able to go out on Saturday.

**K11.1 Conditional perfect  *Le conditionnel passé***
There is another form of the conditional, called the conditional perfect, used to say what someone would have done. It is formed using the conditional form of the auxiliary (*avoir* or *être*) plus the past participle, which follows the same rules of agreement as in the perfect tense.

***J'aurais acheté*** *la chemise, mais je n'avais pas assez d'argent.*
I would have bought the shirt, but I didn't have enough money.

***Elle serait arrivée*** *plus tôt, mais le bus était en retard.*
She would have arrived earlier, but the bus was late.

## K12 Subjunctive  *Le subjonctif*

It is useful to understand the subjunctive, but note that it is not required knowledge for Cambridge IGCSE™. The subjunctive is not a tense; it is a form of the verb used in certain structures:

- after some verbs expressing an emotion or an opinion, such as fear, doubt, wish, regret, possibility, necessity, surprise and happiness

- after *il faut que*

- after conjunctions expressing time, e.g. *avant que* ('before') and *jusqu'à ce que* ('until')

- after conjunctions expressing concession, e.g. *bien que* and *quoique* (both of which mean 'although')

To form the present subjunctive, take the *ils* form of the present tense (*ils mangent, ils finissent, ils rendent*), remove the *-ent* ending and add the following endings: *-e, -es, -e, -ions, -iez, -ent.*

|  | **-er verbs** | **-ir verbs** | **-re verbs** |
|---|---|---|---|
| *je* | jou**e** | fin**isse** | rend**e** |
| *tu* | jou**es** | fin**isses** | rend**es** |
| *il/elle/on* | jou**e** | fin**isse** | rend**e** |
| *nous* | jou**ions** | fin**issions** | rend**ions** |
| *vous* | jou**iez** | fin**issiez** | rend**iez** |
| *ils/elles* | jou**ent** | fin**issent** | rend**ent** |

### Irregular verbs
The following common irregular verbs form the present subjunctive as follows:

| **aller** (to go) | **avoir** (to have) | **être** (to be) | **faire** (to do/ make) |
|---|---|---|---|
| j'aille | j'aie | je sois | je fasse |
| tu ailles | tu aies | tu sois | tu fasses |
| il/elle/on aille | il/elle/on ait | il/elle/on soit | il/elle/on fasse |
| nous allions | nous ayons | nous soyons | nous fassions |
| vous alliez | vous ayez | vous soyez | vous fassiez |
| ils/elles aillent | ils/elles aient | ils/elles soient | ils/elles fassent |

*Je voudrais que tu partes.*
I would like you to leave.

*Il faut que tu manges des fruits.*
You must eat fruit.

## K13 Present participle *Les participes présents*

In English, this ends in *-ing*, for example 'while working…'. To form the present participle, take the *nous* form of the present tense, remove *-ons* and add *-ant*:

**-er verbs**

*nous jouons*     *jou-*     *jou**ant***

**-ir verbs**

*nous choisissons*     *choisiss-*     *choisiss**ant***

**-re verbs**

*nous rendons*     *rend-*     *rend**ant***

Exceptions:

*avoir* (to have)     *ayant*

*être* (to be)     *étant*

*savoir* (to know)     *sachant*

The present participle is used with *en* to talk about two actions being done at the same time, translating as 'on', 'while', 'as', 'by …ing'. For example:

*Elle a préparé le dîner en écoutant la radio.*
She prepared dinner as she listened to the radio.

*Il s'est coupé le doigt en coupant le pain.*
He cut his finger while cutting the bread.

**Note:** *en* can be used with a present participle to denote movement:

*Elle est partie en courant.*
She ran off.

## K14 Reflexive verbs *Les verbes pronominaux*

Reflexive verbs are listed in the dictionary with *se* (a reflexive pronoun placed before the infinitive), for example:

*se laver*     to get washed

*s'arrêter*     to stop

These verbs require the reflexive pronoun to change according to the subject:

| je **me** lave | nous **nous** lavons |
|---|---|
| tu **te** laves | vous **vous** lavez |
| il/elle **se** lave | ils/elles **se** lavent |

*Me, te* and *se* contract to *m', t'* and *s'* in front of a vowel or a silent 'h':

*je m'amuse*     *tu t'habilles*     *il s'appelle*

**Note:** when using a reflexive verb in the infinitive, the reflexive pronoun needs to agree with the subject:

*Elle va se laver.*
She is going to get washed.

*Nous n'aimons pas nous lever tôt.*
We don't like to get up early.

### K14.1 Reflexive verbs in the imperative *L'impératif des verbes pronominaux*
In commands with a reflexive verb with *vous* or *nous*, the reflexive pronoun comes after the verb and is joined by a hyphen:

*Couchez-vous !*
Go to bed!

*Levons-nous.*
Let's get up.

In negative commands, the pronoun goes in front of the verb:

*Ne vous couchez pas.*
Don't go to bed.

*Ne nous levons pas.*
Let's not get up.

In affirmative commands that use *tu*, the reflexive pronoun *te* changes to *toi*:

*Repose-toi.*     Rest.

However, in negative commands, use *te*:

*Ne te repose pas.*     Don't rest.

Other frequently used reflexive verbs include:

| | |
|---|---|
| s'amuser | to have fun/to enjoy oneself |
| s'appeler | to be called |
| s'approcher (de) | to approach |
| se baigner | to bathe |
| se brosser (les dents) | to brush (one's teeth) |
| se déshabiller | to undress |
| se débrouiller | to manage, to get by |
| se demander | to ask oneself, to wonder |
| se dépêcher | to hurry |
| se disputer | to argue, to have an argument |
| s'entendre (avec) | to get on (with) |
| se fâcher | to get angry |
| se faire mal | to hurt oneself |
| s'habiller | to get dressed |
| s'intéresser à | to be interested in |
| se lever | to get up |
| se marier | to get married |
| s'occuper (de) | to be concerned (with), to look after |
| se promener | to go for a walk |
| se réveiller | to wake up |
| se trouver | to be situated |

**Note:** the most common forms of se trouver: … se trouve/se trouvent

*Le marché se trouve au centre ville.*
The market is situated in the town centre.

*Les meilleurs restaurants se trouvent dans la vieille ville.*
The best restaurants are situated in the old town.

Reflexive verbs form the tenses in the same way as other regular verbs, but you have to include the reflexive pronoun:

*Je me coucherai.*
I will go to bed.

*Il se lavait.*
He was washing.

*Je m'amuserais.*
I would have fun.

*Il écoute la radio en se brossant les dents.*
He listens to the radio while brushing his teeth.

The perfect and pluperfect tenses of all reflexive verbs are formed with *être*. You need to remember to put the reflexive pronoun in front of the auxiliary verb and to make an agreement with the subject:

*Je me suis couché(e).*
I went to bed.

*Je m'étais couché(e).*
I had gone to bed.

**K14.2 Reflexive verbs in the negative** *La négation des verbes pronominaux*
When using negatives with a reflexive verb, *ne* goes in front of the reflexive pronoun and *pas* after the verb or auxiliary:

*Je ne me lève pas à 6 heures.*
I do not get up at six o'clock.

*Il ne s'est pas levé de bonne heure.*
He did not get up early.

**K14.3 *S'appeler***
Note that in some forms of s'appeler, there is a double l:

| | |
|---|---|
| je m'appelle | nous nous appelons |
| tu t'appelles | vous vous appelez |
| il/elle/on s'appelle | ils/elles s'appellent |

# K15 Modal verbs *Les verbes modaux*
*Pouvoir* (to be able), *savoir* (to know, to know how to), *devoir* (to have to) and *vouloir* (to wish, to want) are known as modal verbs and are followed by an infinitive. For example:

*On doit finir à 6 heures.*
We have to finish at six o'clock.

*Elles ne peuvent pas venir.*
They cannot come.

*Vous savez jouer du violon ?*
Do you know how to play the violin?

*Tu veux sortir ?*
Do you want to go out?

**Note:** *devoir*, when used in the perfect tense, means 'had to' or 'must have':

*Elles ont dû finir très tôt.*
They had to finish early.

*Elles ont dû oublier.*
They must have forgotten.

When used in the conditional, *devoir* means 'should' or 'ought to':

*Elle devrait revenir.*
She should/ought to come back.

When used in the conditional, *pouvoir* means 'might' or 'could' (i.e. 'would be able to'):

*On pourrait acheter du chocolat.*
We could buy some chocolate.

*Savoir* is used to convey the idea of knowing how to do something, or having knowledge of facts:

*Elle sait nager.*              She can/knows how to swim.

*Savoir* should not be confused with *connaitre*, which also means 'to know' in the sense of knowing or being acquainted with a person, place or work of art (such as a film) etc.:

*Je connais la famille Robinson.*     I know the Robinson family.

## K16 Direct and indirect speech
### *Le discours direct et indirect*

In English, if you want to report what someone else says or said, you can do it in one of two ways:

● direct speech

Daniel says: 'I don't like cheese.'

● indirect speech

Daniel says that he doesn't like cheese.

In French, the same applies:

● direct speech

*Daniel dit: « Je n'aime pas le fromage. »*

● Indirect speech:

*Daniel dit qu'il n'aime pas le fromage.*

Note that in indirect speech:

● the original words are reported without inverted commas

● the words reported are introduced by *que* in a subordinate clause

● the person whose speech is reported changes in the subordinate clause in indirect speech

**Change of tense/person in indirect speech**

In order to report something that was said in the past, there is usually a change of tense/person in the subordinate clause. For example:

● direct speech

*Il a dit: « Je veux sortir. »*
He said: 'I want to go out.'

*Elles ont dit: « Nous viendrons demain. »*
They said: 'We will come tomorrow.'

● indirect speech

*Il a dit qu'il voulait sortir.*
He said that he wanted to go out.

*Elles ont dit qu'elles viendraient demain.*
They said that they would come tomorrow.

## K17 The passive  *Le passif*

You only need to be able to recognise and understand the passive for Cambridge IGCSE™. When the subject of a sentence receives the action instead of performing it, the sentence is said to be in the passive.

● active: 'The neighbours saw the burglars.'
● passive: 'The burglars were seen by the neighbours.'

To form the passive, you need to use the relevant tense of *être* with a past participle:

*Les cambrioleurs ont été vus par les voisins.*
The burglars were seen by the neighbours.

*Elle sera remarquée tout de suite.*
She will be noticed straightaway.

**Note:** the past participle has to agree with the subject in gender and number.

## K18 Verbs requiring *à* or *de* + infinitive
### *Les verbes suivis de* à *ou* de *et d'un infinitif*

Some verbs need to be followed by *à* or by *de* before the infinitive.

**Verbs requiring *à***

| | |
|---|---|
| *aider à* | to help |
| *s'amuser à* | to amuse oneself |
| *apprendre à* | to learn |
| *commencer à* | to begin |
| *continuer à* | to continue |
| *demander à* | to ask |
| *encourager à* | to encourage |
| *hésiter à* | to hesitate |
| *s'intéresser à* | to be interested in |
| *inviter à* | to invite |
| *se mettre à* | to begin |
| *passer du temps à* | to spend time |
| *réussir à* | to succeed |

*Il a aidé à ranger sa chambre.*
He helped to tidy his room.

**Verbs requiring *de***

| | |
|---|---|
| *s'arrêter de* | to stop |
| *cesser de* | to stop |
| *décider de* | to decide |
| *se dépêcher de* | to hurry |
| *essayer de* | to try |
| *finir de* | to finish |
| *offrir de* | to offer |
| *oublier de* | to forget |
| *permettre de* | to allow |
| *recommander de* | to recommend |
| *refuser de* | to refuse |
| *regretter de* | to regret |

*J'essaie de finir.*
I'm trying to finish.

**Verbs requiring *à* + person + *de* + infinitive**
Some verbs require *à* in front of the person and *de* in front of the infinitive.

*Elle dit à Paul de partir.*
She tells Paul to leave.

*dire à Marie de manger*
to tell Marie to eat

Other examples include:

*ordonner à Julie de rentrer*
to order Julie to go home

*commander à Paul de partir*
to order Paul to leave

*permettre à Sophie de jouer*
to allow Sophie to play

*conseiller à Luc de finir*
to advise Luke to finish

*promettre à Justin de revenir*
to promise Justin to come back

*défendre à Chantal de sortir*
to forbid Chantal to go out

*proposer à Martin de chanter*
to suggest to Martin to sing

## K19 *Depuis* with verbs  Depuis *avec des verbes*

*Depuis* (for/since) is used with the present tense to say how long something has been going on. This implies that the action is still going on in the present. The present tense is used in French where the perfect tense is used in English:

*Nous habitons dans la même maison depuis 15 ans.*
We have been living in the same house for 15 years.

*Depuis* is used with the imperfect tense to say how long something *had* been going on. The imperfect tense is used in French where the pluperfect tense is used in English:

*Je lisais depuis dix minutes quand le téléphone a sonné.*
I had been reading for ten minutes when the phone rang.

**Note:** *depuis* can also be used with *quand* to ask 'how long..?':

*Tu joues de la guitare depuis quand ?*
How long have you been playing the guitar?

## K20 *Venir de*

The present tense of *venir* is used with *de* and an infinitive to express the idea that someone has just done something or that something has just taken place. For example:

*Je viens de finir.*
I have just finished.

When used with the imperfect tense, *venir* followed by *de* means that someone *had* just done something:

*Il venait de finir.*
He had just finished.

## K21 *Avoir*

*Avoir* is used in the following expressions and is followed by an infinitive:

| | |
|---|---|
| *avoir besoin de* | to need |
| *avoir du mal à* | to have trouble |
| *avoir le droit de* | to have the right |
| *avoir envie de* | to feel like |

| | |
|---|---|
| *avoir hâte de* | to look forward to |
| *avoir horreur de* | to hate |
| *avoir l'intention de* | to intend |
| *avoir le temps de* | to have time |

*Nous n'avons pas besoin de revenir.*
We don't need to come back.

It is also used to describe age, ailments and other conditions:

*Elle a douze ans.*
She is 12 years old.

*J'ai la grippe et mal à la gorge.*
I have flu and a sore throat.

*Il a mal au dos et aux genoux.*
He has a bad back and bad knees.

*Tu as chaud ? Tu as sommeil ?*
Are you hot? Are you sleepy?

## K22 *Faire*

The verb *faire* usually means 'to do' or 'to make'. However, it can translate as 'to go' in certain expressions or take on a different meaning altogether.

**Expressions in which *faire* means 'to go'**

| | |
|---|---|
| *faire des achats* | to go shopping |
| *faire de l'alpinisme* | to go mountaineering |
| *faire du camping* | to go camping |
| *faire du cheval/de l'équitation* | to go horse-riding |
| *faire du cyclisme* | to go cycling |
| *faire du lèche-vitrines* | to go window-shopping |
| *faire de la natation* | to go swimming |
| *faire de la planche à voile* | to go windsurfing |
| *faire du ski (nautique)* | to go (water) skiing |
| *faire une promenade/ une randonnée* | to go for a walk |
| *faire du vélo* | to go for a bike ride |
| *faire de la voile* | to go sailing |

Below are more examples of expressions that use *faire*:

| | |
|---|---|
| *faire l'appel* | to take the register |
| *faire de l'autostop* | to hitchhike |
| *faire ses bagages* | to pack one's bags |
| *faire la bise* | to kiss on both cheeks |
| *faire la connaissance* | to get to know |
| *faire la cuisine* | to cook |
| *faire des économies* | to save |
| *faire la grasse matinée* | to have a lie in |
| *faire mal* | to hurt |

| | |
|---|---|
| *faire un paquet-cadeau* | to gift-wrap |
| *faire partie de* | to belong to |
| *faire une partie de* | to have a game of |

*Faire* is also used in some weather expressions:

| | |
|---|---|
| *Il fait chaud.* | It is hot. |

## K23 Impersonal verbs *Les verbes impersonnels*

Impersonal verbs are only used in the third person singular (the *il* form). The most common are:

| | |
|---|---|
| *il y a* | there is/there are |
| *il faut* | it is necessary |
| *il manque…* | is missing |
| *il parait que* | it appears that |
| *il pleut* | it rains/is raining |
| *il reste* | there is/are…left |
| *il s'agit de* | it is about |
| *il suffit de* | it is enough to |
| *il vaut mieux* | it is better |

*Il ne faut pas oublier l'argent.*
You must not forget the money.

*Il manque un bouton.*
A button is missing.

*Il faut* has different meanings:

*Il faut revenir ce soir.*
You must come back this evening.

*Il faut de l'eau pour vivre.*
We need water to live.

*Il faut une minute pour arriver.*
It takes a minute to arrive.

*Il faut* can be used with an indirect object pronoun:

*Il me faut du papier.*
I need some paper.

*Il leur faut du temps.*
They need some time.

Note: *Il y a* can be used with an expression of time to translate 'ago':

*il y a un mois*
a month ago

## K24 Dependent infinitives *Les infinitifs dépendants*

To say that you have something cut, repaired, built or cleaned by someone else, you need to use *faire* followed by the appropriate infinitive:

| | |
|---|---|
| *faire construire* | to get something built |
| *faire couper* | to get something cut |
| *faire nettoyer* | to get something cleaned |
| *faire réparer* | to get something repaired |

*Elle va faire réparer la voiture.*
She is going to get the car repaired.

## K25 Mixed-tense sentences *La concordance des temps*

You will often find longer sentences that refer to more than one time frame and that therefore use more than one tense of verb:

*Aujourd'hui je reste à la maison, mais demain je vais sortir avec mes amis.*
Today I am staying at home, but tomorrow I am going out with my friends.

*L'année dernière je suis allé en Suisse, mais l'année prochaine j'irai en Allemagne.*
Last year I went to Switzerland, but next year I will go to Germany.

*Il regardait un film quand sa mère est entrée.*
He was watching a film when his mother came in.

*Je voudrais acheter cette guitare si j'avais assez d'argent.*
I would like to buy this guitar if I had enough money.

# Verb tables (*Conjugaisons*)

| Infinitif | Présent | Futur | Imparfait | Conditionnel | Passé composé | Plus-que-parfait | Subjonctif |
|---|---|---|---|---|---|---|---|
| **Verbes réguliers en -er**<br>***JOUER***<br>**Participe présent**<br>jouant<br>**Participe passé**<br>joué | je joue<br>tu joues<br>il/elle/on joue<br>nous jouons<br>vous jouez<br>ils/elles jouent | je jouerai<br>tu joueras<br>il/elle/on jouera<br>nous jouerons<br>vous jouerez<br>ils/elles joueront | je jouais<br>tu jouais<br>il/elle/on jouait<br>nous jouions<br>vous jouiez<br>ils/elles jouaient | je jouerais<br>tu jouerais<br>il/elle/on jouerait<br>nous jouerions<br>vous joueriez<br>ils/elles joueraient | j'ai joué<br>tu as joué<br>il/elle/on a joué<br>nous avons joué<br>vous avez joué<br>ils/elles ont joué | j'avais joué<br>tu avais joué<br>il/elle/on avait joué<br>nous avions joué<br>vous aviez joué<br>ils/elles avaient joué | je joue<br>tu joues<br>il/elle/on joue<br>nous jouions<br>vous jouiez<br>ils/elles jouent |
| **Verbes réguliers en -ir**<br>***FINIR***<br>**Participe présent**<br>finissant<br>**Participe passé**<br>fini | je finis<br>tu finis<br>il/elle/on finit<br>nous finissons<br>vous finissez<br>ils/elles finissent | je finirai<br>tu finiras<br>il/elle/on finira<br>nous finirons<br>vous finirez<br>ils/elles finiront | je finissais<br>tu finissais<br>il/elle/on finissait<br>nous finissions<br>vous finissiez<br>ils/elles finissaient | je finirais<br>tu finirais<br>il/elle/on finirait<br>nous finirions<br>vous finiriez<br>ils/elles finiraient | j'ai fini<br>tu as fini<br>il/elle/on a fini<br>nous avons fini<br>vous avez fini<br>ils/elles ont fini | j'avais fini<br>tu avais fini<br>il/elle/on avait fini<br>nous avions fini<br>vous aviez fini<br>ils/elles avaient fini | je finisse<br>tu finisses<br>il/elle/on finisse<br>nous finissions<br>vous finissiez<br>ils/elles finissent |
| **Verbes réguliers en -re**<br>***RENDRE***<br>**Participe présent**<br>rendant<br>**Participe passé**<br>rendu | je rends<br>tu rends<br>il/elle/on rend<br>nous rendons<br>vous rendez<br>ils/elles rendent | je rendrai<br>tu rendras<br>il/elle/on rendra<br>nous rendrons<br>vous rendrez<br>ils/elles rendront | je rendais<br>tu rendais<br>il/elle/on rendait<br>nous rendions<br>vous rendiez<br>ils/elles rendaient | je rendrais<br>tu rendrais<br>il/elle/on rendrait<br>nous rendrions<br>vous rendriez<br>ils/elles rendraient | j'ai rendu<br>tu as rendu<br>il/elle/on a rendu<br>nous avons rendu<br>vous avez rendu<br>ils/elles ont rendu | j'avais rendu<br>tu avais rendu<br>il/elle/on avait rendu<br>nous avions rendu<br>vous aviez rendu<br>ils/elles avaient rendu | je rende<br>tu rendes<br>il/elle/on rende<br>nous rendions<br>vous rendiez<br>ils/elles rendent |
| **Verbes pronominaux**<br>***SE COUCHER***<br>**Participe présent**<br>se couchant<br>**Participe passé**<br>couché | je me couche<br>tu te couches<br>il/elle/on se couche<br>nous nous couchons<br>vous vous couchez<br>ils/elles se couchent | je me coucherai<br>tu te coucheras<br>il/elle/on se couchera<br>nous nous coucherons<br>vous vous coucherez<br>ils/elles se coucheront | je me couchais<br>tu te couchais<br>il/elle/on se couchait<br>nous nous couchions<br>vous vous couchiez<br>ils/elles se couchaient | je me coucherais<br>tu te coucherais<br>il/elle/on se coucherait<br>nous nous coucherions<br>vous vous coucheriez<br>ils/elles se coucheraient | je me suis couché(e)<br>tu t'es couché(e)<br>il s'est couché<br>elle s'est couchée<br>on s'est couché(e)(s)<br>nous nous sommes couché(e)s<br>vous vous êtes couché(e)(s)<br>ils se sont couchés<br>elles se sont couchées | je m'étais couché(e)<br>tu t'étais couché(e)<br>il s'était couché<br>elle s'était couchée<br>on s'était couché(e)(s)<br>nous nous étions couché(e)s<br>vous vous étiez couché(e)(s)<br>ils s'étaient couchés<br>elles s'étaient couchées | je me couche<br>tu te couches<br>il/elle/on se couche<br>nous nous couchions<br>vous vous couchiez<br>ils/elles se couchent |
| **Verbes irréguliers les plus fréquents**<br>***AVOIR***<br>**Participe présent**<br>ayant<br>**Participe passé**<br>eu | j'ai<br>tu as<br>il/elle/on a<br>nous avons<br>vous avez<br>ils/elles ont | j'aurai<br>tu auras<br>il/elle/on aura<br>nous aurons<br>vous aurez<br>ils/elles auront | j'avais<br>tu avais<br>il/elle/on avait<br>nous avions<br>vous aviez<br>ils/elles avaient | j'aurais<br>tu aurais<br>il/elle/on aurait<br>nous aurions<br>vous auriez<br>ils/elles auraient | j'ai eu<br>tu as eu<br>il/elle/on a eu<br>nous avons eu<br>vous avez eu<br>ils/elles ont eu | j'avais eu<br>tu avais eu<br>il/elle/on avait eu<br>nous avions eu<br>vous aviez eu<br>ils/elles avaient eu | j'aie<br>tu aies<br>il/elle/on ait<br>nous ayons<br>vous ayez<br>ils/elles aient |

### ÊTRE
Participe présent: étant
Participe passé: été

| | Présent | Futur | Imparfait | Conditionnel | Passé composé | Plus-que-parfait | Subjonctif |
|---|---|---|---|---|---|---|---|
| je | je suis | je serai | j'étais | je serais | j'ai été | j'avais été | je sois |
| tu | tu es | tu seras | tu étais | tu serais | tu as été | tu avais été | tu sois |
| il/elle/on | il/elle/on est | il/elle/on sera | il/elle/on était | il/elle/on serait | il/elle/on a été | il/elle/on avait été | il/elle/on soit |
| nous | nous sommes | nous serons | nous étions | nous serions | nous avons été | nous avions été | nous soyons |
| vous | vous êtes | vous serez | vous étiez | vous seriez | vous avez été | vous aviez été | vous soyez |
| ils/elles | ils/elles sont | ils/elles seront | ils/elles étaient | ils/elles seraient | ils/elles ont été | ils/elles avaient été | ils/elles soient |

### ALLER
Participe présent: allant
Participe passé: allé

| | Présent | Futur | Imparfait | Conditionnel | Passé composé | Plus-que-parfait | Subjonctif |
|---|---|---|---|---|---|---|---|
| je | je vais | j'irai | j'allais | j'irais | je suis allé(e) | j'étais allé(e) | j'aille |
| tu | tu vas | tu iras | tu allais | tu irais | tu es allé(e) | tu étais allé(e) | tu ailles |
| il | il/elle/on va | il/elle/on ira | il/elle/on allait | il/elle/on irait | il est allé | il était allé | il/elle/on aille |
| elle | | | | | elle est allée | elle était allée | |
| on | | | | | on est allé(e)(s) | on était allé(e)(s) | |
| nous | nous allons | nous irons | nous allions | nous irions | nous sommes allé(e)(s) | nous étions allé(e)(s) | nous allions |
| vous | vous allez | vous irez | vous alliez | vous iriez | vous êtes allé(e)(s) | vous étiez allé(e)(s) | vous alliez |
| ils | ils/elles vont | ils/elles iront | ils/elles allaient | ils/elles iraient | ils sont allés | ils étaient allés | ils/elles aillent |
| elles | | | | | elles sont allées | elles étaient allées | |

## Verbes modaux

### DEVOIR
Participe présent: devant
Participe passé: dû

| | Présent | Futur | Imparfait | Conditionnel | Passé composé | Plus-que-parfait | Subjonctif |
|---|---|---|---|---|---|---|---|
| je | je dois | je devrai | je devais | je devrais | j'ai dû | j'avais dû | je doive |
| tu | tu dois | tu devras | tu devais | tu devrais | tu as dû | tu avais dû | tu doives |
| il/elle/on | il/elle/on doit | il/elle/on devra | il/elle/on devait | il/elle/on devrait | il/elle/on a dû | il/elle/on avait dû | il/elle/on doive |
| nous | nous devons | nous devrons | nous devions | nous devrions | nous avons dû | nous avions dû | nous devions |
| vous | vous devez | vous devrez | vous deviez | vous devriez | vous avez dû | vous aviez dû | vous deviez |
| ils/elles | ils/elles doivent | ils/elles devront | ils/elles devaient | ils/elles devraient | ils/elles ont dû | ils/elles avaient dû | ils/elles doivent |

### POUVOIR
Participe présent: pouvant
Participe passé: pu

| | Présent | Futur | Imparfait | Conditionnel | Passé composé | Plus-que-parfait | Subjonctif |
|---|---|---|---|---|---|---|---|
| je | je peux | je pourrai | je pouvais | je pourrais | j'ai pu | j'avais pu | je puisse |
| tu | tu peux | tu pourras | tu pouvais | tu pourrais | tu as pu | tu avais pu | tu puisses |
| il/elle/on | il/elle/on peut | il/elle/on pourra | il/elle/on pouvait | il/elle/on pourrait | il/elle/on a pu | il/elle/on avait pu | il/elle/on puisse |
| nous | nous pouvons | nous pourrons | nous pouvions | nous pourrions | nous avons pu | nous avions pu | nous puissions |
| vous | vous pouvez | vous pourrez | vous pouviez | vous pourriez | vous avez pu | vous aviez pu | vous puissiez |
| ils/elles | ils/elles peuvent | ils/elles pourront | ils/elles pouvaient | ils/elles pourraient | ils/elles ont pu | ils/elles avaient pu | ils/elles puissent |

### SAVOIR
Participe présent: sachant
Participe passé: su

| | Présent | Futur | Imparfait | Conditionnel | Passé composé | Plus-que-parfait | Subjonctif |
|---|---|---|---|---|---|---|---|
| je | je sais | je saurai | je savais | je saurais | j'ai su | j'avais su | je sache |
| tu | tu sais | tu sauras | tu savais | tu saurais | tu as su | tu avais su | tu saches |
| il/elle/on | il/elle/on sait | il/elle/on saura | il/elle/on savait | il/elle/on saurait | il/elle/on a su | il/elle/on avait su | il/elle/on sache |
| nous | nous savons | nous saurons | nous savions | nous saurions | nous avons su | nous avions su | nous sachions |
| vous | vous savez | vous saurez | vous saviez | vous sauriez | vous avez su | vous aviez su | vous sachiez |
| ils/elles | ils/elles savent | ils/elles sauront | ils/elles savaient | ils/elles sauraient | ils/elles ont su | ils/elles avaient su | ils/elles sachent |

### VOULOIR
Participe présent: voulant
Participe passé: voulu

| | Présent | Futur | Imparfait | Conditionnel | Passé composé | Plus-que-parfait | Subjonctif |
|---|---|---|---|---|---|---|---|
| je | je veux | je voudrai | je voulais | je voudrais | j'ai voulu | j'avais voulu | je veuille |
| tu | tu veux | tu voudras | tu voulais | tu voudrais | tu as voulu | tu avais voulu | tu veuilles |
| il/elle/on | il/elle/on veut | il/elle/on voudra | il/elle/on voulait | il/elle/on voudrait | il/elle/on a voulu | il/elle/on avait voulu | il/elle/on veuille |
| nous | nous voulons | nous voudrons | nous voulions | nous voudrions | nous avons voulu | nous avions voulu | nous voulions |
| vous | vous voulez | vous voudrez | vous vouliez | vous voudriez | vous avez voulu | vous aviez voulu | vous vouliez |
| ils/elles | ils/elles veulent | ils/elles voudront | ils/elles voulaient | ils/elles voudraient | ils/elles ont voulu | ils/elles avaient voulu | ils/elles veuillent |

| Infinitif | Présent | Futur | Imparfait | Conditionnel | Passé composé | Plus-que-parfait | Subjonctif |
|---|---|---|---|---|---|---|---|
| **Autres verbes irréguliers** | | | | | | | |
| **APPELER** <br> **Participe présent** <br> appelant <br> **Participe passé** <br> appelé | j'appelle <br> tu appelles <br> il/elle/on appelle <br> nous appelons <br> vous appelez <br> ils/elles appellent | j'appellerai <br> tu appelleras <br> il/elle/on appellera <br> nous appellerons <br> vous appellerez <br> ils/elles appelleront | j'appelais <br> tu appelais <br> il/elle/on appelait <br> nous appelions <br> vous appeliez <br> ils/elles appelaient | j'appellerais <br> tu appellerais <br> il/elle/on appellerait <br> nous appellerions <br> vous appelleriez <br> ils/elles appelleraient | j'ai appelé <br> tu as appelé <br> il/elle/on a appelé <br> nous avons appelé <br> vous avez appelé <br> ils/elles ont appelé | j'avais appelé <br> tu avais appelé <br> il/elle/on avait appelé <br> nous avions appelé <br> vous aviez appelé <br> ils/elles avaient appelé | j'appelle <br> tu appelles <br> il/elle/on appelle <br> nous appelions <br> vous appeliez <br> ils/elles appellent |
| **S'ASSOIR** <br> **Participe présent** <br> s'asseyant <br> **Participe passé** <br> assis | je m'assieds <br> tu t'assieds <br> il/elle/on s'assied <br> nous nous asseyons <br> vous vous asseyez <br> ils/elles s'asseyent | je m'assiérai <br> tu t'assiéras <br> il/elle/on s'assiéra <br> nous nous assiérons <br> vous vous assiérez <br> ils/elles s'assiéront | je m'asseyais <br> tu t'asseyais <br> il/elle/on s'asseyait <br> nous nous asseyions <br> vous vous asseyiez <br> ils/elles s'asseyaient | je m'assiérais <br> tu t'assiérais <br> il/elle/on s'assiérait <br> nous nous assiérions <br> vous vous assiériez <br> ils/elles s'assiéraient | je me suis assis(e) <br> tu t'es assis(e) <br> il s'est assis <br> elle s'est assise <br> on s'est assis(e)(s) <br> nous nous sommes assis(es) <br> vous vous êtes assis(e)(s) <br> ils/elles se sont assis(es) | je m'étais assis(e) <br> tu t'étais assis(e) <br> il s'était assis <br> elle s'était assise <br> on s'était assis(e)(s) <br> nous nous étions assis(es) <br> vous vous étiez assis(e)(s) <br> ils/elles s'étaient assis(es) | je m'asseye <br> tu t'asseyes <br> il/elle/on s'asseye <br> nous nous asseyions <br> vous vous asseyiez <br> ils/elles s'asseyent |
| **BOIRE** <br> **Participe présent** <br> buvant <br> **Participe passé** <br> bu | je bois <br> tu bois <br> il/elle/on boit <br> nous buvons <br> vous buvez <br> ils/elles boivent | je boirai <br> tu boiras <br> il/elle/on boira <br> nous boirons <br> vous boirez <br> ils/elles boiront | je buvais <br> tu buvais <br> il/elle/on buvait <br> nous buvions <br> vous buviez <br> ils/elles buvaient | je boirais <br> tu boirais <br> il/elle/on boirait <br> nous boirions <br> vous boiriez <br> ils/elles boiraient | j'ai bu <br> tu as bu <br> il/elle/on a bu <br> nous avons bu <br> vous avez bu <br> ils/elles ont bu | j'avais bu <br> tu avais bu <br> il/elle/on avait bu <br> nous avions bu <br> vous aviez bu <br> ils/elles avaient bu | je boive <br> tu boives <br> il/elle/on boive <br> nous buvions <br> vous buviez <br> ils/elles boivent |
| **COMMENCER** <br> **Participe présent** <br> commençant <br> **Participe passé** <br> commencé | je commence <br> tu commences <br> il/elle/on commence <br> nous commençons <br> vous commencez <br> ils/elles commencent | je commencerai <br> tu commenceras <br> il/elle/on commencera <br> nous commencerons <br> vous commencerez <br> ils/elles commenceront | je commençais <br> tu commençais <br> il/elle/on commençait <br> nous commencions <br> vous commenciez <br> ils/elles commençaient | je commencerais <br> tu commencerais <br> il/elle/on commencerait <br> nous commencerions <br> vous commenceriez <br> ils/elles commenceraient | j'ai commencé <br> tu as commencé <br> il/elle/on a commencé <br> nous avons commencé <br> vous avez commencé <br> ils/elles ont commencé | j'avais commencé <br> tu avais commencé <br> il/elle/on avait commencé <br> nous avions commencé <br> vous aviez commencé <br> ils/elles avaient commencé | je commence <br> tu commences <br> il/elle/on commence <br> nous commencions <br> vous commenciez <br> ils/elles commencent |
| **CONDUIRE** <br> **Participe présent** <br> conduisant <br> **Participe passé** <br> conduit | je conduis <br> tu conduis <br> il/elle/on conduit <br> nous conduisons <br> vous conduisez <br> ils/elles conduisent | je conduirai <br> tu conduiras <br> il/elle/on conduira <br> nous conduirons <br> vous conduirez <br> ils/elles conduiront | je conduisais <br> tu conduisais <br> il/elle/on conduisait <br> nous conduisions <br> vous conduisiez <br> ils/elles conduisaient | je conduirais <br> tu conduirais <br> il/elle/on conduirait <br> nous conduirions <br> vous conduiriez <br> ils/elles conduiraient | j'ai conduit <br> tu as conduit <br> il/elle/on a conduit <br> nous avons conduit <br> vous avez conduit <br> ils/elles ont conduit | j'avais conduit <br> tu avais conduit <br> il/elle/on avait conduit <br> nous avions conduit <br> vous aviez conduit <br> ils/elles avaient conduit | je conduise <br> tu conduises <br> il/elle/on conduise <br> nous conduisions <br> vous conduisiez <br> ils/elles conduisent |
| **CONNAITRE** <br> **Participe présent** <br> connaissant <br> **Participe passé** <br> connu | je connais <br> tu connais <br> il/elle/on connait <br> nous connaissons <br> vous connaissez <br> ils/elles connaissent | je connaitrai <br> tu connaitras <br> il/elle/on connaitra <br> nous connaitrons <br> vous connaitrez <br> ils/elles connaitront | je connaissais <br> tu connaissais <br> il/elle/on connaissait <br> nous connaissions <br> vous connaissiez <br> ils/elles connaissaient | je connaitrais <br> tu connaitrais <br> il/elle/on connaitrait <br> nous connaitrions <br> vous connaitriez <br> ils/elles connaitraient | j'ai connu <br> tu as connu <br> il/elle/on a connu <br> nous avons connu <br> vous avez connu <br> ils/elles ont connu | j'avais connu <br> tu avais connu <br> il/elle/on avait connu <br> nous avions connu <br> vous aviez connu <br> ils/elles avaient connu | je connaisse <br> tu connaisses <br> il/elle/on connaisse <br> nous connaissions <br> vous connaissiez <br> ils/elles connaissent |

GRAMMAR

| Infinitif | Présent | Futur | Imparfait | Conditionnel | Passé composé | Plus-que-parfait | Subjonctif |
|---|---|---|---|---|---|---|---|
| **CROIRE**<br>**Participe présent**<br>croyant<br>**Participe passé**<br>cru | je crois<br>tu crois<br>il/elle/on croit<br>nous croyons<br>vous croyez<br>ils/elles croient | je croirai<br>tu croiras<br>il/elle/on croira<br>nous croirons<br>vous croirez<br>ils/elles croiront | je croyais<br>tu croyais<br>il/elle/on croyait<br>nous croyions<br>vous croyiez<br>ils/elles croyaient | je croirais<br>tu croirais<br>il/elle/on croirait<br>nous croirions<br>vous croiriez<br>ils/elles croiraient | j'ai cru<br>tu as cru<br>il/elle/on a cru<br>nous avons cru<br>vous avez cru<br>ils/elles ont cru | j'avais cru<br>tu avais cru<br>il/elle/on avait cru<br>nous avions cru<br>vous aviez cru<br>ils/elles avaient cru | je croie<br>tu croies<br>il/elle/on croie<br>nous croyions<br>vous croyiez<br>ils/elles croient |
| **DIRE**<br>**Participe présent**<br>disant<br>**Participe passé**<br>dit | je dis<br>tu dis<br>il/elle/on dit<br>nous disons<br>vous dites<br>ils/elles disent | je dirai<br>tu diras<br>il/elle/on dira<br>nous dirons<br>vous direz<br>ils/elles diront | je disais<br>tu disais<br>il/elle/on disait<br>nous disions<br>vous disiez<br>ils/elles disaient | je dirais<br>tu dirais<br>il/elle/on dirait<br>nous dirions<br>vous diriez<br>ils/elles diraient | j'ai dit<br>tu as dit<br>il/elle/on a dit<br>nous avons dit<br>vous avez dit<br>ils/elles ont dit | j'avais dit<br>tu avais dit<br>il/elle/on avait dit<br>nous avions dit<br>vous aviez dit<br>ils/elles avaient dit | je dise<br>tu dises<br>il/elle/on dise<br>nous disions<br>vous disiez<br>ils/elles disent |
| **DORMIR**<br>**Participe présent**<br>dormant<br>**Participe passé**<br>dormi | je dors<br>tu dors<br>il/elle/on dort<br>nous dormons<br>vous dormez<br>ils/elles dorment | je dormirai<br>tu dormiras<br>il/elle/on dormira<br>nous dormirons<br>vous dormirez<br>ils/elles dormiront | je dormais<br>tu dormais<br>il/elle/on dormait<br>nous dormions<br>vous dormiez<br>ils/elles dormaient | je dormirais<br>tu dormirais<br>il/elle/on dormirait<br>nous dormirions<br>vous dormiriez<br>ils/elles dormiraient | j'ai dormi<br>tu as dormi<br>il/elle/on a dormi<br>nous avons dormi<br>vous avez dormi<br>ils/elles ont dormi | j'avais dormi<br>tu avais dormi<br>il/elle/on avait dormi<br>nous avions dormi<br>vous aviez dormi<br>ils/elles avaient dormi | je dorme<br>tu dormes<br>il/elle/on dorme<br>nous dormions<br>vous dormiez<br>ils/elles dorment |
| **ÉCRIRE**<br>**Participe présent**<br>écrivant<br>**Participe passé**<br>écrit | j'écris<br>tu écris<br>il/elle/on écrit<br>nous écrivons<br>vous écrivez<br>ils/elles écrivent | j'écrirai<br>tu écriras<br>il/elle/on écrira<br>nous écrirons<br>vous écrirez<br>ils/elles écriront | j'écrivais<br>tu écrivais<br>il/elle/on écrivait<br>nous écrivions<br>vous écriviez<br>ils/elles écrivaient | j'écrirais<br>tu écrirais<br>il/elle/on écrirait<br>nous écririons<br>vous écririez<br>ils/elles écriraient | j'ai écrit<br>tu as écrit<br>il/elle/on a écrit<br>nous avons écrit<br>vous avez écrit<br>ils/elles ont écrit | j'avais écrit<br>tu avais écrit<br>il/elle/on avait écrit<br>nous avions écrit<br>vous aviez écrit<br>ils/elles avaient écrit | j'écrive<br>tu écrives<br>il/elle/on écrive<br>nous écrivions<br>vous écriviez<br>ils/elles écrivent |
| **ENVOYER**<br>**Participe présent**<br>envoyant<br>**Participe passé**<br>envoyé | j'envoie<br>tu envcies<br>il/elle/on envoie<br>nous envoyons<br>vous er voyez<br>ils/elles envoient | j'enverrai<br>tu enverras<br>il/elle/on enverra<br>nous enverrons<br>vous enverrez<br>ils/elles enverront | j'envoyais<br>tu envoyais<br>il/elle/on envoyait<br>nous envoyions<br>vous envoyiez<br>ils/elles envoyaient | j'enverrais<br>tu enverrais<br>il/elle/on enverrait<br>nous enverrions<br>vous enverriez<br>ils/elles enverraient | j'ai envoyé<br>tu as envoyé<br>il/elle/on a envoyé<br>nous avons envoyé<br>vous avez envoyé<br>ils/elles ont envoyé | j'avais envoyé<br>tu avais envoyé<br>il/elle/on avait envoyé<br>nous avions envoyé<br>vous aviez envoyé<br>ils/elles avaient envoyé | j'envoie<br>tu envoies<br>il/elle/on envoie<br>nous envoyions<br>vous envoyiez<br>ils/elles envoient |
| **ESPÉRER**<br>**Participe présent**<br>espérant<br>**Participe passé**<br>espéré | j'espère<br>tu espères<br>il/elle/on espère<br>nous espérons<br>vous espérez<br>ils/elles espèrent | j'espérerai<br>tu espéreras<br>il/elle/on espérera<br>nous espérerons<br>vous espérerez<br>ils/elles espéreront | j'espérais<br>tu espérais<br>il/elle/on espérait<br>nous espérions<br>vous espériez<br>ils/elles espéraient | j'espérerais<br>tu espérerais<br>il/elle/on espérerait<br>nous espérerions<br>vous espéreriez<br>ils/elles espéreraient | j'ai espéré<br>tu as espéré<br>il/elle/on a espéré<br>nous avons esoéré<br>vous avez espéré<br>ils/elles ont espéré | j'avais espéré<br>tu avais espéré<br>il/elle/on avait espéré<br>nous avions espéré<br>vous aviez espéré<br>ils/elles avaient espéré | j'espère<br>tu espères<br>il/elle/on espère<br>nous espérions<br>vous espériez<br>ils/elles espèrent |
| **ESSAYER**<br>**Participe présent**<br>essayant<br>**Participe passé**<br>essayé | j'essaie<br>tu essaies<br>il/elle/on essaie<br>nous essayons<br>vous essayez<br>ils/elles essaient | j'essayerai<br>tu essayeras<br>il/elle/on essayera<br>nous essayerons<br>vous essayerez<br>ils/elles essayeront | j'essayais<br>tu essayais<br>il/elle/on essayait<br>nous essayions<br>vous essayiez<br>ils/elles essayaient | j'essayerais<br>tu essayerais<br>il/elle/on essayerait<br>nous essayerions<br>vous essayeriez<br>ils/elles essayeraient | j'ai essayé<br>tu as essayé<br>il/elle/on a essayé<br>nous avons essayé<br>vous avez essayé<br>ils/elles ont essayé | j'avais essayé<br>tu avais essayé<br>il/elle/on avait essayé<br>nous avions essayé<br>vous aviez essayé<br>ils/elles avaient essayé | j'essaie<br>tu essaies<br>il/elle/on essaie<br>nous essayions<br>vous essayiez<br>ils/elles essaient |

| Infinitif | Présent | Futur | Imparfait | Conditionnel | Passé composé | Plus-que-parfait | Subjonctif |
|---|---|---|---|---|---|---|---|
| **FAIRE**<br>**Participe présent**<br>faisant<br>**Participe passé**<br>fait | je fais<br>tu fais<br>il/elle/on fait<br>nous faisons<br>vous faites<br>ils/elles font | je ferai<br>tu feras<br>il/elle/on fera<br>nous ferons<br>vous ferez<br>ils/elles feront | je faisais<br>tu faisais<br>il/elle/on faisait<br>nous faisions<br>vous faisiez<br>ils/elles faisaient | je ferais<br>tu ferais<br>il/elle/on ferait<br>nous ferions<br>vous feriez<br>ils/elles feraient | j'ai fait<br>tu as fait<br>il/elle/on a fait<br>nous avons fait<br>vous avez fait<br>ils/elles ont fait | j'avais fait<br>tu avais fait<br>il/elle/on avait fait<br>nous avions fait<br>vous aviez fait<br>ils/elles avaient fait | je fasse<br>tu fasses<br>il/elle/on fasse<br>nous fassions<br>vous fassiez<br>ils/elles fassent |
| **LIRE**<br>**Participe présent**<br>lisant<br>**Participe passé**<br>lu | je lis<br>tu lis<br>il/elle/on lit<br>nous lisons<br>vous lisez<br>ils/elles lisent | je lirai<br>tu liras<br>il/elle/on lira<br>nous lirons<br>vous lirez<br>ils/elles liront | je lisais<br>tu lisais<br>il/elle/on lisait<br>nous lisions<br>vous lisiez<br>ils/elles lisaient | je lirais<br>tu lirais<br>il/elle/on lirait<br>nous lirions<br>vous liriez<br>ils/elles liraient | j'ai lu<br>tu as lu<br>il/elle/on a lu<br>nous avons lu<br>vous avez lu<br>ils/elles ont lu | j'avais lu<br>tu avais lu<br>il/elle/on avait lu<br>nous avions lu<br>vous aviez lu<br>ils/elles avaient lu | je lise<br>tu lises<br>il/elle/on lise<br>nous lisions<br>vous lisiez<br>ils/elles lisaient |
| **METTRE**<br>**Participe présent**<br>mettant<br>**Participe passé**<br>mis | je mets<br>tu mets<br>il/elle/on met<br>nous mettons<br>vous mettez<br>ils/elles mettent | je mettrai<br>tu mettras<br>il/elle/on mettra<br>nous mettrons<br>vous mettrez<br>ils/elles mettront | je mettais<br>tu mettais<br>il/elle/on mettait<br>nous mettions<br>vous mettiez<br>ils/elles mettaient | je mettrais<br>tu mettrais<br>il/elle/on mettrait<br>nous mettrions<br>vous mettriez<br>ils/elles mettraient | j'ai mis<br>tu as mis<br>il/elle/on a mis<br>nous avons mis<br>vous avez mis<br>ils/elles ont mis | j'avais mis<br>tu avais mis<br>il/elle/on avait mis<br>nous avions mis<br>vous aviez mis<br>ils/elles avaient mis | je mette<br>tu mettes<br>il/elle/on mette<br>nous mettions<br>vous mettiez<br>ils/elles mettent |
| **MOURIR**<br>**Participe présent**<br>mourant<br>**Participe passé**<br>mort | je meurs<br>tu meurs<br>il/elle/on meurt<br>nous mourons<br>vous mourez<br>ils/elles meurent | je mourrai<br>tu mourras<br>il/elle/on mourra<br>nous mourrons<br>vous mourrez<br>ils/elles mourront | je mourais<br>tu mourais<br>il/elle/on mourait<br>nous mourions<br>vous mouriez<br>ils/elles mouraient | je mourrais<br>tu mourrais<br>il/elle/on mourrait<br>nous mourrions<br>vous mourriez<br>ils/elles mourraient | je suis mort(e)<br>tu es mort(e)<br>il est mort<br>elle est morte<br>on est mort(e)(s)<br>nous sommes mort(e)s<br>vous êtes mort(e)(s)<br>ils sont morts<br>elles sont mortes | j'étais mort(e)<br>tu étais morte(e)<br>il était mort<br>elle était morte<br>on était mort(e)(s)<br>nous étions mort(e)s<br>vous étiez mort(e)(s)<br>ils étaient morts<br>elles étaient mortes | je meure<br>tu meures<br>il/elle/on meure<br>nous mourions<br>vous mouriez<br>ils/elles meurent |
| **NAITRE**<br>**Participe présent**<br>naissant<br>**Participe passé**<br>né | je nais<br>tu nais<br>il/elle/on nait<br>nous naissons<br>vous naissez<br>ils/elles naissent | je naitrai<br>tu naitras<br>il/elle/on naitra<br>nous naitrons<br>vous naitrez<br>ils/elles naitront | je naissais<br>tu naissais<br>il/elle/on naissait<br>nous naissions<br>vous naissiez<br>ils/elles naissaient | je naitrais<br>tu naitrais<br>il/elle/on naitrait<br>nous naitrions<br>vous naitriez<br>ils/elles naitraient | je suis né(e)<br>tu es né(e)<br>il est né<br>elle est née<br>on est né(e)(s)<br>nous sommes né(e)s<br>vous êtes né(e)(s)<br>ils sont nés<br>elles sont nées | j'étais né(e)<br>tu étais né(e)<br>il était né<br>elle était née<br>on était né(e)(s)<br>nous étions né(e)s<br>vous étiez né(e)(s)<br>ils étaient nés<br>elles étaient nées | je naisse<br>tu naisses<br>il/elle/on naisse<br>nous naissions<br>vous naissiez<br>ils/elles naissent |
| **OUVRIR**<br>**Participe présent**<br>ouvrant<br>**Participe passé**<br>ouvert | j'ouvre<br>tu ouvres<br>il/elle/on ouvre<br>nous ouvrons<br>vous ouvrez<br>ils/elles ouvrent | j'ouvrirai<br>tu ouvriras<br>il/elle/on ouvrira<br>nous ouvrirons<br>vous ouvrirez<br>ils/elles ouvriront | j'ouvrais<br>tu ouvrais<br>il/elle/on ouvrait<br>nous ouvrions<br>vous ouvriez<br>ils/elles ouvraient | j'ouvrirais<br>tu ouvrirais<br>il/elle/on ouvrirait<br>nous ouvririons<br>vous ouvririez<br>ils/elles ouvriraient | j'ai ouvert<br>tu as ouvert<br>il/elle/on a ouvert<br>nous avons ouvert<br>vous avez ouvert<br>ils/elles ont ouvert | j'avais ouvert<br>tu avais ouvert<br>il/elle/on avait ouvert<br>nous avions ouvert<br>vous aviez ouvert<br>ils/elles avaient ouvert | j'ouvre<br>tu ouvres<br>il/elle/on ouvre<br>nous ouvrions<br>vous ouvriez<br>ils/elles ouvrent |

| Infinitif | Présent | Futur | Imparfait | Conditionnel | Passé composé | Plus-que-parfait | Subjonctif |
|---|---|---|---|---|---|---|---|
| **PRENDRE**<br>**Participe présent**<br>prenant<br>**Participe passé**<br>pris | je prends<br>tu prends<br>il/elle/on prend<br>nous prenons<br>vous prenez<br>ils/elles prennent | je prendrai<br>tu prendras<br>il/elle/on prendra<br>nous prendrons<br>vous prendrez<br>ils/elles prendront | je prenais<br>tu prenais<br>il/elle/on prenait<br>nous prenions<br>vous preniez<br>ils/elles prenaient | je prendrais<br>tu prendrais<br>il/elle/on prendrait<br>nous prendrions<br>vous prendriez<br>ils/elles prendraient | j'ai pris<br>tu as pris<br>il/elle/on a pris<br>nous avons pris<br>vous avez pris<br>ils/elles ont pris | j'avais pris<br>tu avais pris<br>il/elle/on avait pris<br>nous avions pris<br>vous aviez pris<br>ils/elles avaient pris | je prenne<br>tu prennes<br>il/elle/on prenne<br>nous prenions<br>vous preniez<br>ils/elles prennent |
| **RECEVOIR**<br>**Participe présent**<br>recevant<br>**Participe passé**<br>reçu | je reçois<br>tu reçois<br>il/elle/on reçoit<br>nous recevons<br>vous recevez<br>ils/elles reçoivent | je recevrai<br>tu recevras<br>il/elle/on recevra<br>nous recevrons<br>vous recevrez<br>ils/elles recevront | je recevais<br>tu recevais<br>il/elle/on recevait<br>nous recevions<br>vous receviez<br>ils/elles recevaient | je recevrais<br>tu recevrais<br>il/elle/on recevrait<br>nous recevrions<br>vous recevriez<br>ils/elles recevraient | j'ai reçu<br>tu as reçu<br>il/elle/on a reçu<br>nous avons reçu<br>vous avez reçu<br>ils/elles ont reçu | j'avais reçu<br>tu avais reçu<br>il/elle/on avait reçu<br>nous avions reçu<br>vous aviez reçu<br>ils/elles avaient reçu | je reçoive<br>tu reçoives<br>il/elle/on reçoive<br>nous recevions<br>vous receviez<br>ils/elles reçoivent |
| **RIRE**<br>**Participe présent**<br>riant<br>**Participe passé**<br>ri | je ris<br>tu ris<br>il/elle/on rit<br>nous rions<br>vous riez<br>ils/elles rient | je rirai<br>tu riras<br>il/elle/on rira<br>nous rirons<br>vous rirez<br>ils/elles riront | je riais<br>tu riais<br>il/elle/on riait<br>nous riions<br>vous riiez<br>ils/elles riaient | je rirais<br>tu rirais<br>il/elle/on rirait<br>nous ririons<br>vous ririez<br>ils/elles riraient | j'ai ri<br>tu as ri<br>il/elle/on a ri<br>nous avons ri<br>vous avez ri<br>ils/elles ont ri | j'avais ri<br>tu avais ri<br>il/elle/on avait ri<br>nous avions ri<br>vous aviez ri<br>ils/elles avaient ri | je rie<br>tu ries<br>il/elle/on rie<br>nous riions<br>vous riiez<br>ils/elles rient |
| **SORTIR**<br>**Participe présent**<br>sortant<br>**Participe passé**<br>sorti | je sors<br>tu sors<br>il/elle/on sort<br>nous sortons<br>vous sortez<br>ils/elles sortent | je sortirai<br>tu sortiras<br>il/elle/on sortira<br>nous sortirons<br>vous sortirez<br>ils/elles sortiront | je sortais<br>tu sortais<br>il/elle/on sortait<br>nous sortions<br>vous sortiez<br>ils/elles sortaient | je sortirais<br>tu sortirais<br>il/elle/on sortirait<br>nous sortirions<br>vous sortiriez<br>ils/elles sortiraient | je suis sorti(e)<br>tu es sorti(e)<br>il est sorti<br>elle est sortie<br>on est sorti(e)(s)<br>nous sommes sorti(e)s<br>vous êtes sorti(e)(s)<br>ils sont sortis<br>elles sont sorties | j'étais sorti(e)<br>tu étais sorti(e)<br>il était sorti<br>elle était sortie<br>on était sorti(e)(s)<br>nous étions sorti(e)s<br>vous étiez sorti(e)(s)<br>ils étaient sortis<br>elles étaient sorties | je sorte<br>tu sortes<br>il/elle/on sorte<br>nous sortions<br>vous sortiez<br>ils/elles sortent |
| **VENIR**<br>**Participe présent**<br>venant<br>**Participe passé**<br>venu | je viens<br>tu viens<br>il/elle/on vient<br>nous venons<br>vous venez<br>ils/elles viennent | je viendrai<br>tu viendras<br>il/elle/on viendra<br>nous viendrons<br>vous viendrez<br>ils/elles viendront | je venais<br>tu venais<br>il/elle/on venait<br>nous venions<br>vous veniez<br>ils/elles venaient | je viendrais<br>tu viendrais<br>il/elle/on viendrait<br>nous viendrions<br>vous viendriez<br>ils/elles viendraient | je suis venu(e)<br>tu es venu(e)<br>il est venu<br>elle est venue<br>on est venu(e)(s)<br>nous sommes venu(e)s<br>vous êtes venu(e)(s)<br>ils sont venus<br>elles sont venues | j'étais venu(e)<br>tu étais venu(e)<br>il était venu<br>elle était venue<br>on était venu(e)(s)<br>nous étions venu(e)s<br>vous étiez venu(e)(s)<br>ils étaient venus<br>elles étaient venues | je vienne<br>tu viennes<br>il/elle/on vienne<br>nous venions<br>vous veniez<br>ils/elles viennent |
| **VIVRE**<br>**Participe présent**<br>vivant<br>**Participe passé**<br>vécu | je vis<br>tu vis<br>il/elle/on vit<br>nous vivons<br>vous vivez<br>ils/elles vivent | je vivrai<br>tu vivras<br>il/elle/on vivra<br>nous vivrons<br>vous vivrez<br>ils/elles vivront | je vivais<br>tu vivais<br>il/elle/on vivait<br>nous vivions<br>vous viviez<br>ils/elles vivaient | je vivrais<br>tu vivrais<br>il/elle/on vivrait<br>nous vivrions<br>vous vivriez<br>ils/elles vivraient | j'ai vécu<br>tu as vécu<br>il/elle/on a vécu<br>nous avons vécu<br>vous avez vécu<br>ils/elles ont vécu | j'avais vécu<br>tu avais vécu<br>il/elle/on avait vécu<br>nous avions vécu<br>vous aviez vécu<br>ils/elles avaient vécu | je vive<br>tu vives<br>il/elle/on vive<br>nous vivions<br>vous viviez<br>ils/elles vivent |
| **VOIR**<br>**Participe présent**<br>voyant<br>**Participe passé**<br>vu | je vois<br>tu vois<br>il/elle/on voit<br>nous voyons<br>vous voyez<br>ils/elles voient | je verrai<br>tu verras<br>il/elle/on verra<br>nous verrons<br>vous verrez<br>ils/elles verront | je voyais<br>tu voyais<br>il/elle/on voyait<br>nous voyions<br>vous voyiez<br>ils/elles voyaient | je verrais<br>tu verrais<br>il/elle/on verrait<br>nous verrions<br>vous verriez<br>ils/elles verraient | j'ai vu<br>tu as vu<br>il/elle/on a vu<br>nous avons vu<br>vous avez vu<br>ils/elles ont vu | j'avais vu<br>tu avais vu<br>il/elle/on avait vu<br>nous avions vu<br>vous aviez vu<br>ils/elles avaient vu | je voie<br>tu voies<br>il/elle/on voie<br>nous voyions<br>vous voyiez<br>ils/elles voient |